고구려의 언어유산

김영황 저

역락

고구려의 언어유산

원사 교수 박사 김영황

김일성종합대학 출판사

주체 99(2010)년

차 례

머리글

Ⅰ. 고구려의 지명

1. 고구려의 지명표기와 그 구조

2. 고구려지명의 언어적분석

3. 고구려지명의 변천과 전승

Ⅱ. 고구려의 인명

1. 고구려의 인명자료와 그 분석

2. 고구려인명관습의 전승

Ⅲ. 고구려언어의 어휘 및 문법

1. 어휘

2. 문법

맺는글

머 리 글

위대한 수령 **김일성**동지께서는 다음과 같이 교시하시였다.

《지난 날의 우리 나라 력사에서 우리 민족이 가장 강하였던 시기는 고구려 시대였습니다.》(《김일성전집》 제44권, 2페지)

고구려는 반만년의 유구한 우리 민족사에서 민족의 슬기와 용맹을 온 누리에 떨친 자랑스러운 천년강국이였다.

고구려가 군력이 막강하여 동방의 강국이였다는 사실에 대하여 우리 조상들은 일찍부터 긍지로 여기고있었다.

ㅇ 우리 나라는 3국이 분렬했을 때에도 강국으로 알려졌다. 당나라 사 람들은 말하기를 《고려(고구려)는 성을 잘 방어한다.》고 하였으며 또 《성을 공격하기 시작하면 반드시 빼앗고야마는것도 고려(고구 려)같은 나라는 없다.》고 하였다. (吾東方在三國鼎立時 號爲强國 唐人謂高麗善守城 又謂攻城必取未有如高麗者)(《지봉류설》 권3, 병제)

지난날의 우리 민족사를 돌이켜볼 때 고구려는 민족을 대표하는 강대 한 나라로 널리 인정되고있었다. 그것은 우리 민족이 력대로 전해왔고 세 계적으로 공인되여있는 우리 나라 국호의 계승관계를 통해서 쉽게 알수 있는 문제이다. 즉 고구려는 일찍기 《고려》로도 불리웠고 발해도 《고 려》라고 불리웠으며 10~14세기에 존재하였던 통일국가도 고구려의 계승 국임을 자부하여 《고려》라고 칭하였고 《조선》이라는 국호를 다시 쓰게 된 1392년이후에도 다른 나라에서는 우리 나라를 전통적으로 《고려》라고 불러왔던것이니 이로부터 대외적으로 우리 나라는 일찍기 《 Corea / Korea》로 알려졌던것이다.

민족의 중요한 표징인 민족어의 력사도 그 기본줄기로 되여온것은 고구려였다. 그리하여 민족어력사를 서술함에 있어서 그 바탕에 놓여있 는 고구려의 언어에 대하여 관심을 돌리는것은 너무나도 응당한 일이라고 본다.

고구려의 언어유산에서 기본으로 되는것은 리두식표기로 된 고구려의 지명과 인명이며 거기에 반영되여있는 어휘자료이다. 그외에 문법자료도 일정하게 수집할수 있는 일련의 금석문자료들도 있다. 《삼국사기》를 비롯한 일련의 문헌들과 금석문에 반영된 극히 제한된 자료이기는 하지만 우리는 그것을 통해서 고구려의 언어생활과 언어실태에 대하여 알수 있으며 고려와 리조시기의 여러 문헌들을 통하여 그후 전승정형에 대하여 파악할수 있게 된다.

이것은 유구한 력사적기간 하나의 민족어로 발전하여온 우리 말의 정통성을 밝히는데서 매우 중요한 의의를 가진다.

위대한 수령 김일성동지께서는 다음과 같이 교시하시였다.

《사회과학분야에서는 민족문화유산을 연구하는데 힘을 넣어야 하겠습니다. … 우리는 민족문화유산을 연구하여 반동적인것은 버리고 진보적인것은 오늘의 현실에 맞게 계승발전시켜야 합니다.》(《김일성전집》 제18권, 157~158 페지)

민족문화유산을 연구하는데서 우리가 지침으로 삼아야 할것은 주체적립장을 철저히 견지하는것이다. 다시말하여 오늘 우리 혁명의 리익의 견지에서 낡고 반동적인것은 버리고 진보적인것은 계승발전시키는 원칙에서 민족문화유산을 대하여야 한다. 이것은 고구려의 언어를 연구하는데서도 원칙적인 요구로 된다.

《고구려의 언어유산》은 주체적립장에서 고구려언어생활에 대한 연구를 더욱 심화시키는것이 절박하게 제기되고있는 시대적요청에 호응하여 이미 출판한바 있는 《고구려언어연구》 (주체95(2006)년, 김일성종합대학출판사)와는 그 서술체계를 달리하여 언어유산의 각도에서 그 분석과 고찰의 폭을 넓히며 언어유산계승에 초점을 맞추어 서술하도록 하였다.

그리하여 여기서는 지명, 인명, 어휘 및 문법 등의 유산을 3개 편으로 나누어 서술하도록 하였다.

Ⅰ. 고구려의 지명

1. 고구려의 지명표기와 그 구조

1) 지명자료

고구려에서는 력사적으로 우리 말 고유어휘로 된 지명을 사용하여 왔다.

지명이란 지형, 지물, 지대, 지역에 대한 명칭으로서 기원상으로는 보통명사이나 그것이 일단 지명에 쓰이게 되면 고유명사로 전환된다. 이 점에서 지명과 인명은 공통성을 가지고있다.

그러나 지명과 인명은 일련의 차이점을 가지고있다.

우선 명명론적으로 볼 때 인명은 이른바 《점》에 붙인 이름이며 지명은 이른바 《면》에 붙인 이름이다.

인명은 사람의 수만큼 있고 그 이상은 없다. 인간은 매 개인이 개별적인 점으로 존재하며 혈통에 따르는 계승관계는 있으나 횡적인 련속성이 없다. 그러나 지명은 면이 련속적성격을 가지는것처럼 땅의 표면이 련속되여있어 그것을 얼마든지 세분하여 그 부분에 대한 명칭을 붙일수 있다. 이로부터 지명의 수는 끝없이 늘어나며 정해지지 않는다고 할수 있다.

인명과 지명은 그 쓰임에서도 차이를 가진다. 지명은 그 사용이 전승되면서 오래 쓰이는것이 특징으로 된다. 즉 지명은 몇백년 혹은 그 이상 계속하여 인민들속에서 전하여진다. 지명에는 그전에 그곳에 살던 사람들의 언어가 그대로 고착되여 남을수 있는 가능성이 있을수 있어 주민구성이 바뀌여도 종전의 지명이 그대로 쓰일수 있다.

그러나 인명은 력사에 남는 사람을 제외하고 일반적으로 본인 당대에 국한되여 쓰인다고 할수 있다.

지명과 인명은 변화상 차이점도 가지고있다. 대체로 지명은 독자적인 변천과정을 가지지만 인명은 그렇지 못하다. 간혹 인명을 바꿀수 있으나 그것은 돌발적이고 의식적인것이다. 그러나 지명의 교체는 흔히 관습적이고 력사적인것이라고 할수 있다.

18세기의 이름있는 실학자 려암 신경준(1712-1781년)이 쓴 《강계고(疆界考)》와 《여지고(興地考)》는 우리 나라의 력사지리연구에 귀중한 공헌을 한 저술들로 높이 평가되고있다.

《여지고》의 각 편은 원래 국가적인 지리편찬사업이 있기전에 저자가 개인적으로 지리학을 연구하는 과정에 집필하여 두었던 여러편의 개별적 저작들을 다시 정리하여 수록한것들인데 그중 《산천》편은 《산수고》의 이름으로 된 개별저작이다.

그는 《산수고》의 총서문에서 쓰기를 《하나의 근본에서 만개로 갈라지는것은 산이고 만개의 다른것들이 하나로 합치는것은 물이다. 우리 국내의 산수는 각기 12개의 계통들로 표시할수 있는데 산으로 말하면 하나의 백두산에서 시작되는 산줄기들이 뻗어서 12개의 주요한 산들이 되고 이 12개의 산들에서 다시 전국 8도의 수많은 산들이 형성되며 물로 말하면 전국 8도의 수많은 작은 물줄기들이 합쳐서 12개의 큰 강으로 되고 이 12개의 큰 강들은 하나의 바다로 합치는것이다.》라고 하였다.

그가 국내의 산과 강을 모두 12와 같은 수자로 묶어서 표시한것은 일정한 신비감을 자아내는 결함을 가지고있으나 거기에는 역시 국내의 수많은 산들이 오직 조종의 산 백두산에서 시작하여 나뉘여져서 산줄기들이 전국을 뒤덮었고 또 수많은 개별적물줄기들이 합치고 합쳐 나라를 하나의 바다로 둘러쌈으로써 우리 나라는 결국 이 산들과 강들로 호위된 하나의 금수강산을 이루고있다고 하였으니 이것은 우리 나라에 대한 민족적인 긍지와 자부심을 반영한 서술이라고 할수 있다.

다른 한편으로 그는 《강계고》의 서문에서 우리 나라의 력사지리를 연구하는데서는 애로가 많은데 그것은 주로 고문헌의 기록들이 매우 소략하고 혼란된것이 적지 않고 또 한자로 지명을 표기하는데서도 한자음과 조선말 뜻의 두가지를 각기 단독 혹은 혼합의 방법으로 쓰고있으며 조선말자체가 변천, 와전된것들이 많은데다가 또 한자음을 원음과는 다르게 독특하게 읽는것이 많기때문에 력사지리연구에서는 이 모든것을 고려하여 신중하게 처리해야 한다고 하였다.

신경준의 이 권고는 옛날에 널리 쓰이던 독특한 지명표기에 대한 옳은 리해를 전제로 하여야만 지명에 대한 정확한 언어적분석을 할수 있음을 지적한것으로 된다.

이와 관련하여 19세기 중엽의 저명한 지리학자 고산자 김정호는 《대동지지(大東地志)》에서 쓰기를 세나라때의 군현이름들은 다 우리 말로 지어 불렀는데 우리 말 뜻에 따라서 변하기도 하였으며 발음이 서로 비슷한 것을 취하기도 하고 소리가 서로 근사한것을 취하기도 하였다고 하면서 《良》과 《梁》, 《馬》와 《麻》, 《兮》와 《西》, 《耶》와 《那》, 《奴》와 《內》의 통용현상이 있음을 밝히였다. 그리고 우리 말의 《불》을 음역하여 《伐, 發, 鬱》로 적고 또 의역하여 《火, 角》으로 적는다고 하였으며 《斯, 沙》는 《新》에 대응되고 《勿, 物》은 《水》에 대응되며 《漢, 韓》은 《大》에 대응된다고 하였다.

단재 신채호(1880-1936년)는 《조선사연구초(朝鮮史硏究草)》 (1929년)의 첫째 편인 《고사상 리두문명사해석(古史上 吏讀文名詞解釋)》에서 고문헌에 반영된 리두의 본질을 밝히고 그 연구의 필요성과 리두연구에서 제기되는 난점 그리고 그 연구방법에 대하여 서술하면서 《대개 리두문은 한자의 전음(全音), 전의(全義) 혹 반음반의로 만든 일종의 문자라》(1페지)고 하여 리두의 본질을 처음으로 정식화하였다.

종전에는 리두에 대하여 많은 학자들이 관심을 돌리고 개별적인 리두자, 리두토, 리두어를 수많이 수집, 분류하였으나 리두의 본질을 과학적으로 정식화한적이 없었다. 그런데 신채호는 리두가 한자의 뜻과 음을 여러가지 방식으로 빌어서 우리 말을 표기하는 독특한 서사방식임을 밝히고 그것을 독자적인 《일종의 문자》로 인정하였던것이다.

신채호는 리두에 대한 이러한 정식화에 기초하여 리두표기의 범위를 확정하였다. 그는 《삼국중엽이전에는 인명, 지명, 관직명 등 각종의 명사를 모두 우리 말로 짓고 리두문으로 쓴것》(9페지)이라고 하면서 당시 우리 말의 한자표기를 모두 리두로 리해하였다.

그는 리두의 정확한 독해에 의해서 당시의 인명, 지명, 관직명의 본질이 해명되며 고어의 어원도 고증할수 있고 우리 말의 력사도 밝혀낼수 있다고 하면서 리두문 명사의 해석이 고사연구에 유익함을 강조하였다.

신채호가 말하는 리두문 명사 즉 우리 말 고유어휘로 지은 인명, 지명, 관직명을 한자의 음과 뜻을 빌어서 적은것을 일반적으로 리두식표기라고 하는데[주] 이러한 리두식표기의 정확한 독해는 당시 우리 말의 실태를 밝히는데서 선차적의의를 가지는것이라고 할수 있다.

> [주] 한자의 음과 뜻을 빌어서 적는것이라고 하여 한자차자법(漢字借字法)이라고 하는 견해도 있으나 한자차자라고 하면 그것은 다른 나라에도 있어 우리는 이것이 일반적인 한자차자가 아니라 바로 우리 나라의 독특한 표기 방식으로 된다는 의미에서 리두식표기라고 하게 되는것이다.

우리 말 고유어휘를 한자를 빌어서 적는 리두식표기는 그 방식이 다양하다고 할수 있다. 음역, 의역, 동음이의역이 대표적실례이다.

음역

이것은 한자의 음을 빌어서 적는것을 말하는데 인명이나 지명과 같은 고유명사는 대부분 이 방식에 의해서 적고있었다. 지금도 중국에서는 맑스나 레닌의 이름을 《馬克思》, 《列寧》과 같이 표기하고있는데 이러한것이 바로 륙서의 하나인 가차 (假借)이며 우리가 말하는 음역인것이다.

고구려에서는 일찍부터 자기 나라 사람의 이름이나 자기 고장의 이름을 음역의 방식에 의하여 적는 관습이 있었다.

고구려의 시조왕에 대해서 광개토왕릉비문과 모두루묘지에서는 《鄒牟》로 적고있는데 이것은 당시 고구려에서 이 인명표기가 공식화되여있었음을 말하여주는것이라고 할수 있다. 그런데 이 시조왕에 대해서 《삼국사기》나 《삼국유사》에서는 《朱蒙, 鄒蒙, 中牟》등 여러 표기변종을 소개하고있다. 이것은 음역의 방식이 지니는 특성을 보여주는것으로서 그 한자의 뜻과는 무관계하게 알맞는 음을 취하면 된다는것이며 그 경우에 한자의 음은 당시의 음을 기준으로 하고있다는것이다. 즉 《鄒, 朱, 中》은 그 뜻이 같지 않으며 그 음도 현대음을 기준으로 해서는 같지 않고 당시 음을 기준으로 했을 때에만 같았을것이다. 그리고 《牟, 蒙》의 경우에도 그 뜻은 서로 다르며 당시 음을 기준으로 해서만 같거나 류사했을것이다.

이러한 음역의 방식은 고구려의 인명뿐아니라 지명이나 관직명의 표기에도 널리 적용되였는데 음역을 음역으로 대응시켜놓은것은 그 해독을 통하여 당시의 어음현상을 추정하는데서 하나의 길잡이로 되고있다.

    ㅇ 買召忽 : 彌鄒忽, 悉直 : 史直, 屑夫婁 : 肖利巴利,

       賓汶 : 比勿, 富林 : 伐音, 久遲 : 仇知,

       己汶 : 今勿, 至留 : 知留, 積利 : 赤里 (《삼국사기》 권 37)

    여기에서 《買/彌》, 《召/鄒》, 《悉/史》, 《屑/肖》, 《賓/比》, 《汶/勿》, 《富/伐》, 《己/今》 등이 같은 음을 적는데 리용되고있으니 이것은 우리의 현대한자음으로는 도저히 리해되지 않는 문제로 된다. 즉 순한소리와 거센소리, 홑모음과 겹모음 그리고 개음절과 페음절의 차이가 무시되고있는것이다. 따라서 우리는 그 한자의 기초한자음을 밝히고 당시 우리 말 어음체계의 특성을 고려하면서 음역의 실상을 추정해야 한다.

    고구려의 지명표기는 초기에 음역을 기본으로 하고있었다. 광개토왕릉비문에 반영된 지명의 대부분은 음역으로 되여있으며 의역은 극히 적고 지명단위어의 표기에 국한되여있었다.

    의역

    이것은 한자의 뜻을 빌어서 적는것을 말하는데 이 방식도 음역과 함께 널리 쓰이여왔다. 이 의역의 방식은 그 자체만으로는 의의가 없고 음역과의 대응으로 쓰일 때 비로소 리두식표기로서 의의가 있게 되는것이다.

    례를 들어서 《鉛城》의 경우에 그 자체로는 그것이 본래 한문식으로 만들어진것인지 리두식표기에 대응되는것인지 알수가 없다. 그러나 《乃勿忽》이 그에 대응되는 표기변종으로 밝혀져있어(《삼국사기》 권37) 우리는 《鉛城》이 《나말골》의 음역인 《乃勿忽》에 대응되는 의역임을 알게 된다. 즉 《鉛》은 《나말》의 의역이며 《城》은 《골》의 의역으로 되는것이다.

    이처럼 리두식표기에서 음역에 대응되는 의역이 있는것은 그 해독에 큰 도움을 주고있다. 리두식표기에서 음역 하나만 있어도 해독에 어려움이 있지만 의역만 있는 경우에는 그 리두식표기의 본바탕을 밝힐수가 없게 되는것이다.

    다행히 고구려자료에서는 많은 경우에 리두식표기에서 음역과 의역의 대응관계를 보여주고있어 우리는 그 해독의 실마리를 찾게 된다.

    ㅇ 首知衣 : 牛岑, 也次忽 : 母城, 也尸買 : 狌川, 斤尸波兮 : 文峴, 加

尸達 ： 犁山, 伏斯買 ： 深川, 於斯買 ： 橫川, 於支呑 ： 翼谷 (《삼국사기》 권37)

여기에서 《首》와 《牛》, 《知衣》와 《岑》, 《也次》와 《母》, 《忽》과 《城》, 《也尸》와 《狌》, 《買》와 《川》, 《斤尸》와 《文》, 《波兮》와 《峴》, 《加尸》와 《犁》, 《達》과 《山》, 《伏斯》와 《深》, 《於斯》와 《橫》, 《於支》와 《翼》, 《呑》과 《谷》은 음역과 의역이 대응되고있어 이를 통해서 우리 말의 음과 뜻을 추정할수 있게 된다.

고구려의 지명표기에서는 많은 경우에 지명단위어가 의역으로 표기되고 그것이 음역과 대응되고있었는데 그 대응관계를 보면 음역자와 의역자의 대응이 비교적 다양한것이 특징적이라고 할수 있다.

동음이의역

의역의 한 변종으로서 동음이의역을 들수 있다. 이것은 동음이의적관계에 있는 한자를 리용하는 방식인데 많이 쓰이지는 않았다. 례를 들어서 《鳥斯廻》를 《猪足》으로 대응시키고있는 경우에 《廻》의 뜻은 《도라(돌아)》이며 《足》의 뜻은 《다리》여서 음은 비슷한데 뜻이 서로 다르므로 동음이의적관계에 있다고 할수 있다. 또 다른 례로서 《金壤》과 《休壤》의 대응을 들수 있다. 이 경우에 《金》의 뜻은 《쇠》이고 《休》의 뜻은 《쉬(다)》로서 음이 비슷한데 뜻은 서로 다르다. 그런데 이 둘을 대응시켜 표기하였던것이다. 물론 이러한 동음이의역이 극히 적은 비중을 차지하고있는것은 사실이지만 음역이나 의역과는 다른 방식이라는 점에서 이에 대하여 특별히 지적하지 않을수 없다.

이밖에도 음역과 의역을 적당히 배합하여 적는 절충식방식이 있었다. 례를 들어서 《우리》를 《于尸》와 《有鄰》으로 표기하는 경우에 전자는 음역으로 되지만 후자는 절충식방식이라고 할수 있다. 왜냐하면 《有鄰》은 《우리》의 음역으로도 볼수 있겠지만 《鄰》에 의해서 그 뜻을 나타내고있다고도 할수 있기때문이다. 또한 《구름나》를 《窟雲川》으로 쓴 경우에 《구름》을 《窟雲》으로 표기한것은 음역이면서도 《雲》이 있어 그 의역으로 되며 《川》은 《나》의 의역으로 되는것이다. 이러한 방식도 많지는 않지만 리두식표기방식의 다양성을 보여주는 한 측면으로 되는것이 사실이다.

고구려의 지명표기에서 이러한 동음이의역과 같은것은 《광개토왕릉비문》에서 찾아보기 힘들고 《삼국사기》의 경우에도 극히 적은 비중을 차지하고있지만 이에 대한 옳은 파악이 없게 되면 해석에서 정확성을 기할수 없게 된다.

이처럼 리두식표기방식은 다양하고 복잡하다. 만약 리두식표기가 한가지로만 되여있었다면 그 정확한 해독이 매우 어려웠을것이다. 그러나 리두식표기에는 일정한 대응관계에 따르는 표기변종이 밝혀져있거나 주해가 붙어있는 경우가 있어서 해독에 일정한 도움을 주고있다. 리두식표기에 일정한 표기상 변종이 있고 또 음역과 의역의 대응이 있는것은 그 정확한 해독을 하는데서 귀중한 자료로 되고있다. 이 점에서도 고구려의 우리 조상들은 후대들을 위하여 훌륭한 유산을 남겨놓았다고 할수 있다. 그러나 이에 대한 옳은 리해가 없는 경우에는 지명의 해독에서 난관에 직면하게 되는것이니 18세기에 신경준이 한 권고는 이것을 념두에 둔것이라고 할수 있다.

고구려지명의 가장 오랜 자료는 《광개토왕릉비문》에서 찾아볼수 있다. 고구려의 대부분 지명자료들은 《삼국사기》 권35와 권37에 반영되여있으며 부분적으로 《삼국유사》를 비롯한 다른 문헌들과 《고구려중원비문》을 비롯한 일련의 금석문들에 소개되여있다.

고유어로 된 고구려지명의 표기에 음역과 의역의 대응관계와 여러 표기변종이 존재하는것은 신경준이 말한바와 같이 혼란스러운 점이 있으나 한편 그 분석에 도움을 주고있는 점을 놓쳐서는 안된다고 생각한다. 그 표기변종들과 그후 변화의 양상은 《삼국사기》, 《삼국유사》를 비롯하여 《고려사》, 《세종실록》 지리지, 《신증동국여지승람》, 《대동수경》, 《대동지지》 등에도 반영되여있어 고구려지명분석에서는 이 문헌들이 필수적인 사료로 되고있다.

그러나 이 가운데서 고구려지명연구의 기본사료로 되는것은 《삼국사기》의 권35와 권37에 반영되여있는 리두식표기로 된 군현지명자료이며 자연지명의 경우에는 《신증동국여지승람》이나 《대동수경》, 《대동지지》의 자료도 참고로 될수 있다.

앞에서 언급한바와 같이 고구려지명의 리두식표기에서는 음역과 음역, 음역과 의역 또는 의역과 의역의 대응관계를 보여주고있는데 그것은 본래의 고구려지명을 8세기 중엽 후기신라에서 한문식으로 고침으로써 생긴 대응관계이다. 여기서 리두식표기로 된 고유어지명과 한자말지명의 대응이 기본으로 되여있다. 그리하여 고구려지명에는 많은 경우에 본래의것과 그후에 고친것의 쌍이 생기게 되는데 그 쌍은 후기신라의 령역안에 포함된것에 국한되여있었다. 반면에 후기신라의 령역에 들지 않았던 대동강이북, 덕지강이북의 고구려땅과 압록강이북의 옛고구려지명의 경우에 그러한 쌍이 애당초 존재할수 없다는것은 더 말할 필요가 없다.

《삼국사기》의 권35, 지리 2에서는 후기신라의 경덕왕때 고친 새로운 지명을 소개하면서 그것을 본래 고구려의 지명과 대비하였는데 그것은 모두 150여개를 대상으로 하고있다.

  o 수성군(水城郡)은 원래 고구려의 매홀군(買忽郡)을 경덕왕이 개칭한
   것인데 지금의 수주(水州)이다.

  o 봉성현(峯城縣)은 원래 고구려의 술이홀(述尒忽)을 경덕왕이 개칭한
   것인데 지금도 그대로 부른다.

이러한 대비적인 서술방식은 리두식표기로 된 고구려의 고유어지명을 해명하는데 일정한 도움을 주고있다. 즉 《水》와 《買》, 《城》과 《忽》, 《峯》과 《述尒》의 대응을 통해서 고유한 우리 말로 된 고구려지명에 대해서 파악할수 있다.

그러나 《삼국사기》의 권35에서 소개한 지명의 대응만으로는 고유어지명의 면모가 밝혀지지 않는 경우가 없지 않다.

  o 수성군(守城郡)은 원래 고구려의 수성군(迕城郡)을 경덕왕이 개칭한
   것인데 지금의 간성현(杆城縣)이다.

  o 동산현(童山縣)은 원래 고구려의 승산현(僧山縣)을 경덕왕이 개칭한
   것인데 지금의 렬산현(烈山縣)이다.

이 경우 《守》와 《迕》, 《童》과 《僧》의 대응만으로는 고구려의 고유어지명을 정확히 밝혀내는데서 어려움이 있다.

이 어려움을 더는데서 《삼국사기》 권37의 지명자료는 많은 도움을 주고있다. 《삼국사기》 권37, 지리 4에서는 《통전》, 《고기》, 《한서》 등 문헌자료에 기초하여 고구려강역의 변천상황을 서술하면서 후기신라가 차

지하게 된 주, 군, 현 164개를 소개하였는데 그 가운데서 《一云》이라고 하여 등가적인 리두식표기를 소개한것이 근 100개에 달하고있다. 그런데 그것은 대부분 《삼국사기》 권35에서 소개한것과 중복되고있어서 권35의 자료에 근거한 고유어지명분석에서 어려움을 겪고있던것을 일정하게 풀어주고있는것이다.

  o 수성군(逆城郡)은 가아홀(加阿忽)이라고도 한다.

  o 승산현(僧山縣)은 소물달(所勿達)이라고도 한다.

《삼국사기》 권35의 자료에서는 《守》와 《逆》, 《童》과 《僧》의 대응만이 제시되였던것인데 권37에서는 《逆》와 《加阿》, 《童》과 《所勿》의 대응이 주어져있어 《守》, 《逆》, 《加阿》의 대응과 《童》, 《僧》, 《所勿》의 대응을 통하여 각각 고구려의 고유어지명을 밝히는데서 일정한 도움이 된다.

이처럼 리두식표기로 된 고구려의 고유어지명을 밝히는데서 《삼국사기》의 권35, 지리 2와 권37, 지리 4의 대비는 중요한 의의를 가지고있다.

《삼국사기》의 권37, 지리 4에서는 이밖에도 세나라시기의 지명만 있고 분명치 않은 지역이라고 하여 약 360개를 들고있으며 압록강이북의 고구려 옛땅의 지명을 네가지 부류로 나누어 항복하지 않은 성 11, 이미 항복한 성 11, 도망한 성 7, 정복한 성 3 도합 32개를 소개하고있다.

이처럼 《삼국사기》에서는 분명한 고구려지명이라고 하여 근 350개를 렬거하고있는데 그 가운데서 중복된것을 제외하게 되면 2백 수십개 군, 현의 고구려지명을 찾아낼수 있게 된다. 이것은 고구려지명연구에서 귀중한 자료로 된다.

그후 《삼국사기》에 소개되여있는 고구려지명자료를 참고하면서 《고려사》 권56 지리 1, 권58 지리 3과 《세종실록》 권148, 권152, 권153, 권154, 권155의 지리지들에서도 옛고구려의 강역에 대하여 력사적으로 고찰하면서 고구려지명의 변천상황을 서술하고있으며 《신증동국여지승람》, 《대동여지도》, 《대동지지》 등에서도 옛고구려지명을 다루고있는데 그 자료는 기본적으로 《삼국사기》의 지명자료에 원천을 두고있다고 할수 있다. 그러나 그것은 대체로 행정지명의 경우이고 자연지명은 《신증동국여지승람》을 비롯한 전문적인 지리지들에 많이 반영되여있어 지명연구에 일정한 도움을 주고있다.

2) 지명구조와 대응표기

일반적으로 지명은 구조상 특징을 가지고있다. 지명은 우선 지형지물의 종류에 따라 여러가지 지명의 단위어를 붙인다. 또한 같은 지형지물이 있는 경우에는 그것을 일정한 특징에 **따라** 서로 구별하기 위하여 여러가지 표식어를 단위어의 앞에 붙인다.

지명의 구성부분으로 되는 표식어는 비반복적인 반면에 단위어는 반복적인것이 특징적이라고 할수 있다. 그것은 강이나 산, 골짜기 등 지형지물의 류형에 일정한 한계가 있는것인데 그것이 단위어로 되는것이므로 반복이 불가피하며 반면에 표식어는 같은 류형의 지형지물에서 그것을 특별히 다른것과 구별하기 위해 붙인것이므로 일반적으로 볼 때 비반복적인 요소로 된다.

례를 들어서 고구려지명에서 산이름의 경우 《烏斯含達》은 토산에 있는 산이고 《所勿達》은 렬산에 있는 산이며 《功木達》은 련천에 있는 산을 가리키는데 산에 대응되는 단위어인 《達》은 반복되여 쓰이지만 표식어들인 《烏斯含》, 《所勿》, 《功木》은 비반복적인것이다.

우리 나라에서 지명의 단위어를 표기함에 있어서는 례컨대 산의 높은데를 흔히 《山》, 《峯》으로, 높고 평평한데는 《德》으로, 낮고 통행로로 되여있는데는 《嶺》, 《岾》, 《峴》, 《峙》 등으로 쓰고있지만 실지 부를 때에는 《산》과 《봉》을 혼용하기도 하고 《달》, 《덕》, 《모로/뫼》, 《재》, 《치》, 《고개》, 《바위》 등을 혼용하는 경우가 많다.

그러면 고구려지명의 단위어에 대해서 보기로 하자.

《삼국사기》 권35, 37에 소개되여있는 고구려지명자료에서 주요단위어의 표기방식에 나타나는 대응관계를 보면 다음과 같다.

의역 : 음역

城 : 忽

陰城 : 仍忽, 水城 : 買忽, 取城 : 冬忽,

高城 : 達忽, 臂城 : 馬忽, 穴城 : 甲忽,

白城 : 奈兮忽,　開城 : 冬比忽, 岐城 : 冬斯忽,
野城 : 也尸忽, 邵城 : 買召忽, 戌城 : 首尒忽,
峯城 : 述尒忽, 池城 : 內米忽, 母城 : 也次忽,
淺城 : 比列忽, 迸城 : 加阿忽, 敦城 : 仇次忽,
鉛城 : 乃勿忽, 節城 : 蕪子忽, 水谷城 : 買旦忽,
津臨城 : 烏阿忽

山 : 達
兎山 : 烏斯含達, 土山 : 息達,　蘭山 : 昔達,
菁山 : 加支達,　蒜山 : 買尸達,　松山 : 夫斯達,
僧山 : 所勿達, 釜山 : 松村活達

谷 : 旦, 呑, 頓, 堂
水谷城 : 買旦忽, 習比谷 : 習比呑,　翼谷 : 於支呑,
五谷 : 于次呑忽, 十谷城 : 德頓忽,
羽谷 : 玉堂(《신증동국여지승람》 권44)

壤 : 內, 奴, 惱
槐壤 : 仍斤內*, 斧壤 : 於斯內,　休壤 : 金惱
黑壤 : 今勿奴,　穀壤 : 仍伐奴,

　* 《仍斤內》의 《斤》은 《尸》의 오자로 인정된다.

口 : 忽次, 古次
獐項口 : 古斯也忽次, 穴口 : 甲比古次

川 : 買*
南川 : 南買, 述川 : 省知買, 橫川 : 於斯買,
深川 : 伏斯買, 狌川 : 也尸買, 沙川 : 內乙買,
伊川 : 伊珍買

　* 《買》는 《川》과만 대응되는것이 아니라 《水》나 《井》과도 대응관계를 이루고있었다.

　　水 : 買
　　　水城 : 買忽, 水入 : 買伊, 水谷 : 買旦
　　井 : 買

泉井口 : 於乙買串

川 : 壤, 襄

西川 : 西壤, 東川 : 東襄

峴 : 波衣, 波兮*

猪闌峴 : 烏生波衣, 松峴 : 夫斯波衣,

平珍峴 : 平珍波衣, 三峴 : 密波兮

* 《波衣, 波兮》의 표기변종으로 《巴衣》도 있었는데 이것들은 경우에 따라서 《巖》, 《忽》과도 대응하고있어 대응관계가 다양하다고 할수 있다.

巖 : 巴衣, 波衣

孔巖 : 濟次巴衣, 鵂巖 : 租波衣

忽 : 波衣

童子忽 : 仇斯波衣,

고구려의 리두식표기에서 흔히 쓰이고있었던 주요지명 단위어들의 의역과 음역의 대응을 통하여 당시 우리 말의 어휘상태에 대한 추정이 어느 정도 가능하게 된다.

례를 들어서 《城》을 《忽》로 대응시키고있는것은 고구려의 경우에 거의 례외가 없었다고 할수 있다. 《忽》의 기초한자음을 《xuət》로 추정하고있으나 《x》가 우리 말에서 《ㄱ》로 대치되고 설내입성 《-t》가 《ㄹ》로 대치되는것은 예로부터 존재하였던 현상이였던것만큼 《忽》은 《구루》 또는 《골》의 음역자로 인정할수 있다.

《山》을 《達》로 대응시키고있는것도 고구려의 경우에 례외가 거의 없다. 물론 《達》을 《高》에 대응시키는 경우가 있는데 (례: 高城 : 達忽) 그것은 산이 높다는 표식의 공통성에 의해서 그렇게 된것이라고 할수 있다. 《達》의 기초한자음을 《dat》로 추정하고있으나 이 설내입성자도 역시 《다라/달》로 읽히였을것으로 생각된다.

《谷》은 고구려에서 《旦, 呑, 頓, 堂》으로 대응시키고있는데 그것은 《단》의 표기변종들이라고 본다. 《旦, 呑, 頓, 堂》은 오늘 우리 한자음에서 《단, 탄, 돈, 당》으로 되여있으나 당시 거센소리가 없었던것을 고려하면 초성은 《ㄷ》였을것이며 《ㅇ》페음절은 후기적발생인것만큼 만일 페음절이 생긴 이후라면 《ㄴ》페음절 이외에 다른것이 될수 없다. 그리고 중성은 《ㅏ》또는 《ㅗ》로 되겠는데 대응된 한자의 비률로 보아 《ㅏ》일수 있는 가능성이 많다. 그리하여 《谷》에 대응되는 당시 우리 말은 《단》으로 보게 되는것이다.

《壤》은 《內, 奴, 惱》로 대응시키고있는데 그것은 《나》의 표기변종들이다. 《內, 奴, 惱》는 오늘 우리 한자음에서 《내, 노, 뇌》로 되여있으나 당시 《ㅐ, ㅚ》와 같은 모음이 아직 생겨나기전인것만큼 《나》또는 《노》를 상정할수 있다. 그런데 《壤》의 추정되는 기초한자음은 《niaŋ》으로서 그것은 《땅》의 뜻인 《나》의 음역자로도 되고 또 의역자로도 될수 있다는 사정을 고려할 필요가 있다. 그리고 이 류형의 고구려지명이 후에 《州》또는 《川》과 대응되고있어 《나》의 대응표기는 매우 포괄적인것이였음을 알수 있다.[주]

> [주] 《조선지명변천에 대한 력사문헌학적연구》(정순기, 사회과학출판사, 주체 94(2005)년)에서는 《나》가 자연지물상 서로 정반대되는 물과 산, 언덕, 바위 등을 나타내는것은 리치상 생각할 때 납득이 되지 않는다고 하였는데(18페지) 《나》는 《나라, 나루, 나려》에 대한 인식의 미분화상태를 보여주는것이 아니라 단지 리두식표기의 특성상 음역으로는 세분된 구별표시를 하지 못하였으나 한자로는 그것을 의미에 따라 구별했던것이라고 할수 있다.

《口》는 《忽次, 古次》로 대응시켜놓았는데 그것은 《고시》또는 《구시》의 표기변종들이다. 《忽》을 《城》에 대응시킨 경우에 본바와 같이 당시 우리 한자음에서 《忽》의 초성을 《ㄱ》로 대치시킨 전례가 있어 《古》의 초성 《ㄱ》와 일치하였던것으로 보며 《次》는 추정되는 기초한자음이 《ts'ie》이니 당시 우리 한자음에서는 《시》의 음역으로 쓰일수 있다.

《川》을 《買》로 대응시키고있는것은 고구려에서 거의 보편화되여있었다. 《買》는 추정되는 기초한자음이 《mai》이니 당시 우리 한자음으로는 《마》로 읽혀졌을것이다. 그런데 《買》는 《川》만이 아니라 《水, 井》에도 대응되고있다. 다시말하여 《물》과 관련된 여러가지 대상들에 《買》가 대응되고있는것이다. 그리고 당시 리두식표기에서는 《勿》이*1 《水, 梁》에도 대응하고있음을 볼수 있는데*2 이것은 고구려에서 《마》와 《물》이 같은 뜻으로 쓰이고있었음을 보여주고있다.*3

*1 설내입성인 《忽》이 《콜》로 읽힌것처럼 같은 설내입성인 《勿》도 《물》

로 읽혔을것으로 본다.

*2 水 : 勿
     德水 : 德勿
     梁 : 勿
     僧梁 : 非勿

*3 《마》는 오늘 《매》로 되여 《물》과 동의적으로 쓰이고있는데 그것은 서
   해 남부의 섬들에서 쓰이는 조수이름애 반영되여있다.
   음력 2일…여들매, 야들물
   음력 3일…아흡매, 아홉물
   음력 4일…열매, 열물
   음력 10일…한매, 한물
   음력 11일…두매, 두물

《峴》을 《波衣, 波兮》로 대응시키고있는데 그것은 《바히》의 표기변종들로 인정된다. 《波》는 오늘 우리 한자음에서 《파》이지만 당시에 거센소리의 존재가 인정되지 않은 조건에서 《바》로 읽혔을것이며 《兮》는 《히》의 표기로 되며 《衣》는 그 표기변종으로 될수 있다. 《바히》는 《巖》에 대응되기도 하였는데 그 말은 오늘 《바위》로 되여 그대로 유지되여오고있다.

그밖에 고구려지명에는 《牛岑》에 대응되는 《首知衣》가 있는데 그 단위어는 《岑》과 대응되는 《知衣》이며 《奈堤》에 대응되는 《奈吐》가 있는데 그 단위어는 《堤》와 대응되는 《吐》이다. 《吐》는 추정되는 기초한자음이 《t'o》이니 《도》의 음역으로 쓰인것으로서 오늘의 《터》는 그 변화형으로 된다. 그리고 《知衣》는 추정되는 기초한자음이 《tie—ʔəi》이니 당시에 《더히》의 음역으로 쓰인것으로서 오늘의 《재》는 그 변화형태로 된다.

지명의 리두식표기에서 음역은 일반적으로 당시의 우리 한자음을 기준으로 하고있었다. 례를 들어서 《峯城》에 대응되고있는 《述尒忽》의 경우에 《述尒》는 기초한자음이 《dz'iuet—ńie》로서 설내입성 《—t》가 우리 말에서는 《ㄹ》종성으로 대치되는것만큼 《수리》의 표음으로 될수 있는데 그것은 《峯》에 대응되는 우리 말이다.

이와 같이 음역은 기본적으로 당시의 우리 한자음을 기준으로 하고있었다.

고구려의 지명표기에서는 음역과 음역의 대응도 있었다.

음역 : 음역

于珍也 : 蔚珍* … 《于(우)》와 《蔚(울)》의 대응은 《ㄹ》 폐음절의 존재를 무시한 조건에서만 성립되는 대응이다.

> * 남극관(南克寬)은 《몽예집(夢囈集)》에서 《우리 나라 말에서 蔚珍의 蔚의 음은 宇이다.》라고 한바가 있다.

有鄰 : 于尸 … 《有(유)》와 《于(우)》의 대응은 겹모음의 존재를 무시한 조건에서 《우》의 음역으로 되며 《鄰(린)》과 《尸(리)》*의 대응에서는 《ㄴ》폐음절의 존재가 무시되여있다.

> * 《尸》를 《리》의 표음자로 리용한 례로서는 《文峴縣 = 斤尸波兮》를 들수 있다.

何瑟羅 : 河西良… 《瑟(슬)》과 《西(서)》, 《羅(라)》와 《良(량)》의 대응은 폐음절의 존재를 무시한 조건에서만 가능하다.

仇乙峴 : 屈遷* … 《仇乙(구을)》과 《屈(굴)》의 대응은 기초한자음의 《-t》폐음절이 우리 나라에서 《ㄹ》폐음절로 된것을 전제로 하는것이다.

> * 기초한자음에서 《乙》은 《ʔiet》이며 《屈》은 《kʼiuet》인 설내입성자들이다.

屑夫婁 : 肖利巴利 … 《屑(설)》과 《肖利(초리)》의 대응은 《ㄹ》폐음절의 존재를 전제로 하고있으며 《夫婁(부루)》와 《巴利(파리)》의 대응은 거센소리가 아직 없었다는것을 전제로 하고있다.

富林 : 伐音 … 이 대응은 《伐(벌)》과 같은 《ㄹ》폐음절의 존재를 전제로 해서만 가능하다.

積利 : 赤里 … 《積》과 《赤》의 대응은 《積》의 기초한자음이 《tsiäk》이고 《赤》의 기초한자음이 《tsʼiäk》으로 추정되는것만큼 당시 순한소리와 거센소리의 대립이 없었음을 의미하고있다.

似城 : 史忽 … 《似》와 《史》의 대응은 기초한자음에서 《似》가 《zie》이고 《史》가 《sie》로 추정되는 조건에서 당시 유성음과 무성음의 대립이 없었음을 의미하고있다.

買召忽 : 彌鄒忽 … 《買召(매소)》와 《彌鄒(미추)》의 대응은 겹모음

과 거센소리가 없었다는것을 전제로 하여서만 리해되는것이다.

久遲 : 仇知 … 《遲》와 《知》의 대응은 기초한자음에서 《遲》가 《di》이고 《知》가 《tie》로 추정되는 조건에서 당시 유성음과 무성음의 대립이 존재하지 않았음을 의미하고있다.

軍邪 : 屈奈 … 이 대응은 《軍》과 《屈》의 종성이 무시된 《구》의 표기이거나 또는 《屈》의 종성이 뒤에 오는 《ㄴ》에 의해서 《ㄴ》로 변화된 현상을 반영한것이다.

이처럼 리두식표기에서 음역과 음역의 대응은 당시 우리 말 어음체계의 특성과 여러가지 어음현상을 반영하고있다. 즉 이 대응자료를 통해서 우선 당시 우리 말에는 홑모음과 겹모음의 대립이 존재하지 않았으며 순한소리와 거센소리의 대립도 없었다는 사실을 알게 된다. 또한 일반적으로 폐음절이 무시되고있으나 한편으로 기초한자음의 설내입성 즉 《ㅡt》폐음절이 우리 말에서 《ㄹ》폐음절로 대치되는 현상이 발생하고있었다는것도 인정하지 않을수 없다.

한마디로 말하여 음역과 음역의 대응을 통해서 고구려의 우리 말 어음상태를 추정할수 있는 귀중한 력사어음론적자료를 얻게 되는것이다.

고구려의 지명표기에는 음역과 의역, 음역과 음역의 대응 이외에 의역과 의역의 대응도 있다.

의역 : 의역

仇乙峴 : 屈遷* … 《峴》과 《遷》이 대응되고있는데 이것은 《벼랑》의 뜻으로 쓰인 《벼루》 또는 《벼로》를 의역한것이라고 할수 있다.

> * 《遷》은 《淺》으로도 표기되면서 《올리막》이나 《벼랑》을 나타내는 우리 말을 적는데 흔히 쓰이고있었다. 《峴》은 《고개》라는 뜻이 있기때문에 《올리막》이라는 점에서 《遷》과 일정한 의미적공통성이 있다. 바로 이것이 《峴》과 《遷》의 대응을 가능하게 한것이라고 생각한다.

> * 정다산의 《아언각비》에서는 《遷》을 우리 말로 《別吾》라고 한다고 밝히고있다.

泉井口 : 於乙買串… 《口》와 《串》이 대응되고있는데 《口》가 《고시》와 대응되는데 대해서는 앞에서 이미 본바가 있다.(례: 穴口 : 甲比古次) 그런데 《삼국사기》 권37에서는 《板麻串》을 고려에서 《嘉禾縣》으

로 고친 사실을 전하고있다. 《嘉禾》는 《串》에 대응되는 《고시》의 음역으로 되는데 《고지/곶》으로 변화되여 지금도 《장산곶》을 한자로 쓸 때는 《長山串》으로 적고있다.

이처럼 의역의 경우에는 음역의 경우와는 달리 한자수와 우리 말의 음절수가 일치하지 않을수 있다,

그런데 리두식표기는 의역이 음역과 대응되여있어 의의가 있는것이며 또한 의역과 의역의 대응은 어휘들의 의미적대응을 밝히는데 일정한 자료를 제공해주고있는 점에서 의의가 있다고 할수 있다.

고구려에서는 리두식표기를 발전시켜나가는 과정에 자기 식의 독특한 글자를 만들어쓰기도 하였다. 이러한 글자를 리두자라고 하는데 그것은 주로 지명표기에 쓰이고있었다.

首乙呑 : 原谷(《삼국사기》 권37)

《原》은 봉건시기 량식창고가 있는 마을이라는 뜻을 나타내는 리두자로서 《마라》의 표기에 쓰인다. 《마라》는 《머리》의 고형인 《마리》와 류음이의적관계*에 있다고 본대로부터 《首乙》과 대응시켜놓았다. 결국 《原谷》은 《마라단/마리단》의 표기로 되는것이다.

> * 류음이의적관계란 《마라》와 《마리》처럼 음은 비슷하나 뜻이 다른것을 말한다.

加羅忽 : 逆城(《삼국사기》 권35)

《逆》는 국경을 지키는 초소의 뜻을 나타내는 리두자로서 《변두리》의 뜻인 《가》의 고형인 《가사/가라》의 표기에 쓰인다. 그리하여 《가라》의 음역인 《加羅》와 대응되고있어 결국 《逆城》은 《가라구루/가라골》의 표기로 되는것이다.

檪木城(《삼국사기》 권37)

《檪》는 《紫木》 곧 《붉은 나무》의 뜻을 나타내는 리두자이다. 이것은 대응되는 표기변종이 없고 단지 의역으로만 표기되여있기때문에 정확한것을 알수 없다. 그러나 고구려지명표기에 《沙非斤乙 : 赤木》의 례가 있어 《檪木城》을 《사비거리구루/사비거리골》로 추정할수 있겠다고 본다.

이렇듯 고구려에서는 오랜 기간에 걸쳐 지명표기를 다양한 방법으로 발전시키면서 자기 강역의 여러 고장에 고유어로 된 이름을 붙였던것이며

풍부한 지명유산을 후세에 남기게 되였던것이다.

2. 고구려지명의 언어적분석

지명연구에서 그 지리적분포를 확정하고 그에 대한 언어적분석을 진행하는것은 호상 련관되여있는 필수적인 선행공정으로 된다. 왜냐하면 지명은 일정한 지형지물에 대한 명명인 동시에 일정한 력사적사실 또는 지리적인 련관을 반영한 독특한 명명으로 되기때문이다. 따라서 지명을 순수 언어학적관점에서만 분석하게 되면 지명의 명명적계기를 옳게 밝히기 어려우며 그 분포를 밝히는데서도 정확성을 기하기가 어렵게 될수 있다.

신경준은 《여지고》의 력대국계에서 우리 나라의 력사지리에 대하여 우선 고조선, 고구려, 발해 등 주로 나라의 북쪽에서 흥망한 나라들을 시대순으로 서술하고 다음에 진국, 삼한, 백제, 신라 등 남쪽에서 흥망한 나라들을 서술하였으며 그 다음에는 통일국가로 된 고려, 리조를 순차로 서술하였다. 이러한 서술방식은 그가 우리 나라 력사에서 차지하는 단군조선과 고구려의 지위에 대해서 정확한 인식을 가지고있었음을 보여주는것이라고 할수 있다.

그리하여 고구려지명의 지리적분포는 조종의 산 백두산과 압록강을 계선으로 하여 남과 북을 가르고 남쪽의 경우에는 고구려가 위세를 떨치며 남진했던 지역과 그후 후기신라의 령역에 들어가지 않은 지역으로 구분하여 고찰할수 있다.

1) 백두산과 압록강이남 고구려령역의 지명

(1) 백두산과 압록강, 평양일대의 일부 지명

고구려의 지명분석에서 무엇보다먼저 론해야 할것은 우리 민족의 조종의 산 《白頭山》에 대한 문제이다.

白頭山

위대한 수령 **김일성**동지께서는 다음과 같이 교시하시였다.

《백두산은 우리 나라 조종의 산으로서 조선의 상징이며 반만년의 유구한 력사를 자랑하는 민족사의 발상지이다.》 (《김일성저작집》 제49권, 87페지)

민족의 상징인 백두산에 대한 숭상은 곧 우리 나라에 대한 숭상이였으며 조국과 민족에 대한 사랑이였다.

그리하여 예로부터 백두산과 관련해서는 여러가지 기록이 남게 되였다.

o 우리 나라의 모든 산은 다 백두산에서 시작되였다. (我國諸山 皆發源 於白頭山) (《지봉류설》 권2, 지리부)

o 높은 산줄기가 백두산에서부터 솟았다 낮았다하면서 남쪽으로는 철 령까지 천여리나 뻗어내려갔고 북쪽으로는 야인이 사는 지경까지 잇닿아있다. (有峻嶺自白頭山起伏 南走鐵嶺縣亘千餘里 北連野人界) (《세종실록》 지리지, 권155)

o 백두산은 곧 장백산이다. … 산은 모두 세개 층이며 높이가 2백리이 고 옆으로 천리에 걸쳐있으며 그 산꼭대기에 못이 있는데 둘레가 80리이며 남쪽으로 흘러 압록강이 되고 북쪽으로 흘러 송화강, 혼 동강이 된다.(白頭山 卽 長白山也 … 山凡三層 高二百里 橫亘千里 其巓有澤 周八十里 南流爲鴨綠江 北流爲松花江 爲混同江) (《신증 동국여지승람》 권50, 회령)

o 고종 무인(678년)에 고려(고구려)의 남은 자손들이 한데 모여 북쪽으 로 태백산밑을 의지삼아 나라이름을 발해라 하였다.(高宗戊寅 高麗 殘孽類聚 北依太白山下 國號渤海) (《삼국유사》 권1, 기이 2)

o 전의 고구려 옛장수인 대조영이 태백산의 남성에서 거사하여 … 나라를 세워 발해라고 하였다. (前麗舊將大祚榮得擧太白山南城 … 開國乃以渤海名至) (《제왕운기》 권 하)

o 대태백 대택수(大太白 大澤守) (백두산 천지의 룡신비각)

o 장백산(長白山) (함경) (《대동여지도》)

o 동옥저는 개마대산의 동쪽에 있다. (東沃沮 在蓋馬大山之 東) (《후한 서》 동이전, 동옥저)

o 료동평야를 건너서서 다시 솟아 백두산이 되였는데 즉 산해경에서

소위 불함산이라고 하는것이 이것이다. (是爲遼東之野 渡野起爲白頭山 卽山海經 所謂不咸山是也) (《력리지》 팔도총론)

《지봉류설》에서 강조하고있는바와 같이 우리 나라의 모든 산의 시원으로 되고있는 백두산은 예로부터 우리 민족이 조종의 산으로 우러러 받들어왔으며 많은 문헌들에서 《白頭山》으로 기록하고있다. 그런데 이 조종의 산 백두산에 대해서 일부 문헌들에서는 《太白山》, 《蓋馬山》, 《不咸山》이라고 하였으며 또 《長白山》이라고도 하고있다. 이 각이한 이름에 대해서 여러가지 해석을 가할수 있는데 그것을 추려보면 다음과 같다.

① 백두산 천지의 룡신비각에는 백두산을 《大太伯》이라 하였으며 고구려의 유민들이 의거하여 발해를 세웠다는 산에 대해서 《太白山》이라고 했으니 이것은 백두산의 별명임이 분명하다. 그리고 《太白山》과 《太伯山》은 표기변종들이라고 할수 있다.

《太》는 《크다》의 뜻인 《한》의 의역자로 볼수 있으며 《伯》과 《白》은 그 기초한자음이 다같이 《pɐk》인데 특히 《白》은 《밝다》의 뜻도 있으니 이것은 그 류사음에 의한 《박/발》의 음역자로 또는 의역자로 볼수 있다. 그리하여 《太伯 / 太白》은 《한박/한발》의 표기로 되는데 《한발》은 《天》의 뜻인 《한발 〉한발 〉한볼 〉한올 〉하늘》의 과정을 밟은 《하늘》의 고형으로 추정되는것만큼 《한발》이란 《天(하늘)》의 뜻으로 해석된다.

　o 대저 우리 말에서는 큰것을 한(汗)이라고 한다. 하늘을 한(汗)이라고 하는것은 역시 이때문이다. (大抵方言 以大者爲汗 故謂天爲汗亦此也) (《지봉류설》 권16, 어언부, 방언)

　o 天은 하놀히라 (《석보상절》 서 1)

　o 天曰 漢捺 (《계림류사》 고려방언)

우리 민족은 예로부터 《天(하늘)》을 신성시하고 그것을 태양과 결부시켜 가장 크고 높고 밝은것으로 생각한데로부터 조종의 산을 하늘과 결부시켰던것이며 심지어 다른 높은 산에도 《天》을 붙이기를 즐겨하였던것이다.

　o 天德山 (경기 양성 서)

　　天寶山 (경기 포천 서)

天寶山 (강원 회양 남)

天磨山 (강원 장양 서)

天磨山 (황해 재령 남)

天佛山 (함경 문천 북)

그리고 옛지명표기에서 《山》은 《達》과 대응되고있었으니 《山》은 《다라/달》의 의역자로 된다.

o 또 도읍을 백악산 아사달에 옮기였는데 그곳을 또 궁흘산이라고도 하고 또 금미달이라고도 한다. (又移都於白岳山阿斯達 又名弓忽山 又今彌達) (《삼국유사》 권1, 고조선)

이 기록에서 보는바와 같이 《山》과 《達》이 대응관계를 이루고있다.

o 대박산(大朴山)은 현의 북쪽 4리에 있다. (《신증동국여지승람》 권 55, 강동)

단군릉의 곁에 있다는 《大朴山》도 《大》는 《한》의 의역이며 《朴》은 기초한자음이 《bək》이니 《白》의 표기변종으로 될수 있어 신성한 산에 대해서 불러온 《한박달/한발달》의 또 다른 표기라고 해야 할것이다.

한편으로 《太白山》의 표기변종인 《太伯山》은 묘향산을 신성시하여 붙인 별명으로 불리우기도 하였다.

o 여기에는 묘향산(妙香山)[즉 태백산(太伯山)]이 있다. (《고려사》 권 58, 지 12)

태백산은 높은 산에 대한 숭상의 뜻으로 널리 쓰이여 태백산줄기라는 말이 쓰이게 되였고 그 산줄기의 높은 산을 태백산이라 하게 되였다.

《太白山》은 《長白山》이라고도 하였는데 《長白山》의 《長》은 지명표기에서 흔히 《大, 太》와 대응되는 《한》의 의역으로 되는 경우가 있다.

《신증동국여지승람》예는 《한》의 의역자로 쓰인 《長》으로 표기된 지명이 적지 않게 반영되여있다.

o 長背串(현의 남쪽 19리에 있음) (권20, 비인)

長橋(북천에 있음) (권34, 정읍)

長平山(부의 동쪽 15리에 있음) (권49, 갑산)

長坪山古城(부의 동쪽 13리에 있는데 석축으로서 둘레는 2천 600척이며 높이는 9척이다. 지금 태반이 퇴락하였음) (권49, 갑산)

長兀岳(한나산의 중턱에 있는데 주에서 36리의 거리에 있으며 산정에 못이 있음) (권38, 제주)

《長背串》은 《한배곶》의 표기로 되며 《長橋》는 《한다리》의 표기로 된다. 그리고 《長平山》과 《長坪山》은 같은 지명에 대한 표기변종으로서 《長平/長坪》은 《한벌》의 표기로 된다.

제주도의 《長兀岳》은 《한 올오롬 〉 하늘오름》의 표기로 되는데 《長》은 《한》을 의역한것이고 《兀(올)》은 《올》을 음역한것이며 《岳》은 제주방언인 《오름》을 의역한것이다. 한나산의 중턱에 있는 산을 《하늘오름》이라고 하는 이 이름은 지금도 쓰이고있다.

《長》은 흔히 《大, 太》에 대응되는 《한》의 표기로 되고있는것만큼 《長白山》과 《太白山》은 같은 말의 표기로 쓰이게 된것이다.

이처럼 《天山(하늘산)》의 옛날말인 《한발달》은 《太白山, 大朴山, 太伯山, 長白山》 등 여러가지 표기변종을 가지고있었다.

한편 이 《天山》에 큰 못이 생기게 되자 그것을 《天池》로 일컬으게 되였으니 그것은 《한발못》 즉 《하늘못 〉 하늘못》의 표기로서 그것이 줄어서는 《한못》이 되였는데 백두산 천지의 룡신비각에 새겨진 《大太白大澤守》의 《大澤》이 곧 《한못》의 표기로 되는것이다.

ㅇ 한비 사ᄒ리로ᄃᆡ (《룡비어천가》 67)

ㅇ 못 틱 澤(《훈몽자회》 중 8)

《한비》는 《大雨》에 대응되는 우리 말이니 《大》와 《한》의 대응은 의심할바가 없다.

그리하여 《한못》의 표기로 되는 《大澤》과 《天池》의 대응을 통해서도 《天》이 《大》에 대응하는 《한》의 표기에 쓰이였음을 쉽게 알수 있다고 본다.

② 《蓋馬山》의 《蓋馬》는 기초한자음이 《kai-ma》로서 다른 지명에 나오는 《金馬, 古馬》와 마찬가지로 《가마/고마》의 표기로 되는데 그것은 고대의 《곰》토템과 관련하여 신성시하는 곳에 붙여온 관습과 관련시킬수도 있고 또 《神》의 고어인 《가마》와 관련시킬수도 있다. 그리하여 《蓋馬山》은 백두산의 별명으로서 《神山》의 뜻인 《가마달》의 표기라고 할수 있다.

이와 관련하여 언급해야 할것은 단군이 도읍으로 정하였다는 《阿斯達》을 일명 《今彌達》이라고 한다고 한 《今彌》가 바로 이 《가마/고마》라는 점이다.

이러한 관습에 따라 우리 나라에는 《가마/고마》가 붙은 여러 지명이 생기게 된것이다.

o 蓋幕山 (평안 삭주)

　古未洞 (함경 삼수)

　古幕浦 (전라 라주)

　金馬川 (충청 홍주)

③ 《不咸山》의 《不咸》은 기초한자음이 《biuət-ɤɐm》으로서 《不》의 설내입성 《-t》는 우리 말에서 《ㄹ》종성으로 대응되는것만큼 《불》의 음역으로 될수 있으며 《咸》은 《가마/감》의 음역으로 될수 있다고 본다. 《불가마/불감》이란 백두산의 활화산시기에 붙인 이름으로서 《불을 뿜는 신성한 산》이라는 뜻에서 《불가마다라/불감달》이라고 한것이 아니겠는가 하는 추측을 가능케 한다.

그렇다면 《白頭山》이라는 이름은 어떻게 명명된것인가?

문헌상으로 볼 때 《白頭山》보다도 먼저 나온 이름은 분명히 《太白山》이였다.

이와 관련하여 《규원사화》에서는 백두산이 우리 민족의 시조인 하늘의 3신 즉 환인, 환웅, 환검을 제사지내는 산으로서　삼신산인 태백산(백두산)은 우리 민족의 시조인 3신을 제사지내는 가장 숭엄한 산으로 된다는것을 강조하면서 다음과 같이 서술하고있다.

《태백(太白)을 일명 백두(白頭)라고 한다. 갑비고차(甲比古次)에서 하늘에 제사지내던 곳을 두악(頭嶽)이라고 하였다. 이것은 단군이 하늘에 제사를 지내여 반드시 〈머리〉의 이름을 따른 산이 아니겠는가. 하늘에 제사를 지내였기때문에 〈머리〉라는 이름을 가지게 되였던것이다.》[주]

[주] 《규원사화》(오회복역, 김일성종합대학출판사, 주체98(2009)년) 69,73페지).

《甲比古次》는 《갑곶》의 고형인 《가비고지》에 대한 리두식표기로서 강화도의 옛이름이며 이곳의 《頭嶽》이란 곧 《마니산(摩尼山)》을 가리키는데 그것은 《마리달》에 대한 리두식표기로 된다.

o 마리 두 頭(《훈몽자회》 상 24)

《마리/머리》는 가장 우이거나 혹은 으뜸가는 우두머리를 이르는 말이다. 강화도에서 제사지내였던 높은 산을 《마리달》이라고 한것과 마찬가지로 하늘에 제사지내던 조종의 산을 《마리달》 즉 《頭山》이라고 하는것은 당연한 일이라고 본다.

한편 《대동수경》에서는 백두산에 대해서 그저 《白山》이라고도 소개하였다.

o 괄지지(括地志)에 이르기를 《말갈국(靺鞨國)은 옛 숙신(肅愼)인데 그 남에 백산(白山)이 있으며 새와 짐승, 풀과 나무들이 다 희다.》라고 하였다. (《대동수경》 권1, 록수)

o 만수(滿水)는 백산(白山)의 동남쪽 골짜기로부터 흘러나온다. 이것이 곧 두만하(豆滿河)인데 이 강에는 여섯가지 이름이 있다. (《대동수경》 권2, 만수)

그러면 《太白山, 長白山, 白山》의 호상관계는 어떻게 보아야 하겠는가 하는 문제가 제기될수 있다.

이 이름들에서 공통적으로 쓰이고있는것은 《白》이다. 이것은 이미 앞에서 본바와 같이 본래 우리 말 《발》의 표기와 관련된것인데 그 한자의 본뜻은 《희다》이니 《白山》이라는 이름은 산정이 흰 눈으로 덮여있어 《흰 산》이라는 자연표식과도 일치한다.

그리하여 《白山》은 리두식표기인 《太白山, 長白山》의 략칭이면서도 그 자연표식에 따르는 명명으로도 될수 있는것이다.

이 산은 《白山》이면서 우리 민족의 가장 으뜸가는 산인 《頭山》인것으로 하여 어느덧 《白頭山》이라는 이름을 달게 된것이라고 본다.

더우기 년중 흰 눈을 머리에 이고있는 으뜸가는 산이기때문에 이 산을 《白頭山》이라고 한것은 그 글자의 본뜻과도 완전히 부합되는것으로 되며 이것은 흰 눈처럼 밝고 깨끗하며 순결한 우리 민족성을 상징하고있는것으로 하여 후기에 와서는 종전의 《太白山, 長白山》보다도 《白頭山》을 즐겨 쓰게 되였다. 그리하여 《세종실록》 지리지에서는 《太白山》이라고 하면 경상도 봉화에 있는 산을 가리키는것으로 국한시키고 백두산과 구별하여 서술함으로써 우리 민족의 조종의 산은 《白頭山》으로 기록하였는데 이것은 그 후의 기록들에서도 일관하였던것이다.

그리하여 《白頭山》이라는 이름은 많은 문헌들에서 우리 민족사의 발상지로 신성시되여왔으며 그것은 《하늘의 으뜸가는 산》이라 하여 온 겨레가 숭상하는 민족의 상징으로 오랜 세월 전해져왔던것이다.

고구려의 지명분석에서 다음으로 제기되는것은 압록강의 이름이다.

鴨綠江

o 료수의 딴 이름은 압록이다.(遼水一名鴨淥) (《삼국유사》 권3, 홍법 3)

o 압록수(鴨淥水) (《삼국사기》 권37, 지리 4)

o 이 주에는 압록강(鴨綠江)[마자수(馬訾水) 또는 청하(靑河)라고도 한다.]이 있다. (《고려사》 권58, 지 12)

o 대체로 압록강은 백두산에서 출발하여 수천리를 흘러내리며 도중에 세개의 지류를 합하여 서남쪽 바다로 흘러들어간다. 그 발원지가 먼 까닭에 대강이라고 하겠다.(蓋鴨綠江 自白頭山走數千里 分派爲三江 西南入于海 其發源甚遠 故謂之大水) (《지봉류설》 권2, 지리부)

《鴨綠江》은 《鴨淥水》라고도 하는데 《鴨綠》과 《鴨淥》의 기초한자음은 다같이 《ʔap-liok》으로서 《아리》의 음역자일수 있다. 그런데 특별히 《鴨》을 대응시킨것은 그 뜻이 《올히》라는 점을 고려한 일종의 동음이의적인 의역법을 배합한것이라고 할수 있다.

o 올히 압 鴨 (《훈몽자회》 상 16)

o 그려기 올히는 기리 혜요미 맛당ᄒ니 (《두시언해》 6/9)

바로 《오리》를 《아리》의 변이형으로 상정하여 《鴨》을 대응시킨것이라고 할수 있다.

압록강은 《지봉류설》에서 강조한바와 같이 그 발원지가 매우 멀어서 대강이라고 하였으니 《아리》란 바로 그 규모와 길이를 표식으로 잡아서 명명한것이라고 할수 있다.

그런데 《鴨淥水》의 딴 이름으로 《遼水》가 문헌에 나와있다.

o 료동성주는 원래 오렬홀이다.(遼東城州 本烏列忽) (《삼국사기》 권37, 지리 6)

《遼東城州》는 《遼水》의 동쪽에 있는 성의 고을이라 하여 단 이름인데 그것은 본시 《烏列忽》이라고 한다고 하였다. 《烏列》은 기초한자음이 《ʔo-liät》이니 《烏列忽》은 《오리골》의 음역이라고 할수 있다. 《오리》는 《아리》의 변이형으로서 《烏列忽》은 《鴨淥水》와 련관된 이름으로 된다. 그리하여 《遼水》는 《아리나리/오리나리》인 《鴨淥水》의 딴 이름으로 알려지게 된것이다.

《아리나리》란 《긴 강》이라는 뜻으로서 압록강만이 아닌 다른 강이름으로도 쓰이고있었는데 그것은 여러가지 표기변종을 가지고있었다.

- o 왕이 크게 노하여 아리수를 건너(王威赫怒 渡阿利水) (《광개토왕릉비문》)
- o 또 욱리하에서 큰 돌을 가져다가 돌곽을 만들어 아버지의 해골을 장사하였다 (又取大石於郁里河 作槨以葬父骨) (《삼국사기》 권 25, 백제본기 3)
- o 阿利那禮河 (《일본서기》 권9, 중애천황 9년)

《阿利水》의 《阿利》는 기초한자음이 《ʔa-li》로서 《아리》의 음역으로 되니 《阿利水》는 《아리나리/아리내》이다. 그리고 《郁里河》의 《郁里》는 기초한자음이 《ʔiuk-lie》로서 《아리》의 음역으로 되니 《郁里河》 역시 《아리나리/아리내》인 한강의 한 부분을 가리키는것이라고 할수 있다. 또한 《阿利那禮河》는 경주의 《閼川》을 가리키는것으로서 《아리내》의 고형인 《아리나리》의 표기로 된다.

이처럼 《아리나리/아리내》는 동족의 나라들인 백제나 신라의 지명으로도 쓰인것인데 고구려에서 《아리나리/아리내》는 압록강을 가리키는 고유어지명으로서 오래전부터 쓰이였던것이다.

압록강에 대한 별명으로 쓰인 《馬訾水》의 《馬訾》는 기초한자음이 《ma-tsie》로서 《마조》의 음역으로 된다. 고구려는 압록강의 북쪽인 졸본에서 나라를 세운 다음에 계속 남쪽애로의 진출을 지향하였던것만큼 압록강은 남쪽에 있는 강 또는 맞은편에 있는 강으로 인식될수 있었다고 본다. 《南》의 뜻인 옛날말 《마》는 《마조》와 기원을 같이하는 말로서 고구려의 남방진출을 반영한 《전방, 대방》의 뜻으로 쓰일수 있었다.*

- o 마조 줄울 자바 (《월인천강지곡》 상 61)

* 지금도 우리 말에서 《南》을 《앞》이라 하고 《北》을 《뒤》라고 하는것은 그 오랜 유습으로 보아야 할것이다.

그리하여 압록강의 별명인 《馬訾水》는 《마조나리/마조내》의 리두식 표기라고 할수 있다.

압록강의 또 다른 별명인 《靑河》는 강의 폭과 길이를 두고 형상적으로 이름지은것으로서 우리 고유어지명의 표기가 아니다.

고구려지명의 전면적분석에서 중요한 문제점으로 되는것은 그 지리적 분포를 밝히는것과 함께 거기에 반영된 고유어휘를 찾아내는 언어적분석을 가하는것이다.

신경준은 자기 저술인 《여지고》 력대국계의 첫머리에서 고조선의 최초의 시기로 되는 단군조선에 대하여 서술하면서 종래의 연구자들과 같이 평양을 조선의 최초의 수도로 인정하고있었다.

平壤

위대한 령도자 **김정일동지**께서는 다음과 같이 지적하시였다.

《평양은 고구려의 수도였던것만큼 평양일대에는 고구려시기의 유적과 유물이 많습니다.》(《김정일선집》 제1권, 32페지)

평양은 대동강문화의 발상지로서 단군조선의 도읍지였을뿐아니라 5세기부터 고구려의 수도로 된 고장이다. 그리하여 이 일대에는 고구려시기의 유적과 유물이 많이 남아있다.

이 일대의 지명도 우리의 귀중한 언어유산의 하나로 된다. 이 일대의 지명에는 본래 우리 말 고유어휘로 지어 불러왔던 옛흔적이 남아있으며 지금에 와서 한자말지명처럼 되여버린것도 사실상 따져놓고보면 본래 고유어지명이였음을 밝힐수 있는것이 적지 않다. 그런데 그 고유어지명은 고구려시기부터 오래동안 사용하여온것으로 하여 력사적연원이 깊은 귀중한 언어유산의 하나로 되고있다.

　ㅇ 평양성(平壤城)[지금의 西京이다.]에 도읍하고 비로소 조선(朝鮮)이라
　　 일컬었다. (《삼국유사》 권1, 기이 2)

　ㅇ 평양부((平壤府)는 본래 세 조선(三朝鮮)의 옛수도였다. (《세종실록》
　　 지리지, 권154)

일련의 문헌들은 단군이 평양에서 조선이라는 나라를 세운 다음 전조

선과 후조선, 만조선으로 내려오면서 줄곧 우리 나라의 수도였음을 밝히고 있다.

그런데 졸본에서 나라를 세운 고구려는 그후 오래동안 국내성을 수도로 하고있다가 427년에 우리 민족의 력사적발상지인 평양으로 수도를 옮기여왔다는것이 문헌에 밝혀져있다.

o 유류왕 22년에 도읍을 국내성(國內城)[혹은 尉那巖城이라 하고 혹은 不而*城이라고도 한다.]으로 옮겼다. (《삼국사기》 권37, 지리 4)

　　* 《而》는 《耐》의 오자이다.

o 국내성에 도읍한지 4백 25년을 지나서 장수왕 15년에 평양(平壤)으로 도읍을 옮겼다.(《삼국사기》 권37, 지리 4)

《삼국사기》와 《삼국유사》에서는 평양을 《平壤》으로 쓰고있으나 《광개토왕릉비문》에서는 수묘인연호를 지적하면서 《平穰》으로 쓰고있어 그 표기에서 차이가 있으며 《삼국유사》의 일부 기록에서는 《平那》로 쓰기도 하였다.(권1, 기이 2)

그렇다면 《平壤/平穰/平那》는 어떤 말의 표기로 되겠는가?

《平》은 《벌판》의 《벌》이나 그 고형인 《버러》의 의역으로 볼수 있으며 《壤》은 《땅》의 뜻인 《나》의 의역으로 볼수도 있고 또 그 기초음이 《ñiaŋ》인것만큼 《나》의 음역으로 볼수도 있다. 그리고 《穰》은 그 기초음이 《壤》과 같으나 《풍성하다》의 뜻이 있어 좋은 의미의 글자로 바꾸어 쓴것인데 《穰》과 《壤》의 한자음이 같다는 점을 념두에 둔다면 그것은 의역이라기보다 다같이 《나》의 음역으로 보는것이 타당할수도 있다. 더우기 《平那》를 념두에 둘 때 《壤/穰/那》의 등가적표기는 그것들을 《나》의 음역으로 보지 않을수 없다. 그렇다면 《平壤/平穰/平那》는 《버러나/벌나》의 표기로 될것이다.

그런데 고구려는 수도를 평양으로 옮기기전에 국내성에 있었다고 하였으니 그것은 어떤 말의 리두식표기로 되겠는가?

고구려의 수도인 《國內城》 또는 《不而城, 尉那巖城》 등은 사실상 《버러나/벌나》의 그 어떤 표기변종에 지나지 않는다고 할수 있다. 《國內城》의 경우에 《國》은 《버러/벌》의 의역으로 되며 《內》는 기초한자음

이 《nuai》이니 《나》의 음역일수 있다. 결국 《國內》는 《버러나/벌나》
의 표기로 될것이다.

그리고 《不耐》에서 《不》의 기초한자음은 《biuət》로서 《-t》
의 설내입성이 우리 말에서는 《ㄹ》종성으로 대응되는 법칙이 있기때문에
《불/벌》의 음역으로 될것이며 《耐》는 기초한자음이 《nuɐi》이니 류사음
에 의한 《나》의 음역으로 될수 있다고 본다. 결국 《不耐》는 《부루나/
불나》의 음역으로서 《버러나/벌나》의 변이형을 표기한것으로 된다.

그리고 《尉那巖》의 경우에는 《尉那》의 기초한자음이 《ʔiuəi-nâ》
이니 《불나》의 변이형 《울나》를 류사음으로 표기한것으로 인정되며
《巖》*은 지형상 특성에 따라 《나》의 의역자로 다시 덧붙인것이라고
할수 있다.

> * 《巖》이 《나》에 대응하는 표기로 되는것은 《月奈》와 《靈巖》의 대응을
> 그 다른 례로 들수 있다.(《삼국사기》 권36, 지리 3)

이처럼 고구려에서는 수도에 대하여 《버러나/부루나》 또는 《벌나/불
나》로 이름지어 불렀던것인데 그것은 수도의 이동에 따라 표기방식에서
차이가 있어 《平壤》 또는 《國內城》으로 표기하였던것이다.

《平壤》은 다른 문헌에서 《百牙岡》으로도 소개하고있다.

○ 서경(西京)은 백아강(百牙岡)이라고 한다.(《고려사》 권122, 방기)

《西京》은 고려시기에 수도인 개경의 서쪽에 있다 하여 평양에 붙인
별명인데* 이에 대해서 《百牙岡》이라고도 한다고 하였다.

> * 《서경(西京)》이라는 말은 918년에 고려가 개성을 수도로 정하고 그곳을
> 《개경(開京)》이라 이름지은 다음에 그것을 기준으로 하여 동쪽에 있는 경
> 주를 《동경(東京)》이라 하고 서쪽에 있는 평양을 《서경(西京)》이라고 한데
> 서 나온 이름으로서 한때 960년에는 《서도(西都)》라고 하다가 995년에 다
> 시 《서경》이라고 한것으로 전한다. 그러나 자기 고장이 옛고구려의 수도였
> 음을 긍지로 간직하고있는 평양사람들은 《서경》을 달갑지 않은 이름으로
> 생각하여 잘 쓰지 않았다.

《百牙岡》의 《百牙》의 기초한자음은 《pɐk-ŋa》이므로 류사음에 의
한 《바라》에 대한 음역으로 될수 있으며 《岡》은 《나》의 의역으로 될
수 있다.

우리 말 고유어인 《버러(벌)/부루(불)/바라(발)》는 평야의 뜻인 《벌》

의 여러 변이형이며 《나》는 《나라》, 《나리》의 《나》로서* 고구려에서는 지명의 단위어로서 그 의역자인 《壤》을 땅의 뜻으로 널리 쓰고있었던것이다.

　　o 황양현(荒壤縣)은 원래 고구려의 골의노현(骨衣奴縣)을 경덕왕이 개칭한것인데 지금의 풍양현(豊壤縣)이다.(《삼국사기》 권35, 지리 4)

　　o 휴양군(休壤郡)은 금뇌(金惱)라고도 한다.(《삼국사기》 권37, 지리 6)

고구려지명표기에 쓰인 《奴, 惱》는 《나》의 음역자로서 그 의역으로는 《壤》이 대응되고있었다.*

　　　* 고구려지명에서 널리 쓰이던 말인 《나》는 고구려의 통치하에 오래동안 살고있었던 말갈족의 후신인 녀진족과 그 후손들인 만주족들도 차용하여 《땅》을 《na》라고 하고있었다.

　　　o Na ① 地, 土地, 大地 (《신만한대사전》 561페지)

이처럼 여러 력사문헌에 나오는 평양에 대한 각이한 표기들은 다 우리 말의 고유어지명인 《버러나(벌나)/부루나(불나)/바라나(발나)》 등 여러 변이형을 리두식으로 표기한것이라고 할수 있는데 고구려에서는 수도명으로서의 《버러나(벌나)/부루나(불나)/바라나(발나)》를 고구려의 존속기간에 줄곧 써왔던것이다.

그리하여 고구려는 수도와 남북의 부수도를 설치한 3경체계를 유지하면서 수도뿐아니라 부수도에 대해서도 평양의 명칭을 달고있었던것이다.

　　o 남경류수관 양주(南京留守官 楊州)는 원래 고구려의 북한산군(北漢山郡)이다.[남평양성(南平壤城)이라고도 한다.] (《고려사》 권56, 지 10)

　　o 경도한성부(京都漢城府)는 원래 고구려의 남평양성(南平壤城)이다.(《세종실록》 지리지, 권148)

이처럼 한성은 고구려의 부수도로서 남평양이라고 하였으니 그곳 역시 남쪽의 《버러나/벌나》였던것이다.

평양에는 고구려때부터 불리워온것으로 인정되는 지명이 적지 않은데 그 대표적인것으로서 《浿水/浿江》, 《木覓山》, 《乙密臺》, 《酒巖》, 《高方山》, 《馬灘》, 《豆老島》 등을 들수 있다.*

　　　* 고구려의 지명분석에서 행정지명을 위주로 하면서도 그와 관련된 자연지명

까지도 그 대상으로 잡는것은 이 시기 지명의 표기수법과 그에 반영된 당시 언어상태를 밝히는데서 의의가 있다고 본다.

浿水/浿江

o 평양성은 지금의 서경이요 패수는 바로 대동강인듯 하다.(平壤城似 今西京而浿水卽大同江是也) (《삼국사기》 권37, 지리 4)

o 큰 강으로서는 대동강인데 바로 옛날의 패강이다.
(大川曰 大同江卽古之浿江) (《세종실록》 지리지, 권154)

o 대동강(大同江)은 부의 동쪽 1리에 있는데 일명 패강(浿江)이라고도 한다. (《신증동국여지승람》 권51, 평양)

대동강의 옛이름인 《浿水》는 《浿江》이라고도 하였는데 지명표기에서 《水》와 《江》은 모두 《川》의 뜻인 《나리》나 그 준말인 《내》에 대한 의역자로 많이 쓰이였다.

o 正月 ㅅ 나릿 므른 아으 어져 녹져 ㅎ논딕 (《악학궤범》 동동)

o 내히 이러 바른래 가ᄂ니 (《룡비어천가》 2)

o 내 천 川 (《훈몽자회》 상 4)

그리고 《浿》는 기초한자음이 《pâi》인것만큼 류사음에 의한 《발/벌》에 대한 음역으로 될수 있다.

o 닐굽 바리 ᄎ니라 (초간 《박통사》 상 14)

o 列은 흔딕 벌씨라 (《법화경언해》 1/31)

동사 《벌다》는 《벌리는》것을 의미하며 명사 《발》은 손을 《벌린》 결과에 얻어진 길이를 의미한다. 결국 이 두 말은 같은 기원의 말로서 일정하게 벌어져서 늘어진것을 가리켜 말하는것으로 된다. 그리하여 《버러나리/벌내》는 벌어진 강 즉 긴 강을 가리키는것으로 되는데 여러 물줄기가 한데 모여서 이루어졌다는데로부터 《大同江》이라는 형상적인 한자말 지명이 그후 그것을 대신하여 쓰이게 되였다.

木覓山

o 목멱산(木覓山)은 부의 동쪽 4리에 있는데 황성(黃城)의 옛터가 있다.(《신증동국여지승람》 권51, 평양)

《木覓山》을 소개하면서 고구려의 고국원왕이 환도성에 있을 때 모용황에게 패하여 이곳으로 옮겨와 살았다는 말이 전하고있다고 하였다.

o 가을 7월에 왕이 평양의 동황성으로 옮겨왔다. 성은 지금의 서경 동쪽 목멱산가운데 있었다.(秋七月 移居平壤東黃城 城在今西京東木覓山中) (《삼국사기》 권8, 고구려본기 6)

그런데 《木覓山》이라는 지명은 평양에만 있는것이 아니라 한성(漢城)에도 또 다른 《木覓山》이 있는것으로 문헌에 기록되여있다.

o 목멱산(木覓山)은 곧 도성(都城)의 남산(南山)이다. (《신증동국여지승람》 권3, 한성)

o 출하리 漢江의 木覓의 다히고져(《송강가사》 관동별곡)

한성의 《木覓山》은 곧 남산이라고 문헌에서 밝히고있는데 《木覓》은 기초한자음이 《muk-mek》이니 그 류사음에 의해서 남산을 가리키는 말인 《마모로/마뫼》를 음역한 리두식표기로 될수 있다.

우리 말에서 《南》의 고유어휘는 《마》로서 《남풍》을 《마파람》이라고 하는것은 이와 관련되여있다.

o 맛파람의 게눈 감추덧 ᄒᆞᄂᆞᆫ구나 (《춘향전》)

o 南風謂之麻 即景風 (《성호새설》 권1, 상, 천문)

o 南風曰 馬兒風 (《여유당전서》 권4, 탐진어가)

또한 그다지 높지 않은 경우에 《山》의 고유어가 《모로/뫼》임은 오랜 문헌들에서 이미 밝히고있는바이다.

o 피모로 椴山 (《룡비어천가》 4/21)

o 山曰 每 (《계림류사》 고려방언)

o 뫼 爲山 (《훈민정음해례》 용자례)

그리하여 《木覓山》은 남산을 의미하는 《마모로/마뫼》에 다시 지명단위어로서 《山》을 덧붙인것이라고 할수 있다.*

    * 고구려에서는 큰 산을 《다라/달》이라 하였으며 크지 않은 산을 《모로/뫼》라고 하였다.

그러면 《신증동국여지승람》에 나오는 평양의 《木覓山》은 어디가 되겠는가?

o 목멱산(木覓山)은 동남쪽으로 10리이며 대동강의 남쪽에 있다. (《대동지지》 권21, 평양)

《대동지지》의 기록에 의하면 목멱산이 대동강 남쪽에 있다고 하였으니 문수산일수 있다. 그런데 그 남산은 금수산일수 있는 가능성도 있다고 본다. 그것은 목멱산이 도성의 동쪽 4리에 있고 황성의 옛터가 있다는 《신증동국여지승람》의 기록과 《삼국사기》의 기사를 념두에 둘 때 청암동에 있는 옛성터가 《黃城》의 옛터일수 있다는 추정에 근거한것이다.

乙密臺

ㅇ 춘양대(春陽臺)는 관풍전(觀風殿)의 북쪽에 있는데 흔히 상밀덕(上密德)이라고 하며 추양대(秋陽臺)는 하밀덕(下密德)이라고 하는데 관풍전(觀風殿)의 옛터는 을밀대(乙密臺)의 남쪽에 있다. (《신증동국여지승람》 권51, 평양)

이 기록에서 알수 있는것처럼 관풍전의 북쪽에 있다는 《上密德》은 곧 《乙密臺》를 말한다. 이 두가지가 같은 말의 서로 다른 표기로 된다면 《上》과 《乙》, 《德》과 《臺》의 대응관계를 밝혀야 할것이다.

우선 《乙》에 대하여 말한다면 그 기초한자음은 《ʔiet》로서 우리 말 《우/웃》의 음역으로 될것이며 그 의역으로 되는것이 바로 《上》이라고 할수 있다.

ㅇ 미천왕(美川王)은 호양(好壤)이라고 하니 이름은 을불(乙弗) 또는 우불(憂弗)이라고도 한다.(《삼국유사》 권1, 왕력 1)

ㅇ 上은 우히라 (《월인석보》 서 17)

고구려의 미천왕은 이름을 《乙弗》 또는 《憂弗》이라고 하였는데 그것은 《우불》의 음역으로서 《乙》과 《憂》는 다같이 《우》의 음역자로 쓰인것이며 그것은 《上》의 뜻이다.

그리고 《德》은 기초한자음이 《tək》인것만큼 《둔덕》이나 《시렁》의 옛날말인 《더기/덕》의 음역으로 되며 《臺》는 그 의역으로 된다.

ㅇ 棚은 더기라 (《금강경삼가해》 2/25)

지금도 동북방언에서는 그다지 높지 않은 산둔덕에 대해서 《데기/덕》이라는 말을 쓰고있는데 압록강가의 혁명사적지인 《곤장덕》의 《덕》이 바로 그 실례의 하나로 된다.

그런데 을밀대는 부의 북쪽 4리에 있다는 룡언궁(龍堰宮)의 옛터와 결부시켜 설명하고있어(《신증동국여지승람》 권51, 평양) 을밀대는 《上龍堰, 上密德》으로도 일컬어지고있었다. 그렇다면 《密》은 《龍》의 의역에 대응되는 《미르》의 음역표기로 보아야 할것이다.

o 미르 룡 龍 (《훈몽자회》 상 20)

o 미르 진 辰 (《훈몽자회》 상 1)

결국 《乙密臺》는 《웃미르덕》의 리두식표기로서 이 말은 고구려때 부터 널리 써오던 오랜 말이였다고 할수 있다.

따라서 오늘날 이곳을 《을밀대》라고 하는것은 사실상 《웃미르덕》의 옛흔적을 일정하게 보존하고있다는 점에서 고구려언어의 일단을 보여 주는것으로 된다.

酒巖

o 주암(酒巖)은 부의 동북 10리에 있는데 항간에서 전하기를 바위짬에 서 술이 흘러내려 그 흔적이 아직 있다고 해서 그런 이름을 얻게 되였다고 한다. (《신증동국여지승람》 권51, 평양)

주암(酒巖)은 대성산의 서남쪽, 대동강의 북쪽기슭에 자리잡고있는 산 인데 《酒巖》을 의역자로 보면 《수불바히 〉 술바회》로 될것이다.

o 酒曰 酥孛(《계림류사》 고려방언)

o 술 쥬 酒 (《훈몽자회》 중 21)

o 바회 암 巖 (《훈몽자회》 상 3)

그리고 항간에서는 바위짬에서 술이 흘러내려 그렇게 이름지은것으로 전해왔다. 그러나 항간의 전설은 《술바회》라고 부르게 된 후에 거기서 나오는 맛좋은 샘물을 술로 비유하여 만들어낸것으로서 지명론의 견지에 서는 《酒(술)》와 무관계하게 달리 해석해야 한다고 본다.

《신증동국여지승람》에서는 《酒巖》의 곁에 《酒巖寺》가 있다고 하 면서 김극기의 시를 소개하고있는데(권51, 평양) 그 절간은 북쪽에 산봉우 리, 남쪽에 강이 흐르는 곳에 자리잡고있음을 노래하고있다. 그 북쪽의 산봉우리란 바로 《수리바히》이니 《수리》란 《峯, 上》의 뜻으로서 《봉 우리》의 고형인 《봉수리》의 《수리》가 바로 그것이다.

그런데 《수리바히》라는 말은 쓰이는 과정에 축약되고 와전되면서 《술바위》로 될수 있고 그렇게 부르게 되면서 《술》과 관련한 항간의 전설이 나오게 된것이라고 할수 있다.

그리하여 《술바위》라는 말이 오랜 주민들속에서 불리우는 한편 《주암산》이라는 한자말지명이 쓰이게 되었다.

高方山

고방산을 혹은 《高方山》으로 썼고 또 다르게는 《高坊山》이라고도 하였으니 이것은 한자말지명이 아님이 명백하다. 만일 한자말지명이라면 뜻이 서로 다른 글자를 쓸수가 없기때문이다. 더우기 이 말이 고구려때부터 전해오는것이라면 세나라시기의 지명표기방식에 비추어보아 한자의 음과 뜻을 리용하여 적는 리두식표기일수 있다.

우선 이 지대를 살펴보면 고구려의 왕궁을 남쪽에서 둘러 감싸듯 삼석구역 호남리에서부터 동—서방향으로 흐르던 대동강이 남쪽으로 굽어든 북쪽대안에 자리잡고있는것이 고방산(해발 146.7m)을 비롯한 야산들이다.

대동강의 북쪽대안에 원형으로 굽어있다고 하여 이 야산을 옛날에 《고반모로》로 불렀는데 현대말로는 《굽은뫼》라는 말로 된다

이 《고반모로》의 《고반》을 음역하여 《高方》으로, 《모로》를 의역하여 《山》으로 표기한것이 《高方山》이다.

《高方山》의 《高方》은 그 기초한자음이 《kâu-piaŋ》이니 《고반》의 음역으로 될수 있다.

o 曲은 고볼씨라 (《석보상절》 11/6)

o 녀름 짓는 지븐 묽ᄀ 그룦 고비오 (《두시언해》 7/4)

《曲》은 《굽을 곡》자인데 옛날에는 《굽다》가 아니라 《곱다》라고 하였음을 《석보상절》(1447년)이 밝히고있다.

그리고 《두시언해》(1481년)에 나오는 이 구절은 현대말로 《농사 짓는 집은 맑은 강 구비요》라는것이니 《구비》를 역시 옛날말로는 《고비》라고 하였음을 알수 있다. 그리고 《곱다》가 규정적으로 쓰일 때에는 《고반》으로 되는데 현대말로는 《굽은》이라는 말이다.

그리하여 《高方》으로 표기한 《고반》은 《굽은》의 고형임이 틀림없다고 해야 할것이다.

고구려왕궁을 남쪽에서 둘러막고있는 고방산의 산정에서 바라보면 동남과 서남으로 멀리 시계가 확 틔여있으며 방어에 유리한 지형으로 되여있다. 이 야산들의 서남방끝에 대동강의 여울목이 있는데 그 북쪽대안인 대성구역 청호동에는 옛고구려성인 고방산성이 있다. 그 산성의 길이는

4000m정도이고 병영, 창고 등의 건물터가 있는것으로 알려져있다.

馬灘

o 마탄(馬灘)은 부의 동쪽 40리에 있다.(《신증동국여지승람》권51, 평
양)

《馬灘》은 《말여흘》을 의역한 표기로 된다.

o 馬曰 末 (《계림류사》 고려방언)

o 몰 마 馬 (《훈몽자회》상 19)

o 여흘 탄 灘 (《훈몽자회》상 5)

《대동지지》에서는 대동강이 강동의 서강으로부터 서쪽으로 꺾이여
마탄이 된다고 하였으니(권21, 평양) 오늘의 황해북도 승호군 마탄리부근
에 있는것으로 되는데 지금도 그곳 사람들은 이 여울목에 대해서 《마탄》
보다는 《말여울》이라는 말을 많이 쓰고있다.

豆老島

o 두로도(豆老島)는 둘레가 21리이며 부의 서남쪽 10리에 있다. (《신
증동국여지승람》권51, 평양)

《豆老島》는 만경대의 맞은편 대동강에 있는 섬으로서 굽이진 대동강
을 따라 섬의 북쪽변두리가 둥글게 생긴 지형상특징을 가지고있어 《두루
섬》으로 불리우고있다. 이 《두루섬》의 리두식표기가 《豆老島》인것이다.
즉 《豆老》의 기초한자음은 《du-lâu》로서 《두루》의 음역으로 되는데
《두루》라는 말은 우리 나라의 여러 지방에서 지명으로 널리 쓰이여온 말
이다.

o 豆里山 (강원 이천 북)
豆里山 (함경 명천 북)
頭里山 (함경 영흥 북)
頭流山 (함경 문천 남)
都羅山 (경기 장단 서)
吐羅山 (함경 단천 북)
道理峴 (충청 천안 남) (《대동여지도》)

지명표기에서 《두루》는 《豆里, 頭里, 頭流, 都羅, 吐羅, 道理》등 여
러가지로 표기되고있었는데 《두루》는 《周, 圍》의 뜻인 《둘레》의 고형

으로서 그 변이형인 《두렵/두렫》은 의미의 폭이 넓어지면서 《圓》의 뜻을 가진 형용사나 명사로 쓰이기도 하였다.

o 圓은 두려볼씨오 (《월인석보》 2/53)

o 두렫 원 圓 (《석봉천자문》 35)

그리고 《豆老島》의 《島》는 《섬/셤》의 의역자로 된다.

o 섬 爲島 (《훈민정음해례》 용자례)

o 셤 도 島 (《훈몽자회》 상 4)

그리하여 《豆老島》로 표기한 《두루섬》이란 바로 둥글다는 지형상 특징을 표식으로 잡아서 이름지은것인데 이것은 섬이 생겨나면서부터 지어진것이니 역시 고구려때부터 써온 오랜 지명이라고 할수 있다.

柴足

o 가을 9월에 왕이 죽었다. 시원에 장사하고 호를 동천왕이라 하였다. 나라 사람들이 왕의 은덕을 생각하여 왕의 죽음을 슬퍼하지 않는자가 없었고 근신들중에는 왕을 따라 죽으려는자가 많으므로 새 왕이 이것은 례절이 아니라 하여 금하였으나 장사날 왕의 무덤에 와서 자살한자가 많았다. 나라 사람들이 섶을 배여다가 왕의 시체를 덮었기때문에 그곳을 시원이라고 하였다.(秋九月 王薨 葬於柴原 號曰 東川王 國人懷其恩德 莫不哀傷 近臣欲自殺以殉者衆 嗣王以爲非禮禁 之 至葬日 至墓自死者甚多 國人伐柴 以覆其屍 遂名其地曰柴 原)(《삼국사기》 권17, 고구려본기 5)

왕의 시체에 섶을 덮었다는것은 그 장지(葬地)를 《柴原》이라 하였기 때문에 후에 생겨난 일종의 민간어원설이다. 그러나 왕의 장지가 《柴原》 이기때문에 호를 《東川王》이라고 한다고 한 서술은 근거가 있는것으로서 《柴原》과 《東川》은 일정한 련관이 있는것으로 된다.

그런데 동천왕은 동양왕이라고도 하였다고 한다.

o 동천왕은 혹은 동양왕이라고도 한다.(東川王 或云 東襄)(《삼국사 기》 권17, 고구려본기 5)

우선 《柴原》의 《柴》는 기초한자음이 《sie》이니 동쪽의 옛날말인 《사/시》의 음역으로 볼수 있다.

그리고 《東川》에 대응된 《東襄》의 《襄》은 기초한자음이 《niaŋ》

으로서 《壤》과 통용되고있었으며 그것들은 흔히 《나》의 음역자로 쓰이고 있었다.

그렇다면 《東川》과 《東襄》은 《사나/시나》의 표기로 될것이니 동쪽에 있는 고장이라는 말이다.

한편 지명표기에서 《고버러나》를 《故國原》으로, 《버러나》를 《平原》으로 표기하는것처럼 《原》은 《나》의 의역자로 쓰일수 있으니 《柴原》도 역시 《東川》과 《東襄》에 대응하는 《사나/시나》의 표기변종으로 된다고 할수 있다.

그런데 륙지의 일정한 부분을 가리키는 지명단위어인 《나》와 《벌》의 교체는 력사적으로 흔히 있는 일로서 대체로 《벌》은 《나》보다 후기에 보편화되였다고 할수 있다.

《사나/시나》의 변화형인 《새나》도 어느덧 《새벌》로 일컬어지게 되자 그 변이형으로 《새발》도 쓰이게 되였다. 이로부터 《새벌》의 표기인 《柴原》은 동음이의적의역인 《柴足》이라는 표기변종을 가지게 되였다.

ㅇ 발 족 足 (《훈몽자회》 상 29)

그리하여 《새벌/새발》이 《柴足》으로 표기상 고착되고 그후 그것을 한자말식으로 읽게 되면서 《시족》이라는 엉뚱한 이름이 생겨나게 되였던 것이다.

이처럼 《새벌/새발》이라는 말은 고구려에서도 쓰이였던것으로서 이 말을 신라의 《徐耶伐, 徐羅伐》과만 련관시켜볼수는 없다고 생각한다. 오늘날 《서볼 〉 서울 〉 서울》의 어원을 《東原, 東京》의 뜻으로 쓰인 《새벌》에서 찾는것이 거의 전통화되여있는데 이 경우에 그것을 신라의 좁은 범위에서만 그 유래를 찾으려는것은 지난날의 이른바 《신라중심주의》가 빚어낸 그릇된 력사관에서 나온 비과학적인 견해라고 할수 있다.

이렇듯 우리 민족의 발상지이며 고구려의 수도였던 평양에는 고구려 때 우리 말로 지어 불렀던 지명의 흔적이 많이 남아있으며 비록 한자말지명처럼 변한것이라 해도 그 근본을 따지고보면 우리 말 지명이였음을 알수 있다.

(2) 삼국통일을 위한 남진과 고구려의 지명

김정호는 자기 저술인 《대동지지》의 《력대지》에서 전기신라기간의 강역과 관련하여 《삼국사기》의 본기 및 기타에 기록된 여러가지 사실들을 제시하고 그 강역의 범위를 추정하였다.(권29~32)

그는 여러 력사적사실들에 근거하여 전기신라가 가장 평창하였던 마지막 국경선은 북에서는 덕원, 안변(이상은 후날의 함경도)으로부터 시작하여 남으로 내려오면서 금성, 철원(이상은 강원도), 영평, 적성, 양주, 교동, 강화, 인천, 남양, 진위, 수원, 안성(이상은 경기도), 진천, 청주, 문의, 옥천(이상은 충청도), 무주, 안의, 운봉(이상은 전라도)에 이르는 선으로 될 것이라고 추정하였다.[주]

> [주] 김정호는 전기신라의 국경선을 증시하는 여러 문헌사료들 이외에 《동국문헌비고》 여지고에 보이는 함흥 황초령비와 단천 마운령비 등 금석문사료를 주석으로 제시하기는 하였으나 문헌사료를 고려하여서인지 이에 근거한 추정은 삼가고 북쪽계선을 덕원, 안변에서 끊었는데 이것은 우리에게 시사하는바가 크다고 할수 있다. 이와 관련해서는 《전기신라의 복부강역과 진흥왕순수비문제에 대한 사료적고찰》(김영황, 《김일성종합대학학보》 주체99)(2010)년 1호)을 참고하기 바란다.

물론 당시 고구려, 백제, 신라 세나라의 국경선은 때에 따라 들락날락한 점이 있었는데 김정호는 이것을 념두에 두면서 대체로 이상의 선을 안정된것으로 보고 그렇게 추정한것이라고 생각한다.

김정호는 이와 같이 전기신라말엽의 국경선을 추정하면서 김부식의 《삼국사기》가 후기신라의 9주를 서술할 때 상주(尙州), 량주(良州), 강주(康州) 등 후날의 경상도범위에 해당한 3개 주만을 원래 신라의 땅으로 하고 이 3개 주에서 벗어난 지역에도 이미 전기신라의 령역이 미쳐있었다는 사실에 대해서는 모호하게 서술하였으니 이것은 조잡한 감이 없지 않다고 하였다.

그러나 고구려의 지명자료는 기본적으로 《삼국사기》에 의거하지 않을수 없는것만큼 우리는 거기서 원래 고구려땅이었다고 한 한주(漢州), 삭주(朔州), 명주(溟州)의 지명을 먼저 고찰하게 된다.

그런데 이 지역 고구려지명의 지리적분포를 밝힘에 있어서는 삼국통일을 위한 고구려의 남방진출과 관련시켜 고찰하는것이 당시 고구려의 강성을 밝히는데서 중요한 방법론적문제로 된다고 생각한다.

위대한 령도자 **김정일동지**께서는 다음과 같이 지적하시였다.

《고구려, 백제, 신라가운데서 삼국을 통일하려는 지향을 가지고 그것을 실현하기 위하여 줄기찬 투쟁을 벌려온 나라는 고구려였다.》(《김정일선집》 제1권, 중보판, 34페지)

고구려는 오래전부터 삼국의 통일을 중요한 정책으로 내세우고 그 실현을 위한 투쟁을 꾸준히 벌려왔다.

고구려는 북방의 정세가 채 안정되지 않은 때인 245년(고구려 동천왕 19년)에도 이미 신라의 북쪽변강을 공격한 일이 있었다.

o 겨울 10월에 군사를 출동하여 신라의 북쪽변강을 침공하였다.(冬十月 出師侵新羅北邊)(《삼국사기》 권17, 고구려본기 5)

남방에로 진출하기 위한 고구려의 시도는 369년(고구려 고국원왕 39년)에 백제를 치는것으로 다시 표면화되였다.

o 39년 가을 9월에 군사 2만을 보내여 남쪽으로 백제를 쳤는데 치양에서 싸우다가 패하였다.(三十九年 秋九月 以兵二萬南伐百濟 戰於雉壤 敗績)(《삼국사기》 권18, 고구려본기 6)

o 24년 가을 9월에 고구려왕 사유가 보병과 기병 2만을 거느리고 치양에 와서 진을 치고 군사를 나누어 민가들을 략탈하므로 왕이 태자를 보내여 군사를 데리고 지름길로 치양에 이르러 갑자기 쳐서 깨뜨리고 적병 5천여명의 머리를 얻었으며 로획한 물품은 장병들에게 나누어주었다.(二十四年 秋九月 高句麗王斯由帥步騎二萬 來屯雉壤 分兵侵奪民戶 王遣太子 以兵徑至雉壤 急擊破之 獲五千餘級 其虜獲 分賜將士)(《삼국사기》 권14, 백제본기 2)

369년의 치양전투와 관련하여 고구려의 고국원왕이 거느린 2만의 군사를 백제에서는 태자를 보내여 막게 하였다고 하였는데 그 치양의 위치는 대체로 황해남도 배천군의 치악성일수 있다.[주]

[주] 《조선단대사(고구려사 4)》(손영종, 과학백과사전출판사, 주체97〈2008〉년)에서는 치양전투이후 고구려군이 수곡성쪽으로 후퇴한것으로 보아 치양은 그보다 남쪽 례성강 좌안, 오늘의 금천부근으로 볼수 있다고 하였다.(145페지)

고구려가 370년대에 들어서면서 삼국통일을 위한 남방진출을 본격화하기 시작하자 백제는 미리부터 고구려의 남진에 겁을 먹고 그것을 막기 위하여 례성강을 건너 먼저 고구려의 평양성(남평양)을 공격한 일이 있었다.

o 41년 겨울 10월에 백제왕이 군사 3만을 거느리고 와서 평양성을 공격하므로 왕이 군사를 출동하여 방어하다가 날아오는 헛살에 맞았다. 이달 23일에 왕이 죽으매 고국원에 장사하였다. (四十一年 冬十月 百濟王率兵三萬 來攻平壤城. 王出師距之 爲流矢所中. 是月二十三日薨 葬于故國之原) (《삼국사기》 권18, 고구려본기 6)

371년(고구려 고국원왕 41년) 10월에 백제가 평양성을 공격하였을 때 고국원왕이 전사한 평양성이란 곧 남평양성이며 이것은 오늘의 신원군 장수산일대였다. [주]

[주] 《조선전사 (3)》(과학백과사전종합출판사, 1991년) 103페지

고구려가 삼국을 통일하는 거창한 사업을 밀고나가는데서 우선 해결하여야 했던것은 백제의 북진을 막고 그것을 철저히 견제하는것이였다.

당시 백제의 북쪽계선은 패하로 되여있었고 초기에 고구려와 백제의 세력대치는 이 계선에서 벌어지는 일이 많았다.

浿河/浿江/浿水

o 8월에 마한에 사신을 보내여 도읍을 옮긴다는것을 알리고 나라의 령역을 획정하니 북으로는 패하에 이르고 남으로는 웅천이요 서로는 큰바다에 닿고 동으로는 주양으로 끝났다.(八月 遣使馬韓 告遷都. 遂劃定疆場 北至浿河 南限熊川 西窮大海 東極走壤) (《삼국사기》 권23, 백제본기 1)

o 26년에 고구려가 군사를 동원하여가지고 왔다. 왕이 이 말을 듣고 패하가에 군사를 숨겨놓고 기다리다가 그들이 도착하자 갑자기 치니 고구려군사가 패배하였다. (二十六年 高句麗擧兵來 王聞之 伏兵於浿河上 俟其至 急擊之 高句麗兵敗北)(《삼국사기》 권24, 백제본기 2)

o 가을 8월에 왕이 패수 물가에서 백제와 더불어 싸워서 그들을 크게 쳐부시고 8천여명을 사로잡아 목 배였다.(秋八月 王與百濟於浿水之上 大敗之 虜獲 八千餘級) (《삼국사기》 권18, 고구려본기 6)

백제가 자기 나라 국경의 북쪽계선으로 정하였다는 《浿河》 그리고 371년(백제 근초고왕 26년)에 고구려의 침입을 물리쳤다는 《浿河》, 395년(고구려 광개토왕 4년)에 고구려가 백제와 싸워서 승리했다는 《浿水》는 백제의 북쪽변경에 있는 강을 가리키는 지명의 표기변종들인데 이것은 대동강을 가리키는것이 결코 아니다. 물론 여기서 말하는 《浿河, 浿水》나 대동강을 말하는 《浿水》가 다같이 벌어진 강, 긴 강을 가리키는 우리 말 《버러나리/벌내》의 리두식표기로 된다는 점에 대해서는 이미 앞에서 언급한바가 있다.

그러면 여기서 말하는 폐하는 어디가 되겠는가?

이와 관련하여 정약용은 자기 저술인 《대동수경》에서 《고구려 평원왕(平原王)이 13년에 패하의 언덕에서 사냥을 하고 50일만에 돌아왔다고 하는데 이때는 고구려의 서울이 바로 평양이였은즉 이 폐하가 대동강이 아니였던것만은 명백하다. 또 백제와 고구려간의 싸움이 많이 패수주변에서 진행되였던것은 대개 패수가 량국의 경계에 놓여있었던때문일것이다.》라고 서술하면서 여기서 말하는 폐수는 저수(猪水)라고 하는데 일명 례성강이라고도 한다고 하였다.(권4, 저수)

정약용이 《대동수경》에서 례성강을 특별히 저수라고 명명한것은 이 강의 중류인 금천북쪽에 《猪灘》이라는 여울이 있는것과 관련되여있다.

猪灘/猪淺

o 저천(猪淺)은 패강(浿江)이라고도 한다.(《고려사》 권58, 지리 3)

o 패하(浿河)는 곧 평산의 저탄(猪灘)인데 이것은 백제의 패하이다. (《대동지지》 권21)

o 저탄(猪灘)은 부의 동쪽 25리에 있는데 수안군 언진산에서 발원하여 신계현을 지나 부의 북쪽에서 기탄(岐灘)이 되고 부의 동쪽에서 전탄(箭灘)이 되며 이 여울에 이르러 그 흐름이 크기 시작하여 하류는 강음현에서 조읍포(助邑浦)가 된다. (《신증동국여지승람》 권41, 평산)

《猪灘》의 표기변종으로는 《猪淺》이 있는데 《猪淺》의 딴 이름이 《浿江》이며 《猪灘》의 딴 이름이 《浿河》라고 하였으니 이것은 다 백제의 패강, 패하를 이르는 말이다.

o 벽란도는 … 우봉현의 서쪽에 이르러 원중포가 되며 저탄(돝여흘)이 된다.(碧瀾渡 … 至牛峯縣西 爲源中浦 爲猪灘 돝여흘) (《룡비어천가》 2/22)

《猪灘》이 《돝여흘》의 표기로 되는것은 《猪》가 《돝》을 의역한것이고

o 猪曰 突 (《계림류사》 고려방언)

o 돝 시 豕 (《훈몽자회》 상 19)

《灘》이 《여흘》을 의역한것과 관련되여있다.

o 여흘 탄 灘 (《훈몽자회》 상 5)

결국 《돝여흘》로 불리운 《猪灘》은 백제의 폐강, 폐수 즉 례성강을 말하는것인데 그로부터 례성강에 대해서 《猪水》라고 하게 된것이라고 할 수 있다.

岐灘, 箭灘, 助邑浦

《신증동국여지승람》에서는 평산부의 남쪽 110리에 세개 여울이 있다고 하면서 《猪灘》, 《岐灘》, 《箭灘》을 소개하고 그 하류는 《助邑浦》를 거쳐 바다로 들어간다고 하였으며 《룡비어천가》에서는 이 지명에 대해서 다음과 같이 해설하고있다.

o 기탄(가린여흘)은 … 옛날에 기평도라고 하였는데 황해도 강음현 동쪽 11리쯤에 있다(岐灘 가린여흘 … 古稱岐平渡 在黃海道江陰縣 東十一里許) (1/44)

o 벽란도는 그 원천이 황해도 수안군 동쪽 언진산에서 나와 평산부 동쪽에 이르러 전탄(살여흘)이 된다. (碧瀾渡 其源出 自黃海道遂安郡 東彦眞山 至平山府東 爲箭灘 살여흘) (2/22)

o 벽란도는 … 강음현 동쪽에서 기탄이 되고 남쪽에서 조읍포(ᄌ롭개)가 된다(碧瀾渡 … 至江陰縣 東爲岐灘 南爲助邑浦 ᄌ롭개) (2/22)

《岐灘》이 《가린여흘》의 표기로 되는것은 《岐》가 《갈래》의 고형인 《가ᄅ》의 뜻이니

o 세 가ᄅ 돌ᄃ리 잇ᄂ니 (초간 《박통사》 상 68)

그것은 《가린》의 의역으로 되며 《灘》은 《여흘》의 의역으로 되기때문이다. 즉 《가린여흘》이란 갈라진 여울이라는 말이다.

그리고 《箭灘》 역시 《살여흘》의 의역으로 되는데 이것은 물살이 화살처럼 빠른 여울이라는 말이다.

o 흔 살로 두 쐴 쏘시니 (《룡비어천가》 57)

이러한 지명은 이곳에만 있는것이 아니라 함경남도 정평을 비롯하여 도처에 분포되여있다.

한편 《助邑浦》의 경우에는 표기방식이 다르다. 즉 《助邑》의 기초한 자음은 《dzia-ʔiəp》으로서 《즈롭》의 음역으로 되며 《浦》는 《개》의 의역으로 되는것이니 음역과 의역을 배합한 표기방식을 취하고있다. 《즈롭개》는 결합자음 《ㅂ》가 삽입된 《즈르+ㅂ+개》로서

o 즈르 병 柄 (《훈몽자회》 중 12)

자루처럼 생긴 그 지형상특징을 잡아서 명명한것이다.

《대동수경》에서도 서술한바 있지만 《猪灘》은 수안군의 언진산에서 흘러내려 《岐灘》과 《箭灘》, 《助邑浦》를 거쳐 서해로 들어가는 례성강이 되는데 《대동지지》에서 명백히 밝힌것처럼 이것은 《백제의 패하》로서 고구려와 백제의 싸움은 바로 이 례성강을 둘러싸고 많이 진행되였던 것이다.

o 례성강(禮成江)은 송경(松京)의 서쪽 30리허와 배천군(白川郡)의 동쪽 25리허에 있다. 이 강은 일명 후서강(後西江)이라고 한다. 고려 때에는 여러 도의 물건을 실어나르는 배들이 여기에 다 모였다. 또한 송나라를 방문하러 갈 때 배가 여기에서 출발하였다. 그러므로 이름을 례성강이라고 하였다. … 청이 상고하건대 동강(東江)이라는것은 대수(帶水)의 하류요 서강(西江)이라는것은 례성강(禮成江)이다. (《대동수경》 권4, 저수)

《대동수경》에서는 이 《백제의 패하》를 후에 《례성강》이라고 부르게 된 사연을 설명하고나서 이 강이 《후서강》이라는 별명을 가지게 된것은 대수 즉 림진강의 하류를 동강이라고 한데 상대해서 그 뒤에 있는 서쪽 강이라 하여 붙인것이라고 하였다.

이처럼 례성강은 수안 언진산에서 발원하여 그때 고을들로서 수안, 신계, 평산, 금천, 배천, 개성의 6개 고을 근 500리를 거쳐 벽란도 남쪽에서 서해로 들어간다. 《대동수경》에서는 이 강의 본류, 지류들과 관련된 여

러 지리적조건들을 서술하면서 이 지대가 군사지리적으로 중요한 의의를 가지는 지점으로 된다는데 대해서 강조하였다.(권4, 저수)

바로 이와 같은 군사지리적인 위치로 하여 남진을 기도하는 고구려와 그것을 저지하려는 **백제사이에는** 례성강류역일대를 둘러싸고 일찍부터 각축전이 벌어지게 되였고 그후 형세가 바뀌면서 6세기에도 다시 그것이 반복되였던것이다.

ㅇ 가을 8월에 군사를 보내여 백제를 침공하였다.(秋八月 遺兵侵百濟) (《삼국사기》 권19, 고구려본기 7)

ㅇ 가을 8월에 고구려군사가 폐수에 이르매 왕이 좌장 지충에게 명령하여 보병, 기병 1만을 거느리고 나가 싸워 물리치게 하였다.(秋八月 高句麗兵至浿水 王命左將志忠 帥步騎一萬 出戰退之) (《삼국사기》 권26, 백제본기 4)

이것은 523년(고구려 안장왕 5년, 백제 성왕 1년)에 폐수(례성강)계선을 차지하기 위하여 고구려와 백제가 벌린 싸움에 대한 기록인데 이처럼 전략적요충지대인 폐수류역을 차지하기 위한 전투는 일찌기 4세기에도 있었고 그후 6세기에도 다시 반복되였던것이다.

4세기에 삼국통일을 위한 남진정책을 수행하는데서 고구려가 그 전초기지로 삼은 곳은 《乃忽》이였다.

乃忽/息城郡/漢城/漢忽/南平壤

ㅇ 중반군(重盤郡)은 원래 고구려의 식성군(息城郡)을 경덕왕이 개칭한 것인데 지금의 안주(安州)이다. (《삼국사기》 권35, 지리 2)[주]

ㅇ 한성군(漢城郡)은 한홀(漢忽)이라고도 하며 식성(息城)이라고도 하고 내홀(乃忽)이라고도 한다. (《삼국사기》 권37, 지리 4)

> [주] 《신증동국여지승람》에서는 《安州》라는 이름이 황해도 재령과 평안도 안주의 서로 다른 두곳에 있어 《息城郡》에 대한 서술을 두곳에서 반복하여 서술하는 오유를 범하였다. 그러나 김정호는 《대동지지》에서 그것을 황해도 재령에만 해당한것으로 보고 평안도 안주에는 해당되지 않는것으로 옳게 서술하고있다.

이 고장의 본래이름인 《乃忽》은 그 기초한자음이 《niɐi-xuət》으로서 설내입성 《-t》가 우리 말에서 《ㄹ》로 대응되는것만큼 《나구루/나골》의 음역으로 되는데 《나》는 《버러나/벌나》의 경우처럼 의역자인 《壌》에 대응시키던 옛날말이다. 그리고 《息城》의 《息》은 기초한자음이 《siək》이니 그 류사음에 의하여 《흙》이나 《땅》의 뜻을 나타내던 옛날말인 《시러/서러》의 변이형 《시/서》를 음역한것이 되고 《城》은 《구루/골》의 의역으로 된다.*

    * 《乃》와 《息》이 《土》에 대응되여 쓰인 례로서는 《息達 = 乃達 = 土山》을 들수 있다.

이 고장의 이름을 후기신라에서 《重盤》으로 개칭하고 고려초에 《載寧》으로 개칭한것은 《흙》이나 《땅》의 뜻을 나타내던 옛날말인 《시러/서러》가 《싣다/실으니》와 동음이의적인 관계를 가지고있어 《載》자를 택하게 되였으며

  o 시를 지 載 (《훈몽자회》 하 24)

그것과 류의적인 관계에 있는 《重》자를 택하게 된것이라는 견해가 있다.[주]

    [주] 《새나라시기의 리두에 대한 연구》(류렬, 과학, 백과사전출판사, 1983년) 228페지

한편 《漢忽》은 기초한자음이 《xân─xuət》니 설내입성 《─t》가 우리 말에서 《ㄹ》로 대응되는것만큼 《한구루/한골》의 음역으로 된다. 지명표식어인 《큰》의 고형인 《한》을 음역한것이 《漢》이며 지명단위어인 《구루/골》을 의역한것이 《城》이다. 이 이름은 고구려가 이곳을 남방진출의 거점으로 삼게 되면서 본래이름과는 다르개 붙인 이름인것이다.

그리고 이 고장을 《南平壤》이라고도 하였는데 그것은 고구려의 3경체계에 따라 기본수도와 구별하기 위해서 붙인 이름이다. 고구려는 부수도격인 주요지점들에도 《버러나/부루나》의 이름을 붙이였는데 그것은 많은 경우에 《한구루/한골》의 리두식표기인 《漢城》이라는 이름도 동시에 가지고있었다.

《신증동국여지승람》에 의하면 군의 북쪽 5리에 진산인 장수산(長壽山)이 있는데 거기에는 높이가 9척, 둘레가 8 915척이나 되는 돌로 쌓은 성이 있고 성안에는 일곱개의 샘과 군수창고가 있다고 하였다.(권42, 재령)

당시 고구려의 고국원왕은 장수산성을 남진을 위한 든든한 요새로 꾸

리였던것인데 백제와의 싸움에서 아섭게도 날아가는 눈먼 화살에 맞아 그 뜻을 이루지 못하고 희생되고말았던것이다.

고국원왕의 희생에서 심각한 교훈을 찾은 고구려는 백제의 북상기도 를 분쇄하고 삼국통일을 위한 투쟁을 적극화하면서 례성강중류류역에 있 는 수곡성에 대한 공략작전에서 그 첫 성과를 거두었다.

　o 가을 7월에 백제의 수곡성을 쳤다.(秋七月 攻百濟水谷城) (《삼국사 기》 권18, 고구려본기 6)

375년(고구려 소수림왕 5년) 7월 수곡성의 공략(攻略)은 삼국통일을 위 한 고구려의 승리적전진을 의미하는것이였다.

買旦忽/水谷城縣/水口城

　o 단계현(檀溪縣)은 원래 고구려의 수곡성현(水谷城縣)을 경덕왕이 개 칭한것인데 지금의 협계현(俠*溪縣) 이다.(《삼국사기》 권35, 지리 2)

　　* 俠은 峽의 오자이다.

　o 수곡성현(水谷城縣)은 매단홀(買旦忽)이라고도 한다.(《삼국사기》 권 37, 지리 4)

　o 삼국시대의 지명만 있고 분명치 않은 지역: 수구성(水口城) (《삼국 사기》 권37, 지리 4)

《買旦忽》은 기초한자음이 《mā-tân-xuət》이니 설내입성 《-t》가 《ㄹ》로 대응되는 조건에서 《마다나구루/마단골》의 음역으로 된다.

《마》는 《물》의 고형으로서 고구려지명에서는 흔히 《買, 水》 등으 로 표기되며(례: 買忽 : 水城) 《다나/단》은 《골짜기》의 뜻으로서 흔히 《旦, 呑. 頓》 등으로 음역된다.(례: 五次呑忽 : 五谷, 德頓忽 : 十谷城)

그리고 《구루/골》은 《성시》의 뜻으로 쓰이던 지명단위어로서 《마 다나구루/마단골》을 그대로 의역한것이 바로 《水谷城》이다.

이 경우에 《城》은 《잣》에 대응하는 토성이나 석성이 아니라 《구루/ 골》에 대응하는 성시의 표기로 된다. 그것은 《城》이 《忽》에 대응하고있 는데서 명백히 알수 있다.

《水谷城》은 《水口城》이라고도 한것으로 보인다. 《谷》은 골짜기의 뜻이니 그 지형상 류사성으로 하여 《口》로도 대치할수 있기때문이다.

그리고 《檀溪》는 《마단골》의 축약형태인 《단골》을 음역과 의역으로 표기한것으로 된다. 고려에서 《峽溪》로 고친것은 《峽》이 《두메》라는 뜻으로 《골짜기》의 옛날말인 《단》에 대한 의역으로 될수 있기때문이다.

《水谷城》의 함락은 고구려가 백제의 북상기도를 짓부시고 삼국통일을 위한 남진정책을 본격적으로 실현하는데서 중요한 의의를 가지는 첫 승리로 되였다.[주]

> [주] 《삼국사기》 백제본기에서도 375년(백제 근초고왕 30년)에 고구려가 북쪽 변방의 수곡성을 침공하여 함락시키였다고 밝히고있다.(권24, 백제본기 2) 그러나 502년(고구려 문자왕 12년)에는 백제가 다시 이곳을 침노하였다고 하였으니(권19, 고구려본기 7) 이 백수십년간에 량국간에는 이 일대를 장악하기 위한 싸움에서 변화가 적지 않았던것으로 보인다.

《신증동국여지승람》에서는 《水谷城縣》이 신계현의 남쪽 30리에 있었는데 한때 영풍군의 령현으로 있다가 고려초에 《峽溪縣》으로 고치고 곡주(谷州)에 소속시켰으며 1445년(리조 세종 27년)에 신은현과 합쳐 신계현으로 되였다고 하였다.(권42, 신계)

375년에 고구려의 군사들이 수곡성을 함락시켰다는것은 이미 그 일대의 여러 성들을 다 자기 수중에 넣었음을 의미하는것으로 될것이다.

租波衣/鵂嵓郡/鵂鶹城

o 서암군(栖嵓郡)은 원래 고구려의 휴암군(鵂嵓郡)을 경덕왕이 개칭한것인데 지금의 봉주(鳳州)이다. (《삼국사기》 권35, 지리 2)

o 휴류성(鵂鶹城)은 조파의(租波衣)라고도 하며 휴암군(鵂嵓郡)이라고도 한다. (《삼국사기》 권37, 지리 4)

《租波衣》는 추정되는 기초한자음이 《tso-pa-ʔiəi》로서 《소바히》의 음역으로 된다. 《鵂嵓》의 《鵂》는 기초한자음이 《xiu》이니 류사음에 의한 《소》의 음역으로 되며 《嵓》은 그 뜻이 《바위》이니 그 고형인 《바히》의 의역으로 된다. 그리하여 《鵂嵓》은 《소바히》의 표기로 인정되는데 그것은 《새바우》의 고형으로 된다.

그리고 《鵂鶹城》의 《鵂鶹》는 《부엉이》를 의미하는 말이지만 여기서는 그 기초한자음이 《xiu-liu》이니 류사음에 의해서 《수리》를 표기한것으로 된다. 그리고 《城》은 《골》에 대응하는 지명단위어라고 할수 있다.

후기신라에서 《栖嵒》으로 개칭한것은 《栖》의 기초한자음이 《siei》이니 《소》를 음역한것이고 《嵒》은 《바히/바우》를 의역한것으로 되며 고려초에 봉주(鳳州)로 개칭한것은 《鴟鵠城》이라는 지명에 연유하여 형상적으로 《鳳》자를 택한것이라고 할수 있다.

《신증동국여지승람》에 의하면 1413년(리조 태종 13년)에 봉산(鳳山)으로 이름을 고치고 군으로 승격시켰다고 한다. 고적조항에서는 군의 북쪽 2리에 휴류성이 있다고 하면서 그것은 석축으로서 높이가 15척, 둘레가 8 656척이 되고 그 안에 군창이 있다고 하였다.(권41, 봉산)

多知忽/大谷郡

o 영풍군(永豊郡)은 원래 고구려의 대곡군(大谷郡)을 경덕왕이 개칭한 것인데 지금의 평주(平州)이다. (《삼국사기》 권35, 지리 2)

o 대곡군(大谷郡)은 다지홀(多知忽)이라고도 한다. (《삼국사기》 권37, 지리 4)

《多知忽》의 《多》는 《한》을 의역한것이고

o 므쇠로 한 쇼를 디여다가 (《악장가사》 정석가)

o 한 비 사ᅌᅵ 리로디 (《룡비어천가》 67)

《知忽》은 기초한자음이 《tie—xuət》로서 설내입성 《—t》가 《ㄹ》로 대응되는 조건에서 《더구루/더굴》의 음역으로 된다.

당시 우리 말에 거센소리가 아직 없었던 조건을 고려할 때 《더》는 《터》의 고형으로 인정되는데 이것은 고구려지명에서 자주 쓰이는 말이였다.(례: 奈吐 : 大堤)

o 터 경 境, 터 긔 基, 터 지 址(《훈몽자회》 하 18)

그리하여 《多知忽》은 《한더구루/한더골》의 표기로 된다.

한편 그 표기변종으로 되는 《大谷》의 경우에 《한》은 《大》와 대응되고 《골》은 《谷》과 대응되는데 《한골》은 《한더골》의 변이형이라고 할수 있다.

후기신라에서 《한더골/한골》을 《永豊》으로 고친것은 형상적으로 의역한것에 지나지 않는다.

《신증동국여지승람》에서는 고려초에 다시 《平州》로 고치였으며 1413년(리조 태종 13년)에 《平山》으로 개칭하였다고 하였다. 그리고 이 고장은 동쪽으로 15리를 가면 우봉현이 되고 서쪽으로 22리를 가면 강음현이 되며 북으로는 신계현, 서흥부가 잇닿아있다고 하였다.(권41, 평산)

《삼국사기》에서는 이 군의 령현으로 수곡성현(水谷城縣)과 십곡성현(十谷城縣)을 들고있다.

德頓忽/十谷城縣/都押城

o 진단현(鎭湍縣)은 원래 고구려의 십곡성현(十谷城縣)을 경덕왕이 개칭한것인데 지금의 곡주(谷州)이다. (《삼국사기》 권37, 지리 4)

o 십곡현(十谷縣)은 덕돈홀(德頓忽)이라고도 한다. (《삼국사기》 권37, 지리 4)

《德頓忽》은 기초한자음이 《tək-tiuen-xuət》으로서 설내입성 《-t》 가 우리 말에서 《ㄹ》로 대응되는것만큼 《더다나구루/더단골》의 음역으로 되며 그것을 의역한것이 곧 《十谷城》이다.

《다나/단》이 《谷》과 대응되고 《골》이 《城》과 대응되는것은 《買旦忽 : 水谷城》에서 본바와 같이 고구려지명의 표기에서 흔히 있는 현상이다.

그런데 《더》와 《十》의 대응은 처음 나온다. 《더》가 《十》의 뜻으로 쓰이는 옛날말이 아닌가 하는 견해가 있으나[주] 그것을 뒤받침할만한 문헌적근거는 아직 발견하지 못하였다.

[주] 《세나라시기의 리두에 대한 연구》(류렬, 과학, 백과사전출판사, 1983년)에서는 《더》를 《열》을 뜻하던 옛날말로 보면서 일본말의 《ㅏㅎ(도)》에 그 자취가 남아있다고 하였다.(245페지)

그보다는 《더》를 《보다 많이》의 뜻으로 쓰이는 말로 보고 《많다는것》을 형상적으로 의역한것이 《十》이 아니겠는가 하는 해석이 있을수 있다.

o 네 갑슬 더 주리니 (《월인석보》 13/23)

o 쩍니 혜디 말오 더 머그며 (《구급간이방》 3/71)

후기신라에서 《鎭湍》으로 개칭한것은 《鎭湍》의 기초한자음이 《tiən-tan》이니 그 류사음으로 《더다나/더단》을 음역한것이라고 할수 있다.

《신증동국여지승람》에 의하면 군의 사방이 산으로 둘러싸여있어 골짜기가 많은 곳임을 알수 있는데(권42, 곡산) 이러한 지형상특징을 표식으로 잡아서 《많은 골짜기》 즉 《더다나/더단》이라는 지명을 단것으로 추정된다. 따라서 《十谷》의 《十》은 《열》이라는 수자가 아니라 《많다》는 것을 형상적으로 표현한것이라고 할수 있다.

고구려는 375년(고구려 소수림왕 5년)에 수곡성을 탈취하고 그 일대를 제압하였으나 백제가 역습하여 389년(백제 진사왕 5년, 고구려 고국양왕 6년) 9월에 고구려의 남쪽변경을 침습하였고 390년에는 백제가 드디여 도압성을 함락시켰다고 하였다.

 o 5년 가을 9월에 왕이 군사를 보내여 고구려의 남쪽 변경을 침공하였다.(五年 秋九月 王遣兵 侵掠 高句麗南鄙) (《삼국사기》 권25, 백제본기 3)

 o 7년 가을 9월에 백제가 달솔 진가모를 시켜 도압성을 쳐부시고 주민 2백명을 사로잡아가지고 돌아갔다. (七年秋九月 百濟遣達率眞嘉謨 攻破都押城 虜二百人以歸) (《삼국사기》 권18, 고구려본기 6)

 o 9월에 왕이 달솔 진가모를 시켜 고구려를 치게 하여 도곤성을 함락시키고 2백명을 사로잡았다.(九月 王命達率眞嘉謀 伐高句麗 拔都坤*城 虜得二百人) (《삼국사기》 권25, 백제본기 3)

   * 백제본기에서는 《都坤城》이라고 하였는데 《坤》은 《押》의 오자이다.

《都押城》의 《都》는 기초한자음이 《dâu》이니 《다/더》의 음역으로 되며 《押》은 《누르다》의 뜻으로서 《누르》의 고형인 《노로 / 누루》에 대한 의역으로 되는데 고구려지명표기에서는 그 축약형인 《누/나》의 표기에 쓰이는 경우가 적지 않았다. (례: 烏斯押, 扶蘇押) 이것은 동음이의역으로 지명단위어인 《누/나》를 표기한것으로 된다.

그리하여 《都押城》은 《더나구루/더나골》의 표기로 되는데 그것은 《더다나구루/더다나골》의 축약형으로 되는것만큼 《都押城》은 곧 《十谷城 : 德頓忽》인 오늘의 곡산을 가리키는것으로 추정되는것이다.

   于次呑忽/五谷郡

o 오관군(五關郡)은 원래 고구려의 오곡군(五谷郡)을 경덕왕이 개칭한 것인데 지금의 동주(洞州)이다. (《삼국사기》 권35, 지리 2)

o 오곡군(五谷郡)은 궁차운홀(弓次云*忽)이라고도 한다. (《삼국사기》 권37, 지리 4)

   * 《弓次云忽》은 《于次呑忽》의 오자이다.

《于次呑忽》은 기초한자음이 《ʒio―tsʼie―tʼiuɐn―xuɐt》이니 《우시 다나구루/우시단골》의 음역으로 된다. 《우시》는 《上》의 뜻인 《웃》의 고형이며 《다나/단》은 《골짜기》의 옛날말이고 《구루/골》은 《성》의 옛 날말이다. 《五谷》의 《五》는 기초한자음이 《nguo》로서 류사음에 의하여 《上》의 뜻인 《웃/우》를 음역한것으로서 《다섯》을 의역한것이 결코 아 니다.[주] 그리고 谷은 《다나/단》을 의역한것으로 된다.

   [주] 《세나라시기의 리두에 대한 연구》(류렬, 과학, 백과사전출판사, 1983년)에 서는 《于次》를 《오시》의 음역으로 보고 그것이 《五》의 의역으로 된다 고 보면서 《다섯》을 뜻하던 옛날말이라고 하였다. 그리하여 오늘까지도 일본말에 남아있는 《이스쯔》에서의 《이스》에서 그 흔적을 찾아볼수 있 다고 하였다.(265~266페지)

한편 후기신라에서는 《五谷》을 개칭하여 《五關》이라고 하였는데 《關》은 《길목》이라는 뜻으로서

o 모개 관 關 (《훈몽자회》 상 6)

《五關》은 《우모개/웃목》의 표기로 되는데 이것은 우에 있는 길목이 라고 하여 붙인 이름으로서 《다섯 길목》으로 보아서는 뜻이 전혀 통하 지 않는다.

더우기 《신증동국여지승람》에 의하면 이곳 지명이 《玉谷》이라는 표기변종도 가지고있었으니 《五谷》과 《玉谷》의 대응에 비추어보아도 《五》와 《玉》은 다 《우》의 음역으로 됨이 명백하다고 할것이며 따라서 《于次》를 《五》의 의역표기로 볼수는 없다고 생각한다. 그리고 이곳의 지형상특징으로 보아서도 다섯과 결부시킬만 한 그 어떤 지형상 표식을 찾기 어려운것이다.

고구려의 지명표기에는 《十, 五, 七, 三》이라는 수자가 나오는데 그 에 대한 음역대응이 《十:德, 五:于次, 七:難隱, 三:密》로 되여

있어 각각 일본어의 수사 《tō(10), itsu(5), nana(7), mi(3)》와 일치한다고 하면서 고구려의 말이 고대일본어와 특수한 친족관계를 가지는듯이 주장하는 경향이 있었다. 이것은 이미 20세기초에 일본학자에 의하여 주장된바가 있었는데 그후 20세기 후반기에 와서도 다시 되풀이되였다.

우선 수사는 차용되거나 새로 형성되는 일이 매우 드물다는것이 언어학의 상식으로 되여있는데 어떻게 되여 서로 비슷한 수사들의 대응이 나타나게 되였는가 하는것이 문제로 된다. 그리고 이 주장자들은 대응의 몇몇 례를 놓고 그 어떤 《친족관계》를 론하면서 이른바 알타이족에 이 말들을 끌어들이려고 하였는데 이른바 알타이 제언어에서는 아직까지 공통되는 수사체계가 존재하지 않는것으로 되여있고 이것이 이 학설의 약점으로 되여있다는것은 잘 알려진 사실이다.[주]

[주] 《세나라시기 언어력사에 관한 남조선학계의 견해에 대한 비판적고찰》(김수경, 평양출판사, 1989년) 에서는 이와 관련하여 그 비과학성을 전면적으로 비판하고있다. (123~126페지)

한편 고려 원종때에 이 고장의 이름을 서흥(瑞興)으로 고치였는데 그것은 원래 이름과는 무관계하게 지은것으로서 이 지대의 전략적인 위치와 관련하여 지은것이라고 할수 있다.

《신증동국여지승람》에 의하면 이 고장의 진산인 대현산(大峴山)에 석축으로 된 산성이 있었는데 높이가 23척, 둘레가 20 238척이나 되고 그 안에 서흥, 수안, 곡산, 신계, 우봉, 토산, 황주, 봉산 등의 관군창(官軍倉)이 있었다고 한다.(권41, 서흥) 이것으로 미루어보아 예로부터 이곳은 전략적인 요충지대였던것으로 추정되며 그것으로 하여 이미부터 이곳이 고구려와 백제간의 공략의 대상이 된것으로 보인다.

그리하여 이곳은 일찌기 고구려가 남진하면서 4세기말에 차지하였던 곳이지만 백수십년후에는 다시 백제가 차지하게 되여 529년(고구려 안장왕 11년, 백제 성왕 7년)에 이 지대는 다시 고구려와 백제의 접전장으로 되였던것이다.

○ 겨울 10월에 왕이 백제와 더불어 오곡에서 싸워 이기고 2천여명을 죽여 머리를 얻었다.(冬十月 王與百濟戰於五谷 克之 殺獲二千餘級) (《삼국사기》 권19, 고구려본기 7)

o 7년 겨울 10월에 고구려왕 흥안이 몸소 군사를 거느리고 침입하여 북쪽변경 혈성을 빼앗으므로 왕이 좌평 연모에게 명령하여 보병, 기병 3만을 거느리고 오곡벌판에서 항전하다가 이기지 못하고 죽은 자가 2천여명이였다. (七年 冬十月 高句麗王興安 躬帥兵馬來侵 拔北 鄙穴城 命佐平燕謨 領步騎三萬 拒戰於五谷之原 不克 死者二千餘 人)(《삼국사기》 권26, 백제본기 4)

529년에 백제는 복수를 위해 고구려와 오곡벌판에서 일대 격전을 벌렸으나 결국 2천여명의 희생을 내고 패배하고 말았다고 력사는 기록하고 있다.

古所於/獐塞縣

o 장색현(獐塞縣)은 원래 고구려의 현을 경덕왕이 그대로 둔것인데 지금의 수안군(遂安郡)이다.(《삼국사기》 권35, 지리 2)

o 장색현(獐塞縣)은 고소어(古所於)라고도 한다. (《삼국사기》 권37, 지리 4)

《古所於》는 기초한자음이 《ko-şiá-ʔiá》이니 류사음에 의하여 큰 노루의 일종인 《고라니》의 변이형 《고사니/고시니》를 음역한것으로 된다.

o 고라니 麘子 (《사성통해》 하 20)

그리고 《獐塞》의 《獐》은 《고사니》의 의역이며 《塞》은 기초한자음이 《sɐk》으로서 《고사니》의 《사》에 대한 보충적인 음역으로 된다.

《신증동국여지승람》에서는 이 고장에 례성강의 발원지라고 하는 언진산(彦眞山)이 군의 동쪽 45리에 있으며 언진산에 원천을 둔 흑석탄(黑石灘), 보음탄(甫音灘)이 있다고 하였다.(권42, 수안)

黑石灘, 甫音灘/春灘

o 저수(猪水)는 군의 동쪽 20리허에 이르러 흑석탄(黑石灘)이 되고 군의 동남 25리허에 이르러서는 춘탄(春灘)이 된다. 동국여지승람에서 이 춘탄을 보음탄(甫音灘)이라 칭한것은 우리 말에서 춘(春)을 일러 봄이라고 하기때문이다.(《대동수경》 권4, 저수)

우선 《黑石灘》은 《검은돌여흘》의 의역으로 된다.

o 니 검디 아니 ᄒᆞ며 (《석보상절》 19/6)

o 돌콰 흙글 보디 못ᄒᆞ리로다 (《두시언해》 25/12)

o 여흘 탄 灘 (《훈몽자회》 상 5)

정약용이 《대동수경》에서 옳게 밝힌것처럼 《甫音灘》의 《甫音》은 기초한자음이 《pio-ʔiəm》이니 《봄》의 음역으로, 《春灘》의 《春》은 《봄》의 의역으로 되며

o 春 播妹 (《화이역어》 조선관역어)

o 봄 춘 春 (《훈몽자회》 상 1)

《灘》은 《여흘》의 의역으로 된다. 그리하여 《甫音灘 = 春灘》은 《봄여흘》의 표기변종으로 된다.

《신증동국여지승람》에 의하면 이 고장을 후기신라때 《栖巖郡》의 령현으로 하였는데 고려초에 수안(遂安)으로 개칭하고 그후 곡주(谷州)에 소속시키였다고 한다.(권42, 수안)

烏斯含達縣

o 토산군(兎山郡)은 원래 고구려의 오사함달현(烏斯含達縣)을 경덕왕이
　개칭한것인데 지금도 그대로 부른다.(《삼국사기》 권35, 지리 2)

《烏斯含達》은 그 기초한자음이 《ʔo-sie-ɹəm-dât》이니 설내입성 《-t》가 종성 《ㄹ》에 대응되는 조건에서 그것은 《오시가달/오사가달》의 음역으로 될수 있다. 그것을 의역한것이 《兎山》으로 되는것만큼 《兎》는 《오시가/오사가》에 대응되며[주] 《山》은 《달》에 대응되는것으로 된다.

> [주] 《兎》의 옛날말인 《오시가/오사가》는 우리 말에서 없어졌으나 그것
> 은 일찌기 일본말에서 차용하여 지금도 《ウサギ(우사기)》라는 말이
> 쓰이고있다.

《신증동국여지승람》에서는 이곳 지명의 별명으로 《月城》을 들고있는데 그것은 《달》에 대한 옛이야기가 《토끼》와 관련되여있어 후기에 형상적으로 붙인 이름으로 인정된다. 그리고 이 고장의 진산으로 《兎山》이 현소재지의 북쪽 2리에 있다고 하였으니 이곳 지명은 이 진산에 연유한것이라고 할수 있다.

이 고장은 동쪽으로 16리를 가면 삭녕군이 되고 서쪽으로 33리를 가면 우봉현이 된다고 하였다.(권42, 토산)

青木嶺

o 겨울 11월에 왕이 폐수의 패전을 보복하려고 몸소 군사 7천명을 거느리고 한수를 건너서 청목령밑에서 묵더니 때마침 큰 눈이 내려 병졸들이 얼어죽은자가 많으므로 군사를 돌려 한산성에 와서 군사들을 위로하였다.(冬十一月 王欲報浿水之役 親帥兵七千人 過漢水 次於靑木嶺下 會大雪 士卒多凍死 廻軍至漢山城 勞軍士)(《삼국사기》권25, 백제본기 3)

396년(백제 아신왕 5년) 11월에 백제가 치려고 하였던 《靑木嶺》의 《靑木》은 《푸른것》을 가리키는 옛날말인 《보소》의 의역으로서 《松》과 대응되며 《嶺》은 지명단위어로서 《嶽》 또는 《山》에 대응된다.

그리하여 《신증동국여지승람》에서는 송악(松嶽)이 부의 북쪽 5리에 있다고 하면서 백제가 고구려의 진출을 막기 위하여 《昆彌川》에서 싸우다가 패하여 《靑木山》에 의거했다고 하였는데 그것이 송악산일수 있다고 한것이다.(권4, 개성 상)[주]

[주] 《조선단대사(고구려사 4)》(손영종, 과학백과사전출판사, 주체97(2008)년)에서도 청목령을 오늘의 개성시 송악산일대로 보았다.(149페지)

八坤城
o 2년 봄에 국내의 15살이상 되는 사람들을 징발하여 관방을 시설하였는데 그 길이가 청목령으로부터 북으로 팔곤성에 닿고 서쪽으로 바다까지 이르렀다.(二年春 發國內人年十五歲已上 設關防 自靑木嶺 北距八坤城 西至於海)(《삼국사기》권25, 백제본기 3)

백제에서는 386년에 고구려의 남진에 대비하여 서해로부터 《靑木嶺》즉 송악산을 거쳐 《八坤城》에 이르는 긴 구간에 장성을 구축하였다고 하였다.

《八坤城》의 《八坤》은 기초한자음이 《pat-kuən》이니 설내입성 《-t》가 《ㄹ》로 대응하는것만큼 《발근》의 음역으로 될수 있다.

o 珠는 불근 둘 ᄀᆞ튼 神奇흔 구스리라 (《월인석보》 2/33)
o 불글 명 明 (《훈몽자회》 하 1)

그런데 《신증동국여지승람》에서는 우봉군의 고적조항에서 《白界峴古城》을 들고 그것은 석축으로서 둘레가 463척이고 높이가 26척이나 된다고 하면서 서북쪽은 퇴락되었다고 하였다. (권42, 우봉)

《白界》의 기초한자음은 《bɐk～kai》이니 그것은 류사음에 의한 《발가》의 음역으로·될수 있다. 더우기 음역자로 《白》을 굳이 쓴것은 그것이 《明》과 의미적공통성이 있음을 고려한것이라고 할수 있으니 《白界》와 《八坤》은 같은 말의 표기변종으로 될 가능성이 많다. 그렇다면 《八坤城》이란 《白界峴古城》을 가리키는것으로 된다고 할수 있다.[주]

> [주] 《조선단대사(고구려사 4)》(손영종, 과학백과사전출판사, 주체97(2008)년)
> 에서도 팔곤성을 백계현 고성으로 보면서 오늘의 황계치고개라고 하였다.
> (151페지)

關彌嶺/觀門山

o 가을 9월에 관미령에서 말갈과 싸워 이기지 못하였다.(秋九月 與靺
鞨戰關彌嶺 不捷)(《삼국사기》 권25, 백제본기 3)

387년(고구려 고국양왕 4년)에 고구려에 복속되여있던 일부 말갈부대들은 관미령에서 백제군과 싸워 그를 격파하였다고 한다. 그런데 이것이 백제본기에는 나오는데 고구려본기에는 전혀 반영되여있지 않다.

389－390년사이에 백제가 고구려의 남쪽변경을 침습하고 도압성(都押城 : 곡산)을 함락시킨 당시 정세하에서 387년에 고구려가 승리했다는 관미령의 위치는 아무래도 아호비령산줄기의 남단에서 찾아야 할것 같다.

《대동지지》에는 토산현의 남쪽 7리에 있다는 관문산(觀門山)이 소개되여있다. 《觀門山》의 《觀門》은 기초한자음이 《kɷan－muən》인데 폐음절의 존재를 무시하게 되면 《고미/구무》의 음역으로 될수 있다.

그런데 백제가 고구려군사에게 패배하였다는 《關彌嶺》의 《關彌》는 기초한자음이 《kuən－mie》로서 이 역시 《고미/구무》의 음역으로 되여 《關彌》와 《觀門》은 같은 말의 표기변종으로 될수 있다. 《고미/구무》는 우리 나라 고대의 토례미즙과 관련되여있는 지명으로서 《關彌嶺/觀門山》은 《고미달》의 표기로 인정된다.[주]

> [주] 《조선단대사(고구려사 4)》(손영종, 과학백과사전출판사, 주체 97(2008)년)에서는 관미령의 위치를 황해북도 장풍군 석촌리 관미마을부근이거나 장풍군에서 철원군 삭녕리로 넘어가는 도중에 있는 감물현고개쯤으로 보고있다.(151페지)

이처럼 387년에는 고구려가 토산에 있는 관미령에서 승리하기는 했으나 이 시기에 고구려와 백제사이의 대결은 이 일대에서 일진일퇴를 거듭하고있었던것으로 보인다.

고구려의 남방진출은 광개토왕이 왕위에 오르게 되면서 일층 적극화되여 392년 7월부터 10월사이에 백제를 쳐서 석현 등 10여성을 점령한데 이어 관미성을 함락시킴으로써 례성강하구는 물론 림진강하류지역을 제압하며 장차 한강을 건너서는데 유리한 조건을 마련하였다.

石峴城

o 가을 7월에 남쪽으로 백제를 쳐서 10개 성을 함락시키였다.(秋七月 南伐百濟 拔十城) (《삼국사기》 권18, 고구려본기 6)

o 가을 7월에 고구려왕 담덕이 군사 4만을 거느리고 와서 북쪽 변경을 침공하여 석현 등 10여성을 함락시켰다. 왕이 담덕은 군사지휘에 능숙하다는 말을 듣고 나가서 항전을 하지 못하여 한수 이북의 부락들을 많이 빼앗겼다. 겨울 10월에 고구려가 관미성을 쳐서 함락시켰다.(秋七月 高句麗王談德 帥兵四萬率攻北鄙 陷石峴等十餘城. 王聞談德能用兵 不得出拒 漢水北諸部落多沒焉. 冬十月 高句麗攻拔 關彌城) (《삼국사기》 권25, 백제본기 2)

o 삼국시대의 지명만 있고 분명치 않은 지역: 석현성(石峴城) (《삼국사기》 권37, 지리 4)

고구려가 392년(고구려 광개토왕 2년)에 백제를 공격하여 함락시키였다는 성들가운데 들어있는 《石峴城》은 석달후에 공략한 《關彌城》에서 그다지 멀지 않은 곳에 있었던것으로 추정된다.

《신증동국여지승람》에서는 우봉현의 북쪽 30리에 청석현(靑石峴)이 있다고 하였으며(권42, 우봉) 《대동지지》에서는 토산현의 서쪽 10리에 석현(石峴)이 있다고 하였다.(권18, 토산) 한편으로 《신증동국여지승람》에서 갈현(葛峴)을 개성부의 북쪽 58리에 있다고 하였으며(권4, 개성) 《대동지지》에서는 갈현이 토산현의 서북쪽 55리에 있다고 하였으니(권18, 토산) 그 갈현은 동일한것을 지적한것이라고 할수 있다.

그런데 갈현을 설명한 방식으로 계산해보면 청석현은 곧 석현을 가리키는것으로 추정된다.[주]

[주] 《조선단대사(고구려사 4)》(손영종, 과학백과사전출판사, 주체 97(2008)년)

에서는 석현성에 대해서 개성 서북 청석령부근이나 또는 려현으로 추정하고있다. (154페지)

결국 392년에 고구려가 백제로부터 랄취하였다는 석현성 등 10여개 성은 례성강의 동쪽, 림진강의 북쪽에 있었다고 할수 있다.

關彌城/甘勿羅

o 겨울 10월에 **백제의 관미성을 쳐서 함락시켰다.** 그 성은 사면이 절벽이요 바다가 둘러져있기때문에 왕이 군사를 일곱길로 나누어 공격한지 20일만에야 함락시키였던것이다.(冬十月 攻陷百濟關彌城 其城 四面峭絶 海水環繞 王分軍七道 攻擊二十日 乃拔)(《삼국사기》 권18, 고구려본기 6)

o 삼국시대의 지명만 있고 분명치 않은 지역: 관미성 (關彌城) (《삼국사기》 권37, 지리 4)

392년(고구려 광개토왕 2년) 10월에 고구려가 공략한 《關彌城》은 387년의 싸움에서 승리하였다는 《關彌嶺》과는 다른 곳이다. 관미성은 사면이 절벽이요 바다가 둘러져있기때문에 왕이 군사를 일곱길로 나누어 공격한지 20일만에야 함락시키였다는 사실에 비추어 그 위치를 산간지대에서 찾을수는 없으며 해안가까이에서 찾아야 한다고 본다.

《대동수경》에서는 저수(猪水) 즉 례성강에 대한 서술에서 배천군에서 동쪽으로 흘러내려 례성강으로 합류되는 지류를 감물라수(甘勿羅水)로 소개하고있다.(권4, 저수) 이와 관련하여 《신증동국여지승람》에서는 이 지류가 배천군의 서쪽 감물라포(甘勿羅浦)에서 바다로 들어간다고 하였다.(권43, 배천)

《甘勿羅》는 그 기초한자음이 《kâm-miuət-la》이니 류사음에 의한 《구미나/구무나》의 음역으로 된다. 이 경우에 《甘勿》은 지명표식어의 표기이고 《羅》는 지명단위어의 표기로 되는데 《關彌》와 《甘勿》, 《城》과 《羅》의 대응이 이루어질수 있다고 본다.

관미성을 이곳으로 비정하게 되는것은 그 지명고증과 함께 배천쪽의 례성강하구가 《대동지지》에서 서술하고있는것처럼 《밀물이 빠르고 급함》을 특징으로 하고있어(권17, 배천) 그 지세가 공격한지 20일이 걸렸다는 력사기록에 부합되기때문이다.[주]

[주] 《광개토왕릉비》(박시형, 과학원출판사, 1966년)에서는 관미성을 《昆彌川》
즉 례성강하구의 남방에 있는 성으로 보고있다.(175페지)

《구미나》의 《구미》는 바다나 강가의 곳이 길게 뻗고 후미지게 휘
여진 지형상특징을 가리켜 이르는 말로서 옛고구려땅인 북부동해안일대에
서는 《말구미, 되구미, 독구미》 등 지금도 쓰이고있는 말이다.

례성강하구를 중심으로 한 해안지대는 고구려와 백제의 두 나라가 쟁
탈전을 벌려온 주요대상으로서 그 일대의 어느 한 후미진 곳에 축성된 관
미성은 백제가 북방의 요충지로 그토록 중시하고 지키려 하였지만 고구려
는 이곳을 남방진출을 위한 주요길목으로 간주하였기때문에 기어이 탈취
하고야말았다.

그러나 관미성의 위치를 달리 보는 견해도 있다.[주]

[주] 《조선단대사(고구려사 4)》(손영종, 과학백과사전출판사, 주체 97(2008)년)
에서는 관미성을 오늘의 개성시 림한리(구 성내리) 관산(冠山, 관뫼)과 관
련이 있다고 보고있다.(155페지)

백제는 진사왕때인 392년에 빼앗겼던 《關彌城》을 393년(백제 아신왕
2년)에 기어이 다시 차지하려고 하였다.

○ 가을 8월에 왕이 진무에게 말하기를 《관미성은 우리 나라 북쪽 변
경의 요충인데 그것이 지금 고구려의 소유로 되여있다. 이 사실을
내가 통분하게 여기는바이니 그대도 애를 써서 분풀이를 해야 할
것이다》(秋八月 王謂武曰 《關彌城者 我北鄙之襟要也 今爲高句麗所
有 此寡人之所痛惜 而卿之所宜用心 而雪恥也》(《삼국사기》 권25,
백제본기 3)

백제는 고구려에게 빼앗긴 석현(石峴) 등 다섯개 성을 다시 찾기로 작
정하고 우선 관미성을 에워쌌지만 끝내 탈환에 성공하지 못하였던것이다.

고구려는 례성강의 하구와 그 동쪽일대를 장악하는 한편 앞으로 있을
수 있는 백제의 침공에 대비하기 위하여 394년에 오늘의 례성강서쪽 해
안지대에 《국남 7성》을 축성하였다.

○ 8월 국남 칠성을 쌓아 백제의 침범을 방비하였다.(八月 築國南七城
以備百濟之寇) (《삼국사기》 권18, 고구려본기 6)

《국남 7성》은 이 시기에 아직 남아있었던 례성강 서남지방의 백제의

교두보들을 밀어내고 이 일대의 방어를 강화하기 위한 목적에서 쌓은 성들이라고 보게 된다. 그런데 《국남 7성》의 위치는 남평양성(신원)을 중심으로 하고 볼 때 황해남도 남부해안지역으로 보는것이 합당하다.[주1]

해주의 수양산성(首陽山城)을 비롯하여 연안의 북쪽 3리에 있는 진산에 축조한 봉세산성(鳳勢山城), 배천의 북쪽 1리에 있는 진산에 축조한 치악산성(雉岳山城), 옹진의 옹천성(甕遷城) 등 고구려의 붉은 기와쪼각들이 나오는 성들이 있는데 이 성들의 총칭이 《국남 7성》일수 있다.[주2]

[주1] 《고구려사 (1)》(손영종, 과학백과사전종합출판사, 1990년) 299페지.

[주2] 《조선단대사(고구려 4)》(손영종, 과학백과사전출판사, 주체97(2008)년) 155페지

內米忽郡/池城/長池

o 폭지군(瀑池郡)은 원래 고구려의 내미홀군(內米忽郡)을 경덕왕이 개칭한것인데 지금의 해주(海州)이다. (《삼국사기》 권35, 지리 2)

o 내미홀(內米忽)은 지성(池城)이라고도 하며 장지(長池)라고도 한다.(《삼국사기》 권37, 지리 4)

《內米忽》은 기초한자음이 《nuɐi-miei-xuət》이니 설내입성 《-t》가 《ㄹ》로 대응하는 조건에서 《나미골/누미골》의 음역으로 된다. 《나미/누미》는 《늪》의 고형인것으로 하여 그것을 의역하여 《池》로 대응시키고 《골》을 의역하여 《城》으로 대응시킨것이 《池城》이다.

《신증동국여지승람》에 의하면 주의 동쪽 20리 지점에 《池城山》이 있는데 그 꼭대기에는 3백여척이나 되는 폭포가 있다고 하였으니 그로부터 《長池/瀑池》라는 별명이 나오게 된것이라고 할수 있다.

그리고 고적조항에는 수양산성(首陽山城)이 밝혀져있는데 그것은 돌로 쌓은 성으로서 높이가 18척에 둘레가 2만 856척이나 된다고 하였으니 굉장히 큰 산성으로서 이것이 바로 《국남 7성》의 하나로 될것이다.

고려 태조는 이 고장을 남쪽으로 림한 큰 바다라고 하여 해주(海州)라는 이름으로 부르게 하였다고 한다. (권43, 해주)

冬音忽郡/豉鹽城

o 해고군(海皐郡)은 원래 고구려의 동삼(冬彡)[音으로도 쓴다.] 홀군(忽郡)을 경덕왕이 개칭한것인데 지금의 염주(鹽州)이다. (《삼국사기》

권35, 지리 2)

o 동음홀(冬音忽)은 고염성(鼓鹽城)이라고도 한다. (《삼국사기》 권37, 지리 4)

《冬音忽》은 기초한자음이 《toŋ-ʔiəm-xuət》이니 설내입성 《-t》가 우리 말에서 《ㄹ》로 대응되는 조건에서 그 류사음에 의한 《두무골》의 음역으로 인정된다. 《두무》를 《冬音》으로 표기한것으로는 《두무나》를 《冬音奈》로 표기한 다른 례가 있다. 《두무/두모》는 둥글다는 뜻인데 지명표기에서는 흔히 《豆無, 豆毛, 杜毛, 杜門, 渡迷》 등으로 쓰이고있었다.

o 머리 크기 두모만 ㅎ고 (《태평광기언해》 1/11)

o 한강은 … 광주경계예 이르러 도미(두미)나루가 된다.(漢江…至廣州界 爲渡迷 두미津) (《룡비어천가》 3/13)

《冬彡》은 기초한자음이 《toŋ-sam》인데 《彡》을 《音》으로도 쓴다고 한것은 사실상 《彡》이 《sam》으로가 아니라 《音》과 등가적인 음역자로 된다는것을 지적한것으로 된다.

그리고 《鼓鹽》의 《鼓》는 매주나 된장의 뜻인 《豆鼓》에 쓰이기때문에 《豆》를 대신하기도 하며 《鹽》은 《ʔiäm》이니 《鼓鹽》은 《두무》의 표기로 될수 있다고 본다.

《신증동국여지승람》에서는 연안의 고적조항에서 봉세산성 (鳳勢山城)을 소개하고있는데 그것은 돌로 쌓은 성으로서 둘레가 5 400척이라고 하였으니 이것 역시 《국남 7성》의 하나로 될것이다.

그리고 후기신라에서 해고군(海皐郡)이라고 개칭한것을 고려초에 염주(鹽州)로 다시 고쳤다고 하였는데(권43, 연안) 이 이름들은 다 이 고장이 바다를 끼고있다는 지형상특징과 생산물을 고려하여 붙인 한자말지명이다.

《삼국사기》에서는 이 군의 령현으로 도랍현(刀臘縣)을 들고있다.

刀臘縣/刀耶城/雉嶽城/雉壤

o 구택현(雊澤縣)은 원래 고구려의 도랍현(刀臘縣)을 경덕왕이 개칭한것인데 지금의 백주(白州)이다. (《삼국사기》 권35, 지리 2)

o 도랍현(刀臘縣)은 치악성(雉嶽城)이라고도 한다. (《삼국사기》 권37, 지리 4)

o 삼국시대의 지명만 있고 분명치 않은 지역: 도야성(刀耶城) (《삼국사기》 권37, 지리 4)

《刀臘》은 기초한자음이 《tâu-ləp》이니 《도라/두리》의 음역으로 될수 있다. 《도라/두리》는 산이나 재의 지명에 많이 쓰이는 말이다.

o 都羅山 (경기도 장단)

o 豆里山 (강원도 이천)

o 道里峴 (충청도 천안)

《도라/두리》는 《周, 圍》의 뜻으로서 그 산세를 가리키는 말인데 흔히 그 고장의 진산의 이름으로 쓰이는 일이 많았다.

《刀耶城》의 《刀耶》는 《tâu-ia》이니 《도라》의 음역으로 될수 있으며 《城》은 지명단위어의 표기로 된다.

《신증동국여지승람》에서는 이 고장의 진산으로 북쪽 1리에 있는 《雉岳山》을 소개하고있는데 《雉嶽(岳)》은 기초한자음이 《di-ɤâk》으로서 그 류사음에 의하여 《도라/두리》의 음역으로 될수 있다. 력사기록에서 《雉壤》으로도 쓰이고있는데 369년(고구려 고국원왕 39년, 백제 근초고왕 24년) 9월에 고구려가 군사 2만을 동원하여 쳤다가 실패하였다는 백제의 《雉壤城》은 바로 이곳인것이다.

o 39년 가을 9월에 군사 2만명을 보내여 남쪽으로 백제를 쳤는데 치양에서 싸우다가 패하였다. (三十九年秋九月 以兵二萬南伐百濟 戰於雉壤 敗績) (《삼국사기》 권18, 고구려본기 6)

《雉壤》은 기초한자음이 《di-ñiaŋ》인데 《壤》이 《나》의 표기로 되는 당시의 표기관습을 고려할 때 《도라》의 변이형인 《도나》의 음역으로 될수 있다.

《雉壤》, 《雉岳》과 관련하여 《꿩이 많이 사는 산, 들》이라는 뜻으로 리해하면서 여러곳에 있을수 있는 지명이라고 주장하는 견해가 있으나 그것은 고구려의 지명표기에 대한 리해가 부족한데서 온것이라고 할수 있다. 고구려지명의 리두식표기는 초기에 의역이 아니라 음역을 기본으로 하고있었으며 의역의 방법은 그후에 음역과 배합되면서 생기게 되였지 처음부터 있었던것은 결코 아니였다. 음역표기를 전제로 해야만 《雉嶽》과 《刀臘》의 등가적표기문제가 리해되는것이지 만약 《雉嶽》을 의역표기로 보게 된다면 《刀臘》과의 등가적표기문제는 도저히 리해가 되지 않을것이다. 마찬가지로 《雉壤》도 《雉嶽》의 표기변종으로 되는것이라고 본다.

이것은 이 고장의 이름이 진산의 이름과 같다는것을 보여주고있다. 그리하여 이 고장을 《雉岳城》이라 하게 된것이며 또 달리는 《雉壤城》이라고도 하게 된것이다.

그런데 후기신라에서는 엉뚱하게 이 《雉》에 연유하여 꿩의 울음소리를 나타내는 《雊》자를 붙이여 《雊澤》이라고 한것으로 추정된다.

고적조항에서는 치악산에 돌성의 유적이 남아있다고 하면서 둘레가 1만 2천 6백척이나 된다고 하였는데 이것도 고구려가 394년에 쌓았다는 《국남 7성》의 하나로 인정된다.(권43, 배천)

甕遷/雍岑城/豆比鴨岑

o 옹천(甕遷)은 지금의 옹진현(甕津縣)이다.(《삼국사기》 권37, 지리 4)

o 옹진현(甕津縣)은 원래 고구려의 옹천(甕遷)을 고려가 지금 이름으로 고치였다.(《세종실록》 지리지, 권152)

o 삼국시대의 지명만 있고 분명치 않은 지역: 옹잠성(雍岑城) (《삼국사기》 권37, 지리 4)

《甕遷》은 《독벼루》의 의역으로 인정되는데 이것은 물론 보다 후기의 표기방식으로 인정된다.

o 독 爲甕 (《훈민정음해례》 용자례)

o 爲淵遷 쇠벼르 (《룡비어천가》 3/13)

《독벼루》의 고형으로는 《도기비라》를 상정할수 있을것이다.

《광개토왕릉비문》에는 수묘인연호로 《豆比鴨岑》이 나오는데 《豆比鴨》의 기초한자음은 《du-pie-ʔap》이니 그것은 류사음에 의한 《두비라/도비라》의 음역으로 될수 있으며 《岑》은 산봉우리의 뜻이 있는데 지명단위어 《비라》에 대응하는 표기로 될수 있다.

그리고 이 표기변종으로 되는것이 《雍岑城》이다. 《雍》은 《甕》의 표기변종이고 《岑》은 《비라》의 의역으로 되며 《城》은 지명단위어의 표기로 된다.

《신증동국여지승람》에서는 고려초에 《甕遷》이라는 이름을 《甕津》으로 개칭하였다고 하였는데 《瓮》은 《甕》의 략자에 지나지 않는다. 그리고 읍성을 돌로 쌓았다고 하면서 둘레가 3 524척이고 안에 우물이 셋이 있다고 하였으며 고적란에서는 고읍성이 현의 북쪽 2리에 있다고 하면서 안에 우물이 9개 있다고 하였는데 이것은 다 옹천성에 대해서 지적한것으로 된다. 이것 역시 《국남 7성》의 하나로 인정된다.(권43, 옹진)

후에 고유어지명을 한자말지명으로 개칭하는데서는 《屈遷》을 《豐州》로 고친것처럼 한자말지명에서는 《遷》을 지명단위어로 잘 쓰지 않는 관례에 따라 《瓮遷》을 《瓮津》으로 고친것이라고 할수 있다.

고구려의 광개토왕이 396년에 벌린 백제전역에서 거둔 성과에 대해서는 《광개토왕릉비문》에 비교적 자세하게 기록되여있다.

o 이리하여 6년 병신에 왕이 친히 수군을 거느리고 가서 백제를 토벌하여 승리하였다. … 그러나 적들이 굴복하지 않고 감히 나와서 싸움을 계속하기때문에 왕이 크게 노하여 아리수를 건너 정병을 파견하여 적의 아성을 육박하였다. … 백제왕이 곤경에 빠져 남녀 포로 1천명과 가는 베 1천필을 내여 왕앞에 꿇어앉고 이제부터는 영원히 노객이 되겠다고 맹세하였다. 대왕은 처음에 잘못한 죄과를 은혜로써 용서하고 뒤에는 순종하여온 성의를 기특하게 여기였다. 이어 58개의 성, 7백개의 촌을 빼앗고 백제왕의 아우와 함께 대신 10명을 볼모로 잡아 수도로 개선하였다. (以六年丙申 王躬率水軍 討利殘國 … 賊不服氣 敢出百戰 王威赫怒 渡阿利水 遣刺迫城 橫□□□□ 便國城 … 百殘王困逼 獻出男女生口一千人 細布千匹 跪王自誓 從今以後 永爲奴客 大王恩赦□迷之愆 錄其後順之誠 □五八城村七百 於是將殘王弟幷大臣十人旋歸還都) (《광개토왕릉비문》)

백제전역에서 고구려의 군사가 적의 아성에 육박한 사실을 서술하면서 뒤이어 계속한 《橫□□□□便國城》이라는 구절은 분명히 옆으로 에돌아서 백제의 수도를 배후로부터 포위공격한 사실에 대한 기록으로 추정된다. 그것은 392년 관미성의 함락, 394년 국남 7성의 구축, 396년 강화도를 비롯한 한강하구일대의 장악 등 성과에 기초하여 고구려군사가 오늘의 인천, 부평, 남양으로 해서 남한강류역일대와 북한강류역일대로 진출함으로써 백제의 수도를 사방에서 포위하게 된 사연을 반영한것이라고 말할수 있다.[주]

[주] 이 문제와 관련해서는 《고구려사 (1)》(손영종, 과학백과사전종합출판사, 1990년)에서도 당시 고구려군이 오늘의 서해안지대, 경기도 동북부, 충청 남북도방향에서 백제의 측면과 후방을 들이치는 전술로 나갔다는데 대하 여 서술하고있다.(302페지)

그리하여 비문에서 밝힌바 백제전역에서 공략한 성들에는 한강이북의 성들뿐만이 아니라 에돌아서 사방에서 공략한 성들까지도 포함된것이라고 할수 있다.

이처럼 고구려는 396년 백제전역을 통하여 례성강동쪽과 림진강류역 으로부터 남진하여 중부조선일대의 넓은 지역을 차지하게 되였으나 그후 정세의 변화로 하여 이 일대에서 고구려와 백제, 신라사이에는 각축전이 벌어지게 되였는데 5세기 중엽이후 6세기 전반기에 이르는 기간에 고구 려가 재차 남진하게 됨으로써 《원래 고구려》의것이라고 한 이 일대의 지명해석에서는 매우 복잡한 양상을 띠지 않을수 없게 되였다.

首知衣/牛岑郡/牛山城

o 우봉군(牛峯郡)은 원래 고구려의 우잠군(牛岑郡)을 경덕왕이 개칭한
  것인데 지금도 그대로 쓴다. (《삼국사기》 권35, 지리 2)
o 우잠군(牛岑郡)은 우령(牛嶺)이라고도 하며 수지의(首知衣)라고도 한
  다. (《삼국사기》 권37, 지리 4)
o 삼국시대의 지명만 있고 분명치 않은 지역: 우산성(牛山城) (《삼국
  사기》 권37, 지리 4)

《首知衣》는 기초한자음이 《śiu-tie-ʔiəi》로서 그 류사음에 의하여 《소디히/수다히》를 음역한것으로 된다.

《소/수》는 《쇼》의 변이형으로서 그것을 의역한것이 《牛》이다.

o 쇼 우 牛 (《훈몽자회》 상 19)

그리고 《디히/다히》는 《재》의 고형으로서 그것을 의역한것이 《岑》, 《嶺》, 《峯》으로 된다.

o 재 느려 티샤 두 갈히 것그니 (《룡비어천가》 36)
o 재 嶺頭 (《동문류해》 상 7)

그리하여 이곳 지명은 《牛岑》, 《牛嶺》, 《牛峯》이라는 표기변종들 을 가지게 되였다.

《신증동국여지승람》에 의하면 우봉현에는 현의 남쪽 60리에 성거산 (聖居山)이 있고 박연(朴淵)이 천마산(天磨山)과 성거산의 중간에 있다고 하였는데 지도상으로 보면 박연이 오늘의 장풍군과 개성시의 경계점에 자리잡고있는 묘지산(해발 778m)과 천마산의 중간에 놓여있다. 그러니 성거산이란 곧 오늘의 묘지산을 가리키는것으로 되며 우봉현은 아호비령산줄기의 끝을 타고앉은 오늘의 황해북도 금천군의 일부 지대를 가리키는것으로 된다. 그리하여 《신증동국여지승람》에서는 동쪽으로 33리를 가면 토산현과의 경계가 되고 서쪽으로 29리를 가면 평산부의 경계가 된다고 하였으며 남쪽으로 84리는 장단부와, 북쪽으로 31리는 신계현과 경계를 이룬다고 하였던것이다.(권42, 우봉)

력사기록에는 《牛山城》이 여러번 나오는데 그중의 하나인 540년기록의 《牛山城》이 이곳을 가리키는것이 아닌지 의심스럽다.

o 10년 가을 9월에 백제가 우산성을 포위하므로 왕이 강력한 기병 5천을 보내여 그들을 쳐물리쳤다. (十年秋九月 百濟圍牛山城 王遣精騎五千 擊走之) (《삼국사기》 권19, 고구려본기 7)

o 18년 가을 9월에 왕이 장군 연회에게 명령하여 고구려의 우산성을 치게 하였으나 이기지 못하였다. (十八年秋九月 王命將軍燕會 攻高句麗牛山城 不克) (《삼국사기》 권26, 백제본기 4)

력사기록에 의하면 523년(고구려 안장왕 5년, 백제 무녕왕 23년)에 고구려와 백제가 패수(례성강)에서 싸웠으며 529년에는 고구려가 백제의 북부변경인 혈성(강화도)을 빼앗았기때문에 그 복수를 위하여 백제는 오곡(서흥)벌판에서 고구려와 한바탕 싸움을 벌렸는데 끝내 이기지 못하였다고 하였다. 그래서 540년(고구려 안원왕 10년, 백제 성왕 18년)에 백제가 고구려의 우산성을 공격하였으나 이기지 못하였다고 하였으니 그 우산성은 아무래도 례성강류역에서 찾아야 할것 같다. [주]

[주] 《조선지명변천에 대한 력사문헌학적연구》(정순기, 사회과학출판사, 주체 94(2005)년)에서는 538년에 백제가 수도를 사비성(부여)으로 옮긴 사실을 념두에 두면서 고구려와 백제의 전선은 이때 공주계선으로 옮겨졌을것이라고 추정하였다. 그리하여 540년 기록의 《牛山城》을 청양군에서 찾아야 할것이라고 하였다.(48페지) 그러나 《조선전사 (3)》 (과학백과사전출판사, 1991년)에서는 540년 싸움의 우산성이 우잠성이 아니겠는지 하고 의문부

호를 쳐놓았다. (198페지)

력사기록에는 이 시기 공주계선에서 고구려와 백제가 싸웠다는 사실이 밝혀져있지 않으며 또 당시에 고구려와 백제의 세력대치가 주로 례성강류역에서 벌어진 조건에서 540년에 백제가 치려고 한 우산성은 우잠성이라고도 한 우봉으로 보는것이 옳을것이다.

扶蘇押/非惱城

o 송악군(松岳郡)은 원래 고구려의 부소갑(扶蘇岬*) 이였는데 효소왕 3년에 성을 쌓았고 경덕왕이 송악군으로 개칭하였다. (《삼국사기》 권35, 지리 2)

　* 《岬》은 《押》의 오자이다.

o 삼국시대의 지명만 있고 분명치 않은 지역: 비뇌성(非惱城) (《삼국사기》 권37, 지리 4)

《扶蘇押》의 《扶蘇》는 기초한자음이 《bio-so》이니 《보소》의 음역으로 되며 그것을 의역한것이 《松》이다. 《보소/버수》는 《술/소(나무)》의 옛날말로서 다른 지명의 표기에서도 쓰이고있다. (례; 夫斯達 : 松山)

《플》과 《프르다》는 같은 뿌리에서 나온 말인데 고대의 우리 말에는 아직 거센소리가 없었던것만큼 그 《프》는 《ㅂ》에 기원하는것으로 볼수 있다. 그리하여 중세국문문헌에 나오는 《프서리》도 《브서리》일수 있다고 본다.

o 프서리예 곧 서르 迷路ㅎ리로다. (초간 《두시언해》 7/8)

《프서리》는 《풀 + 서리》로서 잡초가 우거지고 거친 곳을 가리키며 푸른것 일반을 말하기도 하는데 《프서리/프어리》의 변이형과 《프성귀》와 같은 파생어를 가지고있다. 바로 이 말의 교형이 《보소/버수》이다.

《押》은 《누르다》의 《누르》의 준말인 《누/나》에 대한 의역자로 된다. 《누/나》가 메부리의 뜻으로 《岳》으로 대응되여 쓰인것은 지명단위어의 다른 표기에도 있다. (례: 骨尸押 : 朽岳城)

《보소나/버수누》의 축약형으로는 《보나/버누》를 상정할수 있는데 그것을 음역한것이 《非惱》로 된다. 《非惱》는 기초한자음이 《piəi—

nɐu》로서 《버누》의 음역으로 될수 있는것이다. 그리고 《城》은 일반적으로 고구려지명에서 단위어로 첨가한것으로 된다.

《삼국사기》에서는 송악군의 령현으로 약두치현(若頭耻縣)과 굴압현(屈押縣)을 들고있다.

若頭耻縣/若只頭耻縣/朔頭/奴頭/若模盧城/口模盧城

o 여비현(如羆縣)은 원래 고구려의 약두치현(若頭耻縣)을 경덕왕이 개
  칭한것으로서 지금의 송림현(松林縣)이다.(《삼국사기》 권35, 지리 2)

o 약지두치현(若只頭耻縣)은 삭두(朔頭) 또는 의두(衣*頭) 라고도 한다.
  (《삼국사기》 권37, 지리4)

  * 《衣》는 《奴》의 오자이다.

《若頭耻》의 《若》은 기초한자음이 《ñiak》이니 《나》의 음역으로
될수 있으며 《頭》는 《머리》의 고형인 《마라/마리》의 의역자로 쓰일수
있고 《耻》는 《부끄럽다》의 의미이니 《버러/벌》의 동음이의역이 될수
있다.

o 마리 두 頭 (《훈몽자회》 상 24)
o 頭曰 麻帝 (《계림류사》 고려방언)
o 붓그릴 티 耻 (《류합》 하 15)

결국 《若頭耻》는 《나마리버러/나마리벌》의 표기로 되는데 그 말을
줄여서 음역한것이 《如羆》인것이다. 다시말하여 《如羆》의 기초한자음이
《ñia-pie》로 되니 그것은 《나벌》의 음역으로 될수 있기때문이다.

그리고 《若只頭耻》라고도 한다고 하였는데 《只》는 《tsie》로서
《시/ㅅ》의 표기로 될수 있으니 《若只頭耻》는 《나시마리벌/낫마리벌》의
표기로 될것이다. 한편 일명 《朔頭》라고도 한다고 하였는데 《朔》의 뜻
에 비추어 그것을 《날/나》의 의역자로 삼고 《頭》를 《마리》의 의역자
로 삼으면 《나마리》를 표기한것으로 된다. 또 다른 표기로서 《衣頭》를
지적하였는데 《衣》는 《奴》의 오자로 볼수 있다. 《奴》의 기초한자음은
《nio》인것만큼 《奴頭》는 《나마리》를 음역-의역한 표기로 된다.

《광개토왕릉비문》의 수묘인연호에 들어있는 《若模盧城》의 《若模
盧》는 기초한자음이 《ñiak-muo-lo》이니 《나모로/나마리》의 표기로 되

는데 이것은 《朔頭, 奴頭》의 표기변이로 되며 고구려가 공략하여 탈취한 성으로 올라있는 《口模盧城》도 바로 이 《若模盧城》을 가리키는것이라 고 할수 있다.

고려초에 《松林》으로 개칭한것은 종전의 지명과 일정한 련관이 있어 《벌》과 《林》의 대응은 일정하게 수긍이 되지만 《나마리》와 《松》의 대응에 대해서는 더 연구해볼 문제로 남겨두기로 한다.

《신증동국여지승람》에서는 송림현이 부의 서쪽 5리에 있다고 하면서 후기신라에서 송악군의 령현으로 하였으나 고려초에 송림현으로 개칭하고 1018년(고려 현종 9년)에 장단에 소속시키였다고 하였다. (권12, 장단)

屈押縣/江西/貫奴城

o 강음현(江陰縣)은 원래 고구려의 굴압현(屈押縣)을 경덕왕이 개칭한 것인데 지금도 그대로 부른다.(《삼국사기》 권35, 지리 2)

o 굴어갑(屈於岬*)은 홍서(紅*西)라고도 한다.(《삼국사기》 권37, 지리 4)

 * 《岬》은 《押》의 오자이며 《紅》은 《江》의 오자이다.

《屈於》는 기초한자음이 《kʼiuət-ʔia》이니 설내입성 《-t》가 《ㄹ》로 대응되는 조건에서 《구리/거러》의 음역으로 될수 있다. 그리고 《押》는 다른 지명표기의 경우와 마찬가지로 《누/나》의 표기로 된다. 그리하여 《屈押》은 《구리누/구리나》의 변이형인 《굴누/굴나》의 표기로 된다.

《구리/거러》는 《江》의 뜻으로 쓰인 고유어휘인 《ᄀᆞ롬》의 고형이니 그것을 의역한것이 《江》이다.

o ᄀᆞ롬 강 江 (《훈몽자회》 상 4)

한편 우리 말에서는 해가 비치지 않는 음지(陰地)에 대해서 《능달》이라고 하니 《능》의 고형인 《느리/늘》의 변이형으로 《누/나》를 상정할 수 있는것만큼 이것을 의역한것이 《陰》이며 해가 지는 그늘쪽이 서쪽이라는데로부터 형상적으로 의역한것이 《西》인것이다. 그리하여 《江西》는 《屈押》의 표기변종으로 될수 있다고 본다.

《광개토왕릉비문》에서 고구려가 공략한 성으로 나오는 《貫奴城》이 바로 《屈押》일수 있는 가능성이 많다. 그것은 《貫奴》의 기초한자음이

《kuân-nio》이니 류사음에 의해서 《구리나》의 변이형인 《굴나/군나》의 표기로 될수 있기때문이다.

《신증동국여지승람》에 의하면 강음현은 동쪽으로 16리, 북쪽으로 15리가 평산부로 되고 서쪽으로 25리가 백천군이 되며 남쪽으로 31리가 개성부로 된다고 하였다. (권43, 강음)

冬比忽/德骨城/敦拔城

o 개성군(開城郡)은 원래 고구려의 동비홀(冬比忽)을 경덕왕이 개칭한 것인데 지금의 개성부(開城府)이다. (《삼국사기》 권35, 지리 2)

o 삼국시대의 지명만 있고 분명치 않은 지역: 덕골성(德骨城) (《삼국사기》 권37, 지리 4)

《冬比忽》은 기초한자음이 《toŋ-pie-xuət》이니 《도비구루/도비골》의 음역으로 된다. 《도비골》을 《開城》이라 하였으니 《골》을 《城》으로 대응시킨것은 문제될것이 없는데 《도비》가 《開》로 대응된것으로 보아 옛날에는 《도비》가 연다는 뜻으로 쓰인 말인것 같다. 이곳이 송악산을 배경으로 하여 한강과 림진강에 이르기까지 막힘없이 열려있다는 지형상특징으로 하여 붙인 이름일수 있다. 혹시 《도비》라는 말이 일정하게 정한 곳이 없이 떠돌아다니는 《도보/도부》와 일정한 의미적련관이 있을수도 있겠다고 본다.

o 도보쟝ᄉ 販子 (《한청문감》 5/32)

《광개토왕릉비문》에는 고구려가 공략한 성의 하나로 《敦拔城》이 나오고있는데 《敦拔》은 그 기초한자음이 《tuən-bat》이니 일반적으로 페음절이 무시되던 당시 조건에서 그 류사음에 의한 《도비》의 음역으로 될수 있다.

《도비구루/도비골》은 그 축약형으로 《도구루/도골》을 상정할수 있는데 그것을 음역한것이 《德骨城》으로 된다. 《德骨》의 기초한자음은 《tək-kuət》이니 그것은 《더골》의 음역으로 될수 있으며 《城》은 당시 일반적으로 지명에 붙인 지명단위어의 표기로 되기때문이다.

《신증동국여지승람》에서는 919년(고려 태조 2년)에 이곳에 궁궐을 지은 다음 960년(고려 광종 11년)에 황도(皇都)로 개칭하고 995년(고려 성종 14년)에 개성부로 이름을 고치였다고 하였다.(권4, 개성 상)

《삼국사기》에서는 개성군의 령현으로 덕물현(德勿縣)과 진림성(津臨城)의 둘을 들고있다.

德勿縣/獨母城

o 덕수현(德水縣)은 원래 고구려의 덕물현(德勿縣)을 경덕왕이 개칭한 것인데 지금도 그대로 부른다. (《삼국사기》 권35, 지리 2)

o 삼국시대의 지명만 있고 분명치 않은 지역: 독모성(獨母城) (《삼국사기》 권37, 지리 4)

《德勿》은 기초한자음이 《dək-miuət》이니 설내입성 《-t》가 《ㄹ》로 대응하는 조건에서 《더물》의 음역으로 된다. 그리고 《물》을 의역한것이 《水》이다. 《더물》이란 《많은 물》이라는 말인데 《多》의 뜻을 가진 《더》가 《德》으로 표기된 다른 례로는 《德頓忽》을 들수 있다.

《더물골》은 변이형으로서 《더무골》이 있을수 있는데 그것은 《獨母城》으로 표기할수 있으니 그것은 《獨母》의 기초한자음이 《duk-miu》로서 《더무》의 음역으로 될수 있기때문이다.

《신증동국여지승람》에서는 《德水》를 《仁水》라고도 한다고 하였는데(권13, 풍덕) 《德》이나 《仁》이나 다 일정한 혜택을 주는 경우에 쓰이는 공통적인 뜻이 있다.

《신증동국여지승람》에 의하면 덕수현은 풍덕군에 병합되였는데 옛 덕수현에는 사천(沙川)이 있어 그것이 여러 갈래로 들어오는 물길과 합치여 동강(東江)으로 흘러들어간다고 하였으며 인녕도(引寧渡), 조강도(祖江渡)와 같은 나루가 있다고 하였다. 이러한 자연지리적조건에 비추어 이 고장은 물의 혜택을 많이 받는 곳임을 알수 있으며 그것이 그대로 지명에 반영된것이라고 할수 있다.

裒阿忽/津臨城縣/口而耶羅城

o 림진현(臨津縣)은 원래 고구려의 진림성(津臨城)을 경덕왕이 개칭한 것인데 지금도 그대로 쓴다. (《삼국사기》 권35, 지리 2)

o 진림성현(津臨城縣)은 오아홀(烏*阿忽)이라고도 한다. (《삼국사기》 권37, 지리 4)

* 《烏》는 《裒》의 오자이다.

《津臨城》의 표기변종으로 《裊阿忽》이 밝혀져있는데 우선 고구려지명에서 《城》과 《忽》은 흔히 《구루/골》의 표기변종으로 되고있다. 그렇다면 《津臨》과 《裊阿》의 대응이 문제로 되는데 이것은 의역과 음역의 대응에 의한 표기변종으로 인정된다.

《津》의 뜻은 《나루》인데 《臨》은 기초한자음이 《liəm》으로서 《나루》의 《루》를 보충적으로 음역한것으로 볼수 있으며 《裊阿》는 기초한자음이 《niao-ʔa》이니 류사음에 의한 《나루》의 음역으로 될수 있다.

결국 《津臨城》과 《裊阿忽》은 《나루골》의 표기변종들로 되는데 《津臨》을 뒤바꾸어놓은것이 《臨津》이다.

《광개토왕릉비문》의 백제전역기사에는 《□而耶羅城》이 나오고있는데 《而耶羅》의 기초한자음은 《ʔi-ia-la》로서 《□》이 혹시 《n》계통의 음역자라면 《나루/나라》의 음역으로 될수 있다. 그렇다면 이것이 《津臨城》의 표기변종으로 되는것이 아닌지 의심스럽다.

《신증동국여지승람》에서는 이 고장이 장단부의 남쪽 25리에 있는데 후기신라에서 개성군의 령현으로 했던것을 1018년(고려 현종 9년)에 장단현에 소속시키고말았다고 하였다.(권12, 장단)

馬忽/買省縣/彌沙城

o 래소군(來*蘇郡)은 원래 고구려의 매성현(買省縣)을 경덕왕이 개칭한 것인데 지금의 견주(見州)이다. (《삼국사기》 권35, 지리 2)

　　* 《來》는 《末》의 오자이다.

o 매성군(買省郡)은 마홀(馬忽)*이라고도 한다. (《삼국사기》 권37, 지리 4)

　　* 견성군(堅城郡)의 마홀(馬忽)과는 다르다.

《馬忽》은 기초한자음이 《ma-xuət》인데 설내입성 《-t》가 우리말에서 《ㄹ》로 대응되는것만큼 《마구루/마골》의 음역으로 된다.

한편 《買省》은 기초한자음이 《mā-śiuəŋ》으로서 류사음에 의한 《마수리》에 대한 음역으로 된다. 《省》이 《수리》의 음역자로 쓰인것은 《達乙省 = 高烽》의 경우와 같다. 그런데 《마수리》의 《수리》는 지명단위어로서 다른 단위어인 《골》로도 대치할수 있으니 《마수리》는 바로 《마구루/마골》의 별명으로 될수 있다.

이 경우에 《마》가 남쪽을 의미하는 말이라면 그것은 분명 북쪽에 있는 고구려가 상대적으로 남쪽인 이 고장에 대해서 지은 지명으로 될것이다. 그리하여 《마구루/마골》을 표기한 《馬忽》의 《馬》는 《말》의 의역자로 쓰인것이 아니라 남쪽을 의미하는 《마》의 동음이의역자로 쓰인것이라고 할수 있으며 《買省》의 《買》는 《마》의 음역자로 된다.

그리고 《末蘇》는 기초한자음이 《mât-sio》이니 그것은 《마수리》의 변이형인 《마수》를 표기한것이라고 할수 있다.

《신증동국여지승람》에 의하면 주의 북쪽 51리에 둘레가 357척이 되고 높이가 14척인 수철성(水鐵城)이 있다고 하였는데 《水鐵》은 《무소리/무쇠》를 의역한 표기로 된다. 결국 이것은 《末蘇》에 대응하는 표기변종이라고 할수 있다.

《광개토왕릉비문》에는 고구려가 공략하여 탈취한 성으로 《彌沙城》이 나오고있다. 《彌沙城》의 《彌沙》는 기초한자음이 《mie-ṣa》이니 류사음에 의한 《買省》의 표기변종으로 되거나 《末蘇》의 음역, 《水鐵》의 의역에 대응하는 말일수 있다.

이 고장은 다른 별명도 가지고있었다.

○ 견주(見州)는 원래 고구려의 매성군(買省郡) [창화군(昌化*郡)이라고도 한다.]이다.(《고려사》 권56, 지 10)

　　* 《昌化》의 《化》는 《伐》의 오자이다.

별명으로 되는 《昌伐》의 《昌》은 《불》을 의역한것이고 《伐》은 기초한자음이 《biɐt》이니 설내입성 《-t》가 우리 말에서 《ㄹ》로 대응되는것만큼 《벌》을 음역한것으로서 《昌伐》은 《불벌》을 표기한것으로 인정된다. 그리하여 개칭한 《見州》는 《見》의 뜻이 《볼》이고 《州》가 《벌》로 대치될수 있어 《불벌》의 표기변종으로 된다고 할수 있다.

이 고장은 고려초에 《見州》라고도 하다가 1018년(고려 현종 9년)에 양주(楊州)에 소속시키였다고 하였으며 1394년(리조 태조 3년)에 한때 양주에 수도를 정하고 한양부라고 한적이 있었다고 하였다.(권11, 양주)

양주는 동쪽으로 25리 가면 포천현이 되고 남쪽으로 75리 가면 광주가 되며 서쪽으로는 고양, 파주가 된다고 하였는데 소재지에서 소요산, 수락산, 불암산, 도봉산과의 거리를 밝힌것을 놓고 추단해보면 옛 소재지는 의정부와 덕정사이에 있는 오늘의 고읍리가 아니였던가싶다.

《삼국사기》에서는 이 군의 령현으로서 칠중현(七重縣)과 파해평리현(波害平吏縣) 둘을 들고있다.

難隱別/七重縣/邪旦城 , 奧利城

o 중성현(重城縣)은 원래 고구려의 칠중현(七重縣)을 경덕왕이 개칭한것인데 지금의 적성현(積城縣)이다. (《삼국사기》 권35, 지리 2)

o 칠중현(七重縣)은 난은별(難隱別)이라고도 한다. (《삼국사기》 권37, 지리 4)

o 〔군명〕 七重城 重城 乃城(《신증동국여지승람》 권11, 적성)

《難隱別》의 기초한자음은 《nân－ʔiən－pet》인데 설내입성 《－t》가 우리 말에서 《ㄹ》로 대응되는것만큼 《나나버러/나나벌》의 음역으로 될수 있다고 본다. 그리고 그것을 의역한것이 《七重城》이며[주] 그에 근거해서 개칭한것이 《重城》이고 《積城》이라는것이다. 왜냐하면 《버러/벌》은 《한벌, 두벌》할 때의 《벌 〈 볼》이 《重》으로 대응되기때문이라고 한다.

o 一重 흔불 (《금강경언해》 138)

한편 《乃城》의 《乃》는 기초한자음이 《niei》이니 《나나》의 축약형인 《나》을 음역한것으로서 《나벌》을 표기한것이 곧 《乃城》이라고 할수 있다는것이다.

[주] 《세나라시기의 리두에 대한 연구》(류렬, 과학, 백과사전출판사, 1983년)에서는 일본말에서 《七》을 《나나》라고 하는데 그것은 이 《나나》의 옛자취일수 있다고 하였다.(238페지)

《광개토왕릉비문》의 수묘인연호에는 《散邪城》 다음에 《邪旦城》이 밝혀져있는데 백제전역과 관련한 기사에서는 《散邪城》다음이 마멸되여있으나 혹시 《邪旦城》일수 있는 가능성이 없지 않다.[주]

[주] 《조선단대사(고구려사 4)》(손영종, 과학백과사전출판사, 주체97(2008)년)에서도 그것을 《나단성》으로 추정하고있다.(158페지)

《那旦城》의 《那旦》은 기초한자음이 《nâ-tân》이니 《나단》의 음역으로 된다. 그렇다면 《나단》과 《七》의 대응을 상정할수 있으니 《難隱別》의 《難隱》은 《니단》의 변이형을 표기한것이라고 할수 있다.[주]

> [주] 고구려에 복속되여있었던 말갈족의 후손들인 녀진족의 말에서는 《七》을 《나단》이라 하였음을 참고로 보인다.

o nadan 닐곱 《七箇》(《동문류해》 하 20)

그런데 이 지명고증과 관련하여 달리 해석하는 경우가 있다. 즉 《難隱別》의 《難》을 의역자로 인정하고

o 難은 어려볼씨라 (《월인석보》 서 23)

《어려》가 《重》의 《여러》에 대응하여 쓰이고있다는것이다.

o 여러볼 둥 重 (《류합》하 48)

그리하여 이 고장은 《여러벌》로 되여있다는 지형상특징에 따라 《重城》, 《積城》으로 불리운것이며 그것을 형상적으로 표현한것이 《七重城》이라고 하면서 《難隱別》의 표기변종으로 되는것이 《乃城》이라고 보는 것이다.[주]

> [주] 《삼국시대의 지명과 조선어의 계통문제》(홍기문, 잡지 《조선어학》 1963년 4호); 《조선어사연구론문집》 (박정문, 교육도서출판사, 1984년) 34~35 페지

만약 이러한 해석을 하게 된다면 이 고장의 이름은 《어러벌/여러벌》이라고 해야 할것이다.

《광개토왕릉비문》의 백제전역에도 나오고 수표인연호에도 나오는 《奧利城》의 《奧利》는 기초한자음이 《âu-li》로서 《어리》의 음역으로 되며 《城》은 지명단위어인 《벌》에 대응하는 표기로 되는것만큼 《奧利城》은 《어리벌》의 표기로 인정된다. 그렇다면 이것은 《難隱別》에 대응하는 표기변종으로 될것인데 혹시 이 고장에 서로 다른 이름을 가진 두 성이 나란히 있었던것이 아닌지 의심스럽다.

《신증동국여지승람》에 의하면 적성현은 동쪽으로 17리를 가면 마전군이 되고 남쪽으로 31리를 가면 양주땅이 되며 서쪽으로는 장단과 파주와 잇닿아있고 북쪽으로 20리에 장단부가 있다고 하였다. 이것으로 미루어보아 적성현은 맹구봉산줄기의 서북방인 림진강중류를 중심으로 하여 펼

쳐진 벌에 자리잡은것으로 추정되는데 오늘의 고랑포리, 두지리, 구읍리, 설마리를 포괄하는 지대로 된다.

波害平吏縣/比利城

o 파평현(波*平縣)은 원래 고구려의 파해평리현(波害平吏縣)을 경덕왕이 개칭한것인데 지금도 그대로 부른다.(《삼국사기》 권35, 지리 2)

　　* 다른 지리지들에서는 《波》를 《坡》로도 쓴다고 하였다.

《波害平吏》는 기초한자음이 《pâ—ɾâi—bieŋ—liə》이니 그 류사음에 의하여 《바히버러》의 음역이 될수 있다. 《바히》는 《바회》의 변이형으로 되며 《버러》는 《벼로》의 변이형일수 있다.

o 바회 암 巖 (《훈몽자회 상 3)
o 벼로 혹은 빙애 地灘 (《역어류해》 상 7)
o 벼로 峭崖 (《한청문감》 1/39)

결국 《바히버러》란 《바위벼랑》이란 말로 되는데 그것은 이 고장에 있는 자연지명에서 따온것으로 보인다.

《광개토왕릉비문》의 수묘인연호에서는 앞머리에서 원래 고구려땅인 《碑利城》을 든것과는 달리 《新來韓穢》라고 하여 든것가운데서 《於利城》 다음자리에서 《比利城》을 들고있다. 《比利城》의 《比利》는 기초한자음이 《pie—li》로서 《버러》의 변이형인 《비리》의 음역으로 된다. 이것은 《바히버러》의 략칭으로 인정되며 《城》은 지명단위어의 표기로 된다. 그리고 《광개토왕릉비문》에는 백제전역에서 공략한 성들의 하나로 《沸城》다음에 《口利城》을 들고있는데 이것은 《比利城》을 가리키는것일수 있다.

《신증동국여지승람》에 의하면 주의 북쪽 30리에 있는 미라산(彌羅山)(해발 496m)을 일명 파평산(坡平山)이라고 한다고 하였다.(권11, 파주) 《坡平》이란 바로 《바히버러》의 표기인 《坡害平吏》를 줄인것으로서 후기신라에서 개칭한 이름이기도 하다. 결국 현재는 미라산으로 불리우고 전에는 파평산이라고 하던 산이름이 곧 이 고장의 이름으로 된것이라고 해야 할것이다.

於乙買串/泉井口縣 /於利城

o 교하군(交河郡)은 원래 고구려의 천정구현(泉井口縣)을 경덕왕이 개칭한것인데 지금도 그대로 부른다. (《삼국사기》 권35, 지리 2)

o 천정구현(泉井口縣)은 어을매관(於乙買串)이라고 한다. (《삼국사기》 권37, 지리 4)

《於乙買》는 기초한자음이 《ʔia-ʔiet-mä》이니 설내입성 《-t》가 우리 말에서 《ㄹ》로 대응되는 조건을 념두에 두게 되면 《어리마/이리마》의 음역으로 될수 있다.

《泉》은 지명표기에서 《於乙》 이외에 《于乙》로 대응하는 경우도 있었다.

o 온천 하나는 현의 서쪽 어을동에 있다.(溫泉一 在縣西於乙洞) (《세종실록》 지리지, 평안도 룡강)

o 온천은 유성현 동쪽 5리 독지우을예 있다.(溫泉 在儒城縣東五里獨只于乙) (《세종실록》 지리지, 충청도 공주)

우선 《어리마/이리마》의 《마》는 흔히 《買》로 음역되고 《水》로 의역되는것만큼 이것을 《井》에 대응시킨것은 별로 문제될것이 없다고 본다.

《어리/이리》를 《泉》에 대응시킨 례를 우리는 고구려인명표기의 대응에서 찾아보게 된다.

o 지난해 가을 9월에 대신 이리가수미가 대왕을 죽이였다. (去年秋九月 大臣 伊梨柯須彌殺大王) (《일본서기》 권24, 황극천황 원년)

이것은 고구려의 천개소문(泉蓋蘇文)이 영류왕을 살해한 사실을 기록한 일본의 옛문헌에 나온것인데 《泉》을 《伊梨》로 음역하여 표기하였다. 이것은 당시 우리 말에서 《泉》을 《이리》라고 했음을 말해주고있다.

그리고 《串》은 《고지/고시》의 의역으로 된다.

《고지/고시》는 예로부터 《岬》, 《串》의 의미로 쓰인 우리 말이다.

o 갑(岬)은 우리 말로 고시(古尸)라고 한다.(《삼국유사》 권4, 의해 5)

o 흔곳 一串 (《어록해》 11)

그런데 《甲比古次》가 《穴口》로 쓰인것처럼 《고지/고시》는 《口》로 대응되기도 한다.

그리하여 《어리마/이리마》는 《泉井》로 대응되고 《고지/고시》는 《口》로 대응되고있다.

《광개토왕릉비문》에서 고구려가 공략했다는 《於利城》의 《於利》는 기초한자음이 《ʔia-li》로서 《이리/어리》의 음역으로 되며 《城》은 보편적으로 쓰이는 지명의 단위어이다.

후기신라에서 이 고장을 《交河》로 개칭한것은 이곳이 한강과 림진강의 하구로서 두 강이 합치게 된다는 지대적인 특징을 고려하여 한자말로 지은것이라고 할수 있다.

이와 관련하여 《交》는 《어울다》의 《어울》을 의미하는것이라고 하면서 《於乙買》의 《於乙》을 그 표기로 보려는 견해가 있다.[주]

[주] 《조선지명변천에 대한 력사문헌학적연구》(정순기, 사회과학출판사, 주체 94(2005)년) 269폐지

그러나 《어울다》의 고형은 《어불다》이니 그것은 동북방언에 남아있는 《어부르다(어울리다)》, 《아브라(아울러)》 등 방언자료를 통해서 쉽게 알수 있는 문제이다. 력사적으로 《어울다》의 고형은 《어불다》인것만큼 《於乙》과 《交》를 결부시키는것은 력사언어학적견지에서 아무래도 무리가 있다.

《신증동국여지승람》에 의하면 이 고장은 동쪽으로 16리에 파주, 26리에 고양군이 잇닿아있으며 남쪽으로 22리에 고양군, 서쪽으로 9리에 풍덕군, 북쪽으로 25리에 장단이 잇닿아있다고 하였다. (권11, 교하)

屈火郡 /仇夫城

ㅇ 交河郡은 원래 고구려의 泉井口縣인데 굴화군(屈火郡) 또는 於乙買串이라고도 한다. (《고려사》 권56)

교하군에 대해서 별명으로 《屈火》라고 하게 된것은 이 고장이 림진강과 한강의 두 강의 하구로서 지형이 굽어있는것과 관련된 이름이다.

《屈火》의 《屈》은 기초한자음이 《k'iuət》이니 《고/구》의 음역으로 되며 《火》는 《불》을 의역한것으로 된다. 그리하여 《屈火》는 《고불/구불》의 표기로 되는데

ㅇ 曲은 고블씨라 (《석보상절》 11/6)

《고불》은 이곳의 지형상특징을 표식으로 잡아서 붙인 이름으로서 《於乙買串》과 거시적으로는 일치하여도 미시적으로는 반드시 일치하는 지점이 아닐수도 있다. 다시말하여 교하땅의 어느 한 지대에 붙인 이름이

교하땅의 별명으로 된것이라고 할수 있다.

그런데 이 지명은 안동땅에 있는 곡성군(曲城郡)인 굴화군(屈火郡)과 이름이 겹치게 되기때문에 한때 쓰이기는 하였으나 그후 공식적으로 오래 쓰이지 않았던것으로 보인다.

《광개토왕릉비문》에는 백제전역에서 탈취한 성으로 《仇夫城》*이 나오는데 《仇夫》의 기초한자음은 《giu-pio》로서 《고부/구부》의 음역으로 되며 《城》은 지명단위어의 표기로 된다. 바로 《仇夫城》은 《屈火郡》을 가리키는것이라고 할수 있다.

> * 비문의 이 지명표기를 흔히 《仇天城》으로 보는 경향이 있는데 그것은 《仇夫城》으로 보아야 한다. 이 비문의 지명표기가 기본적으로 음역으로 되여있다는 점을 고려할 필요가 있다.

결국 같은 교하땅을 가리키는것이라고 하지만 《於利城》과 《仇夫城》은 같은 고장이 아니라 서로 가까운 고장에 있었던것으로 인정된다.

烏島城, 闍彌城

o 오도산성(烏島山城)은 현의 서쪽 4리에 있다. (《신증동국여지승람》 권11, 교하)

《신증동국여지승람》에서는 《石淺》에서 멀지 않은 곳에 《烏島山城》이 있는데 그것은 석축으로서 둘레가 2 071척이 되며 한강과 림진강의 하류가 교차되는 곳에 있다고 고적조항에서 밝히고있다.(권11, 교하)

《룡비어천가》에서는 교하현의 서쪽 《烏島城》에서 한강이 림진강과 합친다고 하였는데 《烏島城》은 《오도잣》의 표기로 됨을 밝히고있다.

o 강물은 … 교하현의 서쪽 오도성(오도잣)에서 림진과 합친다.(江水 … 至交河縣西烏島城오도잣 與臨津合) (《룡비어천가》 1/6)

《烏島》는 기초한자음이 《ʔo-tau》이니 《오도》의 음역으로 되며 《城》은 《자시/잣》의 의역으로 된다.

o 城은 자시라 (《월인석보》 1/6)

o 잣 성 城 (《훈몽자회》 중 8)

그런데 《대동지지》에서는 《烏島城》이 림진강과 한강이 합치는 곳에 있어 그것이 본래 백제의 관미성이라고 하면서 사방이 절벽이고 오직 동쪽만이 산기슭과 이어지고 세면은 바다물로 둘러있다고 하였다. 그러면서 그 성의 둘레는 2 072척*이고 그곳은 군으로부터의 거리가 서북쪽으로 14리라고 하였다.(권3, 교하)

* 《신증동국여지승람》에는 2 071척으로 되여있다.

만일 《대동지지》의 서술대로 《烏島城》이 관미성이라면 이것은 392년에 고구려가 공략하였다는 관미성이 아니라 《광개토왕릉비문》의 396년 백제전역과 관련하여 나오는 각미성을 가리키는것일수 있다.[주]

[주] 《고구려사 (1)》(손영종, 과학백과사전종합출판사, 1990년)에서도 392년에 고구려가 점령한 관미성과 396년에 새로 점령한 관미성은 서로 다른 성일 것이라고 하였다.(303페지)

《광개토왕릉비문》의 백제전역에 나오는 《閣彌城》의 《閣》은 추정되는 기초한자음이 《kuak》이니 그 역시 이중모음과 종성을 무시하게 되면 《關》과 동일한 음역자로 리용될수 있다. 그리하여 《閣彌》를 《關彌》의 오자로 보든 보지 않든 관계없이 그것은 《고미/가미》라는 같은 말의 리두식표기로 인정되는것이다.[주]

[주] 《조선단대사(고구려사 4)》(손영종, 과학백과사전출판사, 주체97〈2008〉년)에서는 이 관미성을 오늘의 개성시 림한리(구 성내리) 관산(冠山. 관뫼)으로 보고있다.(155페지)

深岳縣/寶薪郷

o 심악폐현(深岳廢縣)은 현의 남쪽 10리에 있는데 옛 보신향(寶薪郷)이다. (《신증동국여지승람》 권11, 교하)

《寶薪郷》의 《寶薪》은 기초한자음이 《pâu-siən》이니 류사음에 의한 《보시》의 음역으로 된다. 《보시》는 《深》에 대응되고있으니 깊다는 뜻으로 쓰이는 옛날말로 추정되며* 《岳》은 지명단위어인 《달》의 의역으로 된다. 그리하여 《深岳》은 《보시달》의 의역으로 되며 《寶薪郷》은 그 표기변종으로 된다.

* 지명표기에서 《보시》와 《深》의 대응은 다른 경우에도 있다.(례: 伏斯買 : 深川縣)

《신증동국여지승람》에서는 교하현소재지의 남쪽 21리에 심악산(深岳山)이 있는데 그곳이 심악현임을 밝히고있다. 지도상으로 보면 한강하구에 심학산(해발 194m)이 있고 그 북쪽 20리쯤에 교하리가 있으니 심학산이란 곧 심악산임이 명백하다 할것이다. 그러니 심악현은 오늘의 파주군 남쪽 한강기슭에 있었던것으로 된다.

《신증동국여지승람》에 의하면 석천향(石淺鄕)은 현의 동쪽 20리에 있고 오도성산(烏島城山)은 현의 서쪽 7리에 있다고 하였으며 심악현은 현의 남쪽 10리에 있다고 하였으니 천정구(泉井口)인 교하현소재지를 중심으로 해서 그 주변의 이 세곳은 서로 가까이에 있었다고 할수 있다.

《삼국사기》에서는 교하군의 령현으로 술이홀현(述尒忽縣)과 달을성현(達乙省縣)을 들고있다.

述尒忽縣/首泥忽 /析夷利城

o 봉성현(峯城縣)은 원래 고구려의 술이홀현(述尒忽縣)을 경덕왕이 개칭한것인데 지금도 그대로 부른다. (《삼국사기》 권35, 지리 2)

o 술이홀현(述尒忽縣)은 수니홀(首泥忽)이라고 한다. (《삼국사기》 권37, 지리 4)

《述尒忽》은 그 기초한자음이 《dźiuet－ńie－xuət》이니 설내입성 《—t》가 우리 말에서 《ㄹ》로 대응되는 조건에서 이것은 《수리골》의 음역으로 된다고 할수 있다. 《述尒忽》을 《首泥忽》로도 쓴다고 하였는데 《首泥》의 기초한자음도 《śiu－nei》로서 우리 말에서 《리/니》의 교체가 흔히 있는것만큼 류사음에 의해서 《수리》의 음역으로 될수 있다. 그리고 《수리골》을 의역한것이 바로 《峯城》이다.

《광개토왕릉비문》에는 백제전역의 승리로 탈취한 성으로 《析夷利城》*이 나오는데 《析夷利》의 기초한자음은 《siek－i－li》이니 리두식표기에서는 흔히 페음절이 무시되는 조건에서 《수리》의 음역으로 되며 《城》은 고구려지명에 흔히 붙이는 지명단위어로 된다.

* 흔히 《析支利城》로 보고있으나 《支》는 《夷》로 인정된다.

《신증동국여지승람》에서는 《述尒忽》의 《尒》를 《彌》로도 쓴다고 하였는데(권11 파주) 그것은 《爾》가 잘못 표기된것으로 인정된다. 그리고 여기서는 《述尒忽縣》을 교하군의 령현으로 하였다가 후에 소속이 여러번 바뀐 상황에 대해서도 서술하고있다.

達乙省縣/高烽

o 고봉현(高烽縣)은 원래 고구려의 달을성현(達乙省縣)을 경덕왕이 개칭한것인데 지금도 그대로 부른다. (《삼국사기》 권35, 지리 2)

o 달을성현(達乙省縣) 한씨 미녀가 높은 산마루에서 봉화를 놓고 안장왕을 맞던 곳이라 하여 후일에 고봉(高烽)으로 불렀다. (《삼국사기》 권37, 지리 4)

《達乙省》의 《達乙》은 《達乙斬 : 高林》의 경우와 같이 《다라》의 음역으로 되며 《省》은 기초한자음이 《siuɐŋ》이니 류사음에 의하여 《수리》의 음역으로 될수 있다.(례: 省知買 : 述川)

이 《다라수리》를 의역한것이 바로 《高峰》인데 그것을 굳이 《高烽》이라고 하여 《峰》을 봉화의 《烽》으로 바꾼것은 《삼국사기》 권37에서 밝힌바와 같이 고구려 안장왕(재위: 519-531년)의 전설과 관련된것으로 보인다.[주]

[주] 이와 관련해서는 《皆伯縣》조항을 참고하기 바란다.

《신증동국여지승람》에서는 고봉성산(高烽城山)의 봉화대가 소재지의 서쪽 15리에 있다고 하였는데(권11, 고양) 이 산은 현재도 고봉산(해발 209m)으로 지도에 올라있다.

고구려는 392년 7월에 《돌벼로》, 《오도잣》, 《보시달》, 《이리마고시》, 《수리골》, 《다라수리》를 비롯한 이 일대의 10개 성들을 차지하고 나서 10월에 지형이 험악하고 바다물이 둘려져있어 공략하기 쉽지 않다는 관미성을 공격하여 20일만에 함락시키는 전과를 거두었다.

《삼국사기》에서는 우봉군의 령현으로 장항현(獐項縣), 장천성현(長淺城縣), 마전천현(麻田淺縣)을 들고있다.

獐項縣

o 림강현(臨江縣)은 원래 고구려의 장항현(獐項縣)을 경덕왕이 개칭한것인데 지금도 그대로 부른다. (《삼국사기》 권35, 지리 2)

《獐項》은 《노로모기/노로목》의 의역으로 된다.

o 노로 爲獐 (《훈민정음해례》 용자례)

o 모개 관 關, 모개 액 阨 (《훈몽자회》 상 6)

《모개》는 요충지를 의미하는 말로서 《關, 陰》은 《項》과 통해 쓰이는 글자이다. 그리하여 그 어떤 관문의 뜻인 《모개/모기/목》은 흔히 《項》으로 의역되는 경우가 많았다.[주]

[주] 《대동지지》(김정호)에서는 《項은 〈목〉이라고 하는데 강이나 바다사이에 혹 진흙이 드러나거나 혹은 모래가 쌓여 물이 얕으므로 배가 다닐수 없는 곳을 말함》이라고 하였다.(문목, 방언해)

《노로목》이 전국도처에 자연지명으로 널려있는데 그것은 짐승인 《노루》가 다니는 길목이라 하여 붙인 이름일수도 있으나 그보다는 지형상특징을 표식으로 잡아서 명명한것일수 있다고 본다. 즉 늘어진 길목이라는 뜻에서 붙인 《늘이목》이 《노루목》으로 와전될수 있는것이다.

《늘이목》의 《늘이》는 지명표기에서 의역자로 《於》를 쓰는 경우가 많았다.

   o 늘인골(於隱洞) (평양)

   o 늘앗골(於田里) (안악)

   o 늘윗골(於義洞) (서울)

《늘, 느르》는 《延, 舒》의 의미로서 《늘이목》이란 지형상 좁고 긴 산골짜기를 가리키는 말로 되는데

   o 느러갈 의 逶, 느러갈 이 迤(《류합》 하 51)

그것이 와전되여 《노루모기, 노로마기》로 되면서 《獐項, 獐塞》 등으로 표기하게 된것이다.

《신증동국여지승람》에 의하면 후기신라에서 《臨江》으로 개칭한 이 고장은 장단부의 북쪽 30리에 있다고 하였으니 오늘의 장풍군 림강리가 되겠는데 우봉군의 령현으로 만들었다가 1018년(고려 현종 9년)에 장단에 소속시키였다고 하였다.(권12, 장단)

長淺城縣/耶耶 / 夜牙 / 也利城

   o 장단현(長湍縣)은 원래 고구려의 장천성현 (長淺城縣)을 경덕왕이 개칭한것인데 지금도 그대로 부른다. (《삼국사기》 권35, 지리 2)

   o 장천성현(長淺城縣)은 야야(耶耶) 또는 야아(夜牙)라고 한다. (《삼국사기》 권37, 지리 4)

《長湍》과 《長淺》이 대응되고있는데 《湍》은 여울의 뜻으로서 벼랑

을 가리키는데 쓰일수 있으며 《淺》은 얕다는 뜻을 가지면서도 《遷》과
통해 쓰이면서 옛 지명표기에서 벼랑의 고형인 《벼로》에 대응되는 경우
가 있었다.(례: 比列忽 : 淺城) 그리고 《長》은 옛 지명표기에서 《마리/
마》에 대응되기도 한다.(례: 大楊管 : 馬斤押 : 長楊)

그렇다면 《長湍》, 《長淺》은 《마리벼로/마벼로》의 표기로 되겠는
데 《신증동국여지승람》에 의하면 부의 동쪽 33리에 《長湍渡》가 있다고
하면서 그것을 일명 《頭耆津》이라고 하는데 강의 량쪽기슭에 푸른 바위
로 된 절벽이 수십리나 길게 늘어서있어 마치 그림을 보는것과 같다고 하
였다.(권12, 장단) 길게 늘어선 절벽이 바로 《마리벼로/마벼로》이며 그곳
나루가 《마벼로나루》이니 《長湍渡》는 그예 대한 리두식표기로 되는것
이다. 그리고 《頭耆津》의 《頭耆》는 《마리》에 대한 의역과 음역의 복합
표기로서 《頭耆津》은 《마리나루》의 표기라고 할수 있다.

o 마리 두 頭 (《훈몽자회》 상 24)

o 느ㄹ 진 津 (《훈몽자회》 상 5)

그런데 이 고장을 《耶耶/夜牙》라고도 한다고 하였다. 이것은 기초한
자음이 각각 《ia-ia/ia-ŋa》로서 《淺》의 뜻인 《얕다》의 《얕》의 고형
을 표기한것일수 있는데 이것이 《야리》라고 한다면 영락 6년에 고구려가
공략한 성들로 《광개토왕릉비문》에서 《關彌城》, 《彌鄒城》과 함께 들고
있는 《也利城》의 《也利》는 기초한자음이 《ia-lji》로서 《야리》의 표기
로 될수 있다. 그렇다면 이 《也利城》이 《長淺城》에 해당할수 있다.

《신증동국여지승람》에서는 고적조항에서 이미 없어진 현으로서 림진
(臨津), 림강(臨江), 송림(松林)의 3개 현을 들고있는데 림진은 진림성현(津
臨城縣)이며 림강은 장항현 (獐項縣)이고 송림은 약지두치현(若只頭恥縣)
을 말한다.

麻田淺縣/泥沙波忽

o 림단현(臨湍縣)은 원래 고구려의 마전천현(麻田淺縣)을 경덕왕이 개
  칭한것인데 지금의 마전현(麻田縣)이다. (《삼국사기》 권35, 지리 2)

o 마전천현(麻田淺縣)은 니사파홀(泥沙波忽)이라고도 한다. (《삼국사
  기》 권37, 지리 4)

《泥沙波忽》은 그 기초한자음이 《nei-sa-pâ-xuət》이니 《니사바구

루/니사바골》의 음역으로 될수 있다고 본다. 그런데 이것을 《麻田淺》으로 대응시키고있다.

우선 지명단위어로 쓰인 《忽》이나 《淺》의 경우에 하나가 《골》인데 대해서 다른 하나가 《벼로》로 되여있는데 이것은 《골》이 보편적인 지명단위어로 쓰인것이며 《벼로》는 지형상특징에 따라 붙인 지명단위어라고 할수 있어서 그 호상대응은 가능한것이다. 그러나 후에 《臨湍》으로 개칭한것을 보면 《벼로》가 이곳 지명의 기본단위어임이 명백하다고 생각된다. 그것은 《湍》이 《벼로》의 의역자로 쓰일수 있기때문이다.

한편 《波》와 《田》을 대응시킨것은 《田》의 뜻이 《밭》이므로 《바》의 음역인 《波》와 통할수 있다고 본다.

ㅇ 田 把 (《화이역어》 조선관역어)

ㅇ 밭 뎐 田 (《훈몽자회》 상 7)

문제는 《니사》를 《麻》에 대응시킨것인데 《麻》는 우리 말로 《삼》이니 혹시 《니사》가 그 옛날말이 아니겠는가 하는 의심이 들게 되는데 그렇다면 《니사》와 《모시》가 무슨 련관이 있겠는가는 단언하기 어렵다.

《신증동국여지승람》에서는 이 고장이 고려초에 《麻田郡》으로 개칭되였다고 하면서 동쪽으로 19리는 련천현의 경계이며 남쪽으로 7리는 적성현의 경계가 되고 서쪽으로 17리는 장단부, 북쪽으로 21리는 삭녕군이 된다고 하였다. 그리고 림진강의 중류에 위치한 징파도(澄波渡)와 후근도(朽斤渡)를 소개하고있다. (권13, 마전)

澄波渡, 朽斤渡

ㅇ 징파도(澄波渡)는 군의 동쪽 20리에 있다. (《신증동국여지승람》 권13, 마전)

ㅇ 후근도(朽斤渡)는 군의 남쪽 7리에 있는데 징파도(澄波渡)와 양주대탄(楊州大灘)의 물이 여기서 합쳐진다. (《신증동국여지승람》 권13, 마전)

ㅇ 림진은 … 련천 서쪽에 이르러 증파도〈듬바되〉, 후근도〈서근되〉가 된다(臨津 … 至漣川西爲澄波渡 듬바되, 朽斤渡 서근되) (《룡비어천가》 5/27)

《룡비어천가》에서는 림진강이 련천의 서쪽에 이르러서는 《듬바되》

가 되고 《서근되》가 된다고 하였다.

《듬바되》를 《澄波渡》로 표기한것은 그 기초한자음이 《təŋ—pa—d
‘uo》이니 그 류사음에 의한 음역으로 된다.

한편 《서근되》를 《朽斤渡》라 한것은 의역과 음역의 배합으로 되는
데 《朽斤》은 《朽》을 의역하고

ㅇ 서글 후 朽 (《류합》 하 56)

거기에 기초한자음이 《kiən》인 《斤》을 음역하여 《서근》을 표기한것이
니 《朽斤》은 의역과 음역이 배합된것이라고 할수 있다. 그리고 《渡》는
《되》를 음역하여 표기한것이라고 할수 있는데 《渡》는 《개》의 의역자
로도 쓰이고있다.

ㅇ 한강은 … 광주지경에 이르러 도미(두미)진이 되고 광진(광ㄴㄹ)이
　되며 삼전도(삼받개)가 된다. (漢江 … 至廣州界爲渡迷두미津 爲廣津
　광ㄴㄹ 爲三田渡 삼받개) (《룡비어천가》 3/13)

《룡비어천가》에서는 한강이 광주지경에 이르러서 《두미津》, 《광ㄴ
ㄹ》, 《삼받개》가 된다고 하였으니 　《개》에 대응시킨 《되》는 강을 건
너가는 나루를 　가리키는 말로 인정된다.

功木達縣/功戌縣/熊閆山/勾牟城/勾牟客頭

ㅇ 공성현(功成*縣)은 원래 고구려의 공목달현(功木達縣)을 경덕왕이 개
　칭한것인데 지금의 장주(獐州)이다. (《삼국사기》 권35, 지리 2)

　　* 《成》은 《戌》의 오자이다.

ㅇ 공목달(功木達)은 웅섬산(熊閃*山)이라고도 한다. (《삼국사기》 권 37,
　지리 4)

　　* 《閃》은 《閆》의 오자이다.

《功木達》은 추정되는 기초한자음이 《kuŋ—muk—dāt》인데 《達》은
설내입성 《—t》가 우리 말에서 《ㄹ》로 대응되는 법칙에 따라 《달》로
된다. 그리고 《功》과 《木》의 종성이 무시되면 《고》와 《모》가 되는것
만큼 《功木達》은 《고모달》을 음역한것이라고 할수 있다. 이것은 《熊閆
山》으로 대응되고있는데 《熊閆》은 《곰》의 선행형태인 《고마/고모》를
의역과 보충적음역으로 표기한것이며 《달》을 의역한것이 《山》이다.

o 熊 果門 (《화이역어》 조선관역어)

o 熊津 고마ᄂᆞ᠂ᆯ (《룡비어천가》 3/15)

한편 후기신라에서 개칭한 《功戌縣》의 《功戌》는 기초한자음이 《kuŋ—miu》이니 《고무/고모》의 음역으로 되며 《縣》은 《달》에 대응시 킨 지명단위어의 표기로 된다.

《고모달》이라는 지명은 옛날 《곰》토템과 관련하여 생긴 오랜 지명 으로서 우리 나라 도처에 널려있는 《고미단》, 《곰나루》, 《곰내》, 《곰 골》 등과 동일한 계렬의 지명에 속한다.

《광개토왕릉비문》에서 고구려가 공략한 성으로 나오기도 하고 수표 인연호에도 보이는 《勾牟城》의 《勾牟》는 기초한자음이 《kəu—miəu》이 니 《거머/구무》의 음역으로 되며 《城》은 지명단위어인 《달》에 대응하 여 표기한것으로서 《勾牟城》은 이 고장을 가리키는것이라고 본다.

그런데 수표인연호에는 《勾牟城》 이외에 또 《勾牟客頭》가 밝혀져 있는데 《客頭》는 새로 속하게 된 땅의 의미인 객호(客戶)의 우두머리를 가리키는 말이다.

고려에서는 《獐州》로 개칭하였는데 《獐》은 원래 《노루》의 뜻이나 여기서는 《곰》과 마찬가지로 같은 산짐승이라는 점에서 통해 쓴것이라고 할수 있다.

《고려사》와 《신증동국여지승람》에서는 이곳 지명인 《獐州》를 《漳州》로도 쓴다고 하였는데 그것은 《獐》과 《漳》이 음이 같으므로 통 해 쓴것이다. 그런데 고려 충선왕때 《漳州》를 다시 《漣川》이라고 고친 것은 《漳》자가 왕의 이름과 같다고 하여 기피한것과 관련되여있다.

o 련천현은 동쪽으로 18리 가면 영평이 되고 서쪽으로 15리 가면 마 전군이 되며 남쪽으로는 양주와 잇닿아있다.(《신증동국여지승람》 권13, 련천)

竝平/斤平郡/幹弗利城

o 가평군(嘉平郡)은 원래 고구려의 근평군(斤平郡)을 경덕왕이 개칭한 것인데 지금도 그대로 부른다. (《삼국사기》 권35, 지리 2)

o 근평군(斤平郡)은 병평(竝平)이라고도 한다. (《삼국사기》 권37, 지 리 4)

《竝平》의 《竝》은 《나란히 하다》의 뜻을 가진 《곫다》에서 《곫》의 변이형인 《갈바 〉 갈봐 〉 갈아 〉 가라 》의 의역으로 된다.

ㅇ 竝書는 글봐쓸씨라(《훈민정음언해》)

그리고 《平》은 《버러/벌》의 의역으로 된다.

결국 《竝平》은 《가라버리/가라벌》의 표기로 되며 《斤平》, 《嘉平》은 그 표기변종으로 된다.

《斤平》의 《斤》은 기초한자음이 《kiən》이니 그 류사음에 의한 《거너/거러》의 음역으로 되며 《嘉平》의 《嘉》는 기초한자음이 《ka》로서 《가라벌/갈벌》의 《가라/갈》의 변이형인 《가》를 음역한것이라고 할수 있다.

《광개토왕릉비문》에서 고구려가 공략하여 탈취한 성에도 나오고 수묘인연호에도 나오는 《幹弗利城》*의 《幹弗利》는 기초한자음이 《kɒn-piuət-li》인데 그것은 류사음에 의한 《갈버리/가버리》의 표기로 된다.

> * 이것을 흔히 《幹弓利城》로 리해하고있으나 《弓》이 아니라 《弗》로 보아야 한다.

《신증동국여지승람》에 의하면 서쪽 60리에 운악산(雲岳山), 43리에 비랑산(非郞山), 35리에 은두정산(銀頭頂山), 25리에 청송산(靑松山)이 있다는데(권11, 가평) 그 사이에 서쪽벌이 있고 북쪽 30리에 있는 화악산(花岳山)에 근원을 둔 가평천을 끼고 펼쳐진 동쪽벌이 있다. 이 두개의 벌이 나란히 놓여있는것을 표식으로 잡아 《가라벌/갈벌》이라고 한것으로 보인다.

雙峴城

ㅇ 3월에 쌍현성을 쌓았다.(三月 築雙峴城)(《삼국사기》 권25, 백제본기 3)

ㅇ 23년 봄 2월에 왕이 한성으로 가서 좌평 인우와 달솔 사오 등에게 명령하여 나이 15살이상되는 한북 주, 군 백성들을 징발하여 쌍현성을 쌓았다. (二十三年春三月 王幸漢城 命佐平因友達率沙烏等 徵漢北州郡民 年十五歲巳上 築雙峴城)(《삼국사기》 권26, 백제본기 4)

398년(백제 아신왕 7년)에 고구려를 반대하는 새 전쟁을 일으키기 위하여 백제는 북쪽변경에 쌍현성을 쌓았으나 고구려 광개토왕이 벌린 백제 전역에 의해서 함락되고말았다.

　　그런데 그후 백수십년이 지난 다음인 523년(백제 무녕왕 23년)에 백제
왕이 한성에 가서는 고구려의 침습을 막기 위하여 한성이북의 여러 주,
군에서 15살이상의 사람들을 징집하여 **쌍현성**을 **쌓**도록 명령하였다고 한
다. 이 **쌍현성**은 398년의 기사에 나오는 **쌍현성**과 같은것인데 그 위치는
응당 한성이북의 북한강류역에서 찾아야 한다고 생각한다.[주]

　　　　[주] 《고구려사 (1)》(손영종, 과학백과사전종합출판사, 1990년)에서는 쌍현성을
　　　　　한강북쪽이라고만 하였다.(306페지)

　　그렇다면 **쌍현성**은 《竝平》으로 표기되기도 한 《가라벌》로 보아야
할것이다. 그것은 《가라》의 의역자로는 《竝》과 　《雙》이 등가적으로 쓰
일수 있으며 《벌》의 의역자로 쓰인 《平》은 지명단위어로서 《峴》으로
대응시켜 표기할수 있기때문이다.

　　《광개토왕릉비문》에서의 지명표기는 음역을 기본으로 하고있으나 그
후 지명표기에서는 의역이 배합되였으며 드물게는 동음이의역까지 리용되
는 경우가 있었다. 그리고 대응하는 단위어의 표기는 의역자의 선택가능
성이 대단히 넓었다고 할수 있다. 《가라버리/가라벌》을 《幹弗利》로
표기한것은 음역, 《竝平》은 그 의역, 《斤平》, 《嘉平》은 음역과 의역의
배합이라고 할수 있다. 한편 후날에 대응하는 표기로 든 《雙峴》은 의역
으로서 이 경우에 《平》과 《峴》은 단위어인 《벌》에 대응하는것으로 되
여있다. 《平》과 《峴》이 대응한 다른 례로는 《砥平 : 砥峴》의 경우를
들수 있으며 단위어의 대응표기에서 이처럼 그 의역자의 선택이 의미상
반드시 일치하지 않는것은 그 밖에 많은 례를 들수 있는데 《首知衣》의
《知衣》를 《竹》, 《嶺》, 《峯》으로 대응한 경우도 그 하나로 될수 있
을것이다.

　　쌍현성은 북한강류역에 있는 오늘의 가평을 가리킨다. 백제가 고구려
와의 싸움을 위해서 4세기말에도 그리고 6세기 20년대에도 한성에서 멀지
않은 북쪽에 있는 이곳에 성을 쌓은것이라고 할수 있다.

　　가평군은 동쪽 13리에 춘천부가 있고 남쪽 43리가 양근군과의 계선으
로 되며 서쪽 79리는 포천현, 북쪽 54리는 영평현과의 계선이 된다고 하
였다.(《신증동국여지승람》 권1, 가평)

　　《삼국사기》에서는 가평군의 령현으로 심천현(深川縣)을 들고있다.

伏斯買/深川縣

o 준수현(浚水縣)은 원래 고구려의 심천현(深川縣)을 경덕왕이 개칭한 것인데 지금의 조종현(朝宗縣)이다. (《삼국사기》 권37, 지리 4)

o 심천현(深川縣)은 복사매(伏斯買)라고도 한다. (《삼국사기》 권37, 지리 4)

《伏斯買》는 기초한자음이 《biuk-sie-mā》이니 《부시마/보시마》의 음역으로 된다. 《深》은 《깊다》의 옛날말인 《부시/보시》에 대한 의역으로 되며(례: 深岳縣 : 賓薪鄕) 《川》은 《마》의 의역으로 된다.

그리고 《浚水》의 《浚》은 《깊은 물》의 뜻이니 《부시/보시》의 의역으로 되며 《水》는 《마》의 의역으로 된다.

《신증동국여지승람》에서는 심천현이 가평군의 서쪽 45리에 있다고 하면서 후기신라와 고려에서 그 소속관계를 여러번 바꾼 사실을 전하였다.(권11, 가평)

고구려는 례성강-림진강일대에서 이미 백제를 완전히 제압한 성과에 토대하여 광개토왕이 직접 수군을 거느리고 한강하류지역에 상륙하여 백제의 여러 성들을 함락시킨 다음 뒤로 에돌아 백제의 수도를 사방으로 포위하여 혁혁한 전과를 거두었다.

甲比古次/穴口/穴城/壺八城

o 해구군(海口郡)은 원래 고구려의 혈구군(穴口郡)으로서 바다가운데 있으며 경덕왕이 개칭한것인데 지금의 강화현(江華縣)이다.(《삼국사기》 권35, 지리 2)

o 혈구군(穴口郡)은 갑비고차(甲比古次)라고도 한다. (《삼국사기》 권37, 지리 4)

o 삼국시대의 지명만 있고 분명치 않은 지역: 혈성(穴城) (《삼국사기》 권37, 지리 4)

《甲比古次》는 기초한자음이 《kap-pie-ko-ts'ie》로서 그 류사음에 의한 《가비고지/가미고지》에 대한 음역이며 《穴口》는 그에 대한 의역으로 인정된다. 결국 《甲比》와 《穴》, 《고지》와 《口》가 대응된다고 할수 있다.

《穴》에 대응하는 우리 말인 《가비/가미》는 변이형으로 《구무》가 있다.

o 孔岩 구무바회 (《룡비어천가》 3/13)

o 구무 혈 穴, 구무 굴 屈, 구무 공 孔 (《훈몽자회》 하 18)

《口》에 대응하는 우리 말 《고지/곳》은 《串》의 의미로도 쓰이고있
었다.

o 흔곳(一串)(초간 《어록해》 7)

o 고기 各 두 곳식 호티 힘써 흐야곰 精潔케 흐고 (《가례언해》
   10/10)

《광개토왕릉비문》에서는 백제전역에서 공략한 성의 첫머리에 《壷八
城》을 들고있다.[주]

> [주] 《壷八城》의 《壷》는 《壹》이 아니다. 《조선단대사(고구려사 4)》(손영종,
> 과학백과사전출판사, 주체 97〈2008〉년)에서도 이 지명표기를 《일》로 보
> 지 않고 《호》에 의문부호를 치고있다. (158페지)

《壷八》의 기초한자음은 《ɤuo—pwat》인데 기초한자음 《ɤ》는 우리
말에서 흔히 《ㄱ》로 대응되며(례; 寧越〈neŋ—ɤiuɐt〉: 나구루) 폐음절이 무
시되는 조건에서 류사음에 의한 《가바/가비》의 음역으로 될수 있고
《城》은 고구려지명에서 여러 단위어에 대응되는 표기로 된다. 그리하여
《甲比》와 《壷八》의 대응이 이루어지며 지명단위어인 《古次》는 일반적
인 단위어의 표기인 《城》과 대응되는것이라고 할수 있다.

《신증동국여지승람》에서는 강화도에 혈굴산(穴屈山)이 부의 서쪽 10
리에 있다고 하였는데(권12, 강화) 그 산은 해발 446m인 혈구산(穴口山)
을 가리키는것으로서 이 고장에서 가장 높은 산으로 되여있다. 그러므로
굴을 가진 이 산의 이름이 곧 이 섬의 이름으로 되였다고 할수 있으니 이
로부터 《가바구루/가비골》 즉 《穴城》이라고도 하게 된것으로 추정된다.

이처럼 이 고장은 《가바구루/가바골》과 함께 《가비고지》라는 별명
도 가지고있었다.

4세기말에 고구려가 차지하였던 이 고장은 백수십년후에 백제가 다시
북상함으로써 고구려와 백제의 접전장이 되였으니 529년(고구려 안장왕
11년) 10월에 고구려가 왕의 직접지휘하에 수군무력으로 다시 점령하였다
는 혈성(穴城)이란 바로 이곳을 가리키는것으로 추정된다.

o 7년 겨울 10월에 고구려왕 흥안이 몸소 군사를 거느리고 침입하여 북쪽변경 혈성을 빼앗았다. (七年冬十月 高句麗王 興安 躬帥兵馬來侵 拔北鄙穴城)(《삼국사기 》 권26, 백제본기 4)

이 기사에서는 계속하여 혈성을 점령당했기때문에 백제왕이 군사 3만을 거느리고 오곡(서흥) 벌판에서 고구려와 싸웠으나 이기지 못했다고 하였다. 그러니 혈성이 강화도를 가리킨다는것은 의심할바가 없다고 생각한다.

한편 이 고장의 이름을 그후 《海口》나 《江華》로 개칭한것은 이 고장이 섬이라는 사정으로 하여 《海》를 붙이거나 또 한강을 건너가기때문에 《江》을 붙인것이며 《口》는 《고지/곳》의 정당한 의역이고 《華》의 뜻인 《꽃》의 고형이 《고지/곳》이니 《口》의 《고지/곳》과의 동음이의적인 의역으로 된다.

o 곳 화 花, 곳 화 華 (《훈몽자회》 하 4)

《삼국사기》에서는 해구군의 령현들로서 동음나현 (冬音奈縣), 수지현 (首知縣)과 고목근현(高木根縣)을 들고있다.

冬音奈縣/休陰/豆奴城

o 강음현(江陰縣)은* 원래 고구려의 동음나현 (冬音奈縣)을 경덕왕이 개칭한것으로서 혈구도(穴口島)안에 있는데 지금의 하음현(河陰縣)이다. (《삼국사기》 권35, 지리 2)

　　* 송악군(松岳郡)의 령역인 굴압현(屈押縣)을 개칭한 강음현(江陰縣)과는 다르다.

o 동음나현(冬音奈縣)은 휴음(休陰)이라고도 한다. (《삼국사기》 권37, 지리 4)

《冬音奈》는 기초한자음이 《toŋ－ʔiəm－nâ》로서 그 류사음에 의한 《두무나》의 음역으로 된다.

한편 《두무나》를 《休陰》이라고도 한다고 하였는데 《休》는 《쉬다》의 뜻과 함께 《그치다》의 뜻을 가지고있어서 《두다》로 쓰이는 경우가 적지 않다.

o 두어라 離散이 有數ᄒ니 後日 다시 볼가 ᄒ노라 (《추풍감별곡》)
o 두어라 王庶幾改之를 餘日望之ᄒ노라 (려진유: 《속사미인곡》)

이 경우에도 《休》는 《두다》의 의역자로서 《두》의 표기로 되며

《陰》은 다른 지명표기에서와 같이 《노/나》의 표기로 된다.(례: 陰竹 : 奴音竹) 결국 《두무나》의 변이형인 《두나》를 표기한것이 《休陰》이라고 할수 있다.

《광개토왕릉비문》에 수묘인연호로 올라있는 《豆奴城》의 《豆奴》는 기초한자음이 《duo-nio》이니 바로 《두나》의 표기로 되며 《豆奴城》은 이 고장을 가리키는것으로 된다. 그리고 백제전역에서 공략한 성의 하나로 든 《□奴城》도 《豆奴城》을 가리키는것일수 있다고 본다.

《신증동국여지승람》에 의하면 이 고장은 강화부의 남쪽 25리에 있었다고 한다. 그리고 이 고장에는 《豆毛川》이 있는데 그것은 부의 서쪽 20리에 있는것으로서 고려산에 원천을 두고 《末乙浦》로 흘러내린다고 하였다. 그런데 역시 부의 서쪽 20리에는 《河陰城山》의 봉화대가 있다고 하면서 동쪽에서 부의 북쪽 1리에 있는 송악산의 봉화를 받아서 서쪽으로 교동도의 화계산에 련락한다고 하였다.(권12, 강화) 부의 서쪽 20리의 같은 지점에 《豆毛川》이 있고 《河陰城山》이 있다고 하면서 이 고장이름이 《冬音奈》로 표기되고 또 《河陰》이라는 별명을 가지고있다고 기록하였으니 《冬音奈》를 《豆毛川》의 표기변종으로 보지 않을수 없는것이다.

首知縣/新知/就鄒城/就咨城

o 수진현(守鎭縣)은 원래 고구려의 수지현(首知縣)을 경덕왕이 개칭한 것인데 지금의 진강현(鎭江縣)이다. (《삼국사기》 권35, 지리 2)

o 수지현(首知縣)은 신지(新知)라고도 한다.(《삼국사기》 권37, 지리 4)

《首知》는 기초한자음이 《śiu-t̆ie》이고 《新知》는 《siən-t̆ie》이니 그것들을 동일한 음역자로 보게 된다. 그것들은 우리 말에서 흔히 보게 되는 《ㄷ/ㄹ》교체에 의한 《수디/수리》의 음역으로 볼수 있는데 그것은 《봉오리/봉우리》의 고형인 《봉수리》의 《수리》를 표기한것으로 인정된다.

o 묏봉오리 봉 峯 (《훈몽자회》 상 3)

《광개토왕릉비문》에서 백제를 공격하여 탈취했다는 성인 《就鄒城》의 《就鄒》은 기초한자음이 《dziəu-tsio》이고 수묘인연호로 들고있는 《就咨城》의 《就咨》는 기초한자음이 《dziəu-tsie》이니 이 둘은 사실상 같은 지명표기의 변종들이다. 그런데 이것들도 역시 《首知》, 《新知》와 마찬가지로 그 어떤 말의 음역표기로 볼수 있다. 그렇다면 그 역시 《ㄷ/ㄹ》교체에 의한 《수리》의 표기로 추정할수 있다고 본다.

《신증동국여지승람》에 의하면 진강현은 강화부의 남쪽 25리에 있다고 하였는데(권12 강화) 바로 그 지점에 해발 443m의 《鎭江山》이 높이 솟아있다. 그러니 《수리》란 이 산을 표식으로 잡아서 단 지명으로서 그 표기에서 굳이 《首》를 리용한것은 꼭대기라는 《수리》의 의미를 념두에 둔것이라고 할수 있다.

또한 《守鎭》으로 개칭한것은 《수리》의 《수》를 음역하여 《守》를 취한것일수 있다. 그리고 《鎭江》은 다시 《守鎭》에서 《鎭》을 취하고 《江》은 강화도를 념두에 두고 개칭한 한자말지명이라고 할수 있다.

甲串渡, 孫石項

o 한강의 물은 통진에 이르러 서남쪽으로 꺾이여 갑곳나루가 되고 남으로 마니산뒤의 붕홍처에 이른다. 돌줄기가 물속으로 가로질러 마치 문지방 같고 가운데가 우묵하게 패여있는데 이곳이 손돌목이 되였다.(漢水至通津西南 折而爲甲串渡 又南至摩尼山後 崩洪處 石脈橫亘水中 如門闞 中央稍凹 是爲孫石項)(《택리지》 경기)

o 동쪽은 갑곳에서 남으로 손돌목에 이르는 사이에는 오직 갑곳만이 배를 부릴만 하고 나머지 강안들은 북쪽 강언덕과 같이 모두 진펄이다.(東自甲串 南至孫石項 惟甲串 可用船渡 餘岸如北 岸皆泥濘)(《택리지》 경기)

《甲串渡》의 《甲串》은 《甲比古次》 즉 《가비고지》를 음역과 의역으로 표기한것이고 《渡》는 《나루》의 의역으로 된다. 그리고 《孫石項》은 《손돌모기/손돌목》을 음역과 의역의 방법으로 표기한것이다.

김포땅에서 강화도로 건너가는 곳에 지금도 남아있는 《갑곳(甲串)》은 《가비고지》의 옛흔적을 그대로 남기고있는 이름이라고 할수 있다.

강화도로 넘어가는 한강 하구일대의 지형상특성으로 하여 이곳이 군사전략상으로 중요한 곳으로 되여왔는데 그것은 고구려의 백제전역에서도 그후 고려나 리조때 외적과의 싸움에서도 역시 그러하였던것이다.

高木根/達乙斬/高林

o 교동현(喬桐縣)은 원래 고구려의 고목근현(高木根縣)으로서 바다가운

데 있는 섬인데 경덕왕이 개칭하여 지금도 그대로 부른다. (《삼국
사기》 권35, 지리 2)

ㅇ 고목근현(高木根縣)은 달을참(達乙斬)이라고도 한다. (《삼국사기》 권
37, 지리 4)

ㅇ 교동현(喬桐縣)은 원래 고구려의 고목근현(高木根縣) [일명 대운도(戴
雲島)인데 고림(高林) 또는 달을참 (達乙斬)이라고도 한다.]으로서
바다가운데 있는바 즉 강화현의 서북쪽, 염주(鹽州)의 남쪽에 있다.
(《고려사》 권56, 지리1)

《達乙斬》에서 《達乙》은 기초한자음이 《dât-ʔiet》이니 설내입성
《-t》가 우리 말에서 《ㄹ》로 대응되는 조건을 념두에 두게 되면 높은데
를 의미하는 옛날말인 《다라/달》의 음역으로 될수 있으며 《斬》은 《베
다》의 뜻으로서 그 고형인 《버힐》의 변이형인 《벌》의 표기로서 일종의
동음이의역이라고 할수 있다.

ㅇ 버힐 참 斬 (《류합》 하 21)

ㅇ 버힐 할 割 (《훈몽자회》 하 5)

그리하여 《達乙斬》은 《다라벌》의 표기로 되는데 《達乙》을 《달》
이 아니라 《다라》의 표기로 보게 되는것은 《高城》을 《達忽》로 표기한
것처럼 《高》를 《達》 한글자로 대응시킨것이 아니라 《高》를 굳이 《達
乙》 두글자로 대응시켜 표기하고있기때문이다.

그리고 《高木根》은 《다라벌》을 의역과 동음이의역으로 표기한것인
데 《高》는 《다라》의 의역으로 되며 《木根》은 나무뿌리의 뜻인 《불
휘》의 변이형 《벌》을 표기한 류음이의역으로 된다.

ㅇ 불휘 근 根 (《훈몽자회》 하 3)

이에 대한 표기변종으로 되는 《高林》의 경우에도 《高》는 《다라》
의 의역이며 《林》은 《수풀》의 뜻이지만 《벌》과의 류의적관계로 하여
의역자로 쓰일수 있다.

후에 개칭한 《喬桐》의 《喬》는 높다는 뜻을 가지고있으니 《다라》
의 의역으로 되며 《喬桐》의 《桐》이 《洞》의 오자라고 한다면 지명단위
어에 대한 표기로 될수 있고 또 한편으로 《桐》을 《林》에 대응시킨것으
로 볼수도 있다.

이처럼 광개토왕때에 고구려의 군사들은 강화도나 교동도와 같은 섬들까지도 공략하였는데 이것은 《삼국사기》의 고구려본기에서도 밝힌바와 같이 당시 고구려가 륙로를 통한 공략에서뿐아니라 강력한 수군을 통해서도 세력권의 확장을 위한 전투에서 큰 성과를 거두고있었다는것을 보여주고 있다.

阿且城

o 삼국시대의 지명만 있고 분명치 않은 지역: 아차성(阿且城) (《삼국사기》 권37, 지리 4)

백제의 초기수도인 《漢城》의 북방가까이에 있는 성새로서 백제가 고구려의 침입을 막기 위해 축성한것인데 396년에 고구려가 탈취한 사실이 《광개토왕릉비문》에 밝혀져있다.

비문의 수묘인연호에는 이 성을 《阿旦城》이라고 하였으나 《삼국사기》에는 《阿且城》으로 기록되여있다. 즉 《旦》과 《且》의 표기가 혼동되여있는것인데 이러한 표기상혼동은 비문에서 같은 대상을 달리 쓴 실례(就鄒城 = 就咨城)가 있는것으로 보아 능히 있을수 있는 일이라고 본다.

《阿且城》은 백제의 옛수도인 《漢城》에서 서쪽으로 수십리 떨어진 지점으로 비정된다면서 여기에 《아캐성》이라는 오랜 돌성이 있는데 곧 그것이 《阿且城》일것이라는 견해가 있다.[주1]

《阿且》는 기초한자음이 《ʔa-ts'a》로서 《아사》의 음역으로 인정된다. 《아사》는 후기문헌에 《작은》 또는 《다음의》의 뜻으로 쓰이고있었던 《아츤》과 련관된 말로 보이는데[주2] 물론 당시에 《ㅊ》와 같은 거센소리는 아직 생겨나지 않았을것이니 《ㅅ》였을것이다. 그렇다면 《첫》의 뜻을 가진 《아사》였을 가능성도 없지 않다.[주3] 이런 점을 고려할 때 이 성은 《작은 성》, 《다음 성》 또는 《첫 성》이라는 뜻으로 명명된것으로 추정할수 있다.

[주1] 《광개토왕릉비》(박시형. 과학원출판사, 1966년) 177페지

[주2] 아츤설날 = 歲莫(《분문온역이해방》 4장)

[주3] 단군설화에 나오는 《阿斯達》이라는 지명의 《阿斯(아사)》가 바로 그런 뜻으로 쓰인 례로 된다.

主夫吐郡/雜珍城

o 장제군(長堤郡)은 원래 고구려의 주부토군(主夫吐郡)을 경덕왕이 개칭한것인데 지금의 수주(樹州)이다. (《삼국사기》 권35, 지리 2)

《主夫吐》의 추정되는 기초한자음은 《tŝio-pio-tʼo》이니 《소보도》의 음역으로 된다. 《소보》는 《솝》의 고형으로서 현대말에서는 《속》으로 변화된 말이다.

o 더본 氣韻이 소배 드니 (《몽산법어》 44)

o 솝 리 裏 (《훈몽자회》 하 34)

《도》는 《터, 뚝》의 뜻을 가지는 옛날말이다.(례: 奈吐 : 大堤)

결국 《소보도》란 《안에 있는 뚝》을 가리키는 말인데 그것이 길게 늘어졌다고 하여 후에 《長堤》라고 개칭한것이다.

《광개토왕릉비문》의 수묘인연호에서는 《阿且城》 다음에 《雜珍城》을 들면서 두곳을 합쳐 열집을 간연으로 한다고 하였다. 《阿且城》이 한성에서 서쪽으로 수십리 떨어진 곳에 있다고 한다면 《雜珍城》도 역시 거기서 멀지 않은 곳에서 찾아야 할것이다.

《雜珍》의 기초한자음은 《tzʼɐp-tiən》이니 류사음에 의한 《소보도》의 음역으로 된다. 당시에는 《tzʼ》가 《ㅅ》로 대응되며(례: 雜彌 : 所勿) 《-p》 페음절은 《보》로 대응되고 《tiən》의 《-n》페음절이 무시되여 《도》에 대응될수 있다. 그런데 이 고장은 고구려가 공략한 성으로 되기 때문에 응당 백제전역기사에 나와야 하겠으나 분명히 그 지명표기가 《□□城》처럼 마멸되여버리고 수묘인연호에서만 밝혀지게 된것이라고 할수 있다.

이 고장을 고려초에 《樹州》로 개칭한것은 이 고장의 옛이름이 원래 《소보도》였다는 사정을 반영하고있다. 다시말해서 《소보도》의 《소》를 취해서 《樹(źio)》로 한것으로 생각된다. 그후 1310년(고려 충선왕 2년)에 《富平》으로 고쳐 부르게 되었다고 하였는데(권9, 부평) 그 이름은 본래 이름인 《소보도》와 련관시켜 한자말식으로 지은것이라고 할수 있다.

《신증동국여지승람》에 의하면 부평도호부는 동쪽으로 34리에 금천현, 15리에 양천현의 경계가 되고 남쪽으로 48리에 안산군, 15리에 인천부의 경계가 되며 서쪽으로 14리는 바다이고 북쪽으로 17리는 김포현, 36리는 통진현의 경계가 된다고 하였다.

《삼국사기》에서는 장제군에 4개의 령현이 속해있다고 하면서 수이홀 (首尒忽), 금포현(黔浦縣), 동자홀(童子忽), 평유압현 (平唯押縣)을 들고있다.

首尒忽/散那城

o 술성현(戍城縣)은 원래 고구려의 수이홀(首尒忽)을 경덕왕이 개칭한 것인데 지금의 수안현(守安縣)이다. (《삼국사기》 권35, 지리 2)

o 수안폐현(守安廢縣)은 현의 동쪽 20리에 있다. 원래 고구려의 수이홀(首爾忽)인데 신라 경덕왕이 술성(戍城)으로 고치고 장제군(長堤郡)의 령현으로 만들었다.(《신증동국여지승람》 권10, 통진)

《首尒(爾)忽》은 추정되는 기초한자음이 《śiu-nie-xuət》이니 《수니골》의 음역으로 되며 후기신라에서 개칭한 《戍城》의 《戍》은 《siuət》이니 설내입성 《-t》가 《ㄹ》로 대응되는 조건에서 《수리 〉수니》의 음역이 될수 있으며 《城》은 《골》의 의역으로 된다.

《광개토왕릉비문》에서 백제전역때 공략한 성으로 들고있는 《散□城》은 수묘인연호에 나오는 《散那城》과 동일한 대상으로 인정된다. 《散那》는 기초한자음이 《sân-nâ》로서 《사나》의 음역으로 되는데 《사니》는 《수니》의 변이형으로 인정된다. 그리고 《城》은 지명에 일반적으로 붙는 단위어로서 《구루/골》의 표기로 된다.

《수니》는 《수늘기》의 변이형으로서 재나 고개를 가리키는 말이다.

o 東녁 수늘개 구루미 나니 西ㅅ녁 수늘기 하야 ᄒ고 (《남명집》 하 19)

《수니》와 《수늘기》의 관계는 《가루/갈기》나 《노루/놀기》의 관계와 마찬가지로 력사적어음현상인 《-lg-》 삽입 및 탈락을 반영하고있는 것이라고 할수 있다.

《戍城》으로 개칭한 《首尒(爾)忽》은 《峯城》으로 개칭한 《述尒忽》과 다르다. 즉 전자는 《수니골》로서 장제군의 령현으로 된것이고 후자는 《수리골》로서 교하군의 령현으로 된것이니 같은 고장이 아니다. 이 두 지명표기가 류사하나 이것을 서로 다르게 보는것은 개칭한 한자말지명이 서로 다르며 특히 후자인 《峯城》의 경우에 《峯》과 《수리》의 대응이 확실하기때문이다.

《신증동국여지승람》에 의하면 통진현의 동쪽 23리에 수안산(守安山)이 있는데 거기에 옛성이 있었다고 한다.(권10, 통진) 수안산은 해발 147m로서 바다를 낀 이 일대에서는 가장 높은 고개를 이루고있다. 바로 그래서 이 고장이 《수니골》이 된것이니 수안산(守安山)이란 《수니골》에 연유한 일종의 표기변종이라고 할수 있다.

黔浦縣/古模耶羅城/古□耶羅城

o 김포현(金浦縣)은 원래 고구려의 금포현(黔浦縣)을 경덕왕이 개칭한 것인데 지금도 그대로 부른다. (《삼국사기》 권35, 지리 2)

《黔浦》의 《黔》은 기초한자음이 《giäm》으로서 《감/검》의 음역으로도 되고 《가맣다/거멓다》에서 《가마/거머》의 의역을 겸한것으로도 된다. 그리고 《金》은 기초한자음이 《kiəm》이니 역시 같은 말의 음역으로 될것이다.

o 黑雲 故悶故論 (《화이역어》 조선관역어)

o 니 검디 아니ᄒᆞ며 (《석보상절》 19/6)

한편 《浦》는 바다의 기슭으로 된 땅을 가리키는 말로서 《津》과도 통해 쓰일수 있어서 이 경우예는 《나라/나루》의 의역으로 된다고 할수 있다.

o ᄂᆞᄅ 진 津 (《훈몽자회》 상 5)

《광개토왕릉비문》예서 고구려가 공략한 성으로 나오는 《古模耶羅城》의 《古模耶羅》는 기초한자음이 《ko-muo-ia-la》이니 류사음에 의한 《거머나라/거머나루》의 음역으로 될수 있다고 본다. 그리고 수묘인연호에 나오는 《古□耶羅》가 《古模耶羅》라는것은 더 론할 필요가 없을것이다.

《신증동국여지승람》에 의하면 김포현은 서쪽으로 26리를 나가면 바다이고 동쪽으로 22리를 가면 양천현이며 북쪽으로 17리 가면 통진현과 경계가 되고 남쪽으로 10리 가면 부평부가 된다고 하였다. (권10, 김포) 지도상으로 보면 김포땅은 서해와 한강하류의 간석지로 둘러싸인 지대로 되여있는데 이곳예는 《검단》이라는 옛지명과 함께 《고무도, 고음달리, 금곡리, 감정리》 등 《고모-/거머-》계렬의 흔적을 남기고있는 지명이 아직도 많이 남아있다.

童子忽/伏斯波衣

o 동성현(童城縣)은 원래 고구려의 동자홀(童子忽) [당산현(幢*山縣) 이라고도 한다.]을 경덕왕이 개칭한것인데 지금도 그대로 부른다. (《삼국사기》 권35, 지리 2)

   * 《幢》은 《噇》의 오자이다.

o 동자홀현(童子忽縣)은 구사파의(仇*斯波衣)라고도 한다.(《삼국사기》 권37, 지리 4)

   * 《仇》는 《伏》의 오자이다.

우선 《童子忽》의 《童》은 《보》의 의역자로 볼수 있다.

o 虵童은 虵卜이라도 하는데 아래자는 巴 또는 伏이라고도 하였으니 모두 童이라는 뜻이다.(《삼국유사》 권4, 의해 5)

인명표기에서 《卜》, 《巴》, 《伏》을 다 같은것으로 인정하였는데 그것은 《보》의 음역으로 보아야 할것이며 그리고 그 뜻에 대응하는것으로는 예로부터 《童》을 써왔었음을 알수 있다. (지금도 《심술보, 떡보》 등으로 《－보》가 쓰이고있으니 그 말은 아직까지 그 생활력을 유지하고있다.) 한편 《子》는 기초한자음이 《sie》로서 《시》의 음역으로 되며 《忽》은 지명단위어로서 《골》의 음역으로 된다. 그러니 《童子忽》은 《보시골》의 표기로 되는데 그것은 《伏斯波衣》에 대응되고있다. 그리고 《보시골》의 경우에 《시》는 이른바 사이소리인 《ㅅ》의 고형일수 있다.

《伏斯波衣》는 기초한자음이 《biuk－sie－pa－ʔiəi》 이니 그 류사음에 의한 《보시바히》의 음역이 될수 있다. 고구려지명에서 단위어들인 《忽》과 《波衣》, 《城》, 《山》의 호상대응은 흔히 있는것으로서 《童子忽》과 《伏斯波衣》의 대응은 있을수 있다고 본다. [주]

   [주] 《조선지명변천에 대한 력사문헌학적연구》(정순기, 사회과학출판사, 주체 94〈2005〉년)에서는 그 어떤 리두식표기가 여러개의 각이한 한자로 대응된다는것은 조선어실정에 잘 맞지 않는다고 하면서 한자가 분화되여있었는데 조선사람이 자연지물을 갈라보지 못하고 통용해 썼다는것은 말이 되지 않는다고 하였으나(17페지) 그것은 옛날 지명표기의 실상에 대한 구체적 리해가 부족한데서 온것이라고 할수 있다.

지명단위어들인 《忽》, 《波衣》, 《峴》, 《嶺》, 《山》이나 《城》 등의 호상대응은 당시 우리 나라 사람들이 자연지물에 대한 인식이 분화되지 못하여 그렇게 한것이 결코 아니다. 지명표기에서 표식어의 경우에는 허용되지 않았으나 단위어들에 한해서는 한자대응에서 호상통용이 일정하게 허용되여있었던 리두식표기의 관습과 관련되여있는 문제로 보아야 할것이다. 따라서 고구려의 지명표기에서는 단위어의 경우에 간혹 명명의 계기를 달리 잡아 지은것이라고 하여도 《忽》, 《波衣》, 《知衣》, 《旦》, 《奴》에 《峴》, 《嶺》, 《岑》, 《谷》, 《平》, 《壤》이 호상 혼용되여 대응하는것을 자주 보게 되는데 이것은 대체로 강, 바다, 곳, 구미, 나루가 아닌 내륙이라는 지형상 공통성을 전제로 하고있는 점에 류의할 필요가 있다.[주]

[주] 당시 지명표기의 특성과 관련해서는 신경준, 김정호 등이 이미 시사한바가 있다.

《신증동국여지승람》의 기록에 의하면 부의 서쪽 8리에 《童山》이 있는데 그 땅은 나무가 자라지 않아서 그렇게 부른다고 하였다.(권11, 파주) 이에 비추어보면 《幢山》 이라는 별명의 표기가 이와 관련된것이 분명하다고 볼 때 그로부터 《童城》이라는 지명이 나오게 된것일수도 있다고 본다.

平唯押縣/別史波衣/比史城/橫岳/沸城

o 분진현(分津縣)은 원래 고구려의 평유압현(平唯押縣)을 경덕왕이 개칭한것인데 지금의 통진현(通津縣)이다.(《삼국사기》 권35, 지리 2)

o 평회압현(平淮押縣)은 별사파의(別史波衣)라고도 하며 회(淮)를 유(唯)로도 쓴다.(《삼국사기》 권37, 지리 4)

o 삼국시대의 지명만 있고 분명치 않은 지역: 횡악(橫岳) (《삼국사기》 권37, 지리 4)

《平唯》는 기초한자음이 《bieŋ-ui》이니 류사음에 의한 《버리》의 음역으로 될수 있으며 《押》은 《누르다》의 뜻이니 《나》의 의역자로 쓰일수 있다. 《버리》는 《벌리다》의 뜻인 《벌》의 고형으로 인정된다.

o 벌럴 列 (《석봉천자문》 1/21)

o 문과 골이며 과실남글 반드시 방졍ᄒᆞ고 버럿게 ᄒᆞ야 (門巷果木 必方

列) (《소학언해》 6/100)

《신증동국여지승람》에 의하면 통진현의 동쪽 15리에 있는 조강도(祖江渡)에서 림진강과 한강이 갈라진다고 하였으니(권10, 통진) 이 고장의 이름이 바로 갈라지는 나루 즉 《버리나》로 된것이라고 할수 있다. 그리고 《버리나》를 의역한것이 곧 《分津》인것이다.

그후 《分津》을 다시 《通津》이라고 고치게 된것은 반대로 림진강과 한강으로 통할수 있는 나루라는 표식을 잡은것이라고 할수 있다.

《신증동국여지승람》에서는 통진현의 자연풍치에 대해서 《서쪽은 갑곶(甲串)을 업고 동쪽은 삼봉(三峰)을 바라본다.》고 하였는데 갑곶은 강화도로 건너가는 나루로서 현의 서쪽 9리에 있고 삼봉이란 제일 높은 수안산을 중심으로 하여 해발 60m와 90m의 낮은 산들이 남북으로 나란히 놓여있는것을 말한다. 통진현은 동쪽으로 33리를 가면 김포현이 되고 서쪽으로 9리를 가면 강화도가 되는 위치에 있으므로 한강을 거슬러 백제 한성으로 쳐들어가는 길목으로 될수 있다고 본다. (권10, 통진)

한편 이곳 지명의 별명으로 《別史波衣》가 있었는데 그것은 기초한자음이 《pet-sie-pâ-ʔiəi》이니 그 류사음에 의한 《비시바히》의 음역으로 될수 있을것이다.

《신증동국여지승람》에서는 《別史波衣》의 표기변종으로 《比史城/比兒城》을 밝히고있는데(권10, 통진) 그것은 《別史》가 《비시》의 음역자임을 확증해주는것이라고 할수 있다. 즉 《比史》는 기초한자음이 《pie-sie》이니 《비시》의 음역이 확실하고 《比兒》의 《兒》는 기초한자음이 《ŋzie》이니 《比兒》 역시 《비사/비시》의 음역으로 될수 있는것이다. 그런데 《신증동국여지승람》에서는 이 고장의 진산으로 비아산(比兒山)을 들고있으니 이곳 지명의 별명으로 된 《비사바히/비시바히》는 이 산이름과 관련된것이라고 해야 할것이다.

그리고 고구려지명에서 단위어로서의 《바히》가 《城》, 《山》에 대응하는 경우는 많다는 점을 념두에 둘 때 《비시바히/비사바히》를 《比史城/比兒城》 또는 《比兒山》으로 표기하는것은 조금도 이상할것이 없다.

그러면 《비시/비사》란 무슨 말이겠는가?

o 고히 곧고 누니 빗도다(鼻直眼橫) (《금강경삼가해》 2/11)

o 바르디 아니ᄒ며 빗디 아니ᄒ며 (《원각경언해》 1/2 117)

o 빗글 횡 橫, 빗글 샤 斜 (《훈몽자회》 하 17)

o 빗근 길 斜路 (《역어류해》 상 6)

《비시/비사》란 옆으로 누웠거나 기울어진것을 말하는것이니 《比兒山》의 그러한 지형상특징을 표식으로 잡아서 이 산의 이름을 명명한것으로 추측된다.

《광개토왕릉비문》에는 고구려가 공략하여 탈취한 성으로 《沸城》이 나오는데 《沸》의 기초한자음은 《piəi》 또는 《piət》이니 류사음에 의한 《비시》의 음역으로 될수 있다. 그리하여 《沸城》은 《比史城/比兒城》의 표기변종으로 인정할수 있다. [주]

> [주] 《고구려사 (1)》(손영종, 과학백과사전종합출판사, 1990년)에서도 비성은 경
> 기도 통진의 옛이름인 비사성으로 비정할수 있다고 하였다.(303페지)

광개토왕때와는 달리 100년사이에 형세가 다시 변하면서 고구려는 507년(고구려 문자왕 16년) 10월에 백제의 한성을 다시 치고저 횡악(橫岳)아래까지 진군해갔다가 퇴각했다고 하였다.

o 16년 겨울 10월 … 왕이 장수 고로를 보내여 말갈과 함께 의논하여 백제의 한성을 치고저 횡악아래까지 행군하여 주둔하였더니 백제가 군사를 출동하여 맞받아 싸우므로 곧 퇴각하였다. (十六年 冬十月 … **王遣將高老與靺鞨謀 欲攻百濟漢城 進於橫岳下 百濟出師逆戰 乃退**)(《삼국사기》 권19, 고구려본기 7)

그런데 《橫岳》은 《빗기달/비시달》의 리두식표기로서 《比兒山》의 표기변종으로 인정된다.[주]

> [주] 《조선단대사(고구려사 4)》(손영종, 과학백과사전출판사, 주체97〈2008〉년)
> 에서는 횡악의 위치를 잘 알수 없으나 그것은 삼각산서부에서 동쪽으로
> 뻗은 산줄기를 가리키는것으로 볼수 있다고 하였다. (187페지)

《삼국사기》에서는 한양군에 두개의 령현이 있다고 하면서 골의노현(骨衣奴縣)과 개백현(皆伯縣)을 들고있다.

骨衣奴縣/古利口

o 황양현(荒壤縣)은 원래 고구려의 골의노현(骨衣奴縣)을 경덕왕이 개칭한것인데 지금의 풍양현(豐壤縣)이다.(《삼국사기》 권35, 지리 2)

《骨衣奴》는 기초한자음이 《kuət-ʔie-nio》이니 설내입성 《-t》가 우리 한자음에서 《ㄹ》로 대응되는 점을 고려하게 되면 《고리나》의 음역으로 되는것이 명백하다. 그리고 지명단위어인 《나》와 《壤》의 대응은 고구려지명표기에서 흔히 있는 일이다. 문제는 《고리》와 《荒》의 대응이다. 그런데 《荒》은 《黃》과 음이 같다는 점 그리고 그것을 《豊》과 대응시키고있다는 점을 고려할 때 《고리》는 《荒》이 아니라 《黃》의 뜻으로 인정하게 된다. 《고리》가 《黃》과 대응되는것은 그 변이형인 《구리》가 황색인 《銅》으로 되는것과도 관련되여있어 이 말들은 같은 뿌리에서 파생된것들이라고 할수 있다.

ㅇ 구리 爲銅 (《훈민정음해례》 용자례)

이처럼 《고리/구리》가 《黃》이여야만 가을에 황금 물결치는 풍년의 《豊》과 결부시킬수 있게 된다.

《고리/구리》가 고구려지명에서 《黃》에 대응되여 쓰인것은 《骨尸乃 : 黃驪》의 경우에도 있었는데 이번에는 《黃》을 같은 음인 《荒》으로 바꾼것이 다르다.

그런데 《광개토왕릉비문》에는 백재전역에서 공략한 성의 이름으로 《古利□》가 지적되여있다. 《古利》는 기초한자음이 《kuo-lji》이니 《고리/구리》의 음역으로 되는것은 의심할바 없다. 그리하여 《古利□》는 《古利城》으로서 《고리나》를 가리키는것으로 되는데 《광개토왕릉비문》의 지명표기에서는 여러가지 단위어들이 모두 일률적으로 《城》에 대응되고있는것만큼 《骨衣奴》와 《古利城》의 대응 역시 자연스러운것으로 된다.

《신증동국여지승람》에 의하면 풍양현은 후기신라에서 황양으로 개칭하고는 한양군의 령현으로 만들었는데 고려에서 풍덕(豊德)으로 개칭한 다음 1018년(고려 현종 9년)에 양주의 속현으로 만들고 후에 포주(抱州)의 소속으로 만들었다가 1419년(리조 세종 원년)에 다시 양주로 넘기였다고 한다.(권11, 양주) 이 고장은 양주의 동쪽 50리에 있다고 하였으니 맹구봉산줄기와 광주산줄기의 사이에 놓인 벌이였던것으로 생각된다.

皆但縣/求底, 街頓川

ㅇ 우왕현(遇王縣)은 원래 고구려의 개백현(皆伯*縣)을 경덕왕이 개칭한

것인데 지금의 행주(幸州)이다. (《삼국사기》 권35, 지리 2)

ㅇ 왕봉현(王逢縣)은 개백(皆伯*)이라고도 한다. 한씨 미녀가 안장왕을 맞던곳이라 하여 王逢이라 불렀다. (《삼국사기》 권37, 지리 4)

  * 《伯》은 《但》의 오자이다.

《皆但》의 기초한자음은 《käi-tan》으로서 류사음에 의한 《가다》의 음역으로 된다. 《가》는 변두리나 언저리를 의미하는 《굿》의 고형이며 《다》는 땅을 의미하는 《싸》의 고형이다.

ㅇ 굿 변 邊 (《훈몽자회》 중 7)

ㅇ 無邊은 굿 업슬씨라 (《월인석보》 8/39)

ㅇ 싸 爲地 (《훈민정음해례》 용자례)

ㅇ 地는 싸히라 (《월인석보》 서 18)

이 고장은 한강하구애서 김포땅을 마주하고있는 변두리로서 이러한 지형상특징을 표식으로 잡아 변두리땅이라는 의미에서 《가다》라고 명명한것으로 보인다.

《광개토왕릉비문》의 수묘인연호애는 《求底韓》이 나오는데 《求底》의 기초한자음은 《giu-t'iwo》이니 《거더》의 음역으로서 《가다》의 변이형으로 인정된다. 그리고 《韓》은 고구려사람이 아닌 백제나 신라사람을 념두에 두고 한 말로서 특별히 이 고장애 사는 백제사람을 찍어서 수묘인으로 할것을 밝힌것이라고 할수 있다. 《求底》는 그 지리적위치로 보아 응당 백제전역의 기사애 《求底城》으로 나와있었겠는데 글자가 마멸된 《□□城》이 그것일수 있다.

그런데 수묘인연호애서 《求底韓》이라고 하여 《城》을 생략한것은 그 앞자리에서 《豆比鴨岑韓》, 《勾牟客頭》라고 하여 《城》을 생략한것과 동일한 표기방식이다.

이 고장은 후에 《王逢》, 《遇王》이라는 별명으로 불리우기도 하였다. 《遇王》과 《王逢》은 같은 뜻으로서 고구려 안장왕의 전설과 관련하여 후에 지은 지명이다. 즉 고구려 안장왕(재위: 519-531년)이 태자로 있을 때 이곳에 정찰을 나갔었는데 한씨미인이 높은 산꼭대기에서 봉화를 올려 맞이했다는 전설에 립각하여 이 고장에 붙인 이름으로서 그것을 한문식으로 《遇王縣》이라고 하였으며 또 우리 말 어순에 따라 《王逢縣》이라고도 하게 된것이다.

이와 관련하여 언급할 문제는 지금까지 이 고장의 옛지명을 《皆伯》이라고 한데 대하여 아무런 의혹을 제기하지 않고 《皆》(王)는 객어, 《伯》(逢)은 술어동사의 통어적결합으로 보면서 그것을 우리 말의 리두식표기로 해석해온 점이다. 다시말하여 《皆》는 《가》의 음역으로서 《王》을 의미하며 《伯》은 《맏》의 뜻이나 동음이의적인 《맞》의 의역으로 보면서 《왕을 맞는다》는 객어─술어의 통합으로 보려는것이였다. 물론 그것은 있을수 있는 가능한 해석이다.[주]

[주] 《세나라시기의 리두에 대한 연구》(류렬, 과학백과사전출판사, 1983년) 281
페지

그러나 여기에는 반드시 풀어야 할 문제가 있다고 본다. 《皆伯》이라는 지명은 6세기 안장왕의 전설과 관련되여있다고 하였는데 그렇다면 그 전설이 있기전에 이 고장을 무엇이라고 했겠는가 하는것이다. 물론 안장왕의 전설과 관련하여 《王逢》이나 《遇王》과 같은 지명이 생겨날수 있겠지만 그것은 어디까지나 6세기이후의 일인것만큼 그 이전에 다른 이름이 있었을것은 명백한 사실이다. 그래서 옛이름으로 《가다(갓따)》의 표기인 《皆但》이 있던것인데 6세기에 안장왕의 전설에 따라 생겨난 《王逢》에 맞추어 그것을 《皆伯》으로 오독하여 우리 말로 풀이하려고 한것이 아니겠는가 하는것이다. 그렇기때문에 사실상 이 고장의 옛이름은 《王逢》과 무관계한 《皆但》으로 표기된 《가다(갓따)》였던것으로 인정된다.

《신증동국여지승람》에서는 군의 동쪽 5리에 가돈천(街頓川)이 있다고 하면서 양주의 홍복산에서 흘러내려 교하현 학당포로 들어간다고 하였다.

《街頓》의 기초한자음은 《kăi─tiuen》으로서 기초한자음이 《kăi─tan》인 《皆但》의 표기변이로 될수 있다. 《街頓川》은 《가다나리》의 표기로서 이 고장의 원래 이름인 《皆但(가다)》에 흐르는 내라고 하여 붙인 이름인것이다. 이것은 이 고장의 원래 이름이 《皆伯》이 아니라 《皆但》이였음을 말해주는 증거의 하나로 된다.

《신증동국여지승람》에 의하면 《王逢縣》을 후기신라에서는 한문식으로 술어—객어의 어순으로 바꾸어 **《遇王》**으로 개칭하고 한양군의 령현으로 하였는데 고려초에 다시 행주(幸州—일명 德陽)로 고치고 1018년(고려 현종 9년)에 고봉현(高峯縣)과 함께 양주의 령현으로 만들었으며 1413년(리조 태종 13년)에는 두 현을 합쳐서 고양군으로 하였다고 한다.

고양군은 동쪽으로 14리를 가면 양주와의 경계가 되고 서쪽으로 21리를 가면 교하현이 되며 남쪽으로 26리에는 양천현이, 북쪽으로 19리에는 파주군이 된다고 하였다.(권11, 고양)

高木城, 長嶺城

o 3년 가을 9월에 말갈이 마수책을 소각하고 고목성으로 진격하여오매 왕이 군사 5천명을 보내여 쳐물리쳤다. (三年秋九月 靺鞨燒馬首柵 進攻高木城 王遣兵五千 擊退之)(《삼국사기》 권26, 백제본기 4)

o 6년 가을 7월에 말갈이 침입하여 고목성을 깨뜨리고 6백여명을 죽이고 사로잡아갔다.(六年 秋七月 靺鞨來侵 破高木城 殺虜六百餘人)(《삼국사기》 권26, 백제본기 4)

o 7년 여름 5월에 고목성 남쪽에 두개의 목책을 세우고 또 장령성을 쌓아 말갈을 방비하였다. (七年夏五月 立二柵於高木城南 又築長嶺城 以備靺鞨) (《삼국사기》 권26, 백제본기 4)

o 삼국시대의 지명만 있고 분명치 않은 지역: 고목성(高木城) (삼국사기 권37, 지리 4)

o 삼국시대의 지명만 있고 분명치 않은 지역: 장령성(長嶺城) (《삼국사기》 권37, 지리 4)

《삼국사기》의 고구려본기에는 나오지 않으나 백제본기에 여러번 나오는 《高木城》과 《長嶺城》은 도대체 어디인가?

4세기말~5세기초에 이미 고구려의 강역으로 되였던 림진강 중류, 하류류역이 그후에 다시 백제의 북상으로 정세의 변화가 생기게 되여 이 일대가 고구려와 백제의 접전장으로 되였던것이니 고구려에 복속되여있던 말갈의 침입이란 곧 고구려의 공격을 의미하는것으로서 6세기에 들어서서 이 지대의 형세는 많이 달라졌던것이다. [주]

[주] 《조선전사 (3)》(과학백과사전종합출판사, 1991년)에서는 6세기초에 와서 백제가 고구려의 남변을 위협하는 큰 세력으로 변생되였음을 서술하고있

다. (156폐지)

503～506년(백제 무녕왕 3―6년)의 백제본기에서는 《高木城》에서 고구려와 백제의 싸움이 자주 있었으나 백제가 견디지 못하고말았다고 하면서 고목성 남쪽에 목책을 세우고 또 장령성을 수축하였다고 하였다.

흔히 《高木城》을 《高木根》으로 오해하는 경우가 있는데 《高木根》은 교동도의 옛이름으로서 《高木城》의 남쪽에 목책을 세웠다는 기록에 비추어보아 그것을 교동도로 볼수는 없다. 그리고 고목성 남쪽에 목책을 세우고는 또 장령성을 쌓았다고 하였으니 장령성에서 멀지 않은 곳에서 고목성을 찾아야 하리라고 본다.

그런데 《신증동국여지승람》에 의하면 고양군의 서쪽 15리에 고령산(高嶺山)이 있고 군의 북쪽 18리에 장령산(長嶺山)이 있다고 하였다.(권11, 고양)

《高木城》의 《高木》은 기초한자음이 《kâu―muk》으로서 《고모》의 음역으로 되며 《城》은 지명단위어의 표기로서 《달》에 대응할수 있다. 한편 《고모달》의 《모》를 《뫼》의 의역자 《嶺》으로 대치하여 표기하게 되면 《高嶺山》으로 된다. 지도상으로 보면 고령산은 오늘의 고양시 서쪽 김포벌에 있는 나지막한 산으로서 림진강을 건너 당시 한성으로 들어오는 길목에 놓여있다. 이 일대는 《고무도, 검단》 등 《고모―/거머―》계렬의 지명이 많이 분포되여있는 곳으로서 《고모달》 역시 같은 계렬의 지명이라고 할수 있다.

《長嶺城》은 《長嶺山》을 가리키는데 그것은 지도상으로 고양시와 파주시의 경계점에 있는 산을 이르는것으로 추측된다. 바로 그 아래에 장곡리가 있으니 그것은 장령산과 련관된 지명으로 보인다.

《長嶺城》의 《長嶺》은 《長》이 옛 지명표기에서 《마리/마》에 대응되며 (례: 大楊管 : 馬斤押 : 長楊) 《嶺》이 《모로/뫼》의 의역자로 될수 있으니 결국 《마모로/마뫼》의 표기로 되는데 그 일대에서는 이것이 비교적 큰 산이라고 하여 붙인 이름으로 추정된다. [주]

[주] 《조선단대사(고구려사 4)》(손영종, 과학백과사전출판사, 주체97(2008)년)에서도 고목성은 교동도가 아니라 오늘의 경기도 고양군 고령산(고봉산) 일대에 있었다고 볼수 있으며 장령성은 고양군의 장령산에 쌓은것으로 인

정된다고 하였다.(187페지)

漢山/大山韓城/大山漢城

o 한주(漢州)는 원래 고구려의 한산군(漢山郡)을 신라가 빼앗은것으로서 경덕왕이 한주(漢州)로 개칭하였는데 지금의 광주(廣州)이다. (《삼국사기》 권35, 지리 2)

《漢山》은 《한다라/한달》의 표기로서 이것을 한강이북에 있는 《漢山》과 구별하여 특별히 《南漢山》이라고 하였다.

《광개토왕릉비문》에는 《大山韓城》이 영락 6년 기사에 나오고 수묘인연호의 《새로 온 한예》조항에는 《大山漢城》으로 나오고있다.[주]

> [주] 비문에서 《한》의 음역자로 《漢》 대신 굳이 《韓》을 쓰게 된것은 그것이 백제의 별칭으로 되는 사정과 관련되여있다. 그런데 같은 대상에 대해서 영락 6년 기사에서는 《大山韓城》이라고 하여 《韓》으로 표기한것을 수묘인연호의 경우에는 《大山漢城》이라 하여 《漢》으로 표기한것은 그 앞에서 《新來韓穢》라 하여 《韓》을 이미 강조해놓은것과 관련되여있다고 본다.

《漢山》의 《漢》은 기초한자음이 《xân》으로서 《大》의 뜻으로 쓰인 《한》의 음역으로 된다.

o 한 비룰 아니 그치샤 (《룡비어천가》 68)

o 多는 할씨라 (《훈민정음언해》)

《山》은 의역자로서 고구려지명에서 자주 쓰이는 《다라/달》의 표기로 된다.

그리하여 《漢山》은 《한다라/한달》의 표기로 되고 《大山》은 《漢山》에 대응되는데 《큰》의 뜻인 《한》의 음역자가 《漢》이고 그 의역자가 《大》인것이다.

그리고 《漢山》에 쌓은 성을 《漢山城》(《증보문헌비고》 권16)이라고 하였으며 그것을 줄여서 《漢城》(《고려사》 권56, 지리 10)이라고도 하였는데 《漢城》은 《큰 성》을 의미하는 《한구루/한골》을 음역자와 의역자로 표기한것으로서 그 표기변종이 바로 《韓城》인것이다. 《大山韓城》은 문헌기록의 《漢山》과 《漢城》의 표기변종들로서 같은 고장에 대한 이름이라고 할수 있다.

北漢山郡/(南)平壤

o 한양군(漢陽郡)은 원래 고구려의 북한산군(北漢山郡)인데 평양(平壤)이라고도 한다. (《삼국사기》 권35, 지리 2)

o 북한산군(北漢山郡)은 평양(平壤)이라고도 한다. (《삼국사기》 권37, 지리 4)

o 한성부(漢城府)는 원래 고구려의 남평양(南平壤)인데 북한산군(北漢山郡)이라고도 한다. (《세종실록》 지리지, 권148)

o 9월에 왕이 군사 3만을 거느리고 백제를 침공하여 백제왕이 도읍한 한성을 함락시킨 후 백제왕 부여경을 죽이고 남녀 8천명을 사로잡아가지고 돌아왔다.(九月 王帥兵三萬 侵百濟 陷王所都漢城 殺其王扶餘慶 虜男女八千而歸)(《삼국사기》 권18, 고구려본기 6)

《삼국사기》에서 475년(고구려 장수왕 63년) 9월에 고구려군사의 공격으로 백제수도가 함락되고 백제의 개로왕(蓋鹵王)이 죽음을 당했다고 한 한성은 371년에 백제의 근초고왕(近肖古王)이 원래 수도인 남한산으로부터 수도를 옮긴 이곳 북한산이다.

《漢山》을 《漢陽》, 《漢城》이라고 하게 된것은 《漢山》의 고을이라는 의미에서 한자말투로 지은것이라고 할수 있다. 그리고 특별히 《北漢山》이라고 하게 된것은 한강이남에 있던 《南漢山》과 구별하기 위해서였다.

그리고 고구려는 남진정책의 성과적수행을 위하여 일찌기 이곳을 그 중심기지로 삼고 남쪽에 있는 부수도라고 하여 《南平壤》이라고 하였던 것이다.

이곳은 후기신라에서 한양군이라고 했으며 고려초에 양주(楊州)로 개칭하였다.(《신증동국여지승람》 권3, 한성)

阿利水/郁里河

o … 적들이 굴복하지 않고 감히 나와서 싸움을 계속하였기때문에 왕은 크게 노하여 아리수를 건너 정병을 파견하여 적들의 왕성에 육박하였다. (賊不服氣 敢出百戰 王威赫怒 渡阿利水 遣刺迫城) (《광개토왕릉비문》)

o 삼국시대의 지명만 있고 분명치 않은 지역: 욱리하(郁里河) (《삼국사기》 권37, 지리 4)

《阿利水》의 《阿利》는 기초한자음이 《?a—li》로서 《아리》의 음역으로 되니 《阿利水》는 《아리나리/아리내》의 표기로 된다. 그것은 고구려 광개토왕이 백제전역에서 승리하여 건너간 강으로서 백제수도인 《南漢山》의 북쪽에 흐르는 강 즉 한강을 가리킨다.

그리고 《郁里河》의 《郁里》는 기초한자음이 《ʔiuk-lie》이니 역시 《아리》의 음역으로 되며 《河》는 《나리/내》의 의역으로서 한강의 한 부분에 대한 이름으로 된다.

옛날에 우리 조상들이 살고있던 고장에 흐르는 큰 강에 대해서 《아리》라고 칭한것은 보편적인 현상이였는데 그것을 한자로 옮길 때에는 서로 다르게 표기하였으며 이로부터 《아리》에 대한 여러가지 표기변종들이 생겨나게 된것이다.

冬斯肹/栗木郡 /掉加城

o 률진군(栗津郡)은 원래 고구려의 률목군(栗木郡)을 경덕왕이 개칭한 것인데 지금의 파주(菓州)이다. (《삼국사기》 권35, 지리 2)

o 률목군(栗木郡)은 동사혜(冬斯肹)라고도 한다. (《삼국사기》 권37, 지리 4)

《冬斯肹》는 기초한자음이 《toŋ-sie-ɤei》이니 그 류사음으로 《도시기》의 음역으로 될수 있는데 《광개토왕릉비문》의 백제전역과 관련한 기록에 나오는 《掉加城》의 《掉加》는 그 기초한자음이 《dʼɒu-ka》이니 《도가》의 음역으로 되는것만큼 《도시기》와 《도가》는 다 《덥가/덥갈》의 고형일수 있다..

o 어욱새 속새 덥가나무 白楊 수페(《송강가사》 장진주사)

o 덥갈나모 륵 櫟(《훈몽자회》 상 10)

《덥갈나모》는 너도밤나무과에 속하는 떡갈나무를 말하는데 가을에는 그 열매로 도토리가 열린다. 도토리가 같은 너도밤나무과의 밤나무의 열매와 비슷한데로부터 예로부터 이 열매를 《도톨밤〉도톨왐》이라고 불러왔다.

o 도토리 棣(《사성통해》 하 68)

이 고장의 특산으로 되는 떡갈나무를 표식으로 잡아서 이곳 지명으로 달았는데 그것을 의역으로 표기한것이 바로 《栗木》이며 그에 기초하여 개칭한것이 《栗津》인것이다.

《신증동국여지승람》에 의하면 이 고장은 북쪽 20리에 로량진이 있으며 서쪽 5리에 있는 관악산을 진산으로 하고 동쪽 8리에 있는 청계산, 남쪽 25리에 있는 수리산에 둘러싸인 오붓한 벌판으로 되여있다. 그리고 동쪽으로 13리가 광주와의 경계로 되고 남쪽으로 34리가 수원부와의 경계가 되며 서쪽으로 20리는 금천현, 28리는 안산군이 된다고 하였다.(권8, 과천)

고려초에 과주(果州)라 하고 리조 1413년(태종 13년)에 과천(果川)이라고 이름을 고치면서 줄곧 《果(열매 과)》를 달게 된것은 예로부터 전해오는 이 고장의 특산과 관련된것이라고 할수 있다.

《삼국사기》에서는 이에 속한 령현으로 잉벌노현(仍伐奴縣), 제차파의현(濟次巴衣縣), 매소홀현(買召忽縣)을 들고있다.

仍伐奴縣/閏奴城

o 곡양현(穀壤縣)은 원래 고구려의 잉벌노현(仍伐奴縣)을 경덕왕이 개칭한것인데 지금의 금주(黔州)이다. (《삼국사기》 권35, 지리 2)

《仍伐奴》는 기초한자음이 《niəŋ-biɐt-nio》이니 설내입성 《-t》가 《ㄹ》로 대응되는 조건에서 그 류사음에 의한 《나벌나》의 음역으로 될 수 있으며 《穀壤》은 그 의역으로 될수 있다.

《나》는 고구려지명에서 흔히 쓰이는 단위어로서 그것은 많은 경우에 《壤》으로 대응되고있으니 크게 문제될것이 없다고 본다.

문제는 《나벌》과 《穀》의 대응이다. 오늘 일부 방언에서는 《낟알》을 《나부래기》라고 하고있는데 이 말은 《나벌》의 그 어떤 흔적일수 있다고 본다.

《광개토왕릉비문》에는 백제전역에서 랄취한 성의 하나로 나오고 수묘인연호에도 나오는 《閏奴城》이 있는데 《閏奴》의 추정되는 기초한자음은 《ńʑiun-nio》이니 다른 경우와 마찬가지로 《奴》는 《나》의 음역으로 될수 있으며 《閏》은 《仍》에 대응되는 표기로 될 수 있기때문에 《閏奴》는 《仍伐奴》의 표기변종으로 된다.

《신증동국여지승람》에 의하면 고려초에 이 고장을 《衿州》(혹은 黔州라고도 한다.)로 개칭하였다가 1414년(리조 태종 14년)에 과천(果川)을 병합하여 금과현(衿果縣)이라 하였으며 이내 양천(陽川)을 병합하여 금양현(衿陽縣)이라 하고 1416년(리조 태종 16년)에 금천현(衿川縣)으로 하였다고 밝혀놓았는데(권10, 금천) 이곳이 오늘의 시흥(始興)이다.

이처럼 이 고장의 이름은 여러번 바뀌였으나 이 이름들은 본래 이름과의 아무런 련관이 없이 지은 이름들이다.

濟次巴衣縣/巖門口城

o 공암현(孔巖縣)은 원래 고구려의 제차파의현(濟次巴衣縣)을 경덕왕이 개칭한것인데 지금도 그대로 부른다. (《삼국사기》 권35, 지리 2)

《濟次巴衣》는 그 기초한자음이 《tsei-ts'ie-pa-ʔiəi》 이니 《사시바히》의 음역으로 된다. 《사시》는 중세국문문헌에서 《ᄉ시/ᄉ싀》로 쓰인 《사이》라는 말이니 《間》이라는 본래 뜻으로부터 파생하여 《孔》의 뜻을 파생시킬수 있다.

o 하ᄂᆞᆯ콰 ᄯᅡ콰 ᄉ시예 젖디 아니ᄒᆞᄂᆞᆫ 므리라 (《칠대만법》 7)

o 모미 곳 ᄉ싀로 디나갈ᄉ (《두시언해》 21/22)

《바히》는 중세국문문헌에서 《바회》로 나오는데 《巖》은 그 의역으로 된다.

o 바회 암 巖 (《훈몽자회》 상 3)

《광개토왕릉비문》에는 백제전역에서 공략한 《巖門口城》이 나오고 있는데 이것은 《孔巖津》과 대응하는것으로 된다. 즉 《신증동국여지승람》에 의하면 현의 북쪽 1리에 《孔巖津》이 있는데 물속에 서있는 바위에 구멍이 있어서 그렇게 이름을 지었다고 하면서 동쪽 10리에 있는 《津山》은 일명 《孔巖》이라고 한다고 하였다. 명백한바와 같이 《巖門》과 《孔巖》은 같은 말로서 《孔巖津》에 수축한 성이 《巖門口城》인것이다.

《신증동국여지승람》에 의하면 이 고장은 1310년(고려 충선왕 2년)에 양천현 (陽川縣)이라고 이름을 고치였다고 하는데 그것은 종래의 지명과는 달리 한자말식으로 지은것이라고 할수 있다.

양천현은 동쪽으로 17리에 양화도가 있으며 서쪽으로 15리, 남쪽으로 19리는 부평부와 경계를 이루며 동남쪽으로 20리는 금천현(衿川縣), 서북쪽으로 13리는 김포현과 잇닿아있다고 하였다. (권10, 양천)

買召忽縣/弥鄒忽/彌鄒城

백제의 시조 온조의 형 비류가 따로 나가 자리를 잡았던 곳으로서 서해안의 한개 성이 있는데 그것을 《弥鄒忽》이라고 한다고 하였다.(《삼국

사기》 권23, 백제본기 제1)

o 소성현(邵城縣)은 원래 고구려의 매소홀현(買召忽縣)을 경덕왕이 개
칭한것인데 지금의 인주(仁州)이다. (《삼국사기》 권35, 지리 2)

o 매소홀현(買召忽縣)은 미추홀(彌鄒忽)이라고도 한다. (《삼국사기》 권
37, 지리 4)

《買召忽》은 추정되는 기초한자음이 《mä-điau-xuət》이고 《彌鄒
忽》의 기초한자음은 《mie-tŝio-xuət》이니 둘 다 같은 말의 음역으로 되
겠는데 설내입성 《-t》가 《ㄹ》로 대응되는 조건에서 《미시골》의 표기
로 될것이다.

《미시》라는 말은 인명으로도 쓰인바가 있는데 《未斯欣》의 《未斯》
가 바로 그것이다. 즉 신라 17대왕 나물의 맏아들은 19대왕이 된 눌지이고
나물의 둘째 아들은 《卜好》이며 그 밑의 동생을 《未斯欣》이라고 하는
데(《삼국사기》 권45, 렬전 제5) 《卜好》는 《다음》의 뜻인 《버거》의
음역으로 추정되며 《未斯欣》는 《미시히》로서 《未斯》는 《밑》 또는
《막내》의 뜻인 《미시》의 음역으로 추정된다.

《광개토왕릉비문》에서 백제로부터 탈취한 성이라고 한 《彌鄒城》은
바로 《弥鄒忽》을 말하는데 《彌鄒城》은 《밑의 성》 또는 《막내성》의
뜻으로서 이 역시 《미시골》의 표기로 될것이다. 그런데 이 지명은 이 고
장이 서해로 나가는 마지막 고장이라는데서 붙인것으로 추측된다. 그리고
수묘인연호에 나오는 《彌□城》은 《彌鄒城》을 가리키는것이라고 할수
있다.[주]

> [주] 《고구려사 (1)》(손영종 , 과학백과사전종합출판사, 1990년) 에서도 미추성
> 은 백제의 미추홀, 고구려때의 매소홀로서 오늘의 인천부근에 있던 성으
> 로 인정된다고 하였다. (303페지)

그리고 《邵城》은 《買召忽》의 《召忽》에 대응시킨 표기변종에 지나
지 않는다.

《신증동국여지승람》에 의하면 이 고장은 그후 고려의 왕비들이 난곳
이라 하여 한때 《慶原, 慶源》, 《仁州》라고 하다가 1413년(리조 태종 13
년)에 인천(仁川)으로 개칭하였다고 한다. (권9, 인천)

獐項口縣/古斯也忽次

o 장구군(獐口郡)은 원래 고구려의 장항구현 (獐項口縣)을 경덕왕이 개
칭한것인데 지금의 안산현(安山縣)이다.(《삼국사기》 권35, 지리 2)

o 장항구현(獐項口縣)은 고사야홀차(古斯也忽次)라고도 한다.(《삼국사
기》 권37, 지리 4)

《古斯也忽次》는 기초한자음이 《ko-sie-ia-xuət-ts'ie》이니 그 류
사음에 의한 《고시니고지》의 음역으로 될수 있다. 《고시니》는 노루의
일종인 《고라니》의 변이형이며 《고지》는 《串/項/口》의 뜻으로 쓰이는
말로서 지명단위어로 된다.

o 고라니 麕子 (《사성통해》 하 20)

o 흔 고재 다 뻬며 (《법어략록》 20)

그리하여 《고시니고지》를 의역한것이 바로 《獐項口》로 된다고 할
수 있다.

이와 류사한것으로는 수안의 옛지명을 들수 있는데

o 장색현(獐塞縣)은 고소어(古所於)라고도 한다. (《삼국사기》 권37, 지
리 4)

《古所於》는 기초한자음이 《ko-şiá-ʔiá》이니 류사음에 의하여 《고
라니》의 변이형 《고사니/고시니》를 음역한것으로 되여 이 경우에도
《獐》은 《고사니/고시니》에 대응되고있다. 물론 이것은 같은 이름이지만
그 고장은 서로 다르다.

《신증동국여지승람》에 의하면 군의 서쪽 30리에 없애버린 장항현이
있다고 하였는데 이 장항현은 장단 북쪽에 있는 장항현(獐項縣)을 가리키
는것이 아니라 바로 이 장항구현 (獐項口縣)을 가리키는 말이다. 그런데
장단의 《獐項縣》에 대해서는 《獐》을 《古所於》나 《古斯也》로 대응시
키지 않았으니 이것은 주목할만 한 사실로 된다.

결국 고구려지명표기에서 《獐》은 세곳에 나오는데 그것을 정리하면
다음과 같다.

o 獐塞 : 古所於(고사니) : 수안

o 獐項口 : 古斯也忽次(고시니고지) : 안산

o 獐項(노로모기) : 장단

안산군은 동쪽으로 5리에 파천현이 잇닿아있고 남쪽으로 35리가 남양

부와 경계로 되며 서쪽으로 11리가 인천부의 경계로 된다고 하였으며 북
쪽으로 14리에 금천현이 잇닿아있다고 하였다.(권9, 안산)

買忽郡/牟婁城

　o 수성군(水城郡)은 원래 고구려의 매홀군(買忽郡)을 경덕왕이 개칭한
　　것인데 지금의 수주(水州)이다. (《삼국사기》 권35, 지리 2)

《買忽》은 기초한자음이 《mä－xuət》으로서 설내입성 《－t》가
《ㄹ》로 대응되는 조건에서 《마구루/마골》의 음역으로 되며 《水城》은
그에 대한 의역으로 된다.

《광개토왕릉비문》에서 백제전역과 관련한 기사에도 나오고 수표인연
호에도 나오는 《牟婁城》은 《牟盧城》과 구별하여 쓰이고있어 서로 다른
성으로 보아야 하는데 《牟婁》는 기초한자음이 《miu－liu》이니 《물》의
고형인 《무루》의 음역으로 인정된다. 그리고 《城》은 《구루/골》에 대응
하는 지명단위어의 표기로 된다. 결국 《牟婁城》은 《무루구루/무루골》의
표기로 되겠는데 《무루》와 《마》는 형태변종의 관계에 있는것만큼 《무
루구루》는 《마구루/마골》의 변이형으로서　《水城》을 가리키는것으로
될것이다.

《신증동국여지승람》에 의하면 《水城》을 고려가 《水州》로 개칭하
였는데 그것은 고려 태조가 남정할 때 이 고장사람들이 공로를 세웠다고
해서 이 고장의 격을 높이여 이름을 고치게 된것이라고 하였다. 그런데 그
후 1310년(고려 충선왕 2년)에 《水原府》로 다시 격을 떨구게 되었다고
한다.(권9, 수원)

《삼국사기》에서는 《漢州》에는 두개의 령현이 속해있었다고 하면서
원래 고구려의 남천현(南川縣)과 구성현 (駒城縣)을 들고있다.

南買/南川縣/農賣城

　o 황무현(黃武縣)은 원래 고구려의 남천현(南川縣)을 … 경덕왕이 황무
　　현(黃武縣)으로 개칭한것인데 지금의 리천현(利川縣)이다. (《삼국사
　　기》 권35, 지리 2)

　o 남천현(南川縣)은 남매(南買)라고도 한다. (《삼국사기》 권37, 지리 4)

《南買》의 기초한자음은 《nâm－ma》로서 《너머마/넘마》의 음역으로
된다.

o 四月ㅅ 八日에 그룸과 우뤠므리 다 넓디고며 (《월인석보》 2/48)

o 앏境에 흐러 넘쩌면 (《릉엄경언해》 9/54)

중세국문문헌에서 보는바와 같이 《넘쩌다》는 물이 풍부하여 흘러넘치는것을 의미하며 《마》는 《물》의 고형으로 된다.

이 고장을 《너머마/넘마》로 부르게 된것은 이곳이 남한강의 지류인 복하천에 자리잡고있어 물이 풍부한 곳이라는 지형상특징과 관련되여있다고 본다.

《광개토왕릉비문》의 수묘인연호에는 《農賣城》이 있는데 《農賣》는 《南買》의 표기변종으로 인정된다. 《農賣》는 기초한자음이 《nuoŋ-mai》이니 《南買》과 음이 거의 같아서 그 표기변종으로 능히 될수 있다. 그런데 백제전역과 관련한 기록에서는 《農賣城》이 마멸되여 《□□城》으로 된것으로 추정된다.

《신증동국여지승람》에서는 이 고장의 진산인 설봉산에 옛성이 있다고 하면서 설봉산고성을 들고있는데 이것은 이 고장에 하나밖에 없는 성이여서 이 고장의 이름을 따서 《農賣城》이라고도 부를수 있다고 본다.

후기신라에서 이 고장을 《黃武》로 개칭한 사유에 대해서는 자세히 알수 없으나 고려 태조가 국토통일을 위해 남으로 진격했을 때 이곳 복하천의 강물이 크게 도움을 주게 되였다고 해서 《南川》을 《利川》으로 부르게 했다는 기록이 남아있다. (《신증동국여지승람》 권8, 리천)

滅烏/駒城縣/牟盧城

o 거서현(巨黍縣)은 원래 고구려의 구성현(駒城縣)을 경덕왕이 개칭한 것인데 지금의 룡구현(龍駒縣)이다. (《삼국사기》 권35, 지리 2)

o 구성(駒城)은 멸오(滅烏)라고도 한다. (《삼국사기》 권37, 지리 4)

《滅烏》는 기초한자음이 《miät-ʔo》로서 설내입성 《-t》가 《ㄹ》로 대응되는 조건에서 류사음에 의한 《미루》의 음역으로 될수 있다.

《미루》는 이 고장의 지형상특징을 표식으로 잡은 명명일수 있다.

o 미루: 밋밋하게 널리 펼쳐져있는 벌판 또는 등판 (《조선말대사전》 1/1216)

《미루》라는 말은 지금까지도 《미루벌, 미루등판》과 같이 쓰이고있는데 이 고장이 동쪽으로 태화산(해발 642m), 독조봉(해발 443m), 시궁산

(해발 515m), 서쪽으로 석성산(해발 472m), 부아산(해발 404m), 형봉산(해발 308m)으로 둘러싸인 등판이라는 지형상특징을 념두에 두고 《미루》라고 한것으로 생각된다. 이것은 《미루》라는 말이 예로부터 지금까지 얼마나 오래동안 쓰이여왔는가를 말해주는것으로 된다.

그런데 《미루》라는 말은 《말》의 고형인 《마라》와 어음상 비슷하기때문에 《마라》의 동음이의역으로 《駒》를 가져다가 《駒城》이라는 대응표기를 쓰게 되였으며 한편 《龍》이 우리 말로 《미리/미르》인것만큼 《龍》을 덧붙여서 《龍駒》라고 하게 된것이라고 할수 있다.

o 龍 米立 (《화이역어》 조선관역어)

o 미르 룡 龍 (《훈몽자회》 상 20)

《광개토왕릉비문》에 백제전역에서 공략한 성들의 하나로 나오는 《牟盧城》의 《牟盧》는 기초한자음이 《miu-lo》이니 류사음에 의한 《미루》의 음역으로 된다.[주]

> [주] 《고구려사 (1)》(손영종, 과학백과사전종합출판사, 1990년)에서도 모로성은 경기도 룡인의 옛이름인 멸오성으로 비정된다고 하였다.(303페지)

《신증동국여지승람》에 의하면 《龍駒縣》은 수원부의 동쪽에 있으며 북으로는 광주지경과 잇닿아있는데 수원부에 속한 처인현(處仁縣)과 합치게 되면서 1413년(리조 태종 13년)에 룡인(龍仁)이라는 이름으로 불리우게 되였다고 한다.(권10, 룡인)

省知買/沭川郡/口婁賣城

o 소천군(泝川郡)은 원래 고구려의 술천군(沭川郡)을 경덕왕이 개칭한 것인데 지금의 천녕군(川寧郡)이다. (《삼국사기》 권35, 지리 2)

o 술천군(沭川郡)은 성지매(省知買)라고도 한다.(《삼국사기》 권37, 지리 4)

《省知買》는 기초한자음이 《siuɐŋ-t'ie-mä》인데 우리 말에 흔히 있는 《ㄷ/ㄹ》교체를 고려할 때 《수리마》의 음역으로 추정된다. 《沭川》의 《沭》은 기초한자음이 《dźiuêt》이니 설내입성 《-t》가 우리 말에서 《ㄹ》로 대응하는것만큼 《수리》의 음역이 될수 있으며 《川》은 《마》의 의역으로 될수 있다. 그리고 후기신라에서 개칭하면서 《泝川》으로 한것은 《泝》가 《so》이므로 《수리마》의 《수》를 음역한것으로 추정된다.

《광개토왕릉비문》에는 백제전역에서 공략한 성들의 하나로 《□婁賣城》이 나와있는데 《婁賣》는 《lio-mā》이니 《리마》의 음역이 명백하며 앞의 《□》는 《수》의 음역자가 인멸된것일수 있다.

《신증동국여지승람》에 의하면 이 고장은 려주의 진산인 북성산(해발 274m)의 서쪽에 흐르는 강을 끼고 리천과의 경계에 자리잡고있는데 고려 초에 《川寧縣》으로 개칭했다가 현종 9년에 광주에 소속시키고 리조 예종 때에 없애서 려주에 병합했다고 하였다. (권7, 려주)

《삼국사기》에서는 술천군에 속한 령현으로서 골내근현 (骨乃斤縣)과 양근현(楊根縣)을 들고있다.

骨尸乃縣/□□羅城

o 황효현(黃曉縣)은*1 원래 고구려의 골내근현 (骨乃斤縣)을*2 경덕왕이 개칭한것인데 지금의 황려현(黃驪縣)이다. (《삼국사기》 권35, 지리 2)

　*1 《曉》는 《驪》의 오자이다.

　*2 《乃斤》은 《斤乃》를 잘못 베껴쓴것이며 《乃》는 《尸》의 오자이다.

o 려주목(驪州牧)은 원래 고구려의 骨乃斤縣을 신라 경덕왕이 黃曉로 고치였는데 소천현(泝川縣)의 령현으로 되였다. 고려초에 黃驪縣[黃利라고도 한다.]으로 고치였다. (《신증동국여지승람》 권7, 려주)

《骨尸乃》는 기초한자음이 《kuət-si-niɐi》이지만 리두식표기에서 《尸》는 《리》로 대응되는것만큼 《구리나》의 음역으로 된다.

그리고 《黃驪》에서 《黃》은 《누른 빛》을 의미하던 고어인 《구리》의 의역이다.

o 구리　爲銅 (《훈민정음해례》 용자례)

o 銅　谷速* (《화이역어》 조선관역어)

　* 《速》은 《遫》의 오자이다.

《구리》는 《銅》의 뜻으로 쓰일뿐아니라 그 빛이 누렇기때문에 《黃》의 뜻으로도 쓰이는 말이다.

그리고 《黃驪》는 《黃利》로도 쓴다고 하였는데 《驪》는 기초한자음이 《lie》로서 《利》나 마찬가지로 《구리》의 《리》에 대한 보충적인 음역이라고 할수 있다.

《구리나》는 이 고장의 한가운데로 흐르는 한강상류인 《驪江》을 가리키는 말로서 《구리나》의 《나》는 바로 《江》의 뜻인 《나리》의 준말로 된다.

《광개토왕릉비문》에는 백제전역에서 공략한 성들의 하나로 《□□羅城》이 나와있는데 《羅》의 기초한자음은 《la》로서 《나》의 음역으로 되여 《□□羅》는 《구리나》의 《구리》가 마멸된것으로 추정된다.

《신증동국여지승람》에 의하면 려주는 북쪽에 지평현과 양근현이 있고 서쪽으로 28리를 가면 리천과 경계를 이루며 동쪽으로 44리를 가면 충주땅이 되고 남쪽으로 33리를 가면 음죽현이 된다고 하였다.(권7, 려주)

楊根縣/去斯斬/□拔城

o 빈양현(濱陽縣)은 원래 고구려의 양근현(楊根縣)을 개칭한것인데 지금도 그대로 부른다.(《삼국사기》 권35, 지리 2)

o 양근현(楊根縣)은 거사참(去斯斬)이라고도 한다. (《삼국사기》 권37, 지리 4)

《楊根》의 《楊》은 《버들/버드》의 의역이며 《根》은 《불휘/부루》의 의역으로서 동음이의적인 《버러/벌》의 표기로 된다.

o 버들 爲柳 (《훈민정음해례》 용자례)

o 버드나모 션 믌ᄀᆞᅀ로 디나 (《두시언해》 15/10)

o 根은 불휘라 (《월인석보》 서 21)

결국 《楊根》은 《버들버러/버드벌》의 표기로 되는데 그것은 군의 남쪽에 있다는 《楊白山》(《신증동국여지승람》 권8, 양근)과 련관된 이름으로 추측된다. 왜냐하면 《楊白山》의 《白》은 《발/벌》의 표기로 많이 써온것만큼 《楊白》은 곧 《楊根》의 표기변종으로 될수 있기때문이다.

한편 《去斯斬》의 《去斯》는 기초한자음이 《kio-sie》이니 그 류사음에 의해서 《가시/ᄀᆞ시》의 음역으로 될수 있다. 그리고 《斬》은 《버힐》과 동음이의적인 《버러/벌》의 표기로 될수 있다.

o 界ᄂᆞᆫ ᄀᆞ시라 ᄒᆞ며 (《월인석보》 1/32)

o 버힐 참 斬 (《류합》 하 21)

《가시벌》은 그 고장의 지리적특징에 따라서 지은 별명으로 생각된다.

《광개토왕릉비문》백제전역에서 공략한 성으로 나오는 《口拔城》의 《口拔》은 《가시벌/갓벌》의 표기일수 있다. 그것은 《拔》의 기초한자음이 《bat》로서 설내입성 《-t》가 우리 말에서 《ㄹ》로 대응된다고 볼 때 《벌》의 음역으로 추정할수 있기때문이다. 결국 마멸된 글자는 《가시/갓》의 표기라고 볼수 있다.

《신증동국여지승람》에 의하면 양근현은 동쪽으로 27리에 지평현이 있고 남쪽으로 23리가 려주땅으로 되며 서쪽으로 39리가 광주, 40리가 양주가 되고 북쪽으로 43리가 가평현으로 된다고 하였다.(권8, 양근) 이 고장은 북한강과 려강(驪江)을 끼고있는 크지 않은 벌로서 도처에 여울목이 널려있다. 아마 이러한 지형상특징때문에 강기슭을 끼고있는 벌이라는 뜻에서 《가시벌》이라는 별명도 가지게 되었을것이라고 본다.

후기신라에서 《濱陽》으로 개칭할 때도 물가의 뜻으로 《濱》자를 넣었을것이고 종래이름인 《楊根》을 고려하여 《楊》과 동일한 음인 《陽》자를 썼을것이라고 본다.

皆次山郡

o 개산군(介山郡)은 원래 고구려의 개차산군(皆次山郡)을 경덕왕이 개칭한것인데 지금의 죽주(竹州)이다. (《삼국사기》 권35, 지리 2)

《皆次山》의 《皆次》는 기초한자음이 《kâ-tsʻie》이니 《가시》의 음역으로 보게 되면 《皆次山》은 《가시달》의 표기로 된다고 할수 있다.

이것을 《介山》으로 개칭한것은 《皆》와 《介》의 한자음이 같기때문에 그렇게 한것으로 보인다.

그러나 《皆次山》을 《竹州/竹山》으로 개칭한것을 념두에 두게 되면 《皆》를 《다》의 의역자로 보고 《皆次山》을 《다시달》의 표기로 볼수도 있을것 같다. 그렇게 되면 《다시》의 변이형인 《대》를 의역하여 《竹》을 취한것으로 설명할수 있을것이다.[주]

　　　　[주] 《세나라시기의 리두에 대한 연구》(류렬, 과학, 백과사전출판사, 1983년) 304페지

《신증동국여지승람》에 의하면 죽산현은 동쪽으로 22리를 가면 음죽현이 되고 남쪽으로는 26리에 충청도 진천현이 있으며 서쪽으로 23리를 가면 안성군이 되고 북쪽으로 49리를 가면 양지현이 된다고 하였다.(권8,

죽산)

오늘은 옛 현소재지가 안성시 북단의 비봉산(해발 372m)아래 죽산리로 되여있다.

《삼국사기》에서는 **여기에 속한 령현이라고 하여** 노음죽현(奴音竹縣)을 들고있다.

奴音竹縣

o 음죽현(陰竹縣)은 원래 고구려의 노음죽현(奴音竹縣)을 경덕왕이 개칭한것인데 지금도 그대로 부른다. (《삼국사기》 권35, 지리 2)

o 〔군명〕奴音竹, 雪城 (《신증동국여지승람》 권8, 음죽)

《奴音竹》의 《奴音》은 기초한자음이 《nio-ʔiəm》으로서 류사음에 의한 《눈》의 음역으로 보게 되는데 그것은 이 지명의 다른 표기로 《雪城》의 《雪》이 《奴音》과 대응되고있기때문이다.

o 눈 셜 雪 (《훈몽자회》 상 2)

o 雪曰 嫩 (《계림류사》 고려방언)

그리고 《竹》은 《대》의 고형인 《다》의 의역으로 되는데 그것은 《城》에 대응되고있어서 지명단위어로서의 《다》의 표기로 인정하게 된다. 즉 《성》, 《성시》, 《부락》의 뜻으로 쓰인 《땅》의 고형인 《다》에 대한 동음이의적인 의역으로 《竹》을 가져다 쓴것이다. 그리하여 《奴音竹》은 《눈다》의 표기로 된다고 할수 있는데 그것을 의역한것이 《雪城》이라고 할수 있다.

《눈다》를 《雪城》으로 의역한것이 실지로 눈이 많이 오는 고장이기때문에 그렇게 명명한것이라면 정당한 의역으로 될것이며 지형상특징을 념두에 두고 《누본 〉 눈》이라는 표식어를 붙였다면 동음이의적인 의역으로 될것이다.

o 누본 남기 너러셔니이다 (《룡비어천가》 1/17)

이 고장은 오늘의 리천시 장호원일대로서 백족산(해발 402m)에서 얼마간 북쪽에 있는 금당리가 옛 현소재지로 된다.

이 고장은 동쪽으로 16리가 려주와의 경계로 되고 남쪽으로 15리가 충주와의 경계로 되며 서쪽으로 26리에 죽산현이 있고 북쪽으로 29리에 리천땅이 있다고 하였다. 그리고 원래 충청도에 속해있던것을 1413년 (태

종13년)에 경기도로 이관하였다고 한다. (《신증동국여지승람》 권8, 음죽)

党項城/唐城郡

o 당은군(唐恩郡)은 원래 고구려의 당성군(唐城郡)을 경덕왕이 개칭한 것인데 지금은 당성군(唐城郡)으로 회복되였다. (《삼국사기》 권35, 지리 2)

o 백제왕 의자가 … 8월에 또 고구려와 더불어 당항성을 빼앗아 당나라로 가는 길을 끊으려고 도모하였다. (百濟王 義慈 … 八月 又與 高句麗謀 欲取党項城 以絶歸唐之路)(《삼국사기》 권5, 신라본기 5)

o 삼국시대의 지명만 있고 분명치 않은 지역: 당항성(党項城) (《삼국 사기》 권37, 지리 4)

642년(신라 선덕녀왕 11년)에 백제와 고구려가 련합하여 신라와 당나라의 련락로를 단절하기 위하여 탈취했다는 《党項城》은 후날의 경기도 남양이다. 《党項城》의 《党》은 《黨》의 략자인데 그것은 《무리》라는 뜻과 함께 《향리》나 《버러/벌》의 뜻으로도 쓰일수 있으며 《項》은 《길목》의 뜻으로서 강이나 바다가에 돌이 나왔거나 모래가 퇴적하여 배가 다니기에 위험한 곳인 《모기/ 목》이라는 지명단위어에 흔히 쓰이고있었다.

그리하여 《党項城》은 《버러모기구루/벌목골》의 표기로 추정된다. 이 지명은 남양일대가 서해의 간석지를 끼고있는 벌판이라는 지형상특징을 표식으로 잡아서 명명한것으로 보인다.

그런데 《党項城》을 줄여서 《唐城》이라고도 한것은 이곳이 바로 당나라로 가는 길목이라는 사정과 관련되여있을것이다.

이것을 후기신라에서 《唐恩》으로 개칭한것은 사대주의사상에 물젖은 봉건통치배들이 한문투로 갖다붙인것이라고 할수 있다.

《신증동국여지승람》에 의하면 고려초에 다시 옛이름으로 복귀했다가 1310년(고려 충선왕 2년)에 《南陽》으로 개칭하였다고 한다.(권9, 남양)

이 고장은 동쪽으로 24리를 가면 수원부가 되고 서쪽으로 45리를 가면 서해가 되며 그 관할하여 《召忽島》, 《亏音島》, 《於叱島》, 《甘彌 島》 등 많은 섬들이 널려있다. 그런데 이것들은 《죠콜섬》, 《울음섬》, 《엇섬》, 《고미섬》의 리두식표기로 된다.

o 덕적도는 남양부의 바다 한가운데 소흘도(죠콜섬)의 남쪽 60리쯤에 있다.(德積島 在南陽府海中召忽島 죠콜섬 南六十里許) (《룡비어천가》 6/58)

《삼국사기》에서는 이에 속한 령현으로 상홀현(上忽縣)과 부산현(釜山縣)을 들고있다.

上忽縣 /車忽/須鄒城

o 차성현(車城縣)은 원래 고구려의 상홀현(上忽縣) [上은 車로도 쓴다.]을 경덕왕이 개칭한것인데 지금의 룡성현(龍城縣)이다. (《삼국사기》 권35, 지리 2)

o 상홀(上忽)은 차홀(車忽)이라고도 한다. (《삼국사기》 권37, 지리 4)

《上》과 《車》가 대응되고있는데 그것은 다 《수리》의 의역 또는 동음이의적인 의역으로 된다.

《수리》는 본래 《峯, 上》의 뜻으로서 《봉우리》의 고형인 《봉수리》를 가리키는 말이다. 그런데 《수리》와 동음이의적인 관계에 있는것이 바로 《車》이다.

o 술위 거 車 (《훈몽자회》 중 26)

o 술윗ㄴ롯 車轅 (《로걸대언해》 하 32)

고구려지명에서 《忽》은 《골》이라는 단위어로 많이 쓰이였던것이니 《上忽/車忽》은 《수리구루/수리골》의 표기로 된다.

《광개토왕릉비문》의 수묘인연호에는 《須鄒城》*이 나오는데 《須鄒》의 기초한자음은 《sio—lien》이니 《수리》의 음역으로 될수 있으며 《城》은 지명단위어인 《구루/골》의 의역으로 된다.

* 《須鄒城》이 아니라 《須鄒城》으로 보아야 한다.

《신증동국여지승람》에 의하면 《수리골》은 수원부의 남쪽 50리에 있던 속현으로서 고려초에 《龍城縣》으로 개칭하였는데 그것은 《수리골》의 《수리》가 가지는 의미로부터 오는 일종의 류추에 의해서 《龍》자를 붙이게 된것이라고 생각한다.

《龍城縣》은 신라가 《車城》으로 고치여 《唐恩郡》의 령현으로 삼았으며 고려초에 지금이름으로 개칭하고 1662년(현종 9년)에 여기에 속하게

하였다고 한다. (권9, 수원)

松村活達/釜山縣/蘇灰城

o 진위현(振威縣)은 원래 고구려의 부산현(釜山縣)을 경덕왕이 개칭한
   것인데 지금도 그대로 부른다. (《삼국사기》 권35, 지리 2)

o 부산현(釜山縣)은 송촌활달(松村活達)이라고도 한다. (《삼국사기》 권
   37, 지리 4)

o 원래 고구려의 부산현(釜山縣)은 고연달부곡(古淵達部曲)인데 금산
   (金山)이라고도 하며 송촌활달(松村活達)이라고도 한다.(《신증동국
   여지승람》 권10, 진위)

이곳 지명은 여러가지 표기변종을 가지고있는것이 특징적이다.

우선 《松村活達》은 두개 지명의 반복으로서 《松村》의 《松》은
《소리/솔》의 의역이며 《村》은 지명단위어로서 《달》의 표기로 된다.

o 독소리 겻그니 (《룡비어천가》 89)

o 솔 송 松 (《훈몽자회》 상 11)

한편 《活達》의 《活》은 《살다》의 뜻이니 《사리/살》과 《소리/솔》
은 류사음의 관계에 있으며

o 幽谷애 사ᄅᆞ샤 (《룡비어천가》 3)

《達》은 《다라/달》의 음역자이다. 결국 《松村》과 《活達》은 각각 《소
리달》의 표기로 되여 결국 《松村活達》은 같은 이름의 중복표기라고 할
수 있다.

그리고 《釜山》, 《金山》, 《淵達》은 다 《소시달/소히달》의 표기로
된다. 즉 《釜》는 《가마솥》의 뜻이니 《솥》의 고형으로 《소시/소히》를
상정할수 있으며 한편 《淵》의 뜻은 《소》이니 그 고형은 《소히》일수
있고 《金》의 뜻은 《쇠》이니 《소시/소히》가 그 고형일수 있다. 또한
《山》의 의역은 《달》이고 그 음역은 《達》이다.

o 소 담 潭, 소 츄 湫 (《훈몽자회》 상 5)

o 그 알ᄑᆡ 너러바회 化龍 쇠 되어셰라 (《송강가사》 관동별곡)

o 煆煉은 쇠 두드려 니길씨라 (《릉엄경언해》 7/18)

o 술윗통 구뭇 시울게 비근 쇠 車釧(《사성통해》 하 11)

《광개토왕릉비문》에서 고구려가 공략한 성들로 렬거한 《蘇灰城》의

《蘇灰》는 기초한자음이 《suo-xuâi》이니 《소히/소시》의 음역으로 되며 《城》은 《山》, 《嶺》, 《峯》에 대응하는 단위어 《달》의 표기로 된다.

《소리달/소히달》이라는 지명은 현의 동쪽 2리에 있는 이곳의 진산이 《釜山》이여서 이로부터 붙여진것이다.

이곳 지명을 후기신라에서 《振威》로 고친것은 원래 이름과 전혀 상관이 없는 한자말지명이다.

《신증동국여지승람》에 의하면 이 고장은 서쪽으로 12리를 가면 수원부가 되고 동쪽으로 13리를 가면 양성현이 된다고 하였는데 수성군의 령현으로 되고있었다고 한다.(권10, 진위)

奈兮忽, 甘彌呑

o 백성군(白城郡)은 원래 고구려의 나혜홀(奈兮忽)을 경덕왕이 개칭한 것인데 지금의 안성군(安城郡)이다. (《삼국사기》 권35, 지리 2)

《奈兮忽》은 기초한자음이 《nâi-ðei-xuət》이니 설내입성 《-t》가 《ㄹ》로 대응되는 조건에서 《나히골》의 음역으로 되며 《白城》은 그에 대한 의역으로 된다. 즉 《白》은 《희다》의 고형인 《나히다》에 대응되며 《城》은 《골》에 대응된다.

《신증동국여지승람》에서는 고적조항에 《甘彌呑部曲》을 소개하고 있는데(권10, 안성) 고구려에서 흔히 쓰는 지명인 《고미단》의 표기인 《古未呑》의 표기변종으로서 《甘彌呑》이 이곳에 분포되여있는것은 이 고장이 고구려강역으로서의 력사가 결코 짧지 않다는것을 의미하는것으로서 매우 흥미있는 일이다.

안성은 동쪽으로 16리에 죽산현이 있고 남쪽으로 25리에 충청도 직산현이 있으며 서쪽으로는 17리에 양성현이, 북쪽으로 89리에 양지현이 린접해있다고 하였는데 안성과 양성은 차령산줄기 서쪽에 펼쳐진 벌판에 나란히 위치한것으로 된다.

《삼국사기》에서는 이에 속한 령현으로 사복홀(沙伏忽)과 사산현(虵山縣)을 들고있다.

沙伏忽/臣濆活國 /彡讓城

o 적성현(赤城縣)은 원래 고구려의 사복홀(沙伏忽)을 경덕왕이 개칭한 것인데 지금의 양성현(陽城縣)이다. (《삼국사기》 권5, 지리 2)

《沙伏忽》은 기초한자음이 《ṣa-biuk-xuət》이니 설내입성 《-t》가 우리 말에서 《ㄹ》로 대응되는것만큼 《사비골/사보골》의 음역으로 되며 그것을 의역한것이 《赤城》으로 된다.

《사비/사보》는 동쪽이 밝는다는 뜻인 《새배》의 고형으로서 원래 《사》는 동쪽이라는 뜻이며 《비/보》는 《발그/불그》의 변이형이다.

o 새배 효 曉, 새배 신 晨 (《훈몽자회》 상 1)

o 불ㄱ 명 明 (《훈몽자회》 하 1)

o 브스왠 저긔 불ㄱ ㅁ숨미 허니 (초간 《두시언해》 7/15)

o 블글 젹 赤 (《훈몽자회》 중 30)

《동사강목》과 《증보문헌비고》에서 진국 삼한지역의 지명으로 소개하고있는 《臣濆沽國》의 《沽》를 《活》의 오자로 보면서 《臣濆活》은 《沙伏忽》의 표기변종으로 인정하는 견해가 있는데 이것은 일리가 있는 주장이라고 생각한다.[주]

[주] 《고전문헌들에 반영된 진국의 삼한관계자료에 대한 연구》(오희복, 김일성종합 대학출판사, 1987년) 186~191페지

《광개토왕릉비문》에는 백제전역기사와 수묘인연호에 《彡穰城》이 나오는데 《彡穰》의 기초한자음은 《ṣam-ńiaŋ》이지만 지명표기에서 《穰》은 풍성 또는 벼짚의 뜻이 있어 《바라/버러/벌》을 표기하는데 쓰일수 있으니 《彡穰》은 《사바라/사발》의 표기로 될수 있다.

그리하여 《彡穰城》은 《사발골》의 표기로서* 《沙伏忽》의 표기변종으로 되는것이다.

* 《신증동국여지승람》에서는 이곳 군명인 《沙伏忽》의 표기변종으로 《沙巴乙》을 밝히고있는데 그것은 《사발》의 표기로 된다.(권10, 양성)

《신증동국여지승람》에 의하면 고려초에 이 고장의 이름을 《陽城》으로 개칭하였다는데 그것은 《陽》이 《별》의 뜻이니 《赤》과 의미적공통성이 있는것과 관련되여있다.

이 고장은 동쪽으로 3리를 가면 안성군이 되며 남쪽으로 27리를 가면 충청도 직산현이 되고 서쪽으로 19리는 진위현에 잇닿아있으며 북쪽으로 15리는 룡인땅이 된다고 하였다.(권10, 양성)

오늘의 경기도 안성시의 서북방에는 천덕산(해발 336m)이 있는데 그

남쪽기슭에 있는 동향리가 옛 현소재지로서 양성현은 그곳을 중심으로 한 넓은 벌을 차지하고있었던것으로 보인다.

蚘山縣/白嵒城 /貝□□

o 사산현(蚘山縣)은 원래 고구려의 현을 경덕왕이 그대로 두었는데 지금의 직산현(稷山縣)이다. (《삼국사기》 권35, 지리 2)

o 삼국시대의 지명만 있고 분명치 않은 지역: 백암성(白嵒城) (《삼국사기》 권37, 지리 4)

《蚘》는 《ᄇ얌/뱀》의 고형인 《바함/바힘》을 의역한것이며 《山》은 《달》을 의역한것으로 된다.

o ᄇ얌 爲蛇 (《훈민정음해례》 용자례)

o 蛇浦 ᄇ얌개 (《룡비어천가》 3/13)

《白嵒城》의 《白嵒》은 기초한자음이 《bɐk-ʀam》이니 《바함》을 음역한것으로 되며 《城》은 《달》에 대응하는 지명단위어의 표기로 된다.

《광개토왕릉비문》에서 백제전역때 공략한 성으로 나오는 《貝□□》*의 《貝》는 기초한자음이 《puâi》이니 이것은 《바함》의 《바》를 음역한것으로 보이며 《□□》은 《함》의 음역과 《城》이 마멸된것으로 생각된다.

　　* 《貝□□》의 《貝》를 흔히 《頁》로 보고있으나 《貝》로 보아야 한다고 생각한다.

《신증동국여지승람》에 의하면 이 현의 서쪽 3리되는 곳에 《蛇山》이라는 진산이 있다고 하였으니 이 고장의 이름은 이 산의 이름에서 유래된것이라고 할수 있다.

고구려가 오랜 준비끝에 529년 10월에 다시 남으로 진격할 때 서남방 계선에서 많은 성을 쌓았는데 그중의 하나가 사산성이다.[주] 그런데 《신증동국여지승람》에서는 흙으로 쌓은 사산성은 둘레가 2 948척이며 높이가 13척인데 폐허로 되여버렸다고 하였다.

　　[주] 《조선전사 (3)》(과학백과사전종합출판사, 1991년) 에서는 이 시기 쌓은 고구려성으로 사산성(직산)이 있다고 하였다.(159페지)

고려초에 직산현(稷山縣)으로 개칭하였는데 《稷》은 《기장(피)》을 가리키는것이나 그것은 《벼》의 뜻으로도 쓰이여 《ᄇ얌》과의 어음적류사성에 의해서 택한것으로 추정된다.

　직산현은 동쪽으로 21리, 북쪽으로 25리면 안성군이 되고 남쪽으로 10리에 천안군,　21리에 목천현이 되며 서쪽으로 22리를 가면 평택현이 된다고 하였다.(권16, 직산)

　慰禮城/于婁城

　o 원래 위례성(慰禮城)은 백제 온조왕이 졸본부여로부터 남으로 와서 나라를 세워 이곳에 도읍을 정하였는데 후에 고구려가 이를 차지하자 사산현(虵山縣)으로 되였다.(《신증동국여지승람》 권16, 직산)

　《慰禮城》의 《慰禮》는 기초한자음이 《ʔiuəi－lei》이니 《우리》의 음역으로 되며 《城》은 지명단위어인 《구루/골》의 표기로 된다.

　《광개토왕릉비문》에서 백제전역에서 공략한 성으로 《于婁城》이 나오고있는데 《于婁》의 기초한자음은 《ʁio－lio》이니 그것은 《우루》의 음역으로 될수 있다.

　《신증동국여지승람》에 의하면 직산에는 토성들인 사산성(둘레 2 948척, 높이 13척)과 함께 위례성(둘레 1 690척, 높이 8척)이 있었다고 하였으니 《광개토왕릉비문》에서는 직산일대로 진출한 고구려군사들이 사산성과 위례성을 모두 점령한 사실을 기록한것이라고 할수 있다.

　細城

　o 세성산(細城山)은 현의 남쪽 8리에 있다. (《신증동국여지승람》 권16, 목천)

　《細城》은 당시의 지명표기관습에 비추어보아 의역표기가 아니라 음역표기일것이다. 만일 의역이라면 그럴만 한 표식이 있어야 하겠는데 그것을 찾기가 어렵다.

　그렇다면 《細城》의 《細》는 기초한자음이 《siei》로서 《소이》의 음역이 되겠는데 그것은 무슨 말이겠는가?

　o 〔토산〕 철(鐵)이 산방천에서 나온다.(《신증동국여지승람》 권16, 목천)

　현의 북쪽 산방동으로부터 흘러내리는 산방천에서 철이 나온다고 하였으니 《쇠》의 고형인 《소이》라는 지명이 그 부근에 붙는것은 응당한 일이다.

o 鐵曰 歲 (《계림류사》 고려방언)

o 단련은 쇠 두드려 니길씨라 (《릉엄경언해》 7/18)

그리하여 《細城》은 《소이달》의 표기로 되는데 그후 이 말이 한자 말처럼 인식되면서 다시 지명단위어로서 《山》을 덧붙이여 《細城山》이 되고말았다.

고구려의 백제전역때 공략한 성으로 나오는 《細城》은 바로 이것을 가리키는것으로서 고구려군사들은 여기를 거쳐서 진천, 청주방향으로 진격 하였음을 알수 있다. [주]

> [주] 《조선단대사(고구려사 4)》(손영종, 과학백과사전출판사, 주체 97〈2008〉 년)에서도 충청남도 목천의 세성(산)으로 보고있다. (158페지)

今勿奴郡/萬弩/曰模盧城

o 흑양군(黑壤郡)은 황양군(黃壤郡)이라고도 하는데 원래 고구려의 금 물노군(今勿奴郡)을 경덕왕이 개칭한것인데 지금의 진주(鎭州)이다. (《삼국사기》 권35, 지리 2)

o 금물내군(今勿內郡)은 만노(萬弩)라고도 한다.(《삼국사기》 권37, 지 리 4)

《今勿奴》와 《今勿內》는 추정되는 기초한자음이 각각 《kiəm—miuət —nio》, 《kiəm—miuət—nuəi》로 된다. 설내입성 《—t》가 《ㄹ》로 대응 되는 점을 고려할 때 그것은 다같이 《거무루나/거물나》의 음역으로 볼수 있다.

그리고 《萬弩》의 경우에 《萬》은 《거무루/거물》과 대응하고있으며 《弩》의 기초한자음은 《nio》이니 《노/나》의 음역으로 된다. 결국 《萬 弩》는 《거무루나/거물나》의 표기로 된다고 할수 있다. 그렇다면 옛날에 우리 말에서 《萬》의 고유어로는 《거물》이 있었던것으로 된다.

o 구룸 만 萬 (《천자문》)

o 闕者 萬之稱也 (《규원사화》)

이 문헌자료에 의하면 《萬》에 대한 우리 말로 《구룸》, 《골》 등이 있었던것으로 되는데 그 고형을 《거물》과 련관시켜 생각해볼수 있을것이 다. 그런데 이 말은 《千》의 고유어인 《즈믄》이 쓰이지 않게 되면서 함 께 사라진것으로 추측된다.

한편 경덕왕때 《거물나》를 《黑壤/黃壤》으로 고치였으니   《黑/黃》은 《거물/거믄》의 의역으로 되는데 그것은 《萬》의 고유어인 《거물》과 동음이의적관계에 있었던것이다.

o 거믈 혹 黑 (《예어류해》 2)

o 이 가믄 뵈 됴흔이는 아홉돈이오 (《로걸대언해》 하 54)

그리고 《壤》이 《나》의 표기로 되는것은 고구려의 지명표기에서 보편적현상으로 되여있다.

《광개토왕릉비문》에서 고구려가 공략한 성으로 나오는   《臼模盧城》의 《臼模盧》는 기초한자음이 《ʼgiəu-muo-lo》로서 《거무나》의 음역으로 될수 있으니 그것은 《今勿奴》의 표기변종으로 될수 있다.

o 진천현(鎭川縣)은 원래 고구려의 금물노군(今勿奴郡)을 신라가 흑양군(黑壤郡)으로 고치였는데 고려초에 강주(降州)라고 하다가 후에 진주(鎭州)로 고치였으며 … 본조 태종 13년에 지금의 이름으로 고치였다. (《신증동국여지승람》 권16, 진천)

진천군은 오늘의 충청북도에 속한 곳으로서 차령산줄기를 사이에 두고 충청남도의 천안과 린접해있다. 그리고 동쪽으로는 음성군, 피산군이 이웃해있는데 광개토왕은 남진정책을 수행하면서 한때 진천, 음성, 피산일대까지 진출하였던것이다.

《삼국사기》에서는 진천군에 속한 령현으로 도서현 (道西縣)과 잉홀현(仍忽縣)을 들고있다.

道西縣/都盈

o 도서현(都西縣)은 원래 고구려의 도서현(道西縣)을 경덕왕이 개칭한 것인데 지금의 도안현(道安縣)이다. (《삼국사기》 권35, 지리 2)

o 도서현(道西縣)은 도분(都盆)*이라고도 한다.(《삼국사기》 권37, 지리 4)

   * 《都盆》의 《盆》은 《盈》의 오자로 보아야 한다.

《道西》는 기초한자음이 《dâu-siei》이며 《都西》도 《to-siei》이니다 《도시》의 음역으로 볼수 있다. 그리고 《都盈》의 기초한자음은 《to-ĭäŋ》이니 《道安》의 기초한자음 《dâu-ʔan》과 마찬가지로 류사음에 의

한 《도라》의 음역으로 될수 있다. [주]

[주] 옛지명의 표기에서 초성의 《ㅇ/ㄹ》가 서로 통해 쓰이는 례는 허다하다.

   o 道安縣 本刀良縣 (《삼국사기》 권34, 지리 1)

   o 地育縣 本百濟知六縣 (《삼국사기》 권36, 지리 3)

이 례들에서 보는바와 같이 《安(안) : 良(량)》, 《育(육) : 六(륙)》은 같은 음역자로 통용하여 쓰고있다.

《대동지지》에서는 《道西》가 지금 청안에 소속되여있으나 진천의 동쪽에 있는 지금의 두타산(頭陀山)이 이것이라고 하였다.(권5, 진천)

《頭陀山》이라는 이름은 이곳에만 있는것이 아니라 충청남도 청양에도 있으며 강원도(남) 삼척과 양구에도 있는데 이것들은 다 《頭流山, 頭留山, 頭里山, 頭輪山》과 같은 부류의 산에 대한 이름으로서 《도리/두리》의 표기변종들로 된다는것은 이미 알려진 사실이다. 그런데 《대동지지》에서는 《頭陀山》이 바로 《道西》라고 하였으니 《도리/도라》와 《도시》는 변이관계임을 말해주는것으로 된다.

《도리/도라》는 《도레》, 《두레/둘에》, 《도지》 등의 여러 변이형을 가지고있다.

   o 도리채 가 耞(《훈몽자회》 중 17)

   o 도레도레 안싸 (圜坐)(《역어류해》 보편 25)

   o 關山앤 돐 둘에 비겻도다 (關山倚月輪)(초간 《두시언해》 16/24)

   o 도지게로 활 짓다 = 上弓 (《한청문감》 5/15)

이 《도리, 도레, 둘에, 도지개》들은 다 《도리/도라》의 변이형들로서 《圓, 圍, 輪》 등의 뜻을 가지고있다.

《대동지지》에서는 두타산의 산꼭대기가 평탄하면서도 오목하게 되여있다고 하였으니 그 산세의 특징을 잡아 그렇게 명명한것으로 보이는데 그러한 이름을 가진 산들은 전국도처에 있다.

《광개토왕릉비문》의 백제전역에 나오는 《□婁城》의 《□婁》는 《두루》의 음역으로 볼수 있으니 이것이 《頭陀》에 대응되는 표기일수 있다. 그렇다면 《□婁城》이 《道西縣》을 가리키는것이 아닌지 의심스럽다.

《道西縣》의 연혁과 관련해서 《신증동국여지승람》에서는 후기신라에서 《都西縣》으로 고치고 《黑壤郡》의 령현으로 하였으며 고려초에 《道安》으로 고치고 청주에 소속시키였다고 하였다. 그리고 1405년(태종 5년)에 《淸塘縣》과 《道安縣》은 백성이 적고 땅이 작아서 둘을 합치여 《淸安縣》으로 하여 현감을 두었다고 하였다.

청안현은 동쪽으로 30리, 남쪽으로 12리, 서쪽으로 23리가 청주와의 경계로 되고 북쪽으로 9리, 19리가 음성현과의 경계로 된다고 하였다.(권 16, 청안)

仍忽縣/林城

o 음성현(陰城縣)은 원래 고구려의 잉홀현(仍忽縣)을 경덕왕이 개칭한 것인데 지금도 그대로 부른다. (《삼국사기》 권35, 지리 2)

《仍》은 기초한자음이 《niəŋ》인데 고구려지명의 표기에서 자주 쓰이고있는 음역자이다.

>　槐壤郡 : 仍斤內郡(《삼국사기》 권35, 지리 2)
>　
>　穀壤縣 : 仍伐奴縣(《삼국사기》 권35, 지리 2)

그렇다면 《仍忽》은 한자류사음에 의하여 《늠골》을 표기한것이 아니겠는가? 《忽》은 기초한자음이 《xuət》이니 설내입성 《-t》가 우리 말에서 《ㄹ》로 대응되는것을 념두에 두게 되면 《구루/골》의 음역으로 될수 있다. 고구려의 지명표기에서는 《忽》이 《구루/골》의 표기로 되고 그것이 《城》에 대응되는것만큼 이것은 크게 문제될것이 없다.

그러면 《늠구루/늠골》이란 무슨 뜻이겠는가? 우리 말에서는 해가 비치지 않는 음지(陰地)에 대해서 《늠달/능달》이라고 하니 이 《늠구루/늠골/능골》을 의역하여 개칭한것이 《陰城》인것이다.

《신증동국여지승람》에 의하면 음성현은 차령산줄기의 끝에 위치한 고장으로서 북쪽에 가엽산(해발 710m), 서북쪽에 사장산, 서쪽에 보현산(해발 510m), 남쪽에 옥천산, 동남쪽에 정자산, 동쪽에 수정산이 있어 사방이 산으로 둘러싸여있다.(권14, 음성) 이러한 지형상특징으로 하여 《늠골》이라는 이름이 붙었을것이다.

《광개토왕릉비문》에는 고구려가 공략한 성의 하나로 《林城》이 나오는데 《林》은 기초한자음이 《liəm》이니 그 류사음에 의해서 《늠》의 음역으로 될수 있으며 《골》은 《城》으로 대응될수 있다. 그리하여 《林城》은 《늠골》의 표기로 되는 《陰城》에 대응되는 표기로 볼수 있다.

음성현은 한때 진천의 령현으로 되였던 곳으로서 동쪽으로 8리, 북쪽으로 25리를 가면 충주와의 경계가 되고 남쪽으로 18리를 가면 괴산군, 35리를 가면 청안현과의 경계가 되며 서쪽으로 40리를 가면 진천현이 된다고 하였다.

古山城/古牟婁城

《신증동국여지승람》에 의하면 《陰城縣》의 고적조항에 고산성(古山城)이 올라있는데 그것은 수정산(水精山)우에 돌로 쌓은 성으로서 둘레가 1 271척이고 높이가 키를 넘는데 안에 우물이 있다고 한다. 그리고 성의 남쪽에는 옛날 고을터가 있어 《官坪》이라 부른다고 하였다.(권14, 음성)

《官坪》은 《고볼 〉 고올 〉 고을》의 리두식표기이다.

ㅇ 고을 현 縣 (《석봉천자문》 21)

《官坪》의 《官》은 《고을》의 의역이며 《坪》은 원래 《벌》의 뜻인데 《고벌/고볼》의 《볼 〉 올》을 보충적으로 덧붙여 표기한것으로 된다.

그리하여 《古山城》은 《고볼/고을》에 있는 성이라 하여 일컬은 이름과 련관되여있으며 또 그것이 산에 있다고 하여 《고을모로/고모로》라고 부른것으로 추정된다.

ㅇ 피모로 椵山 (《룡비어천가》 4/21)

《광개토왕릉비문》에서 고구려가 공략한 성으로도 나오고 수묘인연호에도 나오고있는 《古牟婁城》의 《古牟婁》는 기초한자음이 《ko-miu-lio》로서 《고모로》의 음역으로 될수 있다. 이것은 바로 《고을모로/고모로》를 가리키는것으로 인정된다.[주]

[주] 《고구려사 (1)》(손영종, 과학백과사전종합출판사, 1990년)에서도 《古牟婁城》을 충북 음성의 고산성에 비길수 있다고 하였다.(303페지)

仍尸内郡/燕婁城

ㅇ 괴양군(槐壤郡)은 원래 고구려의 잉근내군(仍斤*内郡) 을 경덕왕이 개칭한것인데 지금의 괴주(槐州)이다. (《삼국사기》 권35, 지리 2)

  * 《斤》은 《尸》의 오자이다.

o 괴산군(槐山郡)은 원래 고구려의 잉근내군(仍斤內郡)이다. 신라가 괴
양군(槐壤郡)으로 고치고 고려가 괴주 (槐州)로 고쳤다.… 본조 태종
13년에 지금 이름으로 고치면서 군이라고 하였다. (《신증동국여지
승람》 권14, 괴산)

《仍尸內》는 기초한자음이 《niəŋ-sie-ŋuɐi》이다. 우선 《內》는
《壤》에 대응되고있어 《나》의 음역임이 명백하다.

그리고 《尸》는 고구려의 지명표기에서 《ㄹ/리》를 표기하는데 쓰이
는 경우가 많았다.

o 文峴縣 一云 斤尸波衣 (《삼국사기》 권37, 지리 4)
o 蒜山縣 本高句麗 買尸達縣 (《삼국사기》 권35, 지리 2)

이 경우에 《斤尸》는 《그리/글》의 표기로 되며 《買尸》는 《마리/
말》의 표기로 된다.

《仍》은 지명표기에서 《늠》 또는 《늣》의 음역자로 많이 쓰이고있
었던것으로 추정되는데 그것은 《仍》자와 동일하게 쓰이는 《芿》자가 리
두식표기에서 《늣/놋》에 대응하고있는데서 그렇게 말할수 있다.[주]

> [주] 이와 관련하여 정동유는 《주영편》에서 《芿》의 음이 《늣》으로 된다는
> 데 대해서 밝히고있다.

o 芿洞 늣골 (충남 신창군 대동면)
o 芿子 놋ㅈ (《구황촬요》 11)

그리하여 《仍尸》는 그 류사음에 의한 《너리》의 음역이라고 할수
있는데 《너리》는 《느릅》의 고형으로 인정된다.(모음 《으》는 후기적발
생으로서 그 선행단계로서의 모음 《어》를 추정할수 있기때문이다.)

o 吾東之俗 白楡野生方言云 늘음 (《아언각비》 1)
o 느릅나모 유 楡 (《훈몽자회》 상 10)

결국 《仍尸內》는 《너리나》의 리두식표기로 되는데 《槐》의 뜻은
《홰나무》이나 《홰》는 기원상 《槐》의 한자음에서 유래한것으로서 옛날
에는 《槐》나 《楡》나 다같이 《느리》로 일컬었던것으로 보인다. 그래서
《너리나》를 의역하여 《槐壤》이라 하게 된것이며 그후 다시 《槐山》으
로 이름을 고치게 된것이다.

《광개토왕릉비문》에는 백제전역에서 공략한 성들의 하나로 《燕婁城》을 들고있는데 이것이 《느리나》가 아닌지 의심된다. 왜냐하면 《燕婁》는 기초한자음이 《ien-lio》이니 《너리》의 음역으로 될수 있으며 고구려지명에서 《城》은 《나》의 의역자로 쓰이는 경우가 많기때문이다.

피산 역시 오늘의 충청북도의 관내에 있어 진천, 음성과 함께 고구려의 서남방진출을 확정하는데서 중요한 의의를 가지는 지점으로 된다.

未谷/味城

o 매곡현(昧谷縣)은 원래 백제의 미곡현(未谷縣)을 경덕왕이 개칭한것인데 지금의 회인현(懷仁縣)이다. (《삼국사기》 권36, 지리 3)

《未谷》의 《未》는 기초한자음이 《miəi》이고 《昧谷》의 《昧》는 기초한자음이 《mä》로서 《머/마》의 음역으로 되며 《谷》은 《다나/단》의 의역으로 된다. 《마다나/마단》은 남쪽의 골안이라는 뜻이다.

《신증동국여지승람》에 의하면 회인현동쪽으로 16리가 보은현과의 경계로 되며 북쪽으로 29리가 청주와의 경계로 된다고 하였으며 현의 북쪽 15리에 피반대령이 있다고 하였다.

지도상으로 보면 남쪽으로 뻗은 국사봉산줄기의 두 갈래인 국사봉(해발 552m)과 피반령(해발 376m) 사이에 놓인 긴 골안이 바로 회인땅인데 현재 중앙리를 회북이라 하고 신곡리를 회남이라 하고있으니 그 일대가 바로 회인으로 된다. 바로 이러한 지형상특징에 따라 남쪽골안이라는 뜻으로 《마다나/마단》이라는 지명을 붙이게 되었다고 본다.

그런데 《광개토왕릉비문》의 수묘인연호에는 《味城》이 나오고있다. 《味》는 기초한자음이 《mä》이고 지명단위어인 《城》은 《谷》에 대응할수 있으니 《味城》은 《未谷》을 가리키는것일수 있다고 본다.[주]

[주] 《고구려사 (1)》(손영종, 과학백과사전종합출판사, 1990년)에서도 미성을 충남 회인의 미곡산성으로 비정하였다.(303페지)

《광개토왕릉비문》에서 이 고장은 백제전역으로 공파한 대상으로 올라있어야 하나 그 이름이 마멸된것으로 보이는데 수묘인연호에 올라있는 것으로 보아 5세기초에 이 고장은 이미 고구려의 세력권에 속하게 되었음이 확실하다고 할수 있다.

고구려는 407년 백제전역이후 이미 쟁취한 성과를 공고히 할 목적으로 409년(고구려 광개토왕 19년)에는 《국동 6성》을 구축하였다.

　o 가을 7월에 나라 동쪽에 독산 등 여섯개 성을 쌓고 평양주민들을
　옮겼다.(秋七月 築國東 禿山等六城 移平壤民戶)(《삼국사기》 권18,
　고구려본기 6)

　《국동 6성》이란 당시 부수도로 되여있던 남평양성을 기준으로 하여
그 동쪽에 있는 성들을 가리키는데 그것은 이미 차지한 새로운 점령지대
를 공고히 하며 **백제의 침공을 막기 위한것으로서** 포천의 독산(禿山)을 비
롯하여 철원과 이천의 여러 성들로 추정된다.[주]

　[주] 《조선전사 (3)》(손영종, 과학백과사전종합출판사, 1991년) 112폐지

禿山

　o 삼국시대의 지명만 있고 분명치 않은 지역: 독산(禿山) (《삼국사기》
　권37, 지리 4)

　《禿山》은 일반적으로 나무나 풀이 돋아나지 않아 민대머리처럼 생긴
산을 가리키는 《민다라/민달》의 의역으로 된다.

　《신증동국여지승람》에서는 여러곳의 《禿山》을 소개하고있는데
《삼국사기》에서 《국동 6성》의 하나로 지적한 《禿山》은 경기도 영평현
과 포천현에서 소개한것만이 해당된다고 할수 있다.

　《신증동국여지승람》에서는 경기도 포천의 고적조항에서 성산고성(城
山古城)을 소개하면서 돌로 쌓은 성으로서 둘레가 1 937척이라고 하였다.

　이 성은 현의 북쪽 1리에 있는 성산에 축조한것인데 이 성산은 오늘
의 구읍리 뒤산인 청성산(해발 289m)을 가리킨다. 한편 봉수조항에서는 현
의 북쪽 15리에 독산(禿山)봉수대가 있다고 하였으며(권11, 포천) 영평의
봉수조항에서는 머로곡(旀老谷)봉수대가 남쪽으로 독산과 호응한다고 하였
다.(권11, 영평)

　그렇다면 《삼국사기》에서 《국동 6성》의 하나로 든 독산성은 포천
에 있는 봉수대가 있던 곳에 축조한 성을 가리키거나 또는 성산고성일수
있다.[주]

　[주] 《고구려사 (1)》(손영종, 과학백과사전종합출판사, 1990년)에서도 《국동 6
　성》의 하나인 독산성은 포천의 성산산성으로 추측된다고 하였다.(312폐지)

獨山城

o 4년 봄 정월에 예의 군사 6천으로써 백제의 독산성을 공격하였더니 신라의 장군 주진이 백제를 도우러 왔기때문에 이기지 못하고 물러 왔다. (四年春正月 以濊兵六千 攻百濟獨山城 新羅將軍 朱珍來援 故 不克而退) (《삼국사기》 권19, 고구려본기 7)

o 26년 봄 정월에 고구려왕 평성이 예와 짜고 한북의 독산성을 치므 로 왕이 신라에 사신을 보내여 구원을 청하였다. (二十六年春正月 高句麗王平成與濊 攻漢北獨山城 王遣使請救於新羅) (《삼국사기》 권 26, 백제본기 4)

548년(고구려 양원왕 4년, 백제 성왕 26년)에 고구려가 공격한 독산성 은 한성의 북쪽에 있다고 하였으니 이것은 오늘의 포천인 독산(禿山)일수 있다. 이 경우에 리두식표기로서의 《禿山》을 한문식으로 《독산》으로 읽 은데로부터 《獨山》으로 적게 된것이라고 할수 있다.

이것은 백제가 540년에 고구려의 우산성(牛山城)을 공격하였으나 이기 지 못하였던 사실을 고려할 때 548년에 고구려가 공격한 한북의 독산성이 란 우산성에서 멀지 않은 오늘의 포천부근일수 있다.[주]

> [주] 《조선단대사(고구려사 4)》(손영종, 과학백과사전출판사, 주체 97(2008)년) 에서는 한북을 경기도 안성강의 지류인 한수의 북쪽 옛양성현지역으로 보 는것이 옳을것이라고 하였다. (198페지)

馬忽郡/口古城

o 견성군(堅城郡)은 원래 고구려의 마홀군(馬忽郡)을 경덕왕이 개칭한 것인데 지금의 포주(抱州)이다. (《삼국사기》 권35, 지리 2)

o 비성군(臂城郡)*은 마홀(馬忽)이라고도 한다. (《삼국사기》 권37, 지 리 4)

* 《臂》는 《堅》의 오자이다.

《馬忽》은 기초한자음이 《mä-xuət》인데 이 경우에 《馬》는 그 의 역으로 되는것이 아니라 《막다》의 뜻인 《마가/막》의 음역으로 되며 《忽》은 《구루/골》의 음역으로 된다. 그것은 이 고장의 지형상특징이 산 으로 사방이 둘러싸여있다는 점에서 그것을 표식으로 하여 명명한것이기 때문이다.

《광개토왕릉비문》의 수묘인연호에는 《口古城》이 나오는데 혹시 이 《口古》가 류사음에 의한 《마구루/마골》의 표기로서 《마》를 표기한 것이 마멸된것이 아닐가 의심된다. 그리고 그 뒤에 국연(國烟), 간연(看烟)을 지적한 다음에 또 《客賢韓》에서 한 집을 간연으로 하라고 하였다.

《客賢韓》이란 새로 속하게 된 땅 《客戶》의 현자(賢者)인 신라나 백제사람을 가리키는 말이다.

《신증동국여지승람》에 의하면 이 고장은 현소재지의 동쪽에 운악산(雲岳山-해발 936m)이 있고 서쪽에 왕방산(王方山-해발 737m)이 있으며 남쪽은 주엽산(注葉山 : 죽영산 해발 601m), 북쪽은 진산인 성산(城山) 뒤로 여러 산들이 둘러있다. 그리고 현의 서쪽 20리에는 리성계가 왕위에 오르기 전에 가지고있던 전장(田莊)이 있었던 재벽동(滓甓洞)이 있다고 한다. (권 11, 포천)

o 抱川 滓甓洞 지벽골 … 在縣西三十里許 (《룡비어천가》 1/49)

이처럼 산들로 둘러싸인 지형상특징으로 하여 이 고장은 《마가구루/막골》로 불리웠던것이며 그것이 《굳건한 고장》이라는것을 형상적으로 의역하여 《堅城》이라 하였던것이다.

고려초에 개칭할 때 《抱州》라고 하면서 굳이 《抱》자를 단것도 이 고장이 산으로 둘러싸여있어 《마가구루/막골》이라 하였던 연고를 고려한 것이라고 할수 있다.

《삼국사기》에서는 견성군의 령현으로 내을매현(內乙買縣)과 량골현(梁骨縣)을 들고있다.

內乙買縣/內尒米

o 사천현(沙川縣)은 원래 고구려의 내을매현(內乙買縣)을 경덕왕이 개칭한것인데 지금도 그대로 부른다. (《삼국사기》 권35, 지리 2)

o 내을매(內乙買)는 내이미(內尒米)라고도 한다.(《삼국사기》 권37, 지리 4)

《內乙買》는 추정되는 기초한자음이 《nuɐi-ʔiet-mä》이니 《나리마》의 음역으로 되며 《內尒米》도 《nui-nie-miəi》이니 역시 같은 말의 음역으로 된다. 이 말을 의역한것이 바로 《沙川》이다.

《신증동국여지승람》에 의하면 사천현은 양주의 북쪽 30리에 있는데

견성군의 령현으로 되였다가 1018년(고려 현종 9년)에 양주에 소속되게 되였다고 하였다.(권11, 양주)

梁骨縣 /德骨城/梁文/獨訖/琢城

o 동음현(洞陰縣)은 원래 고구려의 량골현(梁骨縣)을 경덕왕이 개칭한 것인데 지금도 그대로 쓴다. (《삼국사기》 권35, 지리 2)

o 삼국시대의 지명만 있고 분명치 않은 지역: 덕골성(德骨城) (《삼국사기》 권37, 지리 4)

o 량문역(梁文驛)은 현의 동쪽 9리에 있는데 우리 말로 독흘(獨訖)이라고 한다. 량골(梁骨)의 와전이 아닌지 의심스럽다. (《신증동국여지승람》 권11, 영평)

《梁骨》의 《梁》은 《돌》의 의역이며

o 돌 량 梁 水橋也 (《훈몽자회》 상 5)

《骨》은 《kuət》로서 설내입성 《-t》를 종성 《ㄹ》로 대응시키는 조건에서 《골》의 음역으로 되는것만큼 《梁骨》은 《돌골》의 표기로 된다. 《梁骨》의 표기변종으로 《梁文》을 들고 또한 《獨訖》을 들고있는것은 이것을 더욱 확증해준다고 본다.

o 글월 문 文 (《훈몽자회》 상 34)

o 讀書曰 乞鋪 (《계림류사》 고려방언)

즉 《骨》과 《文》을 대응시키고있는것은 《文》의 뜻이 곧 《글》이니 《골》과 통하기때문이다. 그리고 《獨訖》은 기초한자음이 《duk-kiət》이니 류사음에 의한 《돌골》의 음역으로 될수 있다.

한편 《梁骨》을 《洞陰》으로 개칭한것은 《洞》의 기초한자음이 《duŋ》이니 《도》의 음역으로 될수 있고 《陰》의 뜻은 《ㄱ늘》이니 동음이의적인 의역으로 《골》을 표기한것으로 된다.

o ㄱ늘 음 陰 (《훈몽자회》 상 1)

그리고 《德骨城》의 《德骨》은 《tək-kuət》인데 그것은 《도골》의 음역으로 될수 있다고 본다.

《광개토왕릉비문》의 수묘인연호에 나오는 《琢城》의 《琢》은 기초한자음이 《ɖiən》이니 그 종성을 무시하게 되면 《더/도》의 음역으로 될수 있으며 《城》은 《구루/골》의 의역으로 된다. 따라서 《琢城》이 《도

꼴》의 표기변종으로 될수 있다고 본다.

《신증동국여지승람》에 의하면 고적조항에 고석성(古石城)이 소개되여있다. 하나는 현의 동쪽 12리에 있는데 둘레가 1리이며 다른 하나는 현의 서쪽 15리에 있는데 둘레가 2리라고 하면서 지금은 모두 퇴락하였다고 하였으니 이 성들도 《국동 6성》에 들겠는지는 고고학적인 발굴에 의해서 결정할 문제이다.

이 고장은 **고려때 공신인 강윤소의 고향**이라고 하여 한때 《영흥(永興)》이라고 하다가 1394년(리조 태조 3년)에 《영평(永平)》으로 고치였는데 동쪽으로 32리, 남쪽으로 16리를 가면 포천, 서쪽으로 34리를 가면 련천, 북쪽으로 39리를 가면 철원의 경계가 된다고 하였다. (권11, 영평)

鐵圓郡/毛乙冬非/支羅城/周留城

o 철성군(鐵城郡)은 원래 고구려의 철원군(鐵圓郡)을 경덕왕이 개칭한 것인데 지금의 동주(東州)이다. (《삼국사기》 권35, 지리 2)

o 철원군(鐵圓郡)은 모을동비(毛乙冬非)라고도 한다. (《삼국사기》 권37, 지리 4)

o 삼국시대의 지명만 있고 분명치 않은 지역: 지라성(支羅城) 혹은 주류성(周留城)이라고도 한다. (《삼국사기》 권37, 지리 4)

《毛乙》에서 《毛》는 《털》의 고형인 《더리》를 의역한것이며 《乙》은 기초한자음이 《ʔiet》인데 고구려의 지명표기에서 《리/ㄹ》의 표기에 많이 쓰인 음역자로서 이 경우에는 《더리》의 《리》에 대한 보충적인 음역이라고 할수 있다.

o 내 바랫 흔 터리를 몯 무으리니 (《석보상절》 6/27)

o 머리 터리를 민자 남진 겨지비 두외오니 (《두시언해》 8/67)

그런데 지명으로 쓴 《더리》는 《털》의 뜻이 아니라 《두리》의 변이형으로 되는것만큼 《毛乙》로 표기한것은 사실상 동음이의역인것이다.

그리고 《冬非》는 《toŋ-pie》로서 《도비》에 대한 음역으로 된다. 이 《도비》는 개성의 옛이름인 《冬非忽》에서도 쓰인바가 있는데 산으로 둥그렇게 둘러싸인 분지가 대교천과 한탄천사이에 펼쳐진 철원의 지형상특징을 표식으로 잡아서 《더리도비》라는 이름을 붙인것으로 보인다.

한편 《鐵圓》의 《鐵》은 《tʻiet》로서 설내입성 《-t》가 《ㄹ》에 대

응하는 조건에서 《더리》의 음역으로 될수 있으며 《圓》은 《둥글다》의 고형인 《도리/두리》의 의역으로 된다.

o 두렷 원 圓 (《석봉천자문》 35)

o 우리 말로 圓을 두리라고 한다. (方言謂圓爲頭里) (《려암전서》 권4)

그리하여 《鐵圓》은 《더리/도리/두리》의 복합적인 표기로 된다고 할수 있는데 이것은 《더리도비》의 축약형이라고 할수 있다.

한편 《支羅城》의 《支羅》는 기초한자음이 《tŝie-la》이니 《디라》의 음역으로 되며 《周留城》의 《周留》는 기초한자음이 《tŝiu-liu》이니 《두루》의 음역으로 되는데 《支羅城》과 《周留城》이 같은 말의 표기변종들이라고 하였으니 《디라》와 《두루》는 같은 말의 변이형들이라고 해야 할것이다. 그러므로 이것들은 결국 《鐵圓》의 표기변종들이라고 할수 있으며 《城》은 《구루/골》에 대응하는 지명단위어의 표기로 인정된다.

후기신라에서 《鐵城郡》으로 고친것을 고려초에 《東州》로 개칭하였으며 1310년(고려 충선왕 2년)에 《鐵原》으로 고치고 경기도로부터 강원도로 넘기였다고 하였다.

《삼국사기》에서는 철성군의 령현으로 승량현(僧梁縣)과 공목달현(功木達縣)을 들고있다.

僧梁縣/所勿/雜彌城

o 동량현(㠉梁縣)은 원래 고구려의 승량현(僧梁縣)을 경덕왕이 개칭한것인데 지금의 승령현(僧嶺縣)이다. (《삼국사기》 권35, 지리 2)

o 승량현(僧梁縣)은 비물(非*勿)이라고도 한다.(《삼국사기》 권37, 지리 4)

 * 《非》는 《所》의 오자이다.

《所勿》은 기초한자음이 《ṣiá-miuət》이니 류사음에 의한 《사미/사마》의 음역이 될 수 있다. 《사미/사마》는 인디아의 범어로 중을 가리키는 말인데 그것을 의역한것이 《僧》이다. 《僧梁》의 《梁》은 《돌다리》의 뜻으로서 《도리/돌》의 표기로 된다.

o 돌 량 梁 水橋也 (《훈몽자회》 상 5)

《도리/돌》은 산의 뜻인 《다라/달》과의 어음적류사성으로 하여 동음이의적관계가 있기때문에 《梁》을 《嶺》으로 대응시키기도 하여 후기신라에서 《僧梁》을 《僧嶺》으로 개칭한것이다.

그런데 《사미다라/사마달》인 《僧梁》을 고려에서 《幢梁》으로 개칭하면서 굳이 《幢》자를 쓰게 된것은 그 산모양이 중의 머리처럼 민대머리모양으로 된것을 형상적으로 표현한것이라고 할수 있다.

《광개토왕릉비문》에 백제전역에서 공략한 성의 하나로 나오는 《雜彌城》의 《雜彌》는 기초한자음이 《tz'ɒp-mie》이니 당시 우리 말에 아직 터스침소리가 없었던 조건에서 류사음에 의한 《사미/사마》의 음역으로 될수 있으며 《城》은 지명단위어로서 《달》에 대응하는 표기로 될수 있다.

《신증동국여지승람》에 의하면 군의 동쪽 15리에 《僧嶺山》이 있다고 하였으며 이 현을 철성군의 령현으로 하였다가 한때 삭녕군에 소속시킨 일이 있었다고 하였다. (권13, 삭녕)

《삼국사기》에서는 토산군의 령현으로 아진압현 (阿珍押縣), 소읍두현(所邑豆縣), 이진매현(伊珍買縣)을 들고있다.

阿珍押縣/窮嶽

o 안협현(安峽縣)은 원래 고구려의 아진압현(阿珍押縣)을 경덕왕이 개칭한것인데 지금도 그대로 부른다. (《삼국사기》 권35, 지리 2)

o 아진압현(阿珍押縣)은 궁악(窮嶽)이라고도 한다. (《삼국사기》 권37, 지리 4)

《阿》는 《ʔa》이니 《아》의 음역이며 지명표기에서 《珍》은 《도리/돌》의 표기로 쓰이는 일이 많았다.

o 무등산(無等山)은 무진악(無珍岳)이라고도 하며 서석산(瑞石山)이라고도 한다. (《고려사》 권57, 지리 2)

o 마령현(馬靈縣)은 원래 마돌(馬突)이라고 하고 마진(馬珍)이라고도 하며 마진량(馬珍良)이라고도 한다.(《고려사》 권57, 지리 2)

이처럼 지명표기에서는 《等》, 《珍》, 《石》이 대응되고 《靈》, 《突》, 《珍》이 대응되고있는데 그것들은 다 《도리/돌》의 음역 또는 의역표기로 된다.

그리고 《押》은 《누르다》의 뜻으로서 《누/나》의 표기에 쓰일수 있었다. 그러니 결국 《阿珍押》은 《아도리나/아돌나》의 표기로 된다. 《아도리/아돌》은 《아득ᄒ다》의 《아득》의 변이형으로 인정되며 《누/나》는 지명단위어로 된다.

o 아득히 노니는 神이 罪福을 몰라 (《월인석보》 21/109)

한편 《窮嶽》은 그 의역으로 되겠는데 《窮》은 《막히다》의 뜻이 있으니 《아득ᄒ다》의 《아도리/아돌》의 의역이 되고 《嶽》은 《나》의 의역으로 된다.

《신증동국여지승람》에서는 이 고장의 북쪽이 진산인 만경산과 팔봉산, 교곡산, 유달령 등으로 꽉 막혀있는 지형상특징을 밝히고있는데 이것이 필경 지명표기에서 《窮嶽》이라는 의역을 쓰게 된것이라고 생각한다.

《신증동국여지승람》에 의하면 진산인 만경산(해발 407m)에 만경산성(萬景山城)이 있는데 석축으로서 둘레가 1 434척이고 높이가 8척이나 된다고 하면서 거의 퇴락된 상태로 되였다고 하였다. 그리고 현의 남쪽 5리에 있는 남산성(南山城)도 석축으로서 둘레가 1 965척이며 안에 우물이 있다고 하였으니 이것들이 《국동 6성》이 될수 있다고 본다. (권47, 안협) [주]

> [주] 《고구려사 (1)》 (손영종, 과학백과사전종합출판사, 1990년)에서는 만경산성에서도 대성산성이나 장수산성에서 나오는것과 같은 종류의 붉은 기와쪼각들이 나오고 남산성은 노기산성이라고도 하는데 성안에는 줄무늬, 노끈무늬의 붉은 기와쪼각들이 나오는 집터가 있다고 하면서 이것들이 《국동 6성》에 포함될수 있다고 하였다.(312페지)

후기신라에서 《安峽》이라고 개칭한것은 《아도리/아돌》을 표기한 《阿珍》을 《安》으로 대치하면서 굳이 골짜기의 뜻인 《峽》으로 《나》를 표기한것이라고 할수 있다.

所邑豆縣/沙道城/舍蔦城

o 삭읍현(朔邑縣)은 원래 고구려의 소읍두현(所邑豆縣)을 경덕왕이 개칭한것인데 지금의 삭녕현(朔寧縣)이다. (《삼국사기》 권35, 지리 2)

o 삼국시대의 지명만 있고 분명치 않은 지역: 사도성(沙道城) (《삼국사기》 권37, 지리 4)

《所邑豆》는 기초한자음이 《siá-ʔəp-du》로서 《소보도/솝도》의 음역으로 된다. 《소보 〉 솝》은 《속》의 고형으로서 《內, 裏》의 뜻으로 된다.

o 숍서근플 黃芩 (《사성통해》하 72)

o 黃芩 鄕名所邑朽斤草 (《향약구급방》)

o 숍 리 裏, 숍 졍 精 (《훈몽자회》하 34)

《향약구급방》의 자료를 통하여 예로부터 《소보 〉숍》의 리두식표기로는 전통적으로 《所邑》을 써온것을 알수 있다. 그리고 《도》는 《터》나 《땅》의 뜻을 가지는 옛날말로서 고구려지명의 단위어로 많이 쓰이고 있었다.

《광개토왕릉비문》에서 백제전역때 공략한 성으로도 나오고 또 수묘인연호에도 나오는 《舍蔦城》의 《舍蔦》는 기초한자음이 《ša-teu》이니 그 류사음에 의한 《사도/소도》의 음역으로 될수 있는데 그것은 《소보도 〉숍도》의 변이형이라고 할수 있다.

그런데 수묘인연호에서는 특별히 《舍蔦城韓穢》로 밝히고있어 그것은 이 고장에 새로 속하게 된 백제나 신라사람을 찍어서 한 말로 인정된다.[주]

> [주] 《고구려사 (1)》(손영종, 과학백과사전종합출판사, 1990년)에서는 《광개토왕릉비문》의 백제전역에 나오는 《舍蔦城》을 그 앞의 결자까지 합하여 《고사조성》으로 보고있는데(302페지) 수묘인연호에서는 《舍蔦城》으로만 나오고 그 앞의 결자가 없다.

《沙道》는 기초한자음이 《ša-dâu》이니 《사도/소도》의 음역으로 될수 있어 《沙道城》은 《舍蔦城》의 표기변종으로 된다고 할수 있다.

그런데 《沙道城》은 백제의 동북부 변경으로 되여있어서 일찍부터 고구려의 위협을 받아왔다고 할수 있다.

o 45년 봄 2월에 적현과 사도 두 성을 쌓고 동부의 민가들을 그곳으로 옮겼다. (四十五年春二月 築赤峴 沙道二城 移東部民戶)

겨울 10월에 말갈이 사도성에 와서 치다가 이기지 못하매 성문에 불을 지르고 도망하였다.(冬十月 靺鞨來攻沙道城 不克 焚燒城門 而遁)(《삼국사기》권23, 백제본기 1)

o 3년 가을 8월에 말갈이 적현성에 와서 에워쌌으나 성주가 굳세게 막으니 적들이 퇴각하여 돌아가는것을 왕이 강력한 기병 8백을 거느리고 그를 추격하여 사도성밖에서 싸워 깨뜨려 적병을 죽이고 사로

잡은것이 매우 많았다. (三年秋八月 靺鞨來圍赤峴城 城主固拒 賊退歸 王帥勁騎八百追之 戰沙道城下 破之 殺獲甚衆)(《삼국사기》 권24, 백제본기 2)

백제는 고구려의 남진에 대처하여 210년(백제 초고왕 45년) 봄에 적현과 사도의 두 성을 쌓고 동부의 백성들을 그곳으로 이주시킨바 있는데 그 해 겨울에 고구려에 복속된 말갈군이 쳐들어왔으며 216년(백제 구수왕 3년)에도 적현성에 쳐들어온것을 사도성밖에서 물리쳤다는 기록이 있다.

이것으로 미루어보아 이 두 성은 서로 가까이에 있었다는것을 알수 있다.[주]

> [주] 《조선단대사(고구려사 4)》(손영종, 과학백과사전출판사, 주체 97〈2008〉년)에서는 적현성의 위치를 잘 알수 없으나 백제의 동북부에 있었다고 볼수 있다고 하였다.(151페지)

고려에서는 《邑》을 《寧》으로 대응시켜 《朔邑》을 다시 《朔寧》으로 고쳤는데 그것은 한자말지명답게 하기 위한 개칭에 지나지 않는것이다.

《신증동국여지승람》에 의하면 《朔邑縣》은 동쪽으로 련천과 잇닿아 있고 남쪽으로는 장단과 경계를 이루고있으며 북쪽으로는 안협과 잇닿아 있는데 한때 토산군의 령현으로 삼았었다. 그리고 동쪽 5리 되는 곳에 성산이 있고 거기에 작은 성터가 있다고 하였다.(권13, 삭녕)[주]

> [주] 《고구려사 (1)》(손영종, 과학백과사전종합출판사, 1990년)에서는 이 작은 산성이 둘레 570m라고 하면서 그 동쪽에 쌓은 다른 성들과 함께 림진강 계선을 막는 동시에 림진강 동쪽기슭을 따라 북상하는 적을 막기 위한 시설들이였다고 하였다. (312페지)

伊珍買縣

ㅇ 이천현(伊川縣)은 원래 고구려의 이진매현(伊珍買縣)을 경덕왕이 개칭한것인데 지금도 그대로 부른다. (《삼국사기》 권35, 지리 2)

《伊珍買》의 《伊》는 기초한자음이 《ʔie》로서 《이》의 음역으로 되는데 그것은 《일다》의 《이》로서 《좋다》의 뜻이다.

ㅇ 이든 일 지스면 이든 듸 가고(《남명집》 상 9)

《珍》은 《도리/돌》의 의역으로 되고 《買》는 기초한자음이 《mä》이니 《마》의 음역으로 된다. 그리하여 《伊珍買》는 《이도리마/이돌마》의 표기로 인정된다.

《신증동국여지승람》에 의하면 현의 북쪽 2리에 진산인 성산이 있고 북쪽으로 련이어서 고성산, 회미산, 두니산, 광복산, 개련산이 있으며 동쪽으로는 달마산과 옥곡산이 있다고 하였으며 림진강상류를 끼고 북쪽끝에 사동온천과 구리항온천이 있다고 하였는데(권 47, 이천) 지형상으로 볼때 이 고장의 특징은 강을 끼고있는 좁은 벌이라고 할수 있다.

이러한 자연지리적조건에 비추어 《이돌마》라는 지명은 강과 관련하여 명명한것으로서 후기신라에서 개칭하면서 《伊川》이라고 한것은 결코 우연한것이 아니라고 본다.

《신증동국여지승람》의 고적란에서는 현의 동쪽 21리에 있는 동성(東城)이 석축으로서 높이가 9척, 둘레가 817척이고 성산고성(城山古城)도 석축으로서 높이가 11척, 둘레가 740척이라고 하였는데 이것들도 《국동 6성》의 하나로 될수 있다고 본다.[주]

> [주] 《고구려사 (1)》(손영종, 과학백과사전종합출판사, 1990년)에서는 성산고성에서도 고구려의 붉은 기와쪼각이 나온다고 하면서 《국동 6성》의 하나일수 있다고 하였다. (312페지)

熊耳呑, 熊耳水

o 북쪽으로 사현(莎峴)을 넘어 수많은 산봉우리사이를 나와서 험한 언덕들을 지나면 이천(伊川) 웅이탄(熊耳呑)으로부터 흘러오는 하나의 대천이 있다.(《대동수경》 권4, 대수)

《熊耳呑》의 《熊》은 《고미/곰》의 의역자이며

o 곰 웅 熊 (《훈몽자회》 상 19)

《耳》는 기초한자음이 《ɳiə》로서 《고미》의 《이》에 대한 보충적인 음역이고 《呑》은 기초한자음이 《t'iuən》으로서 《다나/단》의 음역이다.

그리하여 《熊耳呑》은 《고미다나/고미단》의 표기로 된다.

o 대수(帶水)는 또 서남으로 판교(板橋)의 남쪽에 이르러 덕진(德津)이 되고 얼마 안가서 왼쪽으로 웅이수 (熊耳水)를 받는다. (《대동수경》 권4, 대수)

《熊耳水》의 《水》는 《마라/마》의 의역자로서 《熊耳水》는 《고미마》의 표기로 된다.

《熊耳呑》에서 흘러내리는 물인 《水》는 곧 림진강 상류로서 이것은 《帶水》로 합류된다.

   o 대수(帶水)는 지금 림진강(臨津江)이라 칭한다. (《대동수경》 권4, 대수)

《熊耳呑》은 《古末呑》 또는 《熊灘》으로도 표기되었는데 오늘의 법동군에 있는 아호비령산줄기와 마식령산줄기사이에 놓인 긴 골짜기를 지금도 고미탄이라고 하며 그리로 흘러내리는 물을 고미탄천이라고 한다.

夫如郡/八押城/巴奴城

   o 부평군(富平郡)은 원래 고구려의 부여군(夫如郡)을 경덕왕이 개칭한 것인데 지금의 김화현(金化縣)이다. (《삼국사기》 권35, 지리 2)

   o 삼국시대의 지명만 있고 분명치 않은 지역: 팔압성(八押城) (《삼국사기》 권37, 지리 4)

《夫如》는 기초한자음이 《pio-ñia》이니 《보나/바나》에 대한 음역으로 된다.

《八押》의 《八》은 기초한자음이 《pat》으로서 페음절을 무시하게 되면 《바》의 음역으로 될수 있으며 《押》은 《누르다》의 뜻이지만 고구려의 지명표기에서는 《나》의 표기에 많이 쓰이고있어(례: 阿珍押 : 窮嶽) 이 경우에도 역시 《나》의 표기로 될수 있다. 그리하여 그것은 《보나/바나》의 표기인 《夫如》의 표기변종으로 인정된다.

《광개토왕릉비문》의 수묘인연호에 나오는 《巴奴城》의 《巴奴》는 기초한자음이 《pa-nio》로서 《바나/바노》의 음역으로 되며 《城》은 일반적으로 쓰이는 지명의 단위어이다. 그리하여 《巴奴》는 《八押》과 마찬가지로 《夫如》의 표기변종이라고 할수 있다.

그런데 수묘인연호에서는 특별히 《巴奴城韓》이라고 하였으니 그것은 고구려사람이 아닌 이 고장의 신라나 백제사람을 찍어서 말한것이라고 할수 있다.

《신증동국여지승람》에서는 현소재지의 남쪽 5리에 남대천이 흐르고 그 주변에 얼마간의 평지가 있을뿐이라고 하면서 사방이 산으로 둘러싸여있어 《백성들은 척박한 땅에 의지하여 가난을 참고있다(民依薄土忍艱難)》는 강회백의 시를 소개하고있다.(권47, 김화) 그런데 어떤 근거로 후기신라에서 《金化》로 개칭하였는지는 알수 없다. 지금 《金化》를 《금화》 가 아니라 《김화》라고 하고있는데 《金》을 《금》이 아니라 《김》이라는 옛음으로 말하는것으로 보아 그 이름의 유래가 오래된것임을 알수 있다.

고적조항에는 현의 북쪽 4리에 돌로 쌓은 성산성(城山城)이 있다고 하 면서 높이가 4척, 둘레가 1 489척이라고 하였는데 《국동 6성》에 이것도 포함되겠는지는 더 연구해볼 문제이다.

《삼국사기》에서는 부평군의 령현으로 부양현(斧壤縣)을 들고있다.

於斯內/斧壤縣/斧峴

o 광평현(廣平縣)은 원래 고구려의 부양현(斧壤縣)을 경덕왕이 개칭한 것인데 지금의 평강현(平康縣)이다. (《삼국사기》 권35, 지리 2)

o 어사내현(於斯內縣)은 부양(斧壤)이라고도 한다. (《삼국사기》 권37, 지리 4)

o 삼국시대의 지명만 있고 분명치 않은 지역들:부현(斧峴) (《삼국사 기》 권37, 지리 4)

《於斯內》는 추정되는 기초한자음이 《ʔia-sie-nuɐi》로서 《어시나》 의 음역으로 된다. 《於斯》는 《橫》의 뜻으로 다른 지명에서도 쓰인바 있 다. (례: 於斯買 : 橫川)

o 橫防 엇 마기 (《룡비어천가》 6/40)

o 몰겨릐 엇 마ᄀ시니 (《룡비어천가》 44)

《斧壤, 斧峴》의 《斧》는 《도끼》의 뜻과 함께 《자르다》의 뜻도 있 어서 《橫》의 뜻인 《어시》의 의역자로도 쓰일수 있으며 《壤, 峴》은 지 명단위어인 《나》의 의역자로 된다.

《신증동국여지승람》에 의하면 이 고장은 동쪽으로 24리를 가면 김화 현이 되고 남쪽으로 15리를 가면 철원부가 된다고 하였다. (권47, 평강)

이처럼 고구려는 5세기초에 림진강상류와 중류지역에 《국동 6성》을 구축함으로써 중부조선일대에서 자기의 지배권을 일층 공고히 하면서 삼 국통일을 위한 남진정책을 힘있게 밀고나가 서남방에서 백제를 제압하는 한편 소백산줄기를 따라 신라에 압력을 가하였다.

奈吐郡/大堤

o 나제군(奈隄郡)은 원래 고구려의 나토군(奈吐郡)을 경덕왕이 개칭한

것인데 지금의 제주(堤州)이다. (《삼국사기》 권35, 지리 2)

o 나토군(奈吐郡)은 대제군(大堤郡)이라고도 한다. (《삼국사기》 권 37, 지리 4)

《奈吐》는 기초한자음이 《nâ-t'o》로서 《나도》에 대한 음역으로 되며 《奈隄》는 《나도》에 대한 음역－의역으로 된다.

《奈隄》의 《隄》는 《堤》와 같이 쓰는 글자로서 《둑》의 뜻을 가지고있어 결국 《도》는 《둑》의 고형이라고 할수 있다.

《나도》를 《大堤》로 고친것을 보면 《나》가 《大》와 대응되고있어 옛날에 《나》가 《크다》의 뜻을 가지고있었던것으로 보인다. 오늘날 아무것도 거칠것 없는 무연한 바다를 《날바다》라고 하는데 혹시 이 《날》이 《나》와 무슨 련관이 있는것인지 모르겠다.

《신증동국여지승람》에서는 고려가 제주(堤州)로 고친것을 1413년(리조 태종 13년)에 다시 제천군(堤川郡)으로 개칭하였다고 하면서 동쪽으로는 17리에 강원도 녕월군, 18리에 영춘현과 잇닿아있고 남쪽으로는 20리가 청풍군, 단양군과 경계로 되고 서쪽으로 43리가 충주와 경계로 되며 북쪽으로 36리가 원주와 경계로 된다고 하였다. (권14, 제천)

《삼국사기》에서는 령현으로 사열이현(沙熱伊縣)과 적산현(赤山縣)을 들고있다.

沙熱伊縣

o 청풍현(淸風縣)은 원래 고구려의 사열이현(沙熱伊縣)을 경덕왕이 개칭한것인데 지금도 그대로 부른다. (《삼국사기》 권35, 지리 2)

o 성열(省熱)은 沙熱이며 沙熱은 지금의 淸風이다.(《대한강역고》 권 2, 변진별고)

《沙熱伊》는 기초한자음이 《şa-ńiät-ʔie》이니 설내입성 《-t》가 우리 말에서 《ㄹ》로 대응되는 조건에서 그것은 《사나리》에 대한 음역이라고 할수 있다. 《省熱》도 그 기초한자음은 《siuɐŋ-ńiät》이니 한자류사음에 의한 《사나리》의 음역으로 될수 있다. 그런데 《사나리》라는 이름을 《맑은 바람》의 뜻인 《淸風》으로 고치였으니 그것은 《사눌ᄒ다》의 뜻인 《사나리》에 대한 형상적인 개칭이라고 할수 있다.

o 丹砂ᄂ 녯 저우레 사눌ᄒ도다 (《두시언해》 20/15)

《신증동국여지승람》에 의하면 이 현은 원래 제천의 령현으로 된 곳이였는데 1018년(고려 현종 9년)에 충주에 소속시켜 감무를 두었다고 한다. 이 고장은 동쪽으로 39리를 가면 단양과 경계를 이루고 남쪽으로 60리를 가면 문경과 경계를 이루며 서쪽으로 40리를 가면 충주, 북쪽으로 17리를 가면 제천과 경계를 이룬다고 하였다. (권14, 청풍)

赤山縣

o 적산현(赤山縣)은 원래 고구려의 현을 경덕왕이 그대로 둔것인데 지금의 단산현(丹山縣)이다. (《삼국사기》 권35, 지리 2)

o 단양군(丹陽郡)은 원래 고구려의 적산현(赤山縣)이다. [赤城이라고도 한다.] 신라때 나제군(奈堤郡)의 령현으로 되였다. 고려초에 단산현(丹山縣)으로 고치고 현종 9년에 원주에 소속시키였다가 후에 충주로 소속을 옮기였다. … 충숙왕 5년에 지금 이름으로 고치고 군으로 승격시키였다. (《신증동국여지승람》 권14, 단양)

《赤山》, 《赤城》, 《丹山》, 《丹陽》 등 여러가지로 표기된 이름에서 《赤》과 《丹》은 다같이 《붉다》의 뜻을 가지고있어 이것은 분명히 《붉다》와 관련된 의역으로 볼수 있다.

고구려의 지명표기에서는 양성현(陽城縣)의 경우 《沙伏忽》과 《赤城》이 대응되고있으며 이 경우에 《赤》은 《사보》에 대응하는 의역으로 되여있다. 《赤山》의 경우에 그것은 《사보달》의 의역으로 보지 않을수 없을것이다. 《赤山》을 《赤城》이라고도 한다고 하였으니 그렇다면 《沙伏忽》의 《赤城》과 동명충돌로 된다. 그런데 이 경우에는 《丹山》으로 개칭한것으로 보아 분명히 《사보골》이 아니라 《사보달》이였을것으로 생각된다. 그것은 당시 지명표기에서 《城》이 반드시 《골》과만 대응되는 것은 아니고 그것은 경우에 따라서 《바히》, 《벌》과도 대응되고있었기때문이다.*

* 租波衣 : 鵂鶹城 (《삼국사기》 권37, 지리 4)

　屈火 : 曲城 (《삼국사기》 권35, 지리 2)

이 경우에도 《城》은 《골》에 대응하는 표기로 되는것이 아니라 《달》에 대응되는것인데 단지 행정단위에 흔히 덧붙이는 관례에 따라

《城》을 덧붙여 《赤城》이라는 별명을 가지게 된것이라고 생각한다.

《赤山縣》의 지리적위치는 동쪽으로 경상도 풍기와 잇닿아있고 서쪽으로는 충청도 청풍과 잇닿아있으며 북쪽에는 충청도 제천이 있고 남쪽으로는 경상도 례천과 경계를 이루고있다.

國原城/未乙省/託長城/牟水城

o 중원경(中原京)은 원래 고구려의 국원성(國原城)인데 신라가 평정하여 진흥왕이 소경(小京)을 두었고 … 경덕왕이 중원경으로 개칭한것인데 지금의 충주(忠州)이다. (《삼국사기》 권35, 지리 2)

o 국원성(國原城)은 미을성(未乙省) 또는 탁장성(託長城)이라고도 한다. (《삼국사기》 권37, 지리 4)

《國原》은 이미 앞에서 언급한바 있는 《國内》의 경우와 마찬가지로 《버러나/벌나》의 의역으로 볼수 있다. 그러면 어째서 《버러나/벌나》라는 이름을 충주에 달았겠는가? 그것은 그곳이 바로 고구려가 남방진출정책을 수행하는데서 중심지의 역할을 했기때문이라고 생각한다. 그곳은 진천, 음성, 괴산, 제천, 단양에 둘러싸여있는 지리적인 요충지로서 고구려는 남방평정에서 이곳을 하나의 부수도처럼 중요시하고. 《버러나/벌나》라고 했을 것이다. 그래서 그 후에 진흥왕도 여기에 소경을 설치하였고 경덕왕이 중원경이라고 하였던것이라고 생각한다.

이 고장의 전략적의의에 대하여 《택리지》에서는 다음과 같이 서술하고있다.

o 경상좌도에는 죽령(竹嶺)을 거쳐서 통하게 되고 경상우도는 조령(鳥嶺)을 거쳐서 통하게 되여 두 령의 길이 모두 충주읍에 모이고 물과 물의 길이 충주에서 비로소 한양에 통하게 되므로 충주읍은 홀로 경기와 령남에 왕래하는 오직 하나의 요충지로 되여있으며 일단 유사시에는 반드시 싸움터로 될것이다. (충청도)

바로 이 점에 비추어 고구려가 남방진출정책을 집행하는데서 이곳을 전략적인 요충지로 보게 된것이며 따라서 《버러나/벌나》라고 부르게 된것이다. 그리하여 고구려가 427년에 평양으로 수도를 옮긴 다음에 재차 남방평정의 일환으로 진행한 장수왕의 력사적공적을 반영한 중원비가 바로 이 고장에서 나온것은 결코 우연한것이 아니라고 본다.

그런데 이 고장의 본래 이름은 《벌나》가 아니였다고 본다. 그 본래 이름이 바로 《未乙省》인데 그것은 기초한자음이 《miəi－ʔiet－şiuŋ》으로 되여있다. 《未乙》은 그 류사음에 의하여 《마리/말》 또는 《ᄆᆞᆯ》의 음역표기로 되며 《省》은 《수》의 표기로 되는데 《省》과 《峰》의 대응은 다른 지명표기에서도 그 례를 찾아볼수 있다.(례: 達乙省 : 高峰)

   o 마리 두 頭, 마리 수 首 (《훈몽자회》 상 24)

   o ᄆᆞᆯ 종 宗 (《훈몽자회》 상 32)

   o 峯城縣 本高句麗 述爾忽 (《삼국사기》 권35, 지리 2)

   o 陰峯縣 本百濟 牙述縣 (《삼국사기》 권36, 지리 3)

그리고 《託長城》의 경우에는 《託》이 《맡기다》의 뜻이므로 《마》의 표기에 쓰이였고 《長》은 《마라/말》의 뜻을 가지고있으므로 동의적인 《수리》의 표기에 쓰일수 있다. 결국 《마리수리/말수리》를 여러가지 의역법에 의하여 표기한것으로 보인다.

《신증동국여지승람》에 의하면 충주의 진산(鎭山)으로 《대림산(大林山)》이 남쪽 10리에 있다고 하였는데 그 《大林》은 《마리수히/마수히》의 의역으로서 이것이 이 고장의 본래 이름이였다고 생각한다. 《大》는 《마》에 대응한 표기로 되는데 그 례로는 《大楊管 : 馬斤押 : 長楊》를 들수 있으며 《林》은 《수히》의 의역으로 된다.

   o 叢林은 모다 난 수히오 (《월인석보》 10/69)

   o 빅빅ᄒᆞᆫ 대수헤 또 겨스레 笋이 나며 (두시언해 1/14)

《광개토왕릉비문》의 수묘인연호에는 《牟水城》이 나오고있다. 《牟水》의 기초한자음은 《miu－'swi》이니 《무수히》의 음역으로 되는데 그것은 《마수히》의 변이형으로 될수 있다. 《牟水城》은 《未乙省》의 표기 변종으로서 이 고장은 광개토왕이 공파한 성으로 밝혀지지 않았지만 당시 고구려의 강역안에 들어있었기때문에 수묘인연호로 이 고장을 지적한것으로 추정된다.

《신증동국여지승람》에 의하면 충주목은 동쪽으로 28리 가면 청풍군 경계가 되고 남쪽으로 48리에 괴산군경계, 31리에 연풍현경계가 있으며 서쪽으로는 51리에 음성현, 78리에 려주, 66리에 음죽현의 경계가 있고 북쪽으로는 45리에 제천현, 58리에 원주의 경계가 있다고 하였다.(권14, 충주)

이것은 이 고장이 지리적위치로 보아 전략적의의가 큰 곳임을 말해주는것
이라고 할수 있다.

竹嶺

충청도의 동쪽끝에 있는 《赤山縣》에는 《竹嶺》이 있다.

o 죽령(竹嶺)은 군의 동쪽 30리에 있는데 경상도 풍기군과 경계를 이
룬다.(《신증동국여지승람》 권14, 단양)

《竹嶺》은 《대모로/대마루》의 의역으로 된다.

o 竹曰 帶 (《계림류사》 고려방언)

o 대밭 竹田 (《룡비어천가》 5/26)

o 每 흔 대쪽에 흔 션븨 일홈을 쓰고 (每一箇竹簽上 寫着一箇學生的姓
名) (《로걸대언해》 상 3)

o 椴山 퍼모로 (《룡비어천가》 4/21)

o 長旨里 긴마루 (경기 광주)

죽령은 소백산줄기에 있는 해발 689m의 산으로서 충청도와 경상도의
경계를 이루는 지경이라고 할수 있다. 죽령은 158년(신라 아달라니사금 5
년)에 개척된 령으로서 소백산줄기를 남북으로 넘나드는 중요한 령길의
하나로 되는데 소백산줄기를 타고 서쪽으로 계립령(鷄立嶺)이 있고 이어서
해발 548m의 조령(鳥嶺)이 있어 이것은 남쪽방향으로 나가는데서 충청도
와 경상도의 경계로 되여있다.

그리하여 고구려군사가 이 소백산줄기를 넘어 남으로 진출하는데서
죽령, 계립령, 조령의 관문들은 중요한 전략적의의를 가지는 요충지들이였
다고 할수 있다.

上芼縣

o 연풍현(延豊縣)은 원래 고구려의 상모현(上芼縣)이다. 고려 현종 9년
에 장연(長延)으로 고치고 장풍현(長豊縣)과 함께 충주(忠州)에 소속
시켰다. 본조 태조 3년에 두 현을 합쳐 감무를 두고 장풍현이라고
칭하고 태종 3년에 지금이름으로 고치였다. (《신증동국여지승람》
권14, 연풍)

이 지명자료는 《삼국사기》나 《삼국유사》에 나오지 않고 《신증동
국여지승람》에서만 옛고구려땅이였음을 밝히고있으며 《세종실록》 지리

지에서는 《長延》의 옛이름이 《上芼》라는 점에 대해서 쓰고있다.(권 149) 그리하여 지난날 사람들의 관심밖에 놓이는 경우가 많았다고 할수 있다.

《上芼》의 《上》은 지명표기에서 일반적으로 《우/웃》의 의역으로 많이 쓰이며 《芼》의 기초한자음은 《mâu》로서 《뫼》의 고형인 《모로》의 음역으로 될수 있으니 《上芼》는 《우모로/웃뫼》의 표기로 볼수 있다.

《신증동국여지승람》에 의하면 이 고장에 계립령, 조령, 이화현이 있다고 하였으며 이 고장은 동쪽으로 11리, 남쪽으로 13리를 가면 경상도 문경현과 경계가 되고 서쪽으로 33리를 가면 피산군과 경계를 이루며 북쪽으로 50리를 가면 충주지경이 된다고 하였다. 그 일대에 적포산(해발 698m)이 있고 그 기슭에 온천리가 있는데 옛날에 그곳을 상모라고 한다고 하였으니 《우모로》란 바로 적포산의 옛이름이였던것으로 보인다.[주]

[주] 《조선단대사(고구려사 4)》(손영종, 과학백과사전출판사, 주체 97〈2008〉
년)에서는 상모현을 충청북도 피산군 연풍면일대로 보고있다.(183페지)

鷄立嶺/麻骨岾

충주의 령현인 상모현(上芼縣)에는 전략상으로 중요한 지점인 《鷄立嶺》이 있는데 이와 관련하여 《신증동국여지승람》에서는 다음과 같이 밝히고있다.

o 계립령(鷄立嶺)은 흔히 마골점(麻骨岾)이라고 하는데 현의 북쪽 43리에 있다. 고구려의 온달이 《계립령과 죽령의 서쪽지역이 우리 땅으로 회복되지 않으면 돌아오지 않겠다.》고 한것이 바로 이곳이다.(권 14, 연풍)

o 계립령(鷄立嶺)은 흔히 마골점(麻骨岾)이라고 하는데 우리 말로 비슷하기때문이다. 현의 북쪽 28리에 있다. 신라때의 옛길이다.(권29, 문경)

《鷄立》은 기초한자음이 《kiei-liəp》으로서 한자류사음에 의한 《겨릅》의 표기로 되는데 《겨릅》이란 껍질을 벗긴 삼대를 의미하는 우리 고유말로서 그것을 의역한것이 바로 《麻骨》이다.

o 겨릅대(麻楷)(《역어류해》 하 10)

그리고 《嶺》과 《岾》은 《자히/재》의 의역으로 되여 결국 《鷄立嶺》과 《麻骨岾》은 《겨릅재》의 두가지 표기로 되는것이다.

계립령은 156년(신라 아달라니사금 3년)에 개척된 령이라는데 대해서 《삼국사기》의 신라본기에 밝혀져있다. 또 온달렬전에는 고구려장군 온달이 지금 신라가 우리의 한북지역을 떼내여 자기들의 군현을 만들었으므로 《계립령과 죽령의 서쪽지역이 우리 땅으로 회복되지 않으면 돌아오지 않겠다.》고 양강왕(재위: 545—559년)에게 말하고나서 나가서 싸우다가 아단성(阿旦城)밑에서 날아오는 화살에 맞아 전사하였다는것이 기록되여있다.(권45, 렬전 5)

계립령은 그 서쪽의 삼하령이 새로 개척되여 쓰이게 된 다음 고려시기에도 계속 리용된것으로 보인다. 그것은 리규보(1168—1241년)가 1196년에 문경에서 개경으로 오면서 미륵원에서 잤다고 하였는데(《동국리상국집》 권6) 바로 그 계립령을 넘어온것으로 추측되기때문이다. 문경고개 동북쪽에는 지금도 미륵리가 있고 그곳으로는 문경시 평천리에서 월함을 거쳐 넘어오는 령길이 있으니 그것이 바로 계립령인것으로 추정된다.

이처럼 이곳은 죽령과 함께 고구려의 남진정책수행과 관련하여 의의있는 전략적지점이였다고 할수 있다.

鳥嶺/草岾

《上芼縣》에는 《鷄立嶺》뿐아니라 전략상으로 중요한 지점의 하나인 《鳥嶺》도 있었다.

ο 조령(鳥嶺)은 초점(草岾)이라고 하며 현의 동북쪽 15리에 있다. 경상도 문경현과의 경계로서 험준한 요해지이다. (《신증동국여지승람》 권14, 연풍)

《鳥嶺》은 《사이재/새재》의 의역으로 되는데 그 말을 달리 의역한것이 《草岾》인것이다. 그것은 새(草)가 많은 재(岾)라는 뜻이다.

ο 새 니다 (苫房子) (《역어류해》 1/17)

ο 재 누려 티샤 두 갈히 것그니 (《룡비어천가》 36)

그런데 《신증동국여지승람》에서는 《사이재/새재》가 경상도 문경현과의 경계를 이루는 곳으로서 매우 험준한 요해지임을 강조하고있어 이 지명은 충청도와 경상도의 두 지경사이에 있다는데로부터 붙인 이름일수 있는 가능성이 더 많다. 그렇다면 《사이재/새재》의 《사이/새》를 《間》이 아닌 《鳥》나 《草》로 의역한것은 일종의 동음이의역에 지나지 않는것이라고 할수 있다.

한편 11세기 초엽부터 12세기 초엽에 걸쳐 만들어진 《5도 량계도》에는 계립령과 그 아래 양산(회양산)의 두 지점사이에 삼하령(三河嶺)이 표기되여있는데 이 삼하령은 조령의 딴 이름으로 추정하는 견해가 있다. 즉 삼하령이라는 말은 세개의 강하천이 갈라지는 령이라는 뜻으로 해석할수 있는데 조령은 마침 남쪽으로 락동강의 상류 조령천, 동쪽으로 남한강의 한 지류인 말내, 북쪽으로 달천의 한 지류 등 3개 하천의 분수령으로 되여 있다. 따라서 삼하령이란 바로 이로부터 명명된것으로 생각된다고 하면서 조령과의 관계에 대해서는 《새/세》의 어음상류사성을 그 근거로 들고있는데 이에 대해서는 후고를 기다리기로 한다는 견해가 있다.[주]

> [주] 《17세기이후 우리 나라 봉건사회의 몇개 부문 학문유산》 (7)(박시형, 김일성종합대학출판사, 1990년) 15폐지

그런데 지도상으로 보면 신선봉에 시원을 둔 조령천이 있고 그 상류에 있는 동화원에서 소초령으로 넘어오는 고개길이 있다. 이 고개길이 바로 조령이여서 그 골짜기물에 조령천이라는 이름을 붙인것으로 생각된다.

伊火峴

o 이화현(伊火峴)은 현의 동쪽 7리에 있는데 문경현(聞慶縣)과의 경계이다.(《신증동국여지승람》 권14, 연풍)

《伊火峴》은 《이불이고개》의 표기로 되는데 그것은 《伊》가 《이》의 음역자로 되고 《火峴》이 《불이고개》의 의역자로 된것이다. 민간에서는 흔히 《리화령(梨花嶺)》을 《伊火峴》의 별명으로 간주하고있다. 지도상으로는 해발 548m의 문경고개를 두고 리화령이라고 하고있는데 그렇다면 이것은 새재가 아닌것으로 된다.

乙阿旦縣/阿旦城

o 자춘현(子春縣)은 원래 고구려의 을아단현(乙阿旦縣)을 경덕왕이 개칭한것인데 지금의 영춘현(永春縣)이다.(《삼국사기》 권35, 지리 2)

《乙阿旦》은 기초한자음이 《ʔiet-ʔa-tân》이니 그 류사음에 의하여 《웃아달》을 음역한것으로 보인다. 그것은 우선 의역자로서 《子》를 대응시킨것으로 보아 《아달》로 보게 되는것이며 《乙》이 흔히 《웃》의 음역자로 쓰이고있었다는 사정과 관련되여있다.

o 아들 즈 子 (《훈몽자회》 상 92)

o 乙密臺 (웃미르덕) (평양)

그런데 《웃아달》이라는 지명이 사실상 자식을 의미하는 말과 어떤 련관을 가질수는 없다고 본다. 이것은 그 어떤 자연지명과의 동음이의적관계를 맺고있는것이였다고 보아야 할것이다.

《신증동국여지승람》에 의하면 현의 동쪽 1리에 《北亏余山》이 있다고 하였다. 우선 《北》에 대해서 말한다면 우리 말에서는 남을 《앞》 또는 《아래》라고 하는 반면에 북을 《뒤》 또는 《우》라고 한다. 그렇다면 이 경우에 《北》은 《우》에 대한 의역으로 볼수 있을것이다. 그리고 《亏余》의 기초한자음은 《rio-'nie》로 되니 그 류사음에 의해서 《아시 〉 아시》의 음역으로 될수 있으며 고구려에서는 《高/山》을 《달》이라고 하였으니 《亏余山》은 《아시달 〉 아시달 〉 아이달》의 리두식표기로 될수 있다.

추측컨대 이 산은 높지 않은 산이였을것이다. 왜냐하면 이 현의 진산은 남쪽 3리에 있는 성산(城山)으로서 그 산은 석굴도 있는 높고 험한 산으로 소개되여있으니 상대적으로 《北亏余山》은 이 진산의 북쪽에 있는 작은 산 즉 《웃아시달 〉 웃아이달》로 불리웠겠는데 이 산이 바로 현소재지에 있는것만큼 산의 이름이 곧 현의 이름으로 될수 있는 가능성은 대단히 크다.

결국 《웃아시달 〉 웃아이달》이 《웃아달》로 변한 자연지명을 리두식으로 표기한것이 《乙阿旦》이며 그것을 엉뚱하게 의역하여 고친것이 《子春》이며 그것을 다시 형상적으로 고친것이 《永春》인것이다.

그런데 《신증동국여지승람》에 의하면 진산인 성산에 돌로 쌓은 옛성이 있어 둘레가 1 523척이고 높이가 11척이라고 하면서 이제는 반나마 허물어졌다고 하였다. 이것이 바로 《阿旦城》이며 온달이 이곳에서 신라군과 싸우다가 전사하였던것이다.

이 현은 동쪽으로 36리를 가면 경상도 풍기가 되고 북쪽으로 31리를 가면 강원도(남) 녕월이 되며 남쪽은 단양, 서쪽은 제천과 접해있는 고장이다.

후기신라가 《子春》으로 고치고 《奈城郡》의 령현으로 한것을 고려

에서는 《永春》으로 고치고 원주에 소속시켰던것인데 리조초에 와서 이
고장을 충청도로 이관시켰다고 하였다.(권14, 영춘)

奈已郡/沙奈里/沙水城

o 나령군(奈靈郡)은 원래 백제의 나이군(奈已郡)*으로서 파사왕(婆娑
王)이 이를 뺴앗았으며 경덕왕이 개칭한것인데 지금의 강주(剛州)이
다.(《삼국사기》 권35, 지리 2)

  * 《奈已郡》이 원래 고구려의것이였음은 《고려사》 권57과 《신증동국
  여지승람》 권25에서 밝히고있어 《삼국사기》에서 《원래 백제》의것이라
  고 한것은 잘못된것이다.

o 날령군(捺靈郡)은 본래 날이군(捺已郡)으로 지금의 강주(剛州)이다.
(《삼국유사》 권3)

《奈已》는 기초한자음이 《nâi-iə》이며 《捺已》는 《nât-iə》인데 설
내입성 《-t》가 우리 말에서 《ㄹ》로 대응하는것을 고려하게 되면 그것
은 《나리》의 음역으로 볼수 있다. 그리고 《奈靈》의 기초한자음은 《nâi
-leŋ》이고 《捺靈》은 《nât-leŋ》이니 그것 역시 류사음에 의한 《나리》
의 음역으로 될수 있다.

《신증동국여지승람》에서는 《奈已郡》과 관련한 조항에서 《奈小里
部曲》에 대하여 서술하면서 《奈小里》란 곧 지금의 《沙奈里》인데 군의
동쪽 1리에 있다고 하였다.(권25, 영천) 그러면서 이 두 이름이 뒤바뀐 리
유를 알수 없다고 하였다. 다시말해서 《小奈里》가 《奈小里》로 뒤바뀐
까닭을 알수 없다는것이다. 《小奈里》와 《沙奈里》의 기초한자음은 《siäu
-nâi-liə》, 《sa-nâi-liə》이니 분명히 《사나리》의 리두식표기로 되는데
그것은 동쪽의 내물 즉 《사》의 《나리》라는 말로 된다.

《신증동국여지승람》에 의하면 군의 동쪽 15리에 《沙川》이 흐른다
고 하였으니 이것이 《사나리》를 가리키는것이라고 할수 있다. 《사나리》
는 《小奈里》와 《沙奈里》로도 표기하였는데 바로 이 《사나리 〉나리》
를 리두식으로 표기한것이 《奈已, 捺已, 奈靈, 捺靈》 등의 여러 표기변종
들이다.

《광개토왕릉비문》의 수묘인연호에서는 《新來韓穢》라고 하여 《沙
水城》을 들고있는데 《沙水》는 《沙奈里》의 표기변종으로서 이 고장을

가리키는 말로 추정된다.

《신증동국여지승람》에서는 나이군(奈已郡)이 경상도 영천(현재 영주시)으로서 충청도 단양의 죽령을 넘어서 소백산줄기 이남의 동쪽으로 잇닿아있는 고장이라고 하였다. 이 고장은 소백산줄기와 태백산줄기사이에 놓여있는 락동강상류지역으로서 고구려가 신라를 북으로부터 압박하는데서 중요한 전략적의의를 가지는 지대였다고 할수 있다.

《삼국사기》에서는 이 군의 령현으로 매곡현(買谷縣)과 고사마현(古斯馬縣)을 들고있다.

買谷縣

o 선곡현(善谷縣)은 원래 고구려의 매곡현(買谷縣)을 경덕왕이 개칭한
   것인데 지금은 미상하다.(《삼국사기》 권35, 지리 2)

《買》는 기초한자음이 《mä》로서 《마》의 음역으로 되는데 그것은 《물》의 고형인 《마라 〉 마》의 표기로 된다.

《谷》은 《골짜기》의 뜻인 《단》을 의역한것으로서 고구려지명의 표기에서 《단》을 음역하는 경우에는 《旦》으로, 의역하는 경우에는 《谷》으로 표기하는것이 거의 보편화되여있었다.

《買谷》을 《善谷》으로 고치였으니 《買》과 《善》이 대응되여있는데 《마》의 의역으로 《善》이 쓰인 례는 아직 발견하지 못하였다.

《신증동국여지승람》에 의하면 매곡현은 서쪽으로 39리를 가면 영천군의 경계가 되고 북쪽으로 39리를 가면 봉화현의 경계가 된다고 하였는데 봉화현과 마찬가지로 영천군의 령현으로 삼는다고 하였다. 그러니 이곳 역시 소백산줄기의 남쪽에 위치한 영천군(오늘의 영주시)에 속한 작은 고장이였다고 할수 있다.

古斯馬縣

o 옥마현(玉馬縣)은 원래 고구려의 고사마현(古斯馬縣)을 경덕왕이 개
   칭한것인데 지금의 봉화현(奉化縣)이다.(《삼국사기》 권35, 지리 2)

《古斯》는 기초한자음이 《ko-sie》이니 《구슬》의 고형인 《고시》의 음역으로 되며 《馬》는 의역하여 《말》의 표기로 된다.

o 珠曰 區戌 (《계림류사》 고려방언)

o 구슬 그므리 우희 두퍼잇ᄂ니 (《월인석보》 14/72)

이 고장의 이름이 《말》과 관련되고있는것은 이 현의 남쪽 15리에 《馬場里院》이 있는것과 혹시 무슨 관계가 있는것인지 알수 없다.

《신증동국여지승람》에 의하면 봉화현은 영주의 동쪽으로 이웃하여있는 고장으로서 동남일대에서 가장 높다는 태백산의 남쪽 73리에 현소재지가 있었다. 봉화현은 태백산줄기와 소백산줄기가 갈라지는 바로 아래의 남쪽으로 자리잡고있어 한때 영천군의 령현으로 되였다가 안동부에 속한바가 있는 작은 고장이였다.

及伐山郡

　ｏ 급산군(岌山郡)은 원래 고구려의 급벌산군(及伐山郡)을 경덕왕이 개칭한것인데 지금의 흥주(興州)이다. (《삼국사기》 권35, 지리 2)

《及伐山》의 《及伐》은 기초한자음이 《giəp-biɐt》이니 설내입성 《-t》가 우리 말에서 《ㄹ》로 대응되는것만큼 《기부리/기불》의 음역으로 될수 있다.

　ｏ 톱 길며 엄이 길오(《월인천강지곡》 상 60)

　ｏ 부리 훼 喙 (《훈몽자회》 하 8)

그리고 《山》은 지명단위어로서의 《달》의 의역으로 된다.

그리하여 《及伐山》은 《기버러달/거벌달》의 표기로 인정되는데 《긴 부리처럼 생긴 산》이라는 뜻이다.

《岌山》은 《及伐山》의 표기상변이인데 그것을 그대로 한자말지명으로 만들어버린것이다.

《신증동국여지승람》에서는 경상도 풍기군의 조항에서 고적으로 순흥폐부(順興廢府)를 소개하고 리조 태종때에는 도호부로까지 되였다가 세조때 무슨 사건이 일어나자 없애버려 풍기군에 소속시키였으며 일부는 영천에, 다른 일부는 봉화에 뜯어주었다고 하였다.(권25, 풍기)

《삼국사기》에서는 이 군의 령현으로 이벌지현(伊伐支縣)을 들고있다.

伊伐支縣

　ｏ 린풍현(鄰豊縣)은 원래 고구려의 이벌지현(伊伐支縣)을 경덕왕이 개칭한것인데 지금은 미상하다. (《삼국사기》 권35, 지리 2)

　ｏ 이벌지현(伊伐支縣)은 자벌지(自伐支)라고도 한다.(《삼국사기》 권 37, 지리 4)

《伊伐支》는 기초한자음이 《ʔie-biɐt-tsʻie》로서 설내입성 《-t》가 우리 말에서 《ㄹ》로 대응되는것만큼 그 류사음에 의한 《이불기/이부기》의 음역으로 된다. 그리고 《自伐支》의 《自》는 《이》의 의역자로 되며 《伐支》는 역시 《불기/부기》의 음역으로 된다.

《이불/이부》는 《이욷/이웆》의 고형이니 그것을 의역한것이 《鄰》으로 된다.

o 이붓짓 머섬과 사괴야 (《칠대만법》 21)

o 이욷짓 늘그니돌히 말여 닐오딕 (《번역로걸대》 하 49)

o 갓가온 이우즐 어즈러이디 아니 ᄒ리라(《두시언해》 21/3)

그리고 《鄰豊》의 《豊》은 기초한자음이 《pʻiuŋ》이니 《이불/이부》의 《불/부》에 대한 보충적인 음역자로 쓰인것이라고 할수 있다.

《신증동국여지승람》에서는 린풍현에 대하여 급산군의 령현으로 된 사실만을 전하고 지금은 자세히 알수 없다고 하였다.(권25, 풍기)

薩水/薩買/清川/青川

o 가을 7월에 우리 군사가 신라군사와 더불어 살수벌판에서 싸웠다.(秋七月 我軍與新羅人 戰於薩水之原) (《삼국사기》 권19, 고구려본기 7)

o 가을 7월에 장군 실죽 등이 살수벌판에서 고구려와 싸우다가 이기지 못하였다.(秋七月 將軍實竹等與高句麗 戰薩水之原 不克) (《삼국사기》 권3, 신라본기 3)

o 삼국시대의 지명만 있고 분명치 않은 지역: 살수(薩水) (《삼국사기》 권37, 지리 4)

494년(고구려 문자왕 3년)에 고구려가 신라와 싸워 이긴 곳으로 살수의 벌판을 들고있는데 이것은 고구려가 벌린 신라전역의 일단을 보여주는 것으로 된다.

《薩水》의 《薩》은 기초한자음이 《sât》로서 설내입성 《-t》가 우리 말에서 《ㄹ》로 대응되는것만큼 《서늘》과 통하는 《사라/살》의 음역으로 되며

o 蕭蕭ᄂ 서늘혼 양지라(《남명집》 상 67)

《水》는 《물》의 고형인 《마라/마》의 의역으로 된다. 그리하여 《薩

水》의 표기변종으로 《薩買》가 있게 되며 《淸川》으로 의역하여 쓰기도 한다.

o 청천현(淸川縣)은 원래의 살매현(薩買縣)을 경덕왕이 개칭한것인데 지금도 그대로 부른다.(《삼국사기》 권34, 지리 1)

《신증동국여지승람》에 의하면 청주의 속현으로 청천현(靑川縣)이 있는데 그것은 옛날의 살매현(薩買縣)이라고 하였다. 청천현에 있다는 청천천(靑川川)은 그 원천이 청안현의 坐龜山(좌구산)과 구자은현(仇自隱峴), 보은현의 속리산 (俗離山)의 세곳에서 흘러내려 청천현에서 합류된것이 피산군의 피탄(槐灘)으로 들어간다고 하였다.(권15, 청주) 이 강은 오늘의 충청북도 피산군의 청천리앞에 있는 강을 가리킨다.

犬牙城

o 신라군사가 패하여 견아성으로 가서 지키므로 우리 군사가 이를 포위하였더니 백제에서 군사 3천을 보내여 신라를 구원하므로 우리 군사가 퇴각하였다. (羅人敗保犬牙城 我兵圍之 百濟遣兵三千 援新羅 我兵引退) (《삼국사기》 권19, 고구려본기 7)

o 16년 가을 7월에 고구려와 신라가 살수벌판에서 교전하여 신라가 이기지 못하고 견아성으로 퇴각하여 방어하고있다가 고구려군사에게 에워싸이게 되매 왕이 군사 3천명을 보내여 에워싼것을 풀어주었다. (十六年 秋七月 高句麗與新羅戰薩水之原 新羅不克 退保犬牙城 高句麗圍之 王遣兵三千 救解圍 (《삼국사기》 권26, 백제본기 4)

o 삼국시대의 지명만 있고 분명치 않은 지역: 견아성(犬牙城) (《삼국사기》 권37, 지리 4)

494년 살수싸움에서 패한 신라의 군사들은 견아성으로 가서 백제의 도움을 받아 고구려의 진격을 저지시키려고 하였다고 하는데 그곳은 어디인가?

살수가 청주땅에 있으니 거기에서 쫓겨간 신라의 군사들이 갈곳은 남쪽의 산간지대일것이며 또 백제가 원병을 보냈다고 하니 백제의 동북변경에서 멀지 않은 그 어디일것으로 추정된다.

《犬牙》의 《犬》이 《개》의 고형인 《가히》를 의역한것이고 《牙》가 《어미/엄》을 의역한것이라면 그것은 《가히어미/가히엄》의 표기로 된다.

ㅇ 狗는 가히라(《월인석보》 21/42)

ㅇ 犬曰 家豨(《계림류사》 고려방언)

ㅇ 牙는 어미라(《훈민정음언해》)

ㅇ 엄 아 牙(《훈몽자회》 하 3)

《犬牙城》은 다른 문헌에 나오지 않아 그 위치를 정확하게 찍을수 없으나 그곳은 청천에서 남쪽으로 멀지 않은 곳에 있는 검단산(儉丹山-해발 767m)일수 있는 가능성이 많다. 검단산에 대해서 문헌에서는 백제의 중 검단이 살았기때문에 그렇게 이름을 달았다고 하였는데 그것은 후에 붙인 이름이고 그 본래이름은 그것이 아니라 《가히어미/가히엄》이였을것이니 그것은 그 산세를 두고 이름지은것일수 있다.[주]

> [주] 《고구려력사연구》(채희국, 김일성종합대학출판사, 1982년)에서는 견아성을 충청북도 괴산의 청천의 남쪽에 있는 청산으로 보았으며(138페지) 《조선단대사(고구려사 4)》(손영종, 과학백과사전출판사, 주체 97〈2008〉년)에서는 견아성의 위치를 잘 알수 없으나 대체로 오늘의 청원군과 보은군의 경계지점에 있었던 성으로 볼수 있다고 하였다.(182페지)

雉壤城/赤峴

ㅇ 8월에 군사를 보내여 백제의 치양성을 에워쌌더니 백제가 신라에 구원을 청하였다. 신라왕이 장군 덕지에게 명령하여 군사를 거느리고 와서 백제를 구원하므로 우리 군사가 물러왔다. (八月 遣兵圍百濟雉壤城 百濟請救於新羅 羅王命將軍德智 率兵來援 我軍退還) (《삼국사기》 권19, 고구려본기 7)

ㅇ 가을 8월에 고구려가 치양성을 에워싸므로 왕이 신라에 사신을 보내여 구원을 청하니 신라왕이 장군 덕지에게 명령하여 군사를 거느리고 구원하게 하매 고구려군사가 물러갔다. (秋八月 高句麗來圍雉壤城 王遣使新羅 請救 羅王命將軍德智 帥兵救之 麗兵退歸 (《삼국사기》 권26, 백제본기 4)

견아성에서 물러나서 이듬해인 495년(고구려 문자왕 4년)에 고구려가 치려고 한 치양성은 369년에 전투가 있었던 치양성이 아니라 당시 형편으로 보아 견아성에서 멀지 않은 중부산간지대의 어느 한곳이 틀림없는것으로 보아야 한다.

《신증동국여지승람》에 의하면 청주의 남쪽 1리에 흐르는 대교천(大橋川)이 적현(赤峴)에서 시작되였다고 하였다.(권15, 청주)

그런데 《赤》은 기초한자음이 《ts'iǎk》이지만 당시 우리 말에 거센소리가 없었고 《ㄱ, ㄷ, ㅂ》종성도 없었던 조건에서 우리 한자음은 《지/자》였을것이다. 한편 《雉壤》의 《雉》는 기초한자음이 《d'i》이니 당시 우리 말에 유성음이 없었던 조건에서 그것을 우리 한자음으로는 《디/지》로 발음할수밖에 없었다. 따라서 당시 우리 한자음의 견지에서는 《赤》과 《雉》가 류사한것으로 된다. 그리고 당시의 지명표기에서 단위어로서 《峴》과 《壤》의 통용은 있을수 있다고 본다.

그리하여 《赤峴》은 《雉壤》이라는 표기변종을 가지게 된것이라고 볼수 있으니 495년에 치려고 하였던 치양성은 바로 국방봉산줄기에 있었던 적현성이였다고 추정하게 되는것이다.[주]

[주] 《조선단대사(고구려사 4)》 (손영종, 과학백과사전출판사, 주체97(2008)년)에서 《치양성은 현 충청남도 동북부, 충청북도 서부지방에 있었던 또 하나의 치양(성)이였을것》이라고 추정하였는데 그 추정은 정확하다고 할수 있다.(182페지)

加弗城/含林山

o 가을 9월에 백제를 침공하여 가불, 원산 두 성을 함락하고 남녀 1천여명을 사로잡았다.(秋九月 侵百濟陷加弗圓山二城 虜獲男女一千餘口) (《삼국사기》 권19, 고구려본기 7)

o 삼국시대의 지명만 있고 분명치 않은 지역: 가불성(加弗城) (《삼국사기》 권 37, 지리 4)

512년(고구려 문자왕 21년)에 고구려가 백제를 쳐서 탈취한 성인 《加弗城》의 《加弗》은 기초한자음이 《ka-piuət》로서 설내입성 《-t》가 우리 말에서 《ㄹ》로 대응하는 조건을 고려할 때 그것은 《가부루/가불》의 음역으로 될수 있다.

그런데 금강의 북쪽에 있는 보은현(報恩縣)에는 현소재지의 북쪽 10리에 함림산(含林山)이 있다고 하였는데 그곳에는 둘레가 1 488척에 큰 못까지 있는 옛성이 있다고 하였다. (《신증동국여지승람》 권16, 보은) 그리하여 오늘 그곳은 산성리라고 부르고있다.

《솜林》의 《솜》은 기초한자음이 《ɤɐm》이니 《가》의 음역으로 될 수 있으며 《林》은 《수풀》의 뜻으로 그 옛날말인 《부루/불/벌》의 의역 으로 될수 있다.(례: 徐羅伐 : 鷄林) 따라서 《솜林》은 《가부루/가불/가 벌》의 표기로 되며 그것을 음역한 표기변종이 바로 《加弗》인것이다.

이곳은 벌판의 바로 곁에 있다는 지리적특징으로 하여 《가부루/가불/ 가벌》이라는 이름으로 불리우게 된것으로 추정된다.

圓山城/環山

o 삼국시대의 지명만 있고 분명치 않은 지역: 원산성(圓山城)(《삼국사 기》 권37, 지리 4)

512년(고구려 문자왕 22년)에 고구려군사가 백제의 가불성을 점령한 다음에 이어서 공략한 성이 원산성이니 그것은 가불성에서 그다지 멀지 않은 곳에 있었던것으로 추정된다.

금강을 건너서 바로 남쪽에 환산(環山)이 있는데 그것은 옥천군(沃川 郡) 소재지에서 북쪽으로 15리 되는 곳에 있으며 거기애는 서쪽의 계족산 (鷄足山)과 남쪽의 월이산(月伊山)을 련결하는 봉수대가 있다고 하였 다.(《신증동국여지승람》 권15, 옥천)

《圓山》의 《圓》이나 《環山》의 《環》이나 다 《둥글다, 두무, 둘 레》의 의미적공통성을 가지고있는것으로서 그것은 지명에서 흔히 쓰이고 있었으며 심지어 제주도의 경우에도 그러한 지명이 있었다.

o 진산 한나는 주의 남에 있는데 두무악이라고도 하며 또 원산이라고 도 한다. (鎭山漢拏在州南 一曰頭無岳 又云圓山) (《세종실록》 지리 지, 제주)

《圓山》은 《두무모로/두무뫼》의 표기로 되며 《環山》은 그 표기변종 으로 될수 있다.

결국 고구려가 가불성을 점령한 다음에 계속하여 공략한것은 그 지 형상특징으로 하여 《두무모로/두무뫼》로 불리우던 환산(해발 581m)으로 추정되는데 이 두곳의 거리는 불과 60~70리 정도밖에 되지 않는다.[주]

[주] 《조선전사 (3)》(과학백과사전종합출판사, 1991년)에서는 가불성의 위치는 알수 없으나 오늘의 충청북도 옥천군지경에 있었다고 인정되며 원산성은

충청남도 금산군 북부면 마전리일대(옛진산현)의 원산향으로 볼수 있다고
하였다.(157페지)

道薩城/猪山城

o 6년 봄 정월에 백제가 침입하여 도살성을 함락시켰다. (六年春正月
百濟來侵 陷道薩城)(《삼국사기》 권19, 고구려본기 7)

o 삼국시대의 지명만 있고 분명치 않은 지명: 도살성(道薩城)(《삼국사
기》 권37, 지리 4)

이것은 한때 고구려가 차지하였던 이 고장을 550년(고구려 양원왕 6
년)에 백제가 침입한 사실을 기록한것이다.

《道薩》은 기초한자음이 《dâu-sât》이니 류사음에 의한 《도시》의
음역으로 될수 있는데 그것은 《鳥生波衣》의 《鳥生》이 《teu-sɐŋ》의 류
사음에 의해서 《도시》의 음역으로 되여 《猪守峴》의 《猪守》와 대응되
는 경우를 련상할수 있다.

그렇다면 《도시》의 음역으로 되는 《道薩》은 《猪》에 대응하는것으
로 추정할수 있을것이다.

o 저산(猪山)은 주의 서쪽 30리에 있다.(《신증동국여지승람》 권15,
청주)

o 저산성(猪山城)은 석축으로서 둘레가 545척인데 안에 우물이 하나
있다. 지금은 폐허로 되였다.(《신증동국여지승람》 권15, 청주) [주]

[주] 《고구려사 (1)》(손영종, 과학백과사전종합출판사. 1990년)에서는 충청북도
청원군 강서면 저산리에 있는 저산성이 고구려성임을 밝히고있다.(3678페지)

결국 고구려가 차지한것을 550년에 백제가 침공하였다는 도살성은 저
산성을 가리키는것으로 추정할수 있다.

저산은 청주의 서쪽 30리에 있다고 하였으니 그것은 전의현과의 경계
에 있었다고 할수 있다.

仇知縣/金池/金義/金峴城

o 11년 봄 정월에 백제가 고구려의 도살성을 함락시키고 3월에는 고구
려가 백제의 금현성을 함락시켰다. 왕이 두 나라 군사가 피로한 틈
을 타서 이찬 이사부를 시켜 군사를 내여 이를 쳐서 두 성을 빼앗
아 성을 증축하고 군사 1천을 머물게 하여 그곳을 지켰다.(十一年春

正月 百濟拔高句麗道薩城 三月 高句麗陷百濟金峴城 王乘兩國兵疲 命伊湌異斯夫出兵擊之 取二城增築 留甲士一千戌之)(《삼국사기》 권4, 신라본기 4)

o 3월에 백제의 금현성을 공격하였더니 신라사람들이 이 틈을 타서 두 성을 빼앗아갔다. (三月 攻百濟金峴城 新羅人乘間取二城) (《삼국사기》 권19, 고구려본기 7)

o 삼국시대의 지명만 있고 분명치 않은 지명: 금현성(金峴城)(《삼국사기》 권37, 지리 4)

550년(신라 진흥왕 11년)에 백제가 고구려의 도살성을 친데 대한 보복으로 고구려가 백제의 금현성을 치니 신라가 그해에 그 틈을 리용해서 두 성을 다 빼앗았다고 하였으니 도살성과 금현성의 두 성은 그다지 멀지 않은 위치에 있었던것으로 추정된다.

도살성이 저산성이라고 한다면 금현성의 위치는 그 린접인 전의현(충청남도 연기군)에서 찾아야 한다고 본다.

o 금지현(金池縣)은 원래 백제의 구지현(仇知縣)을 경덕왕이 개칭한것인데 지금의 전의현(全義縣)이다. (《삼국사기》 권36, 지리 3)

o 구지현(久遲縣)은 원래 구지(仇知)이다.(《삼국사기》 권37, 지리 4)

《仇知》의 기초한자음은 《gui-ťie》이고 《久遲》의 기초한자음은 《kiu-đi》이니 그것은 다같이 《구디》의 음역으로 되는데 우리 말에서 《ㄷ/ㄹ》의 교체가 흔히 있는것만큼 《구리》의 음역으로 될수도 있다.

그런데 그것을 《金池》로 대응시켜놓고 《池》는 《地》로도 쓴다고 하였으니 《金》이 《구디/구리》의 의역으로 되고 《池/地》는 그에 대한 보충적음역으로 된다고 할수 있다.

그렇다면 《구디/구리》가 《금》과 《동》을 아울러 가리키는 말이 아니겠는가 하는 의혹이 생기게 된다. 다시말해서 옛날에 청동기시대에 《동》을 가리켜 생긴 《구디/구리》라는 말이 그후에 《금》까지 아울러 가리키는 말로 된것일수 있다고 본다. 그것은 《철》에 대한 우리 말로 《소히/쇠》가 있는데 《금》과 《은》에 대응하는 고유한 우리 말이 따로 없이 《금》과 《은》에 대해서 《노란쇠》, 《흰쇠》라고 부르고있는데서 쉽게 알수 있는 문제이다.

o 金曰 邪論歲 (《계림류사》 고려방언)

o 銀曰 漢歲 (《계림류사》 고려방언)

그리고 《금》과 《은》에 대한 고유한 우리 말은 지금도 따로 쓰이는 것이 없다.

《신증동국여지승람》에 의하면 전의현의 남쪽 7리에 운주산(雲住山)이 있는데 거기에는 둘레가 1 528척에 안에 우물이 있고 석축으로 된 금이성(金伊城)이 있다고 하면서 지금은 폐허로 되였다고 하였다. 그리고 산천조항에서는 금성산(金城山)이 현의 남쪽 8리에 있는데 거기에도 옛 돌성이 있다고 하였다.(권18, 전의)

한편 《대동지지》에서는 운주산의 남성은 동남쪽으로 8리에 있는데 둘레가 1 528척이고 우물이 1개 있으며 항간에서는 금성산성(金城山城)이라고 한다고 하였다.(권5, 전의) 이것은 설명한 내용이 《신증동국여지승람》에서 설명한 금이성과 일치한것으로 보아 금이성임이 명백하다.

그렇다면 《신증동국여지승람》에서 현의 남쪽 8리에 있는 금성산(金城山)에도 옛 돌성이 있다고 한것이 운주산의 금이성과는 다른것임이 명백하다. 그런데 《대동지지》에 의하면 운주산 북성이 산의 북쪽봉우리에 있는데 둘레가 1 184척이고 가운데가 활짝 트이였다고 하였다. 이것을 《신증동국여지승람》에서는 리성(李城)이라고 하면서 항간에 전하기를 옛날에 리도(李棹)가 살았기때문에 그렇게 부른다고 하였다. 그러나 폐허로 된 옛성의 이름을 리도와 결부시키는것은 민간어원설이며 그보다는 그 성의 본래이름인 《구리》와 련관되여있는것으로 보는것이 옳을것이다.

그러니 운주산에는 남성과 북성이 있어서 하나는 《金伊城》 즉 《細城》이고 다른 하나는 《구리잣/구리재》로 불리우는 《金峴城》이라고 할수 있다.[주]

> [주] 《고구려사 (1)》(손영종, 과학백과사전종합출판사. 1990년)에서 제시한 충청남도 연기군 전의면의 고구려성이란 바로 이 성들을 가리킨것이라고 할수 있다.(378페지)

《신증동국여지승람》에 의하면 청주의 저산성과 그 린접인 전의현의 금현성과의 거리는 30리도 되지 않는것으로 되여있다. 이처럼 도살성(저산성)과 금현성은 가까운 거리에 있는것만큼 고구려와 백제가 서로 싸워

지친 톰을 타서 신라가 이 두 성을 한꺼번에 빼앗을수 있었다고 본다.[주]

[주] 《조선단대사(고구려사 4)》(손영종, 과학백과사전출판사. 주체 97〈2008〉
년)에서는 도살성을 고구려의 도서현(충청북도 괴산군 도안면)으로 보는것
이 합리적이라고 하였으며 금현성은 충청북도 진천의 옛이름이 금물노였
으므로 이곳으로 비정하기도 하나 잘 알수 없다고 하였다. (200페지)

이처럼 고구려는 문자왕대에 이어 안장왕, 양원왕대에 와서도 삼국통
일을 위한 선대왕들의 유업을 계승하여 중남부 산간지대에서 전역을 확대
하였으나 그 전파는 오래 유지하지 못하고 일진일퇴를 거듭하였다.

한편 고구려는 일찌기 태백산줄기를 따라 동부산간지대를 차지하고있
었으며 점차 남진하여 신라의 북진기도를 막고 그 세력권을 넓히여나갔다.

馬斤押/大楊菅郡

o 대양군(大楊郡)은 원래 고구려의 대양관군(大楊菅郡)을 경덕왕이 개
칭한것인데 지금의 장양군(長楊郡)이다.(《삼국사기》 권35, 지리 2)

o 대양관군(大楊菅郡)은 마근압(馬斤押)이라고도 한다.* (《삼국사기》
권37, 지리 4)

* 《菅》은 《菅》의 오자이다.

《馬斤押》의 《馬》는 《ma》이니 《마》의 음역으로 되는데 그것은
《大》와 대응되여있어 《큰》, 《맏》의 뜻을 나타내던 《마루》의 변이형
으로 인정된다. 그리고 《斤》은 《kiən》으로서 그 류사음에 의하여 《거
리》의 의역으로 되는데 《斤》에 대응되고있는 《楊菅》은 《버들골》의 뜻
이니 그 변이형인 《거리》에 대한 의역이라고 할수 있다. 또한 《押》은
《누르다》의 뜻으로 《누르》의 준말형태인 《누/나》에 대한 의역으로서
지명단위어로 쓰인것으로 된다. 결국 《馬斤押》은 《마거리나》의 표기로
될것이다.

고려초에 《大楊郡》을 《長楊郡》으로 개칭한것은 《大》와 《長》의
동의적인 관계를 보여주는것으로 된다.

《신증동국여지승람》에 의하면 이 군이 1413년(리조 태종 13년)에 세
운 회양도호부의 동쪽 40리에 있었다고 한다. (권47, 회양)

《삼국사기》에서는 이 군의 령현으로 수생천현(藪狌川縣)과 문현현(文
峴縣)을 들고있다.

藪狌川縣/藪川

o 수천현(藪川縣)은 원래 고구려의 수생천현(藪狌川縣)을 경덕왕이 개
칭한것인데 지금의 화천현(和川縣)이다.(《삼국사기》 권35, 지리 2)

o 수생천현(藪狌川縣)은 수천(藪川)이라고도 한다. (《삼국사기》 권37,
지리 4)

《藪狌川》의 《藪》는 《숲》이나 《꽃》의 고형인 《고시/고사》의 의
역으로 되며 《狌》은 《sɐn》으로서 《고시/고사》의 《시/사》의 보충적인
음역자로 된다.

o 《藪》는 우리 말로 《고시(花)》라고 한다. (《신증동국여지승람》
권38, 제주)

그리고 《川》은 《물》의 고형인 《마라/마》의 의역으로 된다. 그리하
여 《藪川》은 《고시마》의 의역으로 되며 그것을 개칭한 《和川》의
《和》는 원래 《華》나 《花》를 써야 하지만 다른 지명과의 충돌을 피하
기 위하여 《和》를 선택한것으로 보인다.

《신증동국여지승람》에서는 화천현이 회양도호부의 동쪽 30리에 있다
고 하였다.(권47, 회양)

斤尸波兮/文峴縣

o 문등현(文登縣)은 원래 고구려의 문현현(文峴縣)을 경덕왕이 개칭한
것인데 지금도 그대로 부른다.(《삼국사기》 권35, 지리 2)

o 문현현(文峴縣)은 근시파혜(斤尸波兮)라고도 한다. (《삼국사기》 권
37, 지리 4)

《斤尸波兮》는 기초한자음이 《kiən—si—pâ—ɤei》인데 《尸》가 리두
에서는 흔히 《리/ㄹ》의 표기로 되는것만큼 그것은 《거리바히》의 음역으
로 될수 있다. 《거리》는 《글》의 고형이며

o 글월 문 文. 글월 서 書(《훈몽자회》 상 34)

《바히》는 지명단위어로서 흔히 《巖》 또는 《峴》으로 대응된다. 그리하
여 《文峴》은 《거리바히》를 의역한것으로 된다.

한편 《文峴》을 《文登》으로 개칭한것은 《登》이 《오르다》의 뜻이
있어 《고개》의 뜻인 《峴》과 의미적인 공통성이 있는것과 관련되여있다.

《신증동국여지승람》에 의하면 문등현은 회양부의 동쪽 40리에 있었

는데 고려 현종때에 춘주(春州)에 이관하였다고 한다. (권47, 회양)

加兮牙/各連城郡/客連城

о 련성군(連城郡)은 원래 고구려의 각련성군(各[客]連城郡)을 경덕왕이 개칭한것인데 지금의 교주(交州)이다.(《삼국사기》 권35, 지리 2)

о 객[각]련군(客[各]連郡)은 가혜아(加兮牙)라고도 한다. (《삼국사기》 권37, 지리 4)

《加兮牙》는 기초한자음이 《ka-ɤei-ŋa》이니 그 류사음에 의하여 《가리가/가리기》에 대한 음역으로 되며 《各連城/客連城》의 《各連/客連》은 《kâk-liän/kʻɐk-liän》이니 《가리》에 대한 음역으로 되고 《城》은 《가/기》에 대한 의역으로 된다.*

  * 《城》과 《기》의 대응은 《潔城 : 結己》, 《悅城 : 悅己》의 례가 있다.

《連城》은 《各連城/客連城》의 준말형태에 대한 표기변종으로 인정된다.

《신증동국여지승람》에서는 1310년(고려 충선왕 2년)에 이 고장을 회양(淮陽)으로 개칭하고 1413년(리조 태종 13년)에 도호부로 승격시키였다고 하면서 그 속현으로 화천현, 람곡현, 수입현, 장양현을 두었다고 하였다.(권47, 회양)

《삼국사기》에서는 련성군의 령현으로서 적목진(赤木鎭), 관술현(管述縣), 저수현현(猪守峴縣)을 들고있다.

沙非斤乙/赤木鎭

о 단송현(丹松縣)은 원래 고구려의 적목진(赤木鎭)을 경덕왕이 개칭한것인데 지금의 람곡현(嵐谷縣)이다. (《삼국사기》 권35, 지리 2)

о 적목현(赤木縣)은 사비근을(沙非斤乙)이라고도 한다. (《삼국사기》 권37, 지리 4)

《沙非斤乙》은 기초한자음이 《ṣa-piəi-kiɐn-ʔiet》이니 《사비거리》에 대한 음역으로 되며 《赤木》은 그 의역으로 된다. 고구려지명의 리두식표기에서 《沙非》는 《沙伏》과 함께 《赤》에 대응하는 음역자로 쓰이고있었으며(례: 沙伏忽 : 赤城)《가리/거리》의 의역자로는 《松》이 대응하였으니(례: 麻耕伊 : 靑松) 그것이 《木》에 대응하는것은 이상할것이 없다.

후기신라에서 《丹松》으로 개칭한것은 이러한 사정에 의하여 설명할수 있으나 고려에서 《嵐谷》으로 개칭한것은 이와 직접적인 련관이 없다고 본다.

《신증동국여지승람》에서는 람곡현이 부의 서쪽 30리에 있었는데 련성군(連城郡)의 령현으로 되였다고 하였다. (권47, 회양)

管述縣

o 일운현(軼雲縣)은 원래 고구려의 관술현(管述縣)을 경덕왕이 개칭한것인데 지금은 미상하다. (《삼국사기》 권35, 지리 2)

o 일운(軼雲)은 남쪽으로 35리이며 신안역의 땅이다. …
본래 관술(管述)인데 경덕왕 16년에 일운(軼雲)으로 고쳐서 련성군(連城郡)의 령현으로 만들었다. (《대동지지》 강원도 회양)

《管述》의 《管》은 《고지/구지》의 의역이며 《述》은 기초한자음이 《džiuet》이니 설내입성 《-t》가 《ㄹ》로 대치되는 조건에서 《술/수리》의 음역으로 될수 있다.

《삼국사기》에서는 이 고장에 대해서 잘 알수 없다고 하였으며 《신증동국여지승람》에도 그에 대한 기록이 없으나 《대동지지》에서는 이 고장이 회양의 령현으로서 남쪽 30리의 신안역을 끼고있는 땅이라고 하였으니 《고지수리/구지수리》는 그 어떤 산봉우리의 이름을 딴 지명이였을것이다.

鳥生波衣/猪閃峴/猪守峴縣

o 희령현(豨嶺縣)은 원래 고구려의 저수현현 (猪守峴縣)을 경덕왕이 개칭한것인데 지금은 미상하다.(《삼국사기》 권35, 지리 2)

o 저란현현 (猪闌*峴縣)은 오생파의(烏*生波衣) 또는 저수(猪守)라고도 한다. (《삼국사기》 권37, 지리 4)

　* 《闌》은 《閃》의 오자이며 《烏》는 《鳥》의 오자이다.

o 희령(豨嶺)은 동남쪽으로 110리이며 마희령의 남쪽, 장양(長楊)의 서북쪽 30리이다. … 경덕왕 16년에 희령으로 고쳐서 련성군(連城郡)의 령현으로 만들었다. (《대동지지》 강원도 회양)

《鳥生波衣》는 기초한자음이 《teu-sɐŋ-pa-ʔiəi》이니 그 류사음에 의한 《도시바히》의 음역으로 되며 《猪守峴》의 《猪》는 《도티/돋》의 변이형인 《도시》의 의역으로 되고 《守》는 《siu》이니 《도시》의 《시》를 보충적으로 음역한것으로 된다.

○ 돋 희 豨 (《훈몽자회》 상 18)

○ 돋 시 豕(《훈몽자회》 상 19)

그리고 《峴》은 《波衣》에 대응하는 의역자로 된다.

한편 《猪閃峴》의 《閃》은 《sï̆äm》으로서 《守》처럼 《도시》의 《시》에 대한 보충적음역이며 《猪守》는 《猪守峴》의 준말형태이다. 《豨嶺》은 《도시바히》의 의역으로 된다.

《삼국사기》에서는 이 현에 대해서 잘 알수 없다고 하였는데 《신증동국여지승람》에서도 특별히 언급이 없다. 그러나 《대동지지》에서는 이 고장이 회양의 동남쪽 110리에 있고 장양의 서북쪽 30리에 있다고 하였으니 《도시바히》는 금강산일대의 어느 한 고장으로 추측된다.

要隱忽次/楊口郡

○ 양록군(楊麓郡)은 원래 고구려의 양구군(楊口郡)을 경덕왕이 개칭한 것인데 지금의 양구현(陽溝縣)이다. (《삼국사기》 권35, 지리 2)

○ 양구군(楊口郡)은 요은홀차(要隱忽次)라고도 한다.(《삼국사기》 권 37, 지리 4)

《要隱忽次》의 《忽次》는 기초한자음이 《xuɐt-ts'ie》로서 고구려의 지명표기에서는 《고지/구지》의 음역자로 흔히 써왔으며 그 의역자로 《口》를 대응시켜왔다.

《要隱》은 기초한자음이 《ʔiau-ʔiən》이니 그 류사음에 의해서 《오리》의 고형인 《어니/우니》에 대한 음역으로 될수 있다.

○ 오리나모(楡理木)(《역어류해》 하 42)

《오리나무》는 산기슭에 흔히 나는 잎지는 나무인데 그 의역자인 《楡》와 《버드나무》의 뜻인 《柳》는 나무의 생태적인 류사성과 함께 한자음의 류사성으로 하여 예로부터 나란히 써온 사실에 대해서 《강회자전》이 전하고있다.(진집, 중, 목부)

그런데 《楊》과 《柳》는 동의적인 관계에 있을뿐아니라 《楊》은 기초한자음이 《?iaŋ》이니 류사음으로 《어니/우니》의 음역이 될수 있다.

그리고 《고지/구지》의 의역자로 《口》를 덧붙여 《楊口》라고 하게 된것이다.

《신증동국여지승람》에서는 이 고장이 동쪽으로 34리를 가면 린제현이 되고 남쪽으로 32리에는 춘천부가 있고 서쪽으로 31리에는 랑천현이 있으며 북쪽으로는 회양땅과 잇닿아있다고 하였다.(권47, 양구)

《삼국사기》에서는 이 군의 령현으로 저족현(猪足縣), 옥기현(玉岐縣), 삼현현(三峴縣)을 들고있다.

鳥斯廻/猪足縣

o 희제현(稀蹄縣)은 원래 고구려의 저족현(猪足縣)을 경덕왕이 개칭한 것인데 지금의 린제현(麟蹄縣)이다. (《삼국사기》 권35, 지리 2)

o 저족현(猪足縣)은 조사회(鳥斯廻)라고도 한다.(《삼국사기》 권37, 지리 4)

《鳥斯廻》의 《鳥斯》는 기초한자음이 《teu−sie》이니 《도시》의 음역으로 될수 있으며 《廻》는 《돌다》의 뜻으로서 《도리/도라》의 의역으로 된다. 그리하여 《鳥斯廻》는 《도시도리/도시도라》의 표기로 된다.

한편 《猪足》의 《猪》는 《돌》의 뜻으로서 그 변이형인 《도시/돗》의 의역으로 되며 《足》은 《다리》의 뜻으로서 그 변이형인 《도리/도라》의 의역으로 되는데 이 경우에는 동음이의적인 의역으로 될것이다.

o 도틱 삿기 猪 . (《사성통해》 상 63)

o 다리 술흘 배혀 피를 입의 븓고(《동국신속삼강행실》 효자 5:34).

그리하여 《猪足》은 《도시다리/돗다리》의 표기로 되며 《鳥斯廻》의 표기변종으로 될수 있다.

《신증동국여지승람》에서는 이 고장의 동쪽으로 72리에 양양부가 있고 남쪽으로 53리에 홍천현이 있으며 서쪽으로는 양구현, 북쪽으로는 간성군이 잇닿아있다고 하였다.(권46, 린제)

皆次丁/玉岐縣

o 치도현(馳道縣)은 원래 고구려의 옥기현(玉岐縣)을 경덕왕이 개칭한 것인데 지금의 서화현(瑞禾縣)이다. (《삼국사기》 권35, 지리 2)

o 옥기현(玉岐縣)은 개차정(皆次丁)이라고도 한다. (《삼국사기》 권37,

지리 4)

《皆次丁》은 추정되는 기초한자음이 《käi-ts'ie-teŋ》이니 《가시더》의 음역으로 될수 있다. 《가시》는 《구슬》의 고형인 《고시》의 변이형으로서 그것을 의역한것이 《玉》이다.

ㅇ 珠曰 區戌 (《계림류사》 고려방언)

ㅇ 구슬 그므리 우희 두퍼잇ᄂ니 (《월인석보》 14/72)

《더》는 지명의 단위어인 《터》의 고형인데 동의적인 단위어인 《기》의 의역자로는 《城》이 있으며 그 음역자로는 《gie》인 《岐》를 쓸수 있다.

《신증동국여지승람》에 의하면 이 고장은 린제현의 북쪽 60리에 있으며 후기신라에서는 서화현(瑞禾縣)으로 개칭하였는데 일명 서성(瑞城)이라고 한다고 하였다.(권46, 린제) 《瑞》는 원래 천자가 제후에게 주는 구슬을 가리키는것이니 그것은 《玉》에 대응되며 《城》은 《岐》에 대응된다고 할수 있다.

密波兮/三峴縣

ㅇ 삼령현(三嶺縣)은 원래 고구려의 삼현현(三峴縣)을 경덕왕이 개칭한것인데 지금의 방산현(方山縣)이다.(《삼국사기》 권37, 지리 4)

ㅇ 삼현현(三峴縣)은 밀파혜(密波兮)라고도 한다.(《삼국사기》 권37, 지리 4)

《密波兮》는 기초한자음이 《miĕt-pa-ɤei》인데 설내입성 《-t》가 《ㄹ》로 대응되는 조건에서 그것은 《미루바히/밀바히》의 음역으로 된다. 그것을 의역한것이 《三峴》인데 《峴》은 지명단위어로서 《자히/재》의 의역자로 쓰이기도 하며 《바히》의 의역자로 쓰이기도 한다.

여기서 주목되는것은 《미루/밀》과 《三》의 대응이다. 이것은 《셋》의 옛날말인 《미루》가 신라의 지명표기에도 나타나지만(례: 推良火 : 三良火) 후기에는 우리 말에서 쓰이지 않게 되고 일본말에서 그 흔적을 찾아볼수 있다는 견해가 있다.[주]

[주] 《세나라시기의 리두에 대한 연구》(류렬, 과학,백과사전출판사, 1983년)에서는 일본말에서 《三》은 《미쯔》라고 하는데 그것은 《미루/미두》의 옛자취일수 있다고 하였다.(250페지)

그러나 《三》을 《悉》, 《史》에 대응하는 《서/시》의 음역자로 쓴 《三陟 = 悉直, 史直》의 실례를 념두에 둘 때 고구려의 지명해석에서 《서/시》와 《三》의 대응이 가능하며 중세국문문헌에서도 《三》은 《서/세》로 되여있다.

ㅇ 뽈 서홉 (《구급간이방》 3/70)

ㅇ 三은 세히오 (《월인석보》 1/15)

일반적으로 수사는 기본어휘로서 그 공고성으로 하여 쉽사리 변하는 법이 없다는것은 언어학의 상식에 속하는 문제이다.

《미루/밀》과 《三》의 대응은 고구려에 고유한것이 아니라 신라의 경우에도 있었는데 만일 이것이 기본수사라면 력사적으로 계속 전승되여야 할것이다. 그런데 《미루/밀》과 《三》의 대응은 옛지명표기이외에 더는 찾아볼수 없으며 중세국문문헌에도 그 흔적은 전혀 반영되여있지 않다.

《三》의 기본수사는 《서/세》로서 《미루/밀》이라는 말은 기본수사인 《서/세》와는 무관계한것으로서 다른 표식에 의한 명명으로 될것이다.

후기신라에서 《三峴》을 《三嶺》으로 바꾸고 고려에서 《方山》으로 개칭하였는데 《方》은 《모》의 뜻으로서 《미루》의 축약형인 《미/모》의 의역으로 된다. 그런데 《모》는 《모퉁이》의 뜻으로 쓰이며 한편 동음이의적으로 《뫼》의 변이형으로도 된다.

ㅇ 담 모히 쪼 깁스위도다 (《두시언해》 6/22)

ㅇ 먼 모히 ㄷ토와 도왓고 (《두시언해》 2/23)

그리고 《山》은 《峴》, 《嶺》과 의미적인 공통성을 가지고 쓰이는 지명단위어의 표기로 된다.

《신증동국여지승람》에 의하면 이 고장을 후기신라에서는 양록군(楊麓郡)의 령현으로 하였다가 고려에서 방산현으로 개칭하면서 회양부로 소속시키였는데 1424년(리조 세종 6년)에 다시 양구군의 령현으로 하였다고 한다.(권47, 양구)

也尸買/狌川郡

ㅇ 랑천군(狼川郡)은 원래 고구려의 생천군(狌川郡)을 경덕왕이 개칭한 것인데 지금도 그대로 부른다. (《삼국사기》 권35, 지리 2)

ㅇ 생천군(狌川郡)은 야시매(也尸買)라고도 한다.(《삼국사기》 권37, 지

리 4)

《也尸買》는 기초한자음이 《ia-sie-mä》인데 《尸》는 리두식표기에서 《리》의 음역자로 쓰이는것만큼 《也尸買》는 《이리마》의 표기로 되며 이것을 의역한것이 《狌川》이고* 《狼川》이다.

o 일히 랑 狼 (《훈몽자회》 상 32)

   * 《狌》은 원래 《성성이》나 《삵》 등을 가리키는것이지만 리두에서는 흔히 《이리》를 가리키는데 통용되고있었다.

《신증동국여지승람》에 의하면 이 고장은 동쪽으로 45리가 양구현과의 경계가 되고 남쪽으로 23리가 춘천부와의 경계가 되며 서쪽으로 64리가 김화현, 북쪽으로 56리가 금성현과의 경계로 된다고 하였다. 그리고 현의 진산인 《狌山》이 소재지의 서쪽 1리예 있고 거기에 산성이 있다고 하였으며 동남방으로 여러 갈래의 내가 흐른다고 하였으니(권47, 랑천) 이곳 지명은 여기에서 유래된것이라고 할수 있다.

也次忽/母城郡

o 익성군(益城郡)은 원래 고구려의 모성군(母城郡)을 경덕왕이 개칭한것인데 지금의 금성군(金城郡)이다. (《삼국사기》 권35, 지리 2)

o 모성군(母城郡)은 야차홀(也次忽)이라고도 한다.(《삼국사기》 권37, 지리 4)

《也次忽》은 기초한자음이 《ia-tsʼie-xuət》으로서 설내입성 《-t》는 우리 말에서 《ㄹ》로 대응되는것만큼 《어시골/아시골》의 음역으로 된다. 《어시/아시》는 《어이딸》이라는 말에서의 《어이》의 고형이다. 그것은 《어시 〉 어△ㅣ 〉 어이》의 변화과정을 밟아왔는데 《母》는 그 의역으로 된다.

o 어△ㅣ를 이받노라(《월인석보》 2/13)

o 아바님도 어이이신마ㄹ는 어마님ㄱ티 괴시리 업세라(《악장가사》 사모곡)

그리고 《城》은 《골》의 의역으로 된다.

o 가을 7월에 고구려가 북쪽변경을 침범하므로 우리 군사가 백제와 함께 군사를 합하여 모산성아래서 이를 쳐서 크게 이겼다.(秋七月 高句麗侵北邊 我軍與百濟 合擊於母山城下 大破之)(《삼국사기》 권

3, 신라본기 3)

484년(신라 소지마립간 6년)에 고구려는 신라의 북쪽변경인 《母山城》을 친 일이 있었는데 《대동지지》에서는 《母城》을 《母山城》으로 인정하면서 484년의 싸움이 오늘의 강원도 금성에서 있었던것으로 보고있다.(권15, 강원도 금성, 전고)

이 기사는 《삼국사기》의 신라본기에만 나오고 고구려본기나 백제본기에 나오지 않는것으로 보아 고구려나 백제로서는 큰 사변으로 기록할만한 일이 아니였음을 말해주고있다. 그러나 신라본기에서 특별히 기록한것으로 보아 김정호는 이 싸움의 장소를 오늘의 금성으로 비정한것 같다.

그는 《삼국사기》 백제본기에 의하면 483년 봄에 백제의 동성왕이 한산성에 나가 사냥을 하고 군사와 백성을 위무하고 열흘만에 돌아왔다고 하였는데 그 이듬해인 484년에 고구려와 신라, 백제와의 접전이 충청북도 남부지방에서 벌어졌겠는가 하는 점에 의혹을 가진것 같으며 또한 진천을 당시 신라의 북변으로 간주할수 있겠는가도 문제로 삼은것 같다. 그것이 사실이라면 지리상으로 가까와 절실한 리해관계를 가지는 백제가 그에 대한 기록을 어째서 남기지 않았겠는가 하는 의혹도 있어 김정호는 484년에 고구려가 침범하였다는 모산성을 금성으로 본것으로 생각된다.

그러나 모산성을 충청북도 진천의 대모산성으로 보는 견해도 있다.[주] 그것은 고구려가 이때 오늘의 충청북도 남부지방에서 신라, 백제의 북변에 대한 새로운 공격을 조직하였다는 전제밑에 내린 추정이다.

[주] 《고구려사 (1)》(손영종, 과학백과사전종합출판사, 1991년) 366페지, 《조선전사 3》(과학백과사전종합출판사, 1991년) 154페지. 《조선단대사(고구려사 4)》(손영종, 과학백과사전출판사,주체 97〈2008〉년) 181페지.

이 고장의 이름인 《母城》을 그 후에 《益城》으로 개칭한것은 본래 이름이 《어시골》이였던 점을 고려한것으로 생각되며 《金城》으로 개칭한것은 원래 이름과 관련이 없는것이라고 본다.

《신증동국여지승람》에 의하면 이 고장은 동쪽으로 105리를 가면 회양부 장양현과 경계가 되고 서쪽으로 37리를 가면 평강현과 경계가 되며 남쪽으로는 랑천현, 북쪽으로는 회양부가 잇닿아있다고 하였다.(권47, 금성)

冬斯忽郡/岐城

o 기성군(岐城郡)은 원래 고구려의 동사홀군(冬斯忽郡)을 경덕왕이 개칭한것인데 지금도 그대로 부른다. (《삼국사기》 권35, 지리 2)

《冬斯忽》은 기초한자음이 《toŋ-sie-xuət》인데 류사음에 의해서 《도리골》의 음역으로 될수 있다. 이것을 의역한것이 《岐城》이니 《도리》와 《岐》, 《골》과 《城》이 대응된다고 할수 있다.

o ㄷ리 뎨 梯 (《훈몽자회》 중 7)

o ㄷ리 계 階 (《석봉천자문》 20)

《도리》는 《ㄷ리》의 변이형으로서 그것은 그 어떤 갈래를 의미하는 경우에 쓰이기도 한다.

《신증동국여지승람》에 의하면 이 고장은 금성현의 북쪽 48리에 있었다고 하니 북쪽 45리에 있다는 백역산(白亦山-해발 1 109m)을 중심으로 한 일대에 있었을것이다.(권47, 금성)

《삼국사기》에서는 이 군의 령현으로 수입현(水入縣)을 들고있다.

買伊/水入縣

o 통구현(通溝縣)은 원래 고구려의 수입현(水入縣)을 경덕왕이 개칭한것인데 지금도 그대로 부른다. (《삼국사기》 권35, 지리 2)

o 수입현(水入縣)은 매이현(買伊縣)이라고도 한다. (《삼국사기》 권37, 지리 4)

《買伊》는 기초한자음이 《mä-ʔie》로서 《마히》의 음역으로 되며 그것을 의역한것이 《水入》으로 된다. 즉 《水》는 《물》의 고형인 《마》에 대응되며 《入》은 《입/히》에 대응된다. 《通溝》는 《물이 통해 들어가는 도랑》이라는 뜻이므로 《마히/마입》을 형상적으로 의역한것으로 된다.

《신증동국여지승람》에서는 금성현의 속현으로 통구현을 들고있는데 그것은 현의 북쪽 6리에 있었다고 한다.(권47, 금성) 통구현의 서쪽 7리에 다경진(多慶津)이 있는데 그곳은 금성천이 북한강상류로 합류하는 곳이니 《水入》이라는 지명이 이와 관련된것으로 추정된다.

首次若/烏尸乃/牛首州

o 삭주(朔州)는 가탐(賈耽)의 고금군국지(古今郡國志)에 이르기를 《고

구려의 동남쪽과 예의 서쪽이 옛날 맥의 지역》이라 하였으니 아마 지금 신라의 북삭주(北朔州)인듯 하다. 선덕왕 6년(당나라 정관 11년)에 우수주(牛首州)로 만들고 군주를 두었고 [문무왕 13년(당나라 함형 4년)에 수약주(首若州)를 설치하였다고 한다.] 경덕왕이 개칭한 것인데 지금의 춘주(春州)이다.(《삼국사기》 권35, 지리 2)

o 수약주(首若州)는 首를 頭로도 쓰며 수차약(首次若) 또는 오근내(烏根乃*)라고도 한다. (《삼국사기》 권37, 지리 4)

> * 《烏根乃》의 《烏》는 《鳥》의 오자이며 《根》은 《尸》를 잘못 쓴 《斤》과 음이 같다고 하여 가져다 쓴것이다.

《首次若》은 기초한자음이 《śiu-ts'ie-ñiak》이니 그 류사음에 의해서 《수시나》의 음역으로 될수 있다.

한편 《鳥尸乃》의 《鳥》는 《사이/새》의 뜻이니 《사》의 표기로 되고 《尸乃》는 《sie-niei》로서 《시나》의 음역자로 쓰인것이라고 할수 있다.

그러니 《首次若》와 《鳥尸乃》는 다 등가적인 《수시나/사시나》의 표기로 될것이다. 그리고 《首若》은 《首次若》에서 《次》가 줄어든것이니 《수나》의 표기라고 할수 있다. 이 경우에 《수시나/수나/사시나》의 《수시/수/사》는 표식어이며 《나》는 단위어로 된다.

그런데 이 고장을 《牛首州》로 고치고 《牛首》는 《牛頭》로도 쓴다고 하였다. 《牛》는 그 뜻이 《소》인데 그 선행형태는 《쇼》이다.

o 쇼 우 牛(《훈몽자회》 상 19)

《쇼》는 어음상 《수》와 류사성을 가지고있어 표식어로서의 《수/사》의 표기와 등가적인것이라고 할수 있다.

그리고 《首/頭》의 뜻은 《머리》인데 그 선행형태는 《마리》이다.

o 마리 두 頭, 마리 슈 首 (《훈몽자회》 상 24)

o 頭曰 麻帝(《계림류사》 고려방언)

o 頭 墨二 (《화이역어》 조선관역어)

이 《마리》는 《마을》의 고형인 《ᄆᆞᅀᆞᆯ》과 일정한 어음적류사성을 가지고있다.

o ᄆᆞᅀᆞᆯ 리 里, ᄆᆞᅀᆞᆯ 촌 村 (《훈몽자회》 중 8)

그리하여 《首/頭》는 《里/村》의 동음이의적인 의역자로 쓰일수 있는데 이것은 단위어의 표기로 볼수 있다.

결국 《수시/사시》는 표식어이며 《나》와 《마리/ᄆᆞ울》은 단위어들로서 같은 대상에 대한 별명인것이다.

《신증동국여지승람》에 의하면 부의 북쪽 6리에 소양강(昭陽江)이 있다고 하였는데(권46, 춘천) 《昭陽》은 사실상 《소나》를 음역-의역으로 표기한것이라고 할수 있다.

《삼국사기》에서는 춘주의 령현으로 벌력천현(伐力川縣), 횡천현(橫川縣), 지현현(砥峴縣)의 셋이 있다고 하였으나 《신증동국여지승람》에서는 춘천의 고적조항에서 고란산현(古蘭山縣)이 원래 고구려의 석달현(昔達縣)임을 밝히고있으며 《삼국사기》에서는 언급하지 않은 기린현(基麟縣)을 원래 고구려의 기지군(基知郡)이라고 소개하였다.

昔達/菁達縣

o 란산현(蘭山縣)은 원래 고구려의 석달현(昔達縣)을 경덕왕이 개칭한 것인데 지금은 미상하다. (《삼국사기》 권35, 지리 2)

o 청달현(菁達縣)은 석달(昔達)이라고도 한다.(《삼국사기》 권37, 지리 4)

《昔達》의 《昔》은 《눌ㄱ/낡다》의 뜻이니 그 고형인 《나라》를 의역한것으로 된다.

o 눌ㄱ니이나 허니를 맛나든(《월인석보》 21/146)

그리고 《達》은 《다라/달》의 음역으로 된다.

한편 《蘭山》의 《蘭》은 《lân》이니 그 류사음에 의하여 《나라/나》의 음역으로 될수 있으며 《山》은 고구려지명의 단위어로 많이 쓰이는 《다라/달》의 의역으로 된다.

그리고 《菁達》의 《菁》은 대응하는 옛날말인 《나라/나》의 의역이 아닌지 의심된다.[주]

[주] 《세나라시기의 리두에 대한 연구》(류렬, 1983년, 과학,백과사전출판사)에서는 일본말에서 오늘도 《부추》를 《나라》라고 한다고 하였다.(304페지)

《신증동국여지승람》에 의하면 옛란산현은 원래 고구려의 석달현인데 신라 경덕왕때 란산으로 개칭하고 우두주의 령현으로 만들었다고 하였다.(권46, 춘천)

基麟/基知郡

o 기린현(基麟縣)은 부의 동쪽 140리에 있는데 원래 고구려의 기지군 (基知郡)이다. 고려가 지금이름으로 개칭하여 소속시켰다.(《신증동 국여지승람》 권46, 춘천)

《基知》는 기초한자음이 《kiə-tie》이나 우리 말에서 자주 보이는 《ㄷ/ㄹ》의 교체를 념두에 둘 때 그것은 《기리》의 음역일수 있다. 그리 하여 《基麟》으로 개칭한것인데 《基麟》의 기초한자음은 《kiə-lien》이니 《기리》의 표기변종으로 될수 있는것이다.

《신증동국여지승람》에서는 기린현이 부의 동쪽 140리에 있다고 하였 는데 바로 그곳에 기리산(해발 1051m)이 춘천과 홍천의 경계에 놓여있으 니 이 고장의 이름은 이에 근거한것이라고 할수 있다.

伐力川縣

o 록효현(綠驍縣)은 원래 고구려의 벌력천현(伐力川縣)을 경덕왕이 개 칭한것인데 지금의 홍천현(洪川縣)이다.(《삼국사기》 권35, 지리 2)

《伐力川》의 《伐力》은 기초한자음이 《biɐt-liək》으로서 《바리/바 라》의 음역으로 되며 《川》은 《마》의 의역으로 된다.

《綠驍》의 《綠》은 《파랗다》의 《파라》의 고형인 《바라/바리》를 의역한것이다. 결국 《바리마》의 표기로 되는 《伐力川》과 《綠驍》는 한 지명에 대한 서로 다른 표기이다.

《신증동국여지승람》에 의하면 홍천현의 남쪽 2리에 남천(南川)이 있 어 그것이 서쪽으로 소양강에 흘러들어간다고 하였으니(권46, 홍천) 이 남 천의 옛이름이 곧 《바리마》가 아닌지 모르겠다.

홍천현은 동쪽으로 72리를 가면 린제현이 되고 남쪽으로는 34리에 횡 성현이 잇닿아있으며 서쪽으로 37리를 가면 경기의 지평현이 되고 북쪽으 로 22리가 춘천부와의 경계로 된다고 하였다.(권46, 홍천)

砥峴縣

o 지평현(砥平縣)은 원래 고구려의 지현현(砥峴縣)을 경덕왕이 개칭한 것인데 지금도 그대로 부른다.(《삼국사기》 권35, 지리 2)

《砥峴》의 《砥》는 《숫돌》, 《갈다》의 뜻이 있는 글자이니 《가라/ 갈》의 의역자로 된다.

o 약 가다(砥藥)(《역어류해》 상 63).

《峴》은 지명의 단위어로 자주 쓰이는 의역자인데 《砥峴》을 후에 《砥平》으로 개칭한것으로 보아 《가라벌/갈벌》을 《砥峴》으로 표기한것 일수 있다.

《신증동국여지승람》에서는 지평현을 후기신라에서 삭주의 령현으로 하였다가 고려 현종때 광주에 소속시키였다고 하면서 동쪽으로 47리를 가면 원주와 경계가 되고 남쪽으로 16리를 가면 려주땅이 되며 서쪽으로는 21리에 양근군, 북쪽으로는 43리에 홍천현이 있다고 하였다.(권8, 지평)

於斯買/橫川縣

o 황천현(潢川縣)은 원래 고구려의 횡천현(橫川縣)을 경덕왕이 개칭한 것인데 지금은 횡천으로 회복되였다. (《삼국사기》 권35, 지리 2)

o 횡천현(橫川縣)은 어사매(於斯買)라고도 한다.(《삼국사기》 권37, 지리 4)

《於斯買》는 기초한자음이 《ʔia-sie-mä》이니 《어시마》의 음역으로 되며 그것을 의역한것이 《橫川》이다.

o 橫防 엇 마기 (《룡비어천가》 6/40)

o 믈겨틔 엇 마ᄀ시니(《룡비어천가》 44장)

《어시》는 《엇》의 고형이며 《마》는 《믈》의 변이형이다.

횡천(橫川)이라는 이름은 홍천(洪川)과 음이 비슷해서 섞갈리기 쉬우므로 리조 태종 14년에 횡천을 횡성(橫城)으로 고치였다고 하였다.

《택리지》에서는 횡성현에 대해서 동북은 오대산 서쪽의 물을 받아 서남쪽으로 원주에 이르러 섬강이 되여 흥원창(興元倉) 남쪽으로 흘러들어가서 충주강 하류와 합하니 이 두 강사이에 마을들이 있다고 하였으며 《신증동국여지승람》에서는 이 고장을 가로질러 흐르는 서천(西川)이 현의 서쪽 4리에 있다고 하였으니(권46, 횡성) 두 문헌의 서술이 비슷한데 《어시마》라는 이름은 《강이 가로질러 흐른다.》는 이곳의 지형상특징에서 나온것으로 보인다.

이 고장은 남쪽으로 13리, 서쪽으로 42리를 가면 원주가 되고 북쪽으로 42리를 가면 홍천현이 되고 동쪽으로 68리를 가면 강릉부가 된다고 하였다.

平原郡/北原

o 북원경(北原京)은 원래 고구려의 평원군(平原郡)으로서 문무왕이 북
원소경(北原小京)을 설치하였고 신문왕 5년에 둘레가 1천 31보인
성을 쌓았으며 경덕왕이 그대로 두었는데 지금의 원주(原州)이다.
(《삼국사기》 권35, 지리 2)

o 평원군(平原郡)은 북원(北原)이다. (《삼국사기》 권37, 지리 4)

《平原》은 《버러나/벌나》의 의역으로 된다. 고구려지명에서 《平》이
《버러/벌》의 의역자로 쓰인것은 흔히 있는것이며 《原》은 지명단위어로
서의 《나》의 의역자로 쓰인것이라고 할수 있다.

그리고 《北原》은 신라의 문무왕(재위: 661-681년)이 각지의 주요지
점에 《小京》을 두었는데 《東原》, 《西原》, 《中原》을 두면서 그에 상대
하여 붙인 이름이다. 따라서 이것은 고구려에서 붙인 별명이 아닌것이다.

《신증동국여지승람》에서는 고려초에 이 고장의 이름을 《原州》로
고치였다고 하였는데 그것은 《北原》의 《原》을 따서 붙인 이름이다. 그
리고 속현으로 주천현(酒泉縣)을 소개하고있으나 《삼국사기》에서는 그것
을 나성현(奈城縣)의 속현으로 밝히고있다.(권46, 원주)

酒淵縣

o 주천현(酒泉縣)은 원래 고구려의 주연현(酒淵縣)을 경덕왕이 개칭한
것인데 지금도 그대로 부른다. (《삼국사기》 권35, 지리 2)

《酒淵》은 《수블소/술소》의 의역으로 된다.

o 술 쥬 酒(《훈몽자회》 중 21)

o 소 담 潭, 소 츄 湫(《훈몽자회》 상 5)

《신증동국여지승람》에 의하면 이 현의 남쪽 길가에 돌구유를 절반
쪼개놓은것 같은 돌이 있는데 전설에 의하면 갑자기 벼락이 치면서 돌이
셋으로 쪼개져서 못이 생기고 이 돌이 생겼다고 한다. 그리고는 샘에서 술
과 같은 약수가 솟아나 사람들이 쪼개진 돌을 《酒泉石》이라고 하였다고
전한다.(권46, 원주)

그리하여 후기신라에서는 이 고장의 이름을 《酒泉》이라 고치였는데
이 고장을 일명 《鶴城》이라 하게 된것은 주의 동쪽 치악산의 남쪽 등마
루에 있는 《鵂原城》과 관련된것으로 추정된다.(권46, 원주)

于烏/郁烏縣

o 백오현(白烏縣)은 원래 고구려의 욱오현(郁烏縣)을 경덕왕이 개칭한
  것인데 지금의 평창현(平昌縣)이다. (《삼국사기》 권35, 지리 2)

o 우오현(于烏縣)은 욱오(郁烏)라고도 한다.(《삼국사기》 권37, 지리 4)

《于烏》, 《郁烏》는 《오가마/우가마》의 표기로 되는데 《于》는 기초
한자음이 《ᴣio》로서 《오》, 《郁》는 《ʔiuk》으로서 《우》의 음역으로 되
며 《烏》는 《가마》의 의역으로 된다. 《가마》는 《가마귀/감다》의 고형
으로서 《烏/黑》의 뜻으로 된다.

o 빗대엿 가마괴(《두시언해》 2/25)

o 이 가믄 뵈예 됴ᄒᆞ니는 갑시 언매며(《로걸대언해》 하 53)

후기신라에서 《白烏》로 개칭한것으로 보아 《오/우》는 《白》에 대응
하는것으로 되는데 아직 문헌적인 근거는 찾지 못하였다.

《신증동국여지승람》에 의하면 후기신라에서는 나성군 (奈城郡)의 령
현으로 있었는데 고려에서 평창(平昌)으로 개칭하고는 원주에 소속시키였
다고 한다.(권46, 평창)

奈生郡

o 나성군(奈城郡)은 원래 고구려의 나생군(奈生郡)을 경덕왕이 개칭한
  것인데 지금의 녕월군(寧越郡)이다. (《삼국사기》 권35, 지리 2)

《奈生》은 기초한자음이 《nâ-ṣeŋ》이니 《나사》에 대한 음역이며
《奈城》의 《奈》는 《나》의 음역이고 《城》은 《사》의 의역으로 추정된
다. 그리고 《寧越》은 《neŋ-ᴣiuɐt》이니 《나구루/나골》의 음역으로 되
여 《奈城》과의 대응이 이루어진다. 그렇다면 《사》와 《城》, 《구루/
골》과 《城》이 대응하는것으로 될것이다. 추측컨대 《사》는 지명단위어로
서 《城》의 뜻으로 쓰이는 《잣》의 고형인 《사시》와 련관이 있는것일수
있다.

o 잣 성 城(《훈몽자회》 중 8)

그리고 《구루/골》이 지명단위어로서 《城》과 대응되는것은 고구려지
명에서 많은 례를 들수 있다.(冬斯忽 : 岐城, 冬比忽 : 開城)

《신증동국여지승람》에 의하면 군의 동쪽 1리에 있는 금장강(錦障江)
과 서쪽 9리에 있는 후진(後津)이 군의 남쪽 4리에 있는 금봉연(金鳳淵)에

서 합류하여 남으로 흘러간다고 하였으니 《나사》나 《나구루/나골》의 《나》는 《내》의 고형인 《나리》의 변이형일것이다.

o 正月ㅅ 나릿 므른 아ᄋ 어져 녹져 ᄒ논ᄃㅣ(《악학궤범》 동동)

녕월군은 동쪽과 남쪽으로 충청도 영춘현이 잇닿아있으며 서쪽으로는 충청도 제천현과 강원도 원주땅이 있고 북쪽으로 평창군이 있다고 하였다.(권46, 녕월)

屈火郡

o 곡성군(曲城郡)은 원래 고구려의 굴화군(屈火郡)을 경덕왕이 개칭한 것인데 지금의 림하현(臨河縣)이다. (《삼국사기》 권35, 지리 2)

《屈火》의 《屈》은 기초한자음이 《kʻiuət》이니 설내입성 《-t》가 우리 말에서 《ㄹ》로 대응되는것만큼 《구루/굴》의 표기로 될수 있으며 《火》는 《불》의 의역자로 될수 있다. 그런데 이것을 《曲城》으로 대응시킨것을 보면 《屈火》는 《曲》의 뜻인 《구불》의 표기로 볼수 있다.

o 굽고 서린 남그란 기피 입노라 (《두시언해》 9/14)

《신증동국여지승람》에 의하면 림하현(臨河縣)은 안동부의 동쪽 33리에 있다고 하였는데(권24, 안동) 그 고장은 락동강으로 흘러들어가는 반변천이 굽어져흐르는 곳으로서 지금도 이곳에 림하동이 있다.

곡성군(曲城郡)은 한때 안덕현(安德縣)을 령현으로 하고있었으나 림하현으로 개칭되면서 안동부의 령현으로 되였는데 동쪽으로 청송과 잇닿아있었다.

《삼국사기》에서는 이 군의 령현으로 이화혜현(伊火兮縣)을 들고있다.

伊火兮縣

o 연무현(綠武縣)은 원래 고구려의 이화혜현(伊火兮縣)을 경덕왕이 개칭한것인데 지금의 안덕현(安德縣)이다.(《삼국사기》 권35, 지리 2)

《伊火兮》의 《伊》는 기초한자음이 《ʔi》로서 《이》의 음역으로 되며 《火》는 《부리/불》의 의역이고 《兮》는 기초한자음이 《ɤei》이니 《이/히》의 음역으로 될수 있다.

그렇다면 《이불히/이불이》의 명명적계기는 무엇이겠는가?

이와 관련하여 《신증동국여지승람》에서는 흥미있는 자료를 제공하고있다. 즉 《安德縣》은 부의 남쪽 53리에 있는데 부의 남쪽 52리 되는 곳에 《於火峴》이 있다고 하였다.(권24, 청송) 《於火峴》은 《어불재》의 표기로 되는데 《어불》이란 《어불 〉 어불 〉 어울》의 변화과정을 밟은 《倂》의 뜻이다.

　o 둘히 어우러 精舍 빙ᄀᆞ라 (《석보상절》 6/26)

　o 살면 모디 죽고 어울면 모디 버으는거시니 (《월인석보》 2/15)

그렇기때문에 《증보문헌비고》에서는 《伊火兮》를 《倂火兮》로도 쓴다고 하였던것이니 결국 《伊火兮》는 《이불히》의 표기라기보다는 《어불히》의 표기로 보아야 하며 그것은 《어불재》가 있는 고장이라는데서 명명한것이라고 해야 할것이다.*

　　　* 연풍현과 문경현의 경계에 이화현(伊火峴)이 있는데 이것은 《이불이고개》로 불리우고있다.

《신증동국여지승람》에 의하면 청송부의 남쪽에 위치한 안덕현의 남쪽 22리에 보현산(普賢山)이 있다고 하였는데 그 산은 태백산줄기에서 동남쪽으로 뻗어져나간 팔공산줄기에 있는 산이다. 보현산(해발 1124m)과 연점산(해발 871m), 역마산(해발 647m), 장초산(해발 763m)의 산들로 사방이 둘러싸인 오늘의 청송군 명당동이 안덕현의 옛소재지이다.

고구려가 한때 안덕현까지 차지한 일이 있었으니 당시 신라의 판도는 남진한 고구려군사들에 의해서 동북방향에서 굉장히 압축되여있었던것으로 보인다.

고구려는 동해안을 따라 남진해가면서 신라의 수도를 측면에서 위협하고 자기 강역을 넓히는 작전도 벌려나갔다.

於乙買串/泉井郡

　o 정천군(井泉郡)은 원래 고구려의 천정군(泉井郡)인데 문무왕 21년에 이를 빼앗았으며 경덕왕이 개칭하고 탄항관문(炭項關門)을 쌓았는데 지금의 용주(湧州)이다. (《삼국사기》 권35, 지리 2)

　o 천정군(泉井郡)은 어을매(於乙買)라고도 한다. (《삼국사기》 권37, 지리 4)

《於乙買》는 기초한자음이 《ʔia-ʔiət-mä》로서 《이리마/어리마》의 음역으로 된다. 《泉井》과 《井泉》은 모두 그에 대한 의역이라고 할수 있다. 《이리/어리》는 《샘》이나 《우물》의 뜻을 나타내던 옛날말로서 고구려의 지명표기에서 그 대응의 례로는 《泉井口 : 於乙買》를 들수 있다.

이 고장은 일찍부터 고구려강역에 속해있었는데 후기신라때인 681년 (문무왕 21년)에 비로소 신라의 령역에 포함되게 되였다.[주]

> [주] 전기신라 진흥왕때 이 고장이 신라의 령역으로 되지 않았다는 점에 대해 서는 《전기신라의 북부강역와 진흥왕순수비문제에 대한 사료적고찰》(김 영황, 《김일성종합대학학보》 주체 99(2010)년 1호)을 참고하기 바란다.

한편 고려에서 개칭한 《湧州》는 《湧》이 물이 솟는다는 뜻이므로 《샘》이나 《우물》과 동의적인 관계가 있는데로부터 지은 이름이라고 할 수 있다.

《신증동국여지승람》에 의하면 이 고장이 목조, 익조, 도조, 환조 4대 의 고향이라고 하여 리조 세종 19년에 덕원(德源)으로 개칭하고 27년에 도 호부로 승격시키였다고 하는데 남쪽으로 25리를 가면 안변부가 되고 북쪽 으로는 16리 되는 곳이 문천군과의 경계로 된다고 하였다.(권49, 덕원)

《삼국사기》에서는 덕원부의 령현으로 매시달현(買尸達縣), 부사달현 (夫斯達縣), 동허현(東墟縣)을 들고있다.

買尸達縣/馬樹嶺/馬息山

o 산산현(蒜山縣)은 원래 고구려의 매시달현 (買尸達縣)을 경덕왕이 개 칭한것인데 지금은 미상하다.(《삼국사기》 권35, 지리 2)

《買尸達》의 추정되는 기초한자음은 《mā-sie-dât》이니 《마시달》 의 음역으로 될수 있다.

《신증동국여지승람》에서는 덕원부의 서쪽 30리에 마수령 (馬樹嶺)이 있는데 일명 마식산(馬息山)이라고도 한다고 하였으니(권45, 덕원) 《馬樹, 馬息》의 기초한자음은 각각 《ma-ʑio, ma-siək》으로서 《마시》의 음역 으로 되며 《山》은 《달》로 되니 결국 그것들은 《마시달》을 음역-의역 의 방법으로 표기한것이라고 할수 있다.

그런데 《마시달》을 후기신라에서 《蒜山》으로 개칭하게 된것은 당 시 《마시》가 《마늘》의 고형인것으로 하여 《蒜》으로 대응시킨것이라고 보아야 할것이다.

夫斯達縣/松山城

o 송산현(松山縣)은 원래 고구려의 부사달현(夫斯達縣)을 경덕왕이 개

칭한것인데 지금은 미상하다.(《삼국사기》 권35, 지리 2)

ㅇ 삼국시대의 지명만 있고 분명치 않은 지역: 송산성(松山城) (《삼국
사기》 권37, 지리 4)

《夫斯達》은 추정되는 기초한자음이 《pio—sie—dât》이니 《보시달》
의 음역으로 될수 있다. 그리고 《松山》은 그에 대한 의역으로 된다. 고구
려지명의 표기에서 《보시》가 《松》에 대응하는 다른 례로는 《夫斯波
衣 : 松峴》을 들수 있다.

《신증동국여지승람》에서는 덕원부의 동북 25리에 《松山》이 있다고
하였으니(권49, 덕원) 이 일대가 송산현이 될수 있다고 본다.

加知斤/杳壚縣

ㅇ 유거현(幽居縣)은 원래 고구려의 동허현(東*壚縣)을 경덕왕이 개칭한
것인데 지금은 미상하다.(《삼국사기》 권35, 지리 2)

　*《東》은 《杳》의 오자이다.

ㅇ 묘허현(杳壚縣)은 가지근(加知斤)이라고도 한다. (《삼국사기》 권37,
지리 4)

《加知斤》은 기초한자음이 《ka—tie—kiən》인데 우리 말에 흔히 있
는 《ㄷ/ㄹ》교체에 의하여 《디》가 《리》로 되여 《가리거리/가리걸》의
음역으로 될수 있다. 《가리》는 《가리다》의 어간으로서 《어둡다》와 동
의적관계에 있는 말이다.

ㅇ 힛 光을 ᄀ리ᄢ시니 (《월인석보》 2/75)

그리고 《거리/걸》은 지명단위어로서 《골》의 변이형으로 되는 말이
다. 《가리거리/가리걸》은 《가리워진 골》 즉 《어두운 곳》이라는 뜻의
말로 된다.

현대어의 경우에는 보기 드문 일이지만 옛날에는 용언어간이 토의 도
움없이 직접 명사의 우에 붙어서 합성어를 만드는 수법이 있었다. 례를 들
어서 용언 《비비다》, 《붉다》의 어간인 《비비》, 《붉》이 직접 명사와
결합하여 《비비송곳》, 《붉팥》과 같은 합성어를 조성하는 경우가 그러하
였다. 《가리거리/가리걸》의 경우도 용언 《가리다》의 어간인 《가리》가
직접 명사와 결합하여 이루어진 합성어인것이다.

한편 《杳墟》의 《杳》는 《어둡다》의 뜻이며 《墟》는 《터》의 뜻이니 《杳墟》는 《어두운 터》 곧 《가리워진 골》이라는 뜻의 말인 《가리도》를 의역한것으로 되며 이것을 달리 표현한것이 《그윽한 곳》 즉 《幽居》인것이다.

《신증동국여지승람》에서는 부의 서쪽 30리에 마식령이 있다고 하였는데(권49, 덕원) 그 골짜기를 타고 내려오면 깊은 개가 있고 고성리가 있으니 그 일대가 바로 유거현이 아닌지 의심스럽다.

比列忽郡/淺城/碑利城

o 삭정군(朔庭郡)은 원래 고구려의 비렬홀군 (比列忽郡)인데 진흥왕 17년에 … 비렬주(比列州)로 만들어 군주를 두었고 효소왕때에 둘레가 1천 1백 80보인 성을 쌓았으며 경덕왕이 개칭한것인데 지금의 등주(登州)이다. (《삼국사기》 권35, 지리 2)

o 천성군(淺城郡)은 비렬홀(比烈忽)이라고도 한다. (《삼국사기》 권37, 지리 4)

《比列忽》은 기초한자음이 《pie-liăt-xuət》으로서 《비리구루/비리골》에 대한 음역이며 《淺城》의 《淺》은 《벼랑》의 고형인 《벼로/벼ㄹ》의 변이형 《비리》의 의역으로 된다.

o 벼로 或云 빙애 地灘(《역어류해》 상 7)

o 벼로 峭崖(《한청문감》 1/39)

o 쇠별리 淵遷(《룡비어천가》 3/13)

《광개토왕릉비문》의 수묘인연호에 나오는 《碑利城》은 신라 진흥왕의 창녕비에도 나오는 지명인데* 《비리구루/비리골》인 《比列忽》의 표기 변종으로 된다.

* 창녕비에는 진흥왕이 창녕땅을 돌아볼 때 본래 신라땅인 《比自伐》과 《甘文》, 옛백제땅인 《漢城》, 옛고구려땅인 《碑利》의 군주 등 《四方軍主》를 대동한 사실이 기록되여있다.

《광개토왕릉비문》의 수묘인연호에서 《碑利城》을 《敦城》, 《新城》, 《平穰城》과 함께 《新來韓穢》에 넣지 않고 그 앞에서 따로 지적한것은 광개토왕때 이 고장들이 본래부터 고구려에 속한 령역이였기때문이다.[주]

[주] 수묘인연호에서 《新來韓穢》의 범위에 넣고 마지막에 든 《比列城》은 이

《比列忽》을 가리키는것이 아니라 《波害平吏》를 가리키는것이라고 할수 있다.

그러나 형세가 바뀌여 556년(신라 진흥왕 17년)에는 신라가 이곳에 주를 설치하였다가 568년(신라 진흥왕 29년)에 이 주를 폐지하였다고 한다.

o 17년 가을 7월에 비렬홀주를 설치하고 사찬 성종으로 군주를 삼았다. (十七年 秋七月 置比列忽州 以沙湌成宗爲軍主) (《삼국사기》 권4, 신라본기 4)

o 겨울 10월에 … 또 비렬홀주를 폐지하고 달홀주를 설치하였다. (冬十月 … 又廢比列忽州 置達忽州) (《삼국사기》 권4, 신라본기 4)

결국 본래 고구려땅이였던 이 고장이 6세기 후반기에 와서는 일단 신라의 령역으로 되였으나 린접한 고구려의 위협으로 다시 정세가 신라에 불리하였기때문에 이곳에 주를 설치한지 2년만에 없애게 되였던것이다.

후기신라에서 경덕왕이 이 고장의 이름을 고친 《朔庭》의 《朔》은 《북녘》의 뜻이 있으며 《庭》은 《뜰》의 뜻이 있으니 이 고장이 후기신라의 북방변강인 점을 고려한것으로 생각된다. 더우기 경덕왕이 춘천을 북방의 고을이라 하여 《朔州》로 고친 조건하에서 다시 이곳에 《朔庭》이라는 이름을 붙인것은 당시 후기신라와 발해의 북방경계선을 한계지으려 한것이라고 할수 있다.

《신증동국여지승람》에 의하면 부의 동쪽 5리에 진산인 학성산(鶴城山)이 있고 거기에 돌로 쌓은 산성이 구축되여있는데 둘레가 3 930척, 높이가 9척이나 되고 그 안에 4개의 샘이 있으며 군수창고까지 있다고 하였다. 이것은 후기신라가 효소왕때인 699년에 고구려유민들이 홀한성(忽汗城)에 도읍을 정하고 진국을 창건한데 대처하여 북방의 국경경비를 위한 목적에서 구축한것으로 보인다.

한편 고려때 와서 개칭한 《登州》의 《登》은 《오르다》의 뜻이 있어서 《벼랑》과 의미적공통성이 있는데로부터 붙인 이름으로 생각된다.

1018년(고려 현종 9년)에 등주를 안변도호부로 고치였다고 하는데 동쪽으로 95리를 가면 흡곡현, 남쪽으로 88리를 가면 이천현, 85리에 회양부가 있고 서쪽으로 90리에 영풍현, 105리에 평강현이 있고 북쪽으로 25리를 가면 덕원부가 된다고 하였다.(권49, 안변)

《삼국사기》에서는 이에 속한 령현으로 경곡현(憬谷縣), 석달현(昔達縣) [주], 살한현(薩寒縣), 가지달현(加支達縣), 익곡현 (翼谷縣)을 들고있다.

[주] 《신증동국여지승람》에서는 석달현을 옛란산현이라고 하면서 이것은 우두주(牛頭州)의 령현이나 지금은 알수 없다고 하였다. 그리고 안설에서 김부식은 신라본기에서 쓰기를 《애장왕 5년에 우두주(牛頭州) 란산현에서 누워있던 돌이 일어섰다.》고 하였는데 지리지에서는 란산이 삭정군의 령현이라고 하였다. 경덕왕이 비렬홀 (比列忽)을 삭정(朔庭)으로 고치고 우수주(牛首州)를 삭주(朔州)로 고친것을 김부식이 잘못 실수해서 두 삭(朔)을 혼동하여 삭주를 삭정으로 잘못 서술한것이다.(권46, 춘천)

首乙呑/憬谷縣

o 서곡현(瑞谷縣)은 원래 고구려의 경곡현(憬谷縣)을 경덕왕이 개칭한 것인데 지금도 그대로 부른다. (《삼국사기》 권35, 지리 2)

o 경곡현(憬谷縣)은 수을탄(首乙呑)이라고도 한다.(《삼국사기》 권37, 지리 4)

《首乙呑》의 《首》는 《머리》의 고형인 《마리/마라》의 의역이며 《乙》은 《ʔiet》인데 리두식표기에서 흔히 《리/ㄹ》의 음역자로 쓰이니 여기서는 《마리/마라》의 《리/라》에 대한 보충적음역으로 된다.

《呑》은 기초한자음이 《tʼiuən》으로서 《다나/단》에 대한 음역으로 된다.

한편 《憬谷》의 《憬》은 《식량창고가 있는 마을》 또는 《마을》의 뜻으로 쓰이는 리두자로서 여기서는 《마리/마라》의 의역으로 되며 《谷》은 《골》의 뜻으로서 그 옛날말인 《다나/단》의 의역으로 된다.

《瑞谷》의 《瑞》는 《상서롭다》는 뜻이니 《憬谷》에 대한 형상적인 의역으로 된다.

《신증동국여지승람》에 의하면 부의 서쪽 35리에 있는 서곡현은 신라에서 삭정군의 령현으로 하였는데 고려에서도 그대로 두었다고 한다.(권49, 안변)

薩寒縣

o 상음현(霜陰縣)은 원래 고구려의 살한현(薩寒縣)을 경덕왕이 개칭한 것인데 지금도 그대로 부른다. (《삼국사기》 권35, 지리 2)

《薩寒》은 기초한자음이 《sât—ɣân》이니 《사란》의 음역으로 되며 《霜陰》의 《霜》은 《서리》의 뜻으로서 그 변이형인 《사란》의 의역으로 되며 《陰》은 《ʔiəm》으로서 그에 대한 보충적인 음역으로 된다.

o 霜露皆曰 率 (《계림류사》 고려방언)

o 서리 爲霜 (《훈민정음해례》 용자례)

《신증동국여지승람》에서는 고적조항에서 상음현이 부의 동쪽 30리에 있었다고 하면서 폐현으로 되였다고 하였다.(권49, 안변)

加支達縣

o 청산현(菁山縣)은 원래 고구려의 가지달현(加支達縣)을 경덕왕이 개칭한것인데 지금의 문산현(汶山縣)이다.(《삼국사기》 권35, 지리 2)

《加支達》은 기초한자음이 《ka—tśie—dat》인데 설내입성 《—t》가 우리 말에서 《ㄹ》로 대응되는것만큼 《가지달/가리달》의 음역으로 된다. 원래 《가지/가리》는 수풀이 무성하다는 뜻인 《菁》에 대응되고있는데 《솔가리》처럼 《松》에 대응하기도 하며 나무가지를 가리키는 《枝》에 대응되기도 한다.

o 가지 지 枝 (《훈몽자회》 하 4)

그리하여 《菁山》은 《가지달/가리달》에 대한 의역으로 된다고 할수 있다.

고려초에 《汶山》으로 고친것은 《汶》을 《文》의 뜻인 《글》의 고형인 《가리/거리》에 대한 동음이의역자로 리용한것이다.

《신증동국여지승람》에서는 고적조항에서 문산현이 부의 남쪽 30리에 있었다고 하면서 후에 《汶山》을 《文山》으로 바꾸었다고 하였는데(권49, 안변) 이것은 이 고장의 본래이름을 고려한 변경조치라고 할수 있다.

於支呑/翼谷縣

o 익계현(翊谿縣)은 원래 고구려의 익곡현(翼谷縣)을 경덕왕이 개칭한 것인데 지금도 그대로 부른다. (《삼국사기》 권35, 지리 2)

o 어지탄(於支呑)은 익곡(翼谷)이라고도 한다.(《삼국사기》 권37, 지리 4)

《於支呑》은 기초한자음이 《ʔia—tśie—t'iuən》이니 그 류사음에 의한 《어기다나/어기단》의 음역으로 인정된다.

한편 《翼谷》, 《翊谿》의 《翼, 翊》은 《ʔiək》이니 《어기》의 음역으로 되며 《谷, 谿》는 모두 《골짜기》의 뜻을 나타내던 옛날말인 《단》의 의역으로 된다.

《어기》는 《어귀》의 고형으로서 《드나드는 목의 첫머리》라는 뜻을 가지고있다.

ㅇ 어귀예 ㄴㄹ ㄱ암아ᄂ 구의 (《로걸대언해》 상 46)

그리하여 《어기단》이란 《골짜기의 첫 목》이라는 말로 된다.

《신증동국여지승람》에 의하면 익곡현은 부의 남쪽 65리에 있는데 남쪽 90리에 있는 풍류산이 이 현에 속한다고 하였다.(권49, 안변) 풍류산(해발 1 042m)과 나란히 서있는 철령(해발 677m) 골짜기의 어귀가 바로 고산의 구읍이니 이곳이 《어기단》으로 되는것이라고 생각한다.

岐淵

ㅇ 파천(派川)은 원래 고구려의 개연(改*淵)을 경덕왕이 개칭한것인데 지금도 그대로 부른다. (《삼국사기》 권35, 지리 2)

   * 《改》는 《岐》를 잘못 쓴것으로 인정된다.

ㅇ 기연현(岐淵縣) (《삼국사기 권37, 지리 4)

《岐淵》은 《가라마/가리마》의 의역으로 된다. 《岐》는 《갈래》의 뜻으로서 그 고형인 《가라/가리》의 표기에 쓰일수 있다.

ㅇ 岐灘 가린여홀 (《룡비어천가》 1/44)

《派川》 역시 《가라마/가리마》의 의역으로 된다. 《派》는 《물갈래》의 뜻으로서 《가라/가ᄅ/가리》의 표기에 쓰인다.

ㅇ 믌가ᄅ 파 派 (《훈몽자회》 상 5)

그리고 《淵, 川》은 모두 《물》의 고형인 《마라/마》의 표기로 된다.

《신증동국여지승람》에서는 파천현이 안변부의 동쪽 95리에 있었는데 이미 폐현이 되였다고 하였다.(권49, 안변) 이 고장은 동해로 흘러들어가는 남대천이 해안가까이에서 여러 갈래로 갈라진 지형상특징을 표식으로 잡아서 이름을 지은것으로 보인다.

그런데 파천현에 대해서 《삼국사기》에서는 안변부의 속현으로 지적하지 않았다.

古衣浦/鵠浦縣

o 학포현(鵠浦縣)은 원래 고구려의 곡포현(鵠浦縣)을 경덕왕이 개칭한
것인데 지금도 그대로 부른다. (《삼국사기》 권35, 지리 2)

o 곡포현(鵠浦縣)은 고의포(古衣浦)라고도 한다. (《삼국사기》 권37, 지
리 4)

《古衣浦》의 《古衣》는 기초한자음이 《ko-ʔiəi》이니 《고히》의 음
역으로 되는데 그것을 의역한것이 《鵠》으로 된다.

o 고해 곡 鵠 (《류합》 안심사판 6)

그리고 《浦》는 《물가》의 뜻인 《가히/개》의 의역으로 된다.

o 개 포 浦 (《훈몽자회》 상 5)

《신증동국여지승람》에서는 학포현이 안변부의 동쪽 60리에 있다고
하였는데 후기신라에서 금양군의 령현으로 한것을 1018년(고려 현종 9년)
에 안변부의 속현으로 만들었다고 하였다.(권49, 안변)

金惱/休壤郡

o 금양군(金壤郡)은 원래 고구려의 휴양군(休壤郡)을 경덕왕이 개칭한
것인데 지금도 그대로 부른다. (《삼국사기》 권35, 지리 2)

o 휴양군(休壤郡)은 금뇌(金惱)라고도 한다.(《삼국사기》 권37, 지리 4)

《休壤》은 기초한자음이 《xiu-ńiaŋ》이니 그 류사음에 의해서 《수
나/수히나》의 음역으로 볼수도 있으며 또 그것을 의역으로 간주한다고 하
여도 《休》는 《쉬다》의 뜻이므로 《쉬》의 고형인 《수히》의 표기로 되
고 또 《壤》은 지명단위어인 《나》의 표기로 쓰이기때문에 《수히나》로
될수 있다.

한편 《金惱》의 《金》은 《쇠》의 고형인 《소히/소시》의 의역자로
되며 《惱》는 《nɐu》이니 《나》의 음역자로 된다. 그런데 《수히》와
《소히》는 같은 말의 변이형일수 있다.

《신증동국여지승람》에서는 후기신라에서 개칭한 금양군을 1413년(리
조 태종 13년)에 통천군으로 이름을 고치였다고 하면서 동쪽으로는 9리가
해안이고 남쪽으로 87리가 고성군, 서쪽으로 41리가 회양부, 북쪽으로 14
리가 흡곡현으로 된다고 하였다.(권45, 통천)

《삼국사기》에서는 령현으로 습비곡현(習比谷縣), 토상현(吐上縣)을 들

고 있다.

習比呑/習比谷縣

o 습계현(習谿縣)은 원래 고구려의 습비곡현 (習比谷縣)을 경덕왕이 개칭한것인데 지금의 흡곡현(歙谷縣)이다. (《삼국사기》 권35, 지리 2)

o 습비곡(習比谷)은 습비탄(習比呑)으로도 쓴다. (《삼국사기》 권37, 지리 4)

《習比呑》은 추정되는 기초한자음이 《ziəp-pie-tʻiuɐn》이니 《시비단》의 음역으로 된다. 《谷》은 《단》의 의역으로 된다. 그리고 《習谿》와 《歙谷》은 《習比谷》의 표기변종으로 된다. 《시비》는 《섭 〉섶》의 고형으로서 의미상으로 《薪, 柴》에 대응된다.

o 섭 爲薪 (《훈민정음해례》 용자례)

o 섭 싀 柴, 섭 신 薪 (《류합》 하 28)

《신증동국여지승람》에 의하면 이 현은 동쪽으로 3리가 바다가이고 남쪽으로 18리가 통천군과의 경계로 되며 서쪽으로 30리, 북쪽으로 10리가 안변부와의 경계로 된다고 하였다.(권45, 흡곡)

吐上縣

o 제상현(隄上縣)은 원래 고구려의 토상현(吐上縣)을 경덕왕이 개칭한 것인데 지금의 벽산현(碧山縣)이다. (《삼국사기》 권35, 지리 2)

《吐上》의 《吐》는 《tʻo》로서 《터》나 《뚝》을 나타내던 옛날말인 《더》에 대한 음역으로 되며 그 의역으로 되는것이 《隄》이다. 《上》은 《마루/맏》의 고형인 《마라》의 의역으로 된다.

《신증동국여지승람》에서는 이 현이 통천군의 남쪽 10리에 있었다고 하면서 지금은 폐현이 되였다고 하였다. 고려에서 《碧山》으로 개칭하였다고 하였는데 이것은 원래의 이름과 직접 련관이 있는것이 아니라 그곳에 돌로 성을 쌓으면서 붙인 《碧山城》이라는 산성과 련관이 있는것으로 보인다.(권45, 통천)

助乙浦/道臨縣

o 림도현(臨道縣)은 원래 고구려의 도림현(道臨縣)을 경덕왕이 개칭한 것인데 지금도 그대로 부른다. (《삼국사기》 권35, 지리 2)

o 도림현(道臨縣)은 조을포(助乙浦)라고도 한다.(《삼국사기》 권37, 지

리 4)

《助乙浦》의 《助乙》은 기초한자음이 《dziâ-ʔiat》인데 《乙》이 《리/ㄹ》의 표기에 쓰이는것만큼 《도리》의 음역으로 되며 《浦》는 《개》의 뜻으로서 그 고형인 《가라/가히》의 의역으로 된다.

한편 《道臨》은 《dâu-liəm》이니 《도리》의 음역으로 되며 《臨道》는 《道臨》의 두글자를 뒤집어놓아 고친 이름으로 된다.

《신증동국여지승람》에서는 이 현이 군의 남쪽 30리에 있었는데 지금은 폐현으로 되었다고 하였다.(권45, 통천)

達忽

o 고성군(高城郡)은 원래 고구려의 달홀(達忽)을 진흥왕 29년에 주로 삼아 군주를 두었고 경덕왕이 개칭한것인데 지금도 그대로 부른다.
(《삼국사기》 권35, 지리 2)

《達忽》은 기초한자음이 《dât-xuət》이니 설내입성 《-t》가 우리 말에서 《ㄹ》로 대응되는 조건에서 이것은 《다라구루/달골》의 음역으로 된다. 고구려지명의 경우에 《다라/달》은 《山》, 《高》의 뜻으로 쓰이며 《구루/골》은 단위어로서 《城》, 《洞》에 대응하는것만큼 《달골》을 의역한것이 《高城》으로 된다.

이 고장은 그 지명구조가 보여주는것처럼 일찍부터 고구려의 령역에 속해있었으나 신라의 북상으로 6세기부터 령역상 변동이 일어나게 되였다. 그러나 568년(신라 진흥왕 29년)에 원래 안변에 있던 주(州)를 이곳으로 옮기게 된것은 고구려와 대치한 신라의 북방정세가 불안한것과 관련되여 있다고 할수 있다.

《신증동국여지승람》에 의하면 고성군의 서쪽으로는 58리에 금강산이 있고 38리에 구령(狗嶺)*이 있다고 하면서 이 령너머에 유점사가 있다고 하였다. 그리고 동쪽으로 8리를 가면 동해가 되고 서쪽으로 72리에는 회양부, 남쪽으로 33리에는 간성군, 북쪽으로 36리에는 통천군이 있다고 하였다.(권45, 고성)

* 《狗嶺》은 지금 《개잔령》으로 부르고있다.

《삼국사기》에서는 령현으로 저수혈현(猪迂穴縣), 평진현현(平珍峴縣)

을 들고있다.

鳥斯押/猪逆穴縣

o 환가현(豢猳縣)은 원래 고구려의 저수혈현(猪逆穴縣)을 경덕왕이 개
칭한것인데 지금도 그대로 부른다. (《삼국사기》 권35, 지리 2)

o 저수혈현(猪逆穴縣)은 오사압(烏*斯押)이라고도 한다. (《삼국사기》
권37, 지리 4)

* 《烏》는 《鳥》의 오자이다.

《鳥斯押》의 《鳥斯》는 기초한자음이 《teu-sie》로서 《돌》의 고형
인 《도시》에 대한 음역이고 《押》은 《누르다》의 《누르》의 준말형태인
《누/나》에 대한 의역으로 되는데 그것은 《땅》이나 《산》 등의 지명단
위어로 쓰인 《누/나》를 가리킨다.

한편 《猪逆穴》의 《猪》는 《도시》의 의역인데 고구려의 지명표기에
서 《鳥斯》와 《猪》의 대응은 다른 경우에도 있다. (례: 鳥斯廻 : 猪足)
《逆》는 기초한자음이 《siu》로서 《도시》의 《시》에 대한 보충적음역으
로 된다. 그리고 《穴》은 지명단위어인 《누/나》에 대한 의역으로 된다.

《豢猳》의 《豢》은 《짐승을 기르다》의 뜻이며 《猳》는 《수돼지》
의 뜻이므로 결국 《돼지를 기르다》의 의미를 표현하는것으로 되어 《도
시누/도시나》에 대한 비슷한 의역으로 된다고 할수 있다.

《신증동국여지승람》에서는 이 현이 군의 북쪽 27리에 있었는데 지금
은 폐현으로 되였다고 하였다.(권45, 고성)

平珍波衣/平珍峴縣

o 편험현(偏嶮縣)은 원래 고구려의 평진현현(平珍峴縣)을 경덕왕이 개
칭한것인데 지금의 운암현(雲巖縣)이다. (《삼국사기》 권35, 지리 2)

o 평진현현(平珍峴縣)은 평진파의(平珍波衣)라고도 한다. (《삼국사기》
권37, 지리 4)

o 운암폐현(雲巖廢縣)은 군의 남쪽 50리에 있으며 원래 고구려의 평진
현현(平珍峴縣)인데 천현(遷縣)이라고도 한다. (《신증동국여지승람》
권45, 통천)

《平珍波衣》는 기초한자음이 《bieng-tien-pa-ʔiəi》인데 그 류사음에

의하여 《버디바히》의 음역으로 되며 《平珍峴》의 《峴》은 《바히》에 대한 의역으로 된다. 한편 《遷縣》이라고도 한다고 하였는데 《遷》은 《벼로/벼르》이다.

o 벼로 或云 빙애 地灘(《역어류해》 상 7)

그러니 《버디》는 《벼로/벼르》의 변이형일수 있다. 그렇다면 《버디바히》는 《벼랑바위》의 고형으로 될것이다.

후기신라에서 개칭한 《偏嶮》도 《벼랑바위》의 뜻이며 고려에서 《雲巖》이라고 한것도 그것을 형상적으로 의역한것이라고 할수 있다.

加阿忽/迸城郡

o 수성군(守城郡)은 원래 고구려의 수성군(迸城郡)을 경덕왕이 개칭한 것인데 지금의 간성현(杆城縣)이다. (《삼국사기》 권35, 지리 2)

o 수성군(迸城郡)은 가아홀(加阿忽)이라고도 한다.(《삼국사기》 권37, 지리 4)

o 간성현(杆城縣)은 원래 고구려의 수성군(迸城郡) [가라홀(加羅忽)이라고도 한다.]이다.(《고려사》 권58, 지리 3)

《加阿忽》은 기초한자음이 《ka-ʔa-xuət》이니 설내입성 《-t》는 우리 말에서 《ㄹ》로 대응되는것만큼 《가사구루/가사골》의 음역으로 되며 《加羅忽》은 《ka-la-xuət》이니 《가사구루/가사골》의 변이형인 《가라구루/가라골》의 음역으로 된다. 그런데 《가사/가라》는 15세기 국문문헌에 나오는 《ㄱㅅ/ㄱㅿ》의 고형으로서 변두리의 뜻으로 쓰이고있다.

o ㄱㅿ 변 邊(《훈몽자회》 중 7)

《迸》는 변방을 의미하는 《가사/가라》의 뜻을 나타내는 리두자로서 《守城郡》의 《守》는 《迸》와 같은 뜻으로 쓰인 그 략자라고 할수 있다. 그리고 《城》은 《구루/골》에 대응하는 의역자로 된다.

《신증동국여지승람》에 의하면 고려에서 간성(杆城)으로 개칭하였는데 동쪽으로 7리를 가면 해안이고 남쪽으로 56리를 가면 양양부와의 경계가 되며 서쪽으로 80리에 린제현, 북쪽으로 67리에 고성군이 있다고 하였다. (권45, 간성)

《삼국사기》에서는 수성군의 령현으로 승산현(僧山縣), 익현현 (翼峴縣)을 들고있다.

所勿達/僧山縣

o 동산현(童山縣)은 원래 고구려의 승산현(僧山縣)을 경덕왕이 개칭한 것인데 지금의 렬산현(烈山縣)이다. (《삼국사기》 권35, 지리 2)

o 승산현(僧山縣)은 소물달(所勿達)이라고도 한다.(《삼국사기》 권37, 지리 4)

《所勿達》은 기초한자음이 《ṣiâ-miut-dất》이니 설내입성 《-t》는 우리 말에서 《ㄹ》로 대응되는것만큼 《사마다라/사미달》에 대한 음역으로 될수 있다. 《사마/사미》는 고대인디아의 범어에서 들어온 말로서 불교에서 중을 가리키는 《僧》에 대응된다. 그리하여 《僧山》은 그 의역으로 된다.

후기신라에서 《童山》으로 개칭하였다는데 《童》은 원래 《민둥산》이라는 뜻인 《嵉》을 략해서 쓴것이니 중의 머리처럼 나무 한대 없는 민대머리 같은 바위산을 가리키는 말이다.

그리고 고려초에 고친 《烈山》은 《烈》이 《빛나다》의 뜻이 있으므로 나무 한대 없는 바위산을 가리키는 말로 될수 있다.

《신증동국여지승람》의 고적조항에서는 렬산현이 군의 북쪽 35리에 있었다고 하면서 신라에서 수성군의 령현으로 만들고 고려에서 지금이름으로 개칭하였으나 폐현으로 되였다고 하였다.(권45, 고성)

翼峴縣/伊文縣

o 익령현(翼嶺縣)은 원래 고구려의 익현현(翼峴縣)을 경덕왕이 개칭한 것인데 지금도 그대로 부른다. (《삼국사기》 권35, 지리 2)

o 익현현(翼峴縣)은 이문현(伊文縣)이라고도 한다.(《삼국사기》 권37, 지리 4)

《翼峴》과 《翼嶺》의 《翼》은 기초한자음이 《ʔiək》이니 《善》의 뜻인 《이》의 음역으로 되며 《翼峴》과 《翼嶺》의 《峴》과 《嶺》은 지명단위어로서 《구루/골》의 표기로 될수 있다.

그리고 《伊文》의 《伊》는 《ʔie》이니 《이》의 음역으로 되며 《文》은 《글》의 변이형인 《고리/구루》의 의역으로 되는데 이것은 지명단위어인 《구루》와 동음이의적인 관계에 있기때문에 대치한것으로 추정된다.

이 경우에도 지명단위어 《고리/구루》가 《峴, 嶺》으로 대응되고있는데 이것은 《고리/구루》가 당시 고구려에서 보편적으로 쓰이던 단위어였음을 말해주고있다.

《신증동국여지승람》에 의하면 신라가 《翠嶺》으로 개칭하여 수성군의 령현으로 만들었다고 하였는데 《翠》는 물총새의 뜻을 가지고있어 《翼》을 대치할수 있는 글자이기때문에 명칭상 별다른 변화가 없다고 본다. 1413년(리조 태종 13년)에 도호부로 승격시키고 1416년에 양양(襄陽)으로 이름을 고치였다고 한다. 그리고 속현으로 동산현이 있다고 하였다. (권44, 양양)

穴山縣

o 동산현(洞山縣)은 원래 고구려의 혈산현(穴山縣)을 경덕왕이 개칭한 것인데 지금도 그대로 부른다. (《삼국사기》 권35, 지리 2)

o 동산현(洞山縣)은 부의 남쪽 45리에 있는데 원래 고구려의 혈산현(穴山縣)이다. 신라가 지금이름으로 고치고 명주(溟州)의 령현으로 만들었다. (《신증동국여지승람》 권44, 양양)

《穴山》은 《구무다라/구무달》의 의역으로 된다. 《穴》은 《孔, 壙》과 동의적으로 쓰일수 있는데 《구멍》의 고형인 《구무/구모》의 의역으로 된다.

o 구무바회 孔巖 (《룡비어천가》 3/13)

o 구모 광 壙 (《훈몽자회》 중 35)

그리고 《山》은 《다라/달》의 의역으로서 고구려 지명단위어로 흔히 쓰이고있다.(례: 買尸達 : 蒜山)

《洞》은 《고을》과 함께 《구멍》의 뜻으로도 쓰이여 《穴》과 통해 쓸수 있으므로 《洞山》은 《穴山》과 다같이 《구무다라/구무달》의 의역으로 된다고 할수 있다.

《신증동국여지승람》에서는 동산현이 양양부의 남쪽 45리에 있는 속현으로서 후기신라에서 개칭하고는 한때 명주(溟州)의 령현으로 삼은바가 있었다고 하였다.(권44, 양양)

何瑟羅/河西良/河西

o 명주(溟州)는 원래 고구려의 하서량(河西良)인데 [하슬라(何瑟羅)라고도 한다.] 뒷날 신라에 속하였다. (《삼국사기》 권35, 지리 2)

o 하슬라주(何瑟羅州)는 하서량(河西良)이라고도 하며 하서(河西)라고도 한다. (《삼국사기》 권37, 지리 4)

o 원래 예국(濊國)인데 철국(鐵國)이라고도 하며 예국(藥國)이라고도 한다. … 고구려는 하서량(河西良)이라고 일컬었는데 하슬라주(何瑟羅州)라고도 한다. (《신증동국여지승람》 권44, 강릉)

《何瑟羅》는 기초한자음이 《ɤa-siĕt-la》이며 《河西良》은 기초한자음이 《ɤa-sie-liaŋ》이니 그 류사음에 의하여 《가시나/가리나》의 음역으로 될수 있다. 《河西》는 《河西良》의 준말형태이다.

그런데 《삼국사기》에서는 이 고장의 옛날이름이 《濊國》이라고 하였고 《삼국유사》에서는 《穢國》이라고 하였으며 《세종실록》 지리지에서는 혹은 《鐵國》이라고도 한다고 하였다. 그리고 《신증동국여지승람》에서는 옛날이름으로 《濊國》, 《鐵國》과 함께 《藥國》을 들었다. 《濊》, 《穢》의 기초한자음은 《siwɒi》, 《iwɒi》이며 《藥》의 기초한자음은 《ńźiwi》로서 모두 《사/시》의 음역으로 볼수 있다. 그런데 이것을 기초한자음이 《t'iet》인 《鐵》과 대응시키고있으니 《鐵》을 대응하는 음역자로 보기보다는 의역자로 볼수밖에 없을것 같다.

o 鐵曰 歲 (《계림류사》 고려방언)

o 鐵 遂 (《화이역어》 조선관역어)

《사/시》는 《東》의 뜻으로서 리두식표기에서는 《東 : 柴》가 대응하고있다.

o 왕이 죽었다. 시원에 장사하고 호를 동천왕이라 하였다.(王薨 葬於柴原 號曰 東川王) (《삼국사기》 권17, 고구려본기 5)

결국 이 고장은 예로부터 《사나/시나》로 불리우던 곳으로서 여기에 《변두리》의 뜻인 《가》를 덧붙인것이 곧 《가시나》인것이다.

o ㄱᆞㅅ 변 邊 (《훈몽자회》 중 7)

《신증동국여지승람》에서는 936년(고려 태조 19년)에 《東原京》으로 개칭하였다고 하였으며 별명으로 《東原》이라 한다고 하였으니(권44, 강릉) 이 고장의 이름이 줄곧 《사나/시나》와 련관되여있었음을 알수 있다.

다른 한편 《河西良/何瑟羅》를 《가리나》의 표기로 보게 된다면[주] 《가리》는 《강》의 뜻으로 쓰인 《ᄀᆞ롬》의 고형일수 있다.

o ㄱ롬 강 江 (《훈몽자회》 상 4)

그렇다면 《가리나》는 《강을 끼고있는 땅》이라는 뜻을 가진 지명으로 될것이다.

[주] 《세나라시기의 리두에 대한 연구》 (류렬, 과학,백과사전출판사,1983년) 231 페지

후기신라에서 이 고장을 《溟州》로 개칭한 사실을 두고 《가리나》와 결부시키고있으나 《溟》은 《바다》의 뜻이 있어 이곳이 해변이라는것을 념두에 두고 바꾼것일수 있다. 그러나 고려에서 《江陵》으로 개칭한것을 보면 《가리나》와 결부시킬수 있는 가능성이 없지 않다. 그것은 이 고장이 오대산에 시원을 둔 련곡천과 삽당령에 시원을 둔 남대천을 비롯하여 근 열개나 되는 강줄기가 바다로 흘러들어가고있으며 경포대까지 있는 지형상특징을 념두에 둘 때 그것을 표식으로 한 명명의 가능성도 없지 않다.

이 고장은 일찌기 고구려가 차지하고 5세기에는 고구려군사가 이곳을 거쳐 남진하였었으나 6세기에 와서는 신라의 령역으로 들어가게 되였으며 639년(신라 선덕왕 8년)에는 여기에 소경까지 두게 되였다.

o 8년 봄 2월에 하슬라주로써 북쪽의 소경을 만들고 사찬 진주를 시켜 이를 지키게 하였다.(八年春二月 以何瑟羅州爲北小京 命沙飡眞珠鎭之) (《삼국사기》 권5, 신라본기 5)

그러나 그후 이 고장의 형세는 고구려의 위협으로 계속 불안하여 658년(신라 태종 5년)에는 소경을 없애버렸던것이다.

o 3월에 왕이 하슬라는 땅이 말갈에 잇달려 사람들이 편안할수 없다 하여 경을 폐지하여 주로 만들고 도독을 두어 지키게 하였다. (三月王以何瑟羅地連靺鞨 人不能安 罷京爲州 置都督以鎭之)(《삼국사기》 권5, 신라본기 5)

말갈이란 고구려에 복속된 종족을 말하는데 이 고장이 말갈의 땅과 잇닿아있다는것은 곧 고구려와의 접경을 의미하는것으로서 이 지대가 고구려 세력권의 압박으로 하여 매우 불안하였다는것을 말해준다.

《삼국사기》에서는 이에 속한 령현으로 잉매현(仍買縣), 속토현(束吐縣), 지산현(支山縣), 혈산현(穴山縣)을 들고있다.

仍買縣

o 정선군(旌善郡)은 원래 고구려의 잉매현(仍買縣)을 경덕왕이 개칭한 것인데 지금도 그대로 부른다. (《삼국사기》 권35, 지리 2)

《仍買》는 기초한자음이 《niəŋ-mä》이니 《나마》의 음역으로 된다. 《나》의 음역자인 《仍》은 고구려지명의 표기에서 《陰》에 대응되는 경우가 있는데(례: 仍忽 : 陰城) 《신증동국여지승람》에 의하면 군소재지의 남쪽 2리에 《大陰山》과 《大陰江》이 있다고 한다.(권46, 정선) 이 강은 한강의 상류인데 높은 산줄기사이로 해서 녕월땅으로 흘러들어가고있다. 그러니 《나마》와 직접 련관된 지명이 《大陰江》이라고 할수 있다.

한편 이 고장은 예로부터 부모에게 효도를 하는 좋은 풍습이 있다고 하여 《孝弟郷》이라고 한다고 하였으니 《旌善》은 그것을 칭송하는 이름임을 알수 있다.

束吐縣

o 속(棟[棟이라고도 한다.])제현(隄縣)은 원래 고구려의 속토현(束吐縣*)을 경덕왕이 개칭한것인데 지금은 미상하다. (《삼국사기》 권35, 지리 2)

　* 《束吐》는 《東吐》의 오자이다.

o 동토현(東吐縣) (《삼국사기》 권37, 지리 4)

《東吐》는 《사이더/새더》의 의역-음역으로 된다. 《사이/새》는 《東》에 대응하는 말이며 《吐》는 기초한자음이 《t'o》이니 《더》를 음역한것으로 되는데 그 의역이 바로 《隄》로 된다

그리고 《棟》은 《東》과 음이 같은데서 취한것에 지나지 않는다.

《삼국사기》에서는 이 현에 대해서 미상이라고 하였는데 《신증동국여지승람》에서도 이 현에 대해서 언급한것은 없다. 그러나 다른 령현들의 위치와 대비하면서 상정해볼 때 부의 동남쪽 25리에 있었다는 안인포(安仁浦)에 옛날 만호영이 있었는데 지금은 없애버렸다고 하였으니(권44, 강릉) 바로 이 일대가 동토현이였던것으로 추정된다.

支山縣

o 지산현(支山縣)은 원래 고구려의 지산현인데 그대로 둔것이다.(《삼

국사기》 권35, 지리 2)

o 련곡현(連谷縣)은 부의 북쪽 30리에 있는데 원래 고구려의 지산현 (支山縣)이며 양곡(陽谷)이라고도 한다.(《신증동국여지승람》 권44, 강릉)

《陽谷》은 《발기다나/발기단》의 의역으로 된다. 《陽》은 《밝다》의 뜻도 가지고있어서 《明》과 통해 쓰일수 있다.

o 히와 달왜 다 붉디 아니ᄒ며(《월인석보》 2/15)

o 블ᄀᆯ 명 明 (《훈몽자회》 하 1)

이것은 오대산의 한줄기에서 흘러내리는 시내물을 따라 펼쳐진 골짜 기에 대한 이름인데 이 시내물을 련곡천(連谷川)이라고 하게 된것은 《陽 谷》의 《陽》이 와전되여 《連》으로 된것일수 있으며 또 긴 골짜기를 따 라 련달아 흘러내리기때문에 붙인 이름일수도 있다.

《支山》은 《가라다라/가라달》의 의역으로 된다. 《支》는 《갈래》의 뜻이 있는데 그 고형은 《가라 〉 가ᄅ》이다.

o 세 가ᄅ 돌ᄃ리 잇ᄂ니 (초간 《박통사》 상 68)

《신증동국여지승람》에서는 련곡현 북쪽 12리에 주문산(注文山)이 있 다고 하였는데 오대산에서 갈라져서 뻗은 산이다. 그리하여 갈라진 산이라 는것을 표식으로 잡아서 현의 이름을 단것이 분명하다고 할것이다.

史直/悉直郡

o 삼척군(三陟郡)은 원래의 실직국(悉直國)으로서 파사왕때에 항복해왔 는데 … 경덕왕이 삼척군으로 개칭한것을 지금도 그대로 부른다. (《삼국사기》 권35, 지리 2)

o 실직군(悉直郡)은 사직(史直)이라고도 한다.(《삼국사기》 권37, 지 리 4)

《悉直》은 기초한자음이 《siət-diək》이며 《史直》은 《şie-diək》이 니 둘 다 《시디/서더》의 음역으로 된다. 《시/서》는 동쪽을 의미하는 《새》의 고형이고 《디/더》는 땅이나 터의 뜻으로 쓰이던 옛날말로 추정 된다. 그리하여 이 고장은 동쪽땅이라는 뜻에서 《시디/서더》라고 하였을 것이다.

《三陟》의 《三》은 《시/서》에 대한 동음이의역이고 《陟》은 기초한자음이 《tiək》이니 《디/더》에 대한 음역으로 된다.

《신증동국여지승람》에 의하면 삼척군은 동쪽으로 바다를 끼고 서쪽으로는 태백산줄기가 있으며 남쪽으로 109리를 가면 울진현이 되고 북쪽으로 37리를 가면 강릉부가 된다고 하였다.(권44, 삼척)

고구려는 454년(고구려 장수왕 42년) 7월에 신라의 북쪽변방을 침공하고(《삼국사기》 권18, 고구려본기 6) 468년 (고구려 장수왕 56년, 신라 자비마립간 11년)에는 드디여 이곳을 함락시키였다.

o 56년 봄 2월에 왕이 말갈의 군사 1만으로써 신라의 실직주성을 쳐서 빼앗았다.(五十六年春二月 王以靺鞨兵 一萬 攻取新羅悉直州城) (《삼국사기》 권18, 고구려본기 6)

o 11년 봄에 고구려가 말갈과 함께 북쪽변경의 실직성을 습격하였다. (十一年春 高句麗與靺鞨 襲北邊悉直城) (《삼국사기》 권3, 신라본기 3)

그러나 6세기에 들어서면서 고구려는 전략상 동남방에서 다소 후퇴하여 소백산줄기 이남지역과 삼척일대를 도로 내주었다.[주]

> [주] 이에 대해서 《조선전사 (3)》(과학백과사전종합출판사, 1991년)에서는 신라가 백제를 지원하지 않도록 고구려가 신라와 약정한데 따른것이라고 서술하였다. (156페지)

그리하여 505년(신라 지증마립간 6년)에 와서는 신라가 국내의 주, 군, 현을 정하면서 이곳에 주를 설치하게 되었다.

o 6년 봄 2월에 왕이 친히 국내의 주와 군과 현을 정하였다. 실직주를 설치하고 이사부로써 군주를 삼으니 군주란 이름이 이로부터 시작되었다. (六年春二月 王親定國內州郡縣 置悉直州 以異斯夫爲軍主 軍主之名始於此)(《삼국사기》 권4, 신라본기 4)

《삼국사기》는 령현으로 죽현현(竹峴縣), 만약현(滿若縣), 우곡현(羽谷縣), 파리현(波利縣)을 들고있다.

竹峴縣/奈生於

o 죽령현(竹嶺縣)은 원래 고구려의 죽현현(竹峴縣)을 경덕왕이 개칭한 것인데 지금은 미상하다. (《삼국사기》 권35, 지리 2)

o 죽현현(竹峴縣)은 나생어(奈生於)라고도 한다.(《삼국사기》 권37, 지

리 4)

《竹峴》, 《竹嶺》의 《竹》은 《대(나무)》의 고형인 《다히》에 대한 의역으로 되며 《峴》과 《嶺》은 《다라/달》의 의역으로 된다.

○ 두 대 무덤 앒픠 나거눌(《동국신속삼강행실》 효자 1/40)

《奈生於》의 《奈》는 기초한자음이 《nâ》이니 《나》의 음역이고 《生》은 《살다》의 뜻이니 《사라/살》의 의역이며 《於》는 《ʔia》로서 《이》의 음역으로 된다. 결국 《奈生於》는 《나사리》의 표기로 되는데 이것은 《竹峴》과 직접 련관된 별명이 아닌것 같다.

《신증동국여지승람》에 의하면 죽현현이 부의 남쪽 109리에 있다고 하였는데 남쪽 85리에 와현(瓦峴), 117리에 가을현(加乙峴)이 있다고 하였으니(권44, 삼척) 죽현현은 이 부근에 있었으리라고 생각한다.

滿若縣/沔兮

○ 만경현(滿卿[鄕으로도 쓴다.]縣)은 원래 고구려의 만약현(滿若縣)을 경덕왕이 개칭한것인데 지금은 미상하다. (《삼국사기》 권35, 지리 2)

○ 만약현(滿若縣)은 면혜(沔兮)라고도 한다.(《삼국사기》 권37, 지리 4)

《滿若》은 기초한자음이 《mân-ñiak》이니 그 류사음에 의하여 《마나》의 음역으로 될수 있다. 그리고 《滿鄕》은 《mân-xian》으로서 《마나》의 음역으로 되며 《沔兮》는 《miān-ɤei》이니 역시 《마나》의 음역으로 된다.

《마나》의 《마》는 남쪽을 가리키는 말이며 《나》는 땅의 뜻으로 쓰이는 지명단위어이다.

이와 관련해서는 후기신라에서 이곳 지명을 한자말지명으로 고치면서 《滿鄕》으로도 쓸수 있다고 한데 대해서 류의할 필요가 있다. 《마나》에 대응하여 《滿鄕》이라고 하여 《鄕》을 쓰게 된것은 《나》에 고장의 의미가 있기때문에 그것이 음역으로 통할뿐아니라 의역으로도 통하기때문이라고 할수 있다.

《신증동국여지승람》에 의하면 삼척군의 남쪽 20리에 양야산(陽野山)이 있다고 하는데(권44, 삼척) 이 현의 위치가 이 일대일수 있는 가능성이 많다.

玉堂/羽谷縣

o 우계현(羽谿縣)은 원래 고구려의 우곡현(羽谷縣)을 경덕왕이 개칭한 것인데 지금도 그대로 부른다. (《삼국사기》권35, 지리 2)

o 우계현(羽溪縣)은 부의 남쪽 60리에 있는데 원래 고구려의 우곡현(羽谷縣)이며 옥당(玉堂)이라고도 한다. (《신증동국여지승람》권44, 강릉)

《玉堂》은 기초한자음이 《ŋok-diaŋ》으로서 《우다나/우단》의 음역으로 된다. 그리고 《羽谷》의 《羽》은 기초한자음이 《ʑio》로서 《우》에 대한 음역으로 되는데 《上》의 뜻으로 된다.

o 上은 우히라 (《월인석보》서 17)

《谷》은 《다나/단》의 의역으로 된다. 《羽谿》의 《谿》는 《谷》과 같은 뜻이다. 이것은 고구려지명의 특징의 하나인 《다나/단》의 분포를 보여주는 좋은 자료의 하나로 된다고 생각한다.

《신증동국여지승람》에서는 우곡현이 부의 남쪽 60리에 있다고 하였는데 정선으로 넘어가는 삽현(鈒峴)이 서남쪽으로 60리에 있다고 하였으니 비슷한 거리에서 찾아보면 지금의 옥계(玉溪)를 중심으로 한 일대가 그에 해당되는데 그 《玉溪》는 바로 《玉堂》의 표기변종으로 되는것이다.

波利縣

o 해리현(海利縣)은 원래 고구려의 파리현(波利縣)을 경덕왕이 개칭한 것인데 지금은 미상하다. (《삼국사기》권35, 지리 2)

《波利》는 기초한자음이 《pa-li》이니 《바리》의 음역으로 된다. 《바리》는 《바다》의 고형인 《바라〈바룰》의 변이형으로 된다.

o 海는 바르리라 (《월인석보》서8)

《海利》의 《海》는 《바리/바라》의 의역으로 되며 《利》는 그 보충적음역으로 된다.

《삼국사기》는 해리현에 대해서 지금은 잘 모르겠다고 하였는데 《신증동국여지승람》에 의하면 삼척군이 동쪽으로 9리를 가면 바다가 된다고 하였으니(권44, 삼척) 해리현은 그 이름으로 보아 분명히 동해를 끼고있는 지대로 추정된다.

于珍也縣

o 울진군(蔚珍郡)은 원래 고구려의 우진야현(于珍也縣)을 경덕왕이 개
   칭한것인데 지금도 그대로 부른다. (《삼국사기》 권35, 지리 2)

《于珍也》는 기초한자음이 《rio—tien—ia》인데 이것은 류사음에 의
한 《우도리》의 음역일수 있다. 지명표기에서 《于》와 《蔚》은 《우》의
음역자로 대응되여 널리 쓰이고있었으니 《蔚州》는 《蔚山》을 말하는데
본래는 《于尸山》이라는 기록이 있다.(《삼국사기》 권44) 이러한 지명표
기는 《于》와 《蔚》이 동일하게 《우》의 음역자로 쓰이였던 당시 리두
식표기의 관습을 보여주는것으로 된다.

 * 이와 관련하여 남극관의 《몽예집》에서는 다음과 같이 밝히고있다. 《우리
   나라의 말에서 蔚珍의 蔚의 발음은 宇(우)이다.》

세나라시기에 《于》와 《蔚(鬱)》로 표기된 《우》는 《아래》에 대치
되는 뜻으로 쓰인 《上》의 의미인데 당시에 《于》는 지명표기에서 많이
쓰이고있었다.

례를 들어서 황해도 서흥의 옛이름인 《于次呑忽》은 《웃단골》의 리
두식표기이고 전라도 전주의 속현인 《紆州》의 옛이름 《于召渚》는 《우
시도/웃도》의 리두식표기이다. 그리고 《于火/亏弗》은 《우불》의 리두식
표기로서 아래마을을 의미하는 《阿良沒 (아라몰)》과 대칭적으로 쓰일수
있었던것이다.

그리고 지명표기에서 《珍》은 《돌》의 표기로 쓰이는 일이 많았다.
o 무등산(無等山)은 무진악(無珍岳)이라고도 하며 서석산 (瑞石山)이라
   고도 한다. (《고려사》 권57, 지리 2)
o 마령현(馬靈縣)은 원래 마돌(馬突)이라고도 하고 마진 (馬珍)이라고
   도 하며 마진량(馬珍良)이라고도 한다. (《고려사》 권57, 지리 2)

이처럼 지명표기에서는 《等》, 《珍》, 《石》이 대응되고 《靈》,
《突》, 《珍》이 대응되고있는데 그것들은 다 《돌》의 표기로 된다.

《于珍也》의 경우에도 《珍》은 《돌》의 표기로서 《珍也》는 《돌이
/ 도리》의 표기로 보아야 할것이다.

그런데 이 경우에 《돌이/ 도리》는 《들》의 변이형인 《드르》가 아
니겠는지 의심스럽다.
o 드르헤 龍이 싸호아(龍鬪野中) (《룡비어천가》 69)

　　다시말하여 울진일대가 태백산줄기의 동쪽에 해안을 끼고 길게 뻗은 들판으로 되여있기때문에 《웃드르》의 변이형인 《우도리》로 명명한것 이라고 할수 있다.

　　그러면 왜 굳이 《우도리》라고 하였겠는가? 그것은 고구려가 더 남쪽 으로 내려가서 동해안의 들판을 차지하게 되였으니 그보다 상대적으로 북 쪽 즉 웃쪽에 있는 고장이였기때문일것이다.*

　　　　* 북쪽을 《우》 또는 《뒤》라 하고 남쪽을 《아래》 또는 《앞》이라고 하는것
　　　　은 오래전부터 전승되고있는 언어관습이다.

　　《신증동국여지승람》에 의하면 동쪽으로 9리를 가면 해안이 되고 서 쪽으로 81리는 안동부와의 경계가 되며 남쪽으로 48리를 가면 평해군이, 북쪽으로 44리를 가면 삼척부가 된다고 하였다. (권45, 울진)

　　《삼국사기》에서는 령현으로 파단현(波旦縣)을 들고있다.

　　波旦縣/波豐

　　ㅇ 해곡현(海曲[西라고도 한다.]縣)은 원래 고구려의 파차현(波旦縣)을 경덕왕이 개칭한것인데 지금은 미상하다. (《삼국사기》 권35, 지리 2)

　　ㅇ 파차현(波且*縣)은 파풍(波豐)이라고도 한다.(《삼국사기》 권37, 지 리 4)

　　　　* 《且》는 《旦》의 오자이다.

　　《波旦》은 기초한자음이 《pa-tân》으로서 《바다나/바단》의 음역으 로 된다. 《바다나/바단》은 변이형으로 《바롤》를 가지고있었다.

　　ㅇ 海ᄂᆞᆫ 바르리라 (《월인석보》 서 8)

　　《波豐》의 《豐》은 《풍부하다》의 뜻과 류의적관계에 있는 《皆》의 뜻인 《다》의 표기로 추정된다.

　　ㅇ 쏘 드린 사ᄅᆞᆷ 돌토 다는 폐로을 쏫ᄒᆞ니 (초간 《첩해신어》 7/19)

　　후기신라에서 개칭한 《海曲》의 《曲》은 《豐》의 략자로서 《바다나/ 바단》의 보충적표기로 된다.

　　《신증동국여지승람》의 고적조항에서는 해곡현에 대해서 잘 알수 없 다고 하였는데 현의 북쪽 20리에 있는 바다가의 죽변곶(竹邊串)일수 있다.

　　그리고 여기서는 우산도(울릉도)가 울진에 속한 섬임을 밝히고있다.(권

45, 울진)

于山島/鬱陵島

본래 《于山島》와 《鬱陵島》는 같은 이름의 두가지 표기변종으로서 이것은 《于珍也》의 맞은 편에 있는 섬을 가리키는것이였다.

고구려의 세력권이 동해안을 따라 이렇게 넓어지다나니 《于珍也》의 동쪽에 놓인 울릉도(鬱陵島)에 대해서도 고구려가 무관심할수는 없었을것이다.

《于珍也》의 《珍》의 의역인 《돌》이라는 말이 《山》의 의역인 《달》이라는 말과 결코 무관계한것이 아니며 같은 말의 변이형으로 될수 있을것이다. 이 점을 고려할 때 우리는 《于珍也(우도리)》와 《于山(우달)》은 일정한 련관이 있는 지명들이라는 추측을 할수 있게 된다.

그렇다면 《于山島》란 《于珍也》에 소속된 섬이라는 뜻에서 단 이름이라고 할수 있다. 다시말해서 《于珍也/蔚珍》에 속한 섬이라는 의미에서 《于山島》라고 하게 된것인데 이 섬에 높이 솟은 해발 984m의 성인봉(聖人峰)을 섬의 상징으로 강조하여 《우달》이라고 이르게 된것이라고도 볼수 있다.

본래 《于山島》와 《鬱陵島》는 다같은 《우달섬》에 대한 리두식표기의 변종들이기때문에 《신증동국여지승람》에서는 《일설에 于山과 鬱陵은 본래 하나의 섬이다.》라고 한것이며 《삼국사기》에서는 하나의 대상을 가리키면서 나라이름으로 《于山國》, 섬이름으로 《鬱陵島》를 소개하였던것이다.

그후 날씨가 개인 날에 동쪽으로 바라볼수 있는 작은 섬의 존재가 알려지게 되었다. 그 섬 역시 뫼부리가 특징으로 되여있어 본래의 《큰 우달섬》과 구별하여 《작은 우달섬》으로 불러웠는데 8세기 중엽 후기신라에서 리두식표기의 지명을 한자말지명으로 고치는 놀음이 벌어지게 되자 원래 같은 말의 표기변종들이였던 《于山島》와 《鬱陵島》를 그후 《세종실록》 지리지에서는 독도와 울릉도를 구별하여 독도를 《우산도》라고 하게 된것이다.

于尸郡

o 유린군(有鄰郡)은 원래 고구려의 우시군(于尸郡)을 경덕왕이 개칭한

것인데 지금의 례주(禮州)이다. (《삼국사기》 권35, 지리 2)

《于尸》는 기초한자음이 《ɼio-sie》이다. 그런데 《尸》는 고구려나 신라의 지명표기에서 《리/리》를 표기하는데 쓰이는 경우가 많았다.*

* ○ 文峴縣 一云 斤尸波衣 (《삼국사기》 권37, 지리 4)
  ○ 蒜山縣 本高句麗 買尸達縣 (《삼국사기》 권35, 지리 2)
  ○ 咸安郡 … 阿尸良國 一云 阿那加耶 (《삼국사기》 권4, 지리 1)
  ○ 安賢縣 本阿尸兮縣 一云阿乙兮(《삼국사기》 권34, 지리 1)

《斤尸》, 《買尸》는 《그리/글》, 《마리/말》의 표기로서 이 경우에 《尸》는 《리/ㄹ》의 표기에 리용되고있다. 그리고 《阿尸》는 《아리》로서 이 경우 《尸》는 《리》의 표기로 되며 《阿尸兮》와 《阿乙兮》의 대응에서는 《尸》와 《乙》이 대응되여 《尸》가 《ㄹ》의 표기로 됨이 명백하다.

그렇다면 《于尸》의 경우에도 《尸》는 《리/ㄹ》의 표기로서 그것은 《우리/울》의 표기로 볼수 있을것이다.

○ 니영이 다 거두치니 울잣신들 셩ᄒᆞᆯ소냐 (허정 시조)

○ 울히 ᄌᆞ모 그지 업스니 (《두시언해》 10/13)

○ 너를 依藉ᄒᆞ야 져근 울헤 ᄀᆞᄅ디르고(《두시언해》 25/2)

《울잣》의 《울》, 《울히》, 《울헤》의 《울》은 다 《울타리》의 《울》이다.

이 말의 변이형인 《우리》는 《이웃하고있는것》이나 《함께 있는것》의 뜻으로서 이것을 달리 표기한것이 《有鄰》이다. 《有鄰》은 그 기초한 자음이 《ɼiu-lien》이니 《우리》의 음역으로도 될수 있고 또 의역으로도 될수 있는 표기이다.

《삼국사기》에서는 령현으로 아혜현(阿兮縣)을 들고있다.

《于尸郡》과 관련하여 《신증동국여지승람》에서는 후기신라가 《有鄰》으로 고친것을 고려가 《禮州》로 고치고 1310년(고려 충선왕 2년)에 《寧海》라고 개칭하게 되였다고 하였다.(권24, 녕해) 이곳은 동쪽으로 7리를 가면 바다가 되고 남쪽으로 22리를 가면 영덕현과 경계를 이룬다고 하였으니 이 고장을 《寧海》라고 개칭하게 된것은 바다를 가까이한 그 지리적위치와 관련된것으로 보인다.

그런데 도호부로 승격시키면서 그 속현으로 영양현(英陽縣)과 청기현

(靑杞縣)을 두었다고 하였다.

이를 통해서 알수 있게 되는것은 《于尸郡》은 오늘의 영양군, 청송군 일대를 포괄하는것으로 된다. 고구려가 한때 《于尸郡》을 차지하였다는것은 고구려의 세력이 태백산줄기를 따라 태백산, 일월산을 훨씬 넘어서서 남쪽의 넓은 산간지대와 동해안의 벌방지대를 차지하고있었다는것을 의미하는데 심지어는 더 내려가서 영덕을 거쳐 깊숙이 미질부성에까지 진출하였던것이다.

也尸忽郡/狐山城/狐鳴城

o 야성군(野城郡)은 원래 고구려의 야시홀군(也尸忽郡)을 경덕왕이 개칭한것인데 지금의 영덕군(盈德郡)이다.(《삼국사기》 권35, 지리 2)

o 삼국시대의 지명만 있고 분명치 않은 지역: 호명성(狐鳴城) (《삼국사기》 권37, 지리 4)

《也尸忽》은 기초한자음이 《ia−sie−xuət》로서 《여시골》의 음역으로 된다. 《여시》는 《여시 〉 여싀(여ᅀᅵ) 〉 여우》의 변화과정을 밟은 말이다.

o 외히려 비 ᄅ 머근 여싀 몸도 얻지 몯ᄒ리온 (《선가귀감》 하 36)

o 무더미 오래 여ᅀ 돗기 이우지 ᄃᆞ외얏도다(초간 《두시언해》 24/25)

그리고 《골》은 고구려지명에서 단위어로 흔히 쓰이는 말이다. 그러니 결국 《여시골》이란 《여우골》을 말하는데 옛날에 이 고장의 서쪽산에는 여우를 비롯한 짐승들이 많았던것 같다. 《也尸忽》을 후기신라에서 한자말지명으로 고칠 때에 《野城》이라고 한것은 《也》를 같은 음인 《野》로, 《忽》을 의역하여 《城》으로 대응시킨것이라고 할수 있다.

그런데 《也尸忽》은 《狐山城》이라고도 하였다.

o 가을 9월에 고구려가 북쪽변경을 쳐서 과현까지 왔다가 겨울 10월에는 호산성을 함락시켰다.(秋九月 高句麗襲北邊至戈峴 冬十月 陷狐山城)(《삼국사기》 권3, 신라본기 3)

o 가을 9월 군사를 보내여 신라의 북쪽 변경을 침공하여 호산성을 함락시켰다.(秋九月 遣兵侵新羅 北邊 陷狐山城)(《삼국사기》 권18, 고구려본기 6)

489년(고구려 장수왕 77년, 신라 소지왕 11년) 9월에 고구려가 탈취한

《狐山城》은 《여시골》의 리두식표기로 된다. 이 경우에 《狐》는 《여시》의 의역자이며 《山》은 지명단위어로서 《골》의 의역자로 되며 《城》은 지명단위어의 중복으로도 볼수 있고 또 축조한 성을 가리키는 말로도 될수 있다고 본다.[주1] 그리고 《狐鳴城》은 그 표기변종으로 인정된다.

o 2년 … 11월에 말갈이 북쪽 변경을 침범하였다.(二年 … 十一月 靺鞨侵北邊)(《삼국사기》 권3, 신라본기 3)

o 3월에 고구려와 말갈이 북쪽 변경에 들어와 호명 등 일곱성을 빼앗고 또다시 미질부로 진군하였다. (三月 高句麗與靺鞨入北邊 取狐鳴等七城 又進軍於彌秩夫) (《삼국사기》 권3, 신라본기 3)

480년(고구려 장수왕 68년) 11월에 장수왕이 신라북변을 치게 하고 이듬해 3월에 신라의 7개 성을 점령한 가운데 《狐鳴城》이 있는데[주2] 이 사실이 고구려본기에서는 전혀 언급되지 않고 신라본기에만 나오고있다. 그런데 489년의 사건과 관련해서는 고구려와 신라의 기록에서 꼭같이 《狐山城》을 지적하고있다. 추정하건대 고구려가 480년에 호명성을 거쳐 미질부성까지 나갔다가 정세가 불리하여 일단 후퇴하였다가 489년에 다시 진격하여 이곳을 완전히 차지하게 된것으로 보인다. 그리하여 이 사실은 신라본기뿐아니라 고구려본기에도 오르게 된것이라고 본다.

[주1] 《고구려력사》(채희국, 김일성종합대학출판사, 1982년)에서는 호산성을 충청남도 례산으로 비정하였다. 그 근거는 례산의 옛이름이 《孤山》이니 그 《孤》가 《狐》와 비슷한 글자라는것이다.(138페지) 그러나 그것은 리두식표기에 대한 리해가 부족한데서 나온 억측이라고 할수 있다. 문헌에서는 례산의 옛이름으로 《孤山》과 《烏山》을 대응시켜놓았는데 그것은 《孤》를 의역자로, 《烏》는 음역자로 대응시킨 《외/오》의 표기로 되는것이다.

[주2] 《조선전사》(3) (과학백과사전종합출판사, 1991년)에서도 호명성이 《也尸忽》일수 있다고 추정하였다.(152페지)

《신증동국여지승람》에 의하면 《여시골》은 영덕군으로서 《우도리》 즉 울진의 남쪽에 잇닿은 곳으로서 동해를 끼고 길게 뻗은 들판에 자리잡고있으며 서쪽으로는 경상산줄기를 경계로 청송군과 린접해있다.

여기에는 높이 12척에 둘레가 1 397척으로 되는 돌로 쌓은 읍성이 있는데 그안에 우물도 있고 못도 있다고 하였다. 그리고 고적조항에서는 읍성의 동문밖에 둘레 3 300척의 토성이 있고 그밖에 석축으로 된 둘레 8

356척의 달로산성(達老山城)이 있다고 하였으니(권25, 영덕) 신라가 이 일대의 방비를 위하여 많은 성을 축조한 사실을 알수 있다.

戈峴/加乙峴

489년 9월에 고구려의 군사들이 신라의 북쪽변경을 치면서 지나갔다는 《戈峴》은 《加乙峴》을 가리키는것으로 인정된다.

o 가을현(加乙峴)은 부의 남쪽 117리에 있다.(《신증동국여지승람》 권 44, 삼척)

사실상 《戈峴》과 《加乙峴》은 같은 지명의 표기변종에 지나지 않는 것이다.

《加乙峴》의 《加乙》은 기초한자음이 《ka—ʔiət》인데 리두식표기에서 《乙》은 《ㄹ》의 표기에 쓰이는것만큼 《加乙》은 《갈》의 음역으로 된다.

o 갈 爲刀 (《훈민정음해례》 용자례)
o 두 갈히 것그니(《룡비어천가》 36)

《戈》는 창을 의미하나 금속제무기라는 점에서 《刀》와 통하며 옛날에는 다 우리 말로 《갈》이라고 하였던것이다. 따라서 《戈峴》과 《加乙峴》은 다같은 《갈자히/갈재》의 표기로 된다.

삼척에서 울진으로 넘어가는 길목인 《加乙峴》은 삼척과 울진의 경계에 있는데 지금은 갈령치(해발 175m)라고 한다.*

   * 《갈령치》라고 하게 된것은 예로부터 불리워오던 《갈재》를 《갈령》이라 하고 거기에 다시 고개를 의미하는 《치(峙)》를 덧붙인것이라고 할수 있다.

이곳은 당시 신라에서 북쪽변경의 전략적요충지로 인정하고있었기때문에 신라본기에서는 고구려군사가 이곳까지 온 사실에 대해서 특별히 강조했던것으로 보인다. (《삼국사기》 권3, 신라본기 3)

그러나 고구려의 경우에는 통과한 이 길목이 중요한것이 아니라 호산성(호명성)의 함락이라는 사실이 보다 더 중요하기때문에 고구려본기에서는 통과한 지점에 대해서 언급하지 않았던것으로 보인다.

《삼국사기》에서는 영덕군의 령현으로 조람현(助攬縣)과 청기현(靑己縣)을 들고있다.

助攬縣/才攬

o 진안현(眞安縣)은 원래 고구려의 조람현(助攬縣)을 경덕왕이 개칭한 것인데 지금의 보성부(甫城府)이다. (《삼국사기》 권35, 지리 2)

o 조람현(助攬縣)은 재람(才攬)이라고도 한다. (《삼국사기》 권37, 지리 4)

《助攬》은 기초한자음이 《dziâ－lɐm》이며 《才攬》도 《dzɐi－lɐm》이니 다같이 류사음에 의한 《시라》의 음역으로 된다.

바로 이웃하고있어서 뒤에 통합되고만 마을의 이름이 《漆巴火 : 眞寶》였는데 후에 《載岩》으로 개칭된것이 《시루바호/실바호》였던것으로 미루어보아 《시라》는 《싣다》라는 말의 《실아》였을것으로 추측된다.

《신증동국여지승람》에 의하면 후기신라에서 진안현으로 고치고 야성군의 령현으로 하였는데 고려초에 진보현과 진안현을 합처서 보성부(甫城府)를 두고 일명 재암성(載岩城)이라고 하였다고 한다.(권25, 진보)

青己縣

o 적선현(積善縣)은 원래 고구려의 청기현(青己縣)을 경덕왕이 개칭한 것인데 지금의 청부현(青鳧縣)이다. (《삼국사기》 권35, 지리 2)

《青己》의 《青》은 《푸르(다)》의 고형인 《버러/벌》의 의역인데 그것은 《野》의 뜻인 《버러/벌》과 동음이의적인 관계에 있다. 《己》는 《kie》로서 《기》의 음역으로 되는데 그것은 지명단위어로서 《城》에 대응되여 쓰이는 경우가 있었다.(례: 悅己 : 悅城) 결국 《青己》는 《버러기/벌기》의 표기로 된다고 할수 있다.

《신증동국여지승람》에 의하면 후기신라에서 적선현으로 고치고 야성군의 령현으로 만든것을 고려에서 청부현으로 고쳐 례주에 소속시키였다가 1394년(리조 태조 3년)에 진보현과 합치고 그후 송생현(松生縣)과 합처 청송현(青松縣)이라고 하였다가 리조 세조년간에 도호부로 승격시키였다고 한다.(권24, 청송)

牛山城, 泥河

o 가을 7월에 군사를 보내여 신라의 우산성을 첬더니 신라군사가 니하가에 나와서 반격하므로 우리 군사가 패하였다.(秋七月 遣兵攻新羅牛山城 新羅兵出擊泥河上 我軍敗北)(《삼국사기》 권19, 고구려본기 7)

o 가을 7월에 고구려가 와서 우산성을 치므로 장군 실죽이 나가 니하에서 이를 격파하였다.(秋七月 高句麗來攻牛山城 將軍實竹出擊泥河上 破之) (《삼국사기》 권3, 신라본기 3)

o 6년 가을 8월에 군사를 보내여 신라의 우산성을 쳐서 빼앗았다.(六年秋八月 遣兵攻新羅牛山城 取之) (《삼국사기》 권19, 고구려본기 7)

o 8월에 고구려가 우산성을 공격하여 함락시켰다.(八月 高句麗攻陷牛山城)(《삼국사기》 권3, 신라본기 3)

o 삼국시대의 지명만 있고 분명치 않은 지역: 우산성(牛山城) (《삼국사기》 권37, 지리 4)

495년(고구려 문자왕 5년, 신라 소지왕 17년) 7월에 고구려는 우산성을 공략하려다가 실패하였으나 이듬해 8월에는 기어이 우산성을 함락시켰다고 하였다.

그러면 우산성은 어디가 되겠는가?

이 문제를 해결하자면 우선 진격하는 고구려군사를 막아 싸웠다는 니하(泥河)의 위치부터 밝히는것이 중요하다. 남진하는 고구려군사로부터 우산성을 지키기 위해서 신라군사가 나가서 싸운 곳이라면 그것은 응당 우산성보다 북쪽에 있어야 할것이다.

《신증동국여지승람》에 의하면 흥해군에 있는 곡강(曲江)은 경주 신광현의 마북산(馬北山)에 시원을 두고 동쪽으로 흘러 고령산(孤靈山)밑으로 해서 바다로 들어간다고 하였다.(권22, 흥해) 만일 곡강을 니하로 보게 된다면 응당 그 남쪽에서 우산성을 찾아야 할것이다.[주]

[주] 《조선전사 (3)》(과학백과사전종합출판사, 1991년)에서는 니하(신광천—곡강)서쪽에서 벌어진 전투에서 고구려군의 진격이 저지당하였다고 하고(152페지) 우산성을 니하(신광천)전투와 결부시켜보면 영덕 서남방의 우현 부근일수 있다고 하였다.(154페지)

그런데 곡강을 니하라고 가정하게 되면 그것은 흥해땅에 있으니 영덕의 서남방에 있다는 우현보다 남쪽에 니하가 위치한것으로 되는 모순이 있게 된다.

니하가 어디라는것을 문헌상으로는 아직 찍어서 밝히지 않았는데 만일 니하를 우산성의 북쪽에서 찾게 된다면 그것은 영덕의 오십천이 해당

될수 있을것이다.

《신증동국여지승람》에 의하면 오십천의 하류인 포내천(浦內川)은 오포(烏浦)로 들어간다고 하였다.(권25, 영덕) 지금도 그곳을 오포동이라고 하는데 《烏浦》는 《가마개》를 의역한 표기일수 있다.

o 가마괴 오 烏 (《훈몽자회》 상 15)

o 개 포 浦 (《훈몽자회》 상 5)

《가마개》로 흘러들어가는 《가마나리》의 의역으로는 《泥川》 또는 《泥河》의 표기가 가능할수 있을것이다.

그런데 오포동 서남쪽으로 약 30리 상거해서 소의산(해발 646m)이 있고 그 기슭에 우곡동이 있다. 소의산(所依山)과 우곡동(牛谷洞)은 호상 련관이 있는 지명으로서 소의산의 기슭에 있는것으로 하여 우곡동이라는 이름을 달게 된것이라고 할수 있다. 다시말해서 《所依》는 《쇼》를 음역한것이며 《牛》는 그것을 의역한것이다. 즉 《所依山》은 《쇼모로》로서 《牛山》은 그 표기변종으로 된다.

o 쇼 우 牛 (《훈몽자회》 상 19)

o 피모로 椵山 (《룡비어천가》 4/21)

그리하여 《牛谷》은 《牛山》의 기슭에 있는 골안이라 하여 붙인 이름으로 되는것이다.*

> * 산과 그 골짜기의 지명이 서로 련관되여있는 다른 실례로 서울의 《三角山》과 《牛耳洞》을 들수 있다. 《三角山》은 《세귀뫼》의 의역표기이고 《牛耳洞》은 《쇠귀골》의 의역표기로 된다. 《세귀뫼》의 아래에 있는 골짜기라 하여 《세귀골》이라고 하던것인데 《세귀골》을 동음이의역하여 표기한것이 바로 《牛耳洞》인것이다.

만일 니하를 오십천으로 가정한다면 495년에 싸움이 있었다는 우산성은 《영덕 서남방의 우현부근》일것이라는 추정이 근거있는것으로 될수 있을것이다.

退火/彌秩夫城

o 원래 신라의 퇴화군(退火郡)인데 경덕왕이 의창군 (義昌郡)으로 개칭하였다. (《신증동국여지승람》 권22, 홍해)

《退火》는 《므리불》의 의역으로 인정된다.

o 믈이다 退 (《사성통해》 상 52)

o 블 화 火 (《훈몽자회》 하 35)

《므리불》의 《므리》는 아래의 뜻으로 쓰이는 《밑》의 고형으로 인정되며 《불》은 《벌》의 변이형으로서 《므리불》이란 아래에 있는 벌을 가리키는 말이라고 할수 있다.

한편 홍해군의 별명으로 미질부성(彌秩夫城)을 들고있는데 (《신증동국여지승람》 권22, 흥해) 《彌秩夫》는 기초한자음이 《mie—tşiet—pio》이니 류사음에 의한 《미시벌/미리벌》의 음역으로 인정되는것만큼 이것은 《므리불》의 변이형으로 된다고 할수 있다.

《므리불》이나 《미리벌/미시벌》은 다 이곳의 지형상특징을 념두에 두고 명명한것으로 추정된다.

《신증동국여지승람》에 의하면 홍해는 동쪽 21리에 영일현, 서쪽 9리에 신광현, 남쪽 31리에 안동현, 북쪽 13리에 청하현이 있다고 하였으니 이곳은 현재 포항시의 덕성리(청하), 토성리(신광), 고령산(해발 176m)으로 둘러싸인 삼각지대로서 해안을 끼고있는 벌방에 해당되는데 이 벌방의 이름을 바로 《므리벌/미리벌/미시벌》이라고 한것이니 이것은 《미루등판》을 말하는 《미루벌》의 변이형으로 해석할수도 있다. 이런 지명은 중부지방에도 있었으니 오늘의 경기도 룡인의 옛이름인 《滅烏 : 駒城縣》이 바로 그 실례로 된다.

한편 《흥해(興海)》라는 이름은 해안을 끼고있다고 하여 본래이름과 무관계하게 후에 지은것이라고 할수 있다.

481년 3월에 호명성(狐鳴城) 등 7개 성을 점령한 다음 진출한 미질부에는 남북의 두개 성이 있었다고 한다. 그것은 군의 남쪽 2리에 있는 망창산(해발 385m)과 북쪽 16리에 있는 오산에 의거한 망창산성과 덕성산성으로 비정되는데 이 두 성을 미질부성이라 하고 이것을 합하여 흥해군이라 한다고 하였다.

그런데 이곳으로 가자면 응당 영덕군을 지나가야 되는것만큼 호명성을 거치는것은 당연한 일로 된다.

고구려 장수왕이 489년에 신라의 수도인 경주에서 멀지 않은 이곳까지 군대를 진출시켰다는것은 삼국통일을 위한 그의 의지가 얼마나 굳세였는가를 짐작하고도 남음이 있다고 본다.

阿兮縣

o 해하현(海河*縣)은 원래 고구려의 아혜현(阿兮縣)을 경덕왕이 개칭한 것인데 지금의 청하현(淸河縣)이다.(《삼국사기》 권35, 지리 2)

* 《海河》는 《河海》를 잘못 쓴것이다.

《阿兮》는 기초한자음이 《?a－ɤei》이니 《아히/아기》에 대한 음역으로 된다. 그리고 《阿海》는 《?a－ɤei》로서 《아하/ 아가》의 음역으로 되니 《아히/아기》의 변이형일수 있다.

이 고장의 이름을 원래 고구려의 지명이라고 지적한것은 태백산줄기를 따라 남진해간 고구려군이 영일만의 가까이까지 감으로써 신라의 수도를 위협하고있었던 사실을 말해주는것으로 된다.

《신증동국여지승람》에서는 이 현이 동쪽으로 7리가 해안이 되고 남쪽으로 11리가 흥해군과의 경계가 되며 서쪽으로 13리를 가면 경주의 신광현이 되고 북쪽으로 10리에 영덕현이 있다고 하였다. (권23, 청하)

이처럼 고구려는 삼국통일을 성취하기 위한 원대한 구상을 안고 소백산줄기의 죽령을 넘어 영주, 봉화, 청송과 태백산줄기의 남단까지 진출하였으며 한편으로 동해안을 따라서는 울진, 영덕, 흥해계선에 이르는 광활한 지역에서 백제와 신라를 부단히 압박하였다.

당시 고구려가 신라전역에서 거둔 성과의 일단과 고구려의 당당한 위세에 대해서 구체적으로 반영하고있는것이 바로 《고구려중원비문》이다.

o 5월에 고려대왕의 조왕이 신라매금으로 하여금 맹세를 시키되 세세로 형제와 같이 상하가 화목하고 하늘의 도리를 지키도록 하라고 명령하였다. 동이의 매금이 태자 공을 꺼리였다. 전부대사자인 다우환노, 주부인 귀덕이 (어떤 조치를 하여) □□가 이곳에 이르러 영천에 꿇어앉았다. … 이때에 매금토내의 여러 사람에게도 □□을 주도록 지시하고 □□국토의 태위와 제위의 상하들은 의복을 와서 받으라고 지시하여 영에 (와서) 꿇어앉았다. 12월 23일(갑인)에 동이 매금의 상하가 우벌성에 이르렀다. (五月中 高麗大王祖王 令□新羅 寐錦世世爲願 如兄如弟 上下相和 守天 東夷之寐錦 忌太子共 前部

大使者多亏桓奴 主簿貴德 細□□到至 跪營天 … 節教賜 寐錦土內
諸衆人 □□□ □□國土 太位 諸位上下 衣服 來受教 跪營之 十二
月廿三□甲寅 東夷寐錦上下 至于伐城)

이와 같이 비문에는 고구려 장수왕이 대군을 이끌고 남으로 진출하여
《신라매금으로 하여금 맹세를 시키되 세세로 형제와 같이 상하가 화목하
고 하늘의 도리를 지키도록 하라고 명령》한 사실이 기록되여있으며 475년
5월에 고구려 장수왕을 방문한 신라의 자비마립간(慈悲麻立干)일행이 몇
달후인 12월 23일에야 《于伐城》으로 돌아간 사실이 밝혀져있다.

이것은 당시 고구려의 남진정책이 거둔 성과를 보여주는 동시에 고구
려의 위력앞에 위축되였던 신라의 실상을 잘 보여주고있다고 할수 있다.

그런데 고구려 장수왕을 만난 신라왕이 돌아갔다는 《于伐城》은 당시
신라령역의 북쪽변경으로 추정되는것만큼 《伊火兮》가 곧 《于伐城》일
수 있다.

于伐城

《于伐城》의 《于伐》은 기초한자음이 《ɀio－biet》이니 《우벌》의 음
역으로 되는데 이것은 《伊火兮》로 표기하는 《이불히/이불이》의 변이형
에 대한 표기일수 있으며 《城》은 지명단위어의 표기로 된다. 결국 태백
산줄기와 팔공산줄기가 갈라지는 보현산(해발 1 124m)의 북쪽에 있는 《安
德縣》(오늘의 경상북도 청송군 명당리가 안덕현의 옛소재지이다.)이 신라
의 북쪽변경으로 되였던것이니 신라왕은 그곳을 거쳐 자기 땅으로 돌아간
것으로 생각된다.

이상의 력사적사실은 삼국통일의 원대한 구상밑에 진행한 고구려의
남방진출이 얼마나 적극적이였는가를 보여주는 동시에 백제와 신라의 많
은 령역을 차지함으로써 자기 강역을 훨씬 넓히였음을 말해주고있다. 결과
그 지대에는 고구려지명의 흔적이 수많이 남아있게 되였다. 이것은 당시
고구려가 우리 강토의 대부분을 차지하고 겨레와 국토의 통일위업을 거의
완성단계에까지 이끌어갔음을 보여준것이라고 할수 있다.[주]

[주] 《조선단대사(고구려사 4)》(손영종, 과학백과사전출판사, 주체 97〈2008〉년)
　　　에서는 481－529년사이에 고구려가 삼국통일정책을 정력적으로 밀고나감
　　　으로써 동남방면, 중남방면, 서남방면으로 현저히 진출하였으며 남쪽으로

최대한 령토를 확장하였다고 하면서 그 령토는 삼국 전령역의 10분의 9이상을 차지하게 되였다고 서술하였다.(193~194페지)

《삼국사기》에서 지명의 유래를 설명하면서 《원래 고구려의》라는 표현을 쓴데 대해서 우리는 정확한 인식을 가질 필요가 있다.

례컨대 례성강과 림진강을 둘러싼 중부조선일대를 장악한 고구려에 대해서 백제가 자주 반격을 가함으로써 공방전이 벌어졌으나 그 지역은 의연히 고구려의 강역으로 인정되는것만큼 《원래 고구려의》라는 표현은 응당한것으로 된다.

그러나 소백산줄기와 태백산줄기를 따라 진출한 지대의 경우에는 사정이 다르다. 고구려의 군사가 남진하여 그곳을 일시 차지하고 위용을 떨친것은 사실이지만 그곳이 오랜 기간 고구려의 확고한 강역으로 존속된것이 아니라 진퇴가 계속되는 속에서 호상간에 세력대치와 일진일퇴가 부단히 진행된것이 사실이다. 그럼에도 불구하고 그 지명에 대해서 《원래 고구려의》라는 표현을 쓴것은 국토통일을 위한 고구려의 지향을 반영하면서 고구려가 그곳을 차지한바 있었다는 의미로 리해해야 한다.

그렇지만 고구려가 한때 차지하였으나 그후 정세가 바뀌어 백제나 신라와 접전을 거듭하게 된 지대에 대해서 혹은 원래 백제의 땅이라거나 신라의 땅이라거나 하고 서술한 경우도 있음을 념두에 둘 필요가 있다.

(3) 9세기에 개칭한 군현과 고구려의 지명

《삼국사기》 지리지에서는 후기신라에서 설정한 9개 주가운데 옛고구려땅인 한주, 삭주, 명주에 속한 고구려지명의 대부분은 후기신라에서 경덕왕때인 757년에 한자말지명으로 고치였으나 대동강이남의 일부 지명은 헌덕왕때인 9세기초에 와서야 비로소 한자말지명으로 고치였는데 그때로 말하면 후기신라의 통치위기가 이미 심각해지던 때였다.

冬忽/于冬於忽

o 취성군(取城郡)은 원래 고구려의 동홀(冬忽)을 헌덕왕이 개칭한것인데 지금의 황주(黃州)이다. (《삼국사기》 권35, 지리 2)

o 동홀(冬忽)은 우동어홀(于冬於忽)이라고도 한다.(《삼국사기》 권37, 지리 4)

《于冬於忽》은 기초한자음이 《ʑio-toŋ-ʔia-xuət》이니 설내입성

《—t》가 우리 말에서 《ㄹ》로 대응되고 페음절이 오늘과 같이 발달하지 못한 조건에서 그 류사음에 의하여 《우도리구루/우도리골》의 음역으로 될수 있다. 그리고 《冬忽》은 《우》를 땐 준말형태인 《도리골》의 음역으로 될수 있다.

《신증동국여지승람》에 의하면 황주의 남쪽 40리에 《月羅山》이 있고 돌로 쌓은 산성까지 있는데(권41, 황주) 그것은 《다라달》을 음역과 의역을 배합하여 표기한것이라고 할수 있다.

о돌 爲月 (《훈민정음해례》 용자례)

중세국문문헌에서의 《돌》의 고형은 《다라/다리》일수 있으니 그것을 의역한 《月》에다가 보충적인 음역으로 《羅(라)》를 더하여 표기한것이 《月羅》이다. 이 《다라》와 《도리》는 변이관계에 있으며 지명단위어인 《달》을 덧붙인것이 《다라달》로 되는것이다. 그리고 《다라달》이 있는 고을이라고 하여 《다라골/도리골》이라고 하던것인데 당시 고을은 《月羅山》의 북쪽에 있었으니 우리 말에서 북은 《우》 또는 《뒤》라고 하는 언어관습에 따라 《우》를 붙여서 《우다리골/우도리골》이라고 한것이며 그것을 표기한것이 바로 《于冬於忽》이며 그 준말로서 그저 《다리골/도리골》이라고도 불러온것을 표기한것이 《冬忽》이라고 할수 있다.

후기신라에서 《도리골》을 《取城》으로 개칭하게 된것은 《도리》가 《취하다/더하다》의 뜻을 가진 《들다/드라》와 음이 비슷한데 그 연유가 있다고 할수 있다.

о조ᅀᆞ로왼 깊이페 旌旗를 드랏고(《두시언해》 9/7)

о들 헌 懸(《류합》 하 46)

그러니 이것은 말하자면 류음이의적인 《取》를 취하고 《골》의 의역자로 《城》을 취한것이라고 해야 할것이다.

이 고장의 고구려지명은 후기신라에서 다른 지방의 경우와 달리 경덕왕때 고친것이 아니라 헌덕왕(재위: 810—826년)때에 와서 비로소 개칭하였다고 하니* 그것은 경덕왕때에 이 고장을 한주에 소속시키기는 하였으나 당시 후기신라의 행정권이 아직 그곳에까지 제대로 미치지 못하였음을 말해주며 따라서 서북일대에서 후기신라의 강역은 확정되지 못하고 류동적이였음을 의미하는것으로 된다. 더우기 구월산을 중심으로 재령강이서의

서해안일대의 고구려지명을 개칭하지 못하였던 사정을 고려할 때 이것은
너무나도 당연한 일로 될것이다.

> *《대동지지》에서는 경덕왕때 개칭한것으로 서술하였으나 이것은 잘못된것
> 이다.

《삼국사기》에서는 이에 속한 령현으로 식달(息達), 가화압 (加火押),
부사파의현(夫斯波衣縣)의 셋을 들고있다.

息達/薪達/乃達

o 토산현(土山縣)은 원래 고구려의 식달(息達)을 헌덕왕이 개칭한것인
  데 지금도 그대로 부른다.(《삼국사기》 권35, 지리 2)

o 금달(今*達)은 신달(薪達) 또는 식달(息達)이라고도 한다. (《삼국사
  기》 권37, 지리 4)

> *《今》은 《乃》의 오자이다.

《息達》은 기초한자음이 《siək-dât》이고 《薪達》은 《siən-dât》이
니 설내입성 《-t》가 우리 말에서 《ㄹ》로 대응되는 조건을 고려할 때
그 류사음에 의해서 《시리다라/시리달》의 음역으로 될수 있다.

그런데 《土山》을 그 의역으로 보게 된다면 우선 《시리》와 《土》가
대응되는것으로 되는데 《시리》는 《흙 〉흙》의 고형일수 있다.

o 흙 토 土(《훈몽자회》 상 4)

o 土曰 轄希(《계림류사》 고려방언)

o 土 黑二(《화이역어》 조선관역어)

그리고 고구려지명표기에서 《다라/달》과 《山》의 대응은 보편적현상
으로 되여있다.(례: 買尸達 : 蒜山)

《신증동국여지승람》에 의하면 이곳 지명을 9세기초 비로소 한자말지
명으로 고치고 1018년(고려 현종 9년)에 황주에 소속시키였으며 1322년(고
려 충숙왕 9년)에 공신인 조인규의 고향이라고 하여 상원(祥原)으로 고치
였다고 한다.(권55, 상원)

그리고 이 고장의 특징으로 높은 산이 사방에 둘러있는 점을 들고있
는데 이러한 지형상특징에 따라 고구려의 지명이 지어진것으로 보인다.

加火押

o 당악현(唐嶽縣)은 원래 고구려의 가화압(加火押)으로서 헌덕왕이 현을 두어 당악현으로 개칭한것인데 지금의 중화현(中和縣)이다. (《삼국사기》 권35, 지리 2)

《加火押》의 《加》는 《다하다》의 뜻으로서 《더》의 의역으로 되며

o 加는 더을씨라 (《훈민정음언해》)

《火》는 《불/블》의 의역으로 된다.

o 블 화 火 (《훈몽자회》 하 35)

그리고 《押》은 《누르다》의 뜻인데 그 축약형인 《누》를 지명단위어인 《나》에 대한 의역자로 쓰는 경우가 많으며 《누/나》는 지명단위어로서 고구려지명에서는 《壤》 또는 《山/嶽》에 대응하고있다.(례: 扶蘇押 : 松嶽)

결국 《加火押》은 《더불누》 또는 그 변이형인 《다불나》의 표기로 되는데 《唐嶽》의 《唐》은 《dâŋ》이니 《다》의 음역으로 되며 《嶽》은 《나》의 의역으로 되는데 《다나》는 《다불나》의 축약형이라고 할수 있다.

《신증동국여지승람》에 의하면 후기신라의 헌덕왕때 당악현으로 개칭한 이 고장을 고려때 서경의 속촌으로 하였다가 그후에 황곡(荒谷), 송관(松串), 당악(唐嶽) 등 9개 촌을 합해서 중화현으로 만들었다고 하였다.(권52, 중화)

夫斯波衣縣/伏史峴

o 송현현(松峴縣)은 원래 고구려의 부사파의현(夫斯波衣縣)을 헌덕왕이 개칭한것인데 지금은 중화현에 속한다. (《삼국사기》 권35, 지리 2)

o 부사파의현 (夫斯波衣縣)은 구사현(仇*史峴)이라고도 한다. (《삼국사기》 권37, 지리 4)

  * 《仇》는 《伏》의 오자이다.

《夫斯波衣》는 기초한자음이 《pio-sie-pa-ʔiəi》이니 《보시바히》의 음역으로 되며 《伏史峴》의 《伏史》는 기초한자음이 《biuk-sie》이니 《부시/보시》의 음역으로 되고 《峴》은 《波衣》에 대응하는 단위어의 표기로 되는데 이런 대응의 례는 적지 않다.(례: 斤尸波兮 : 文峴)

그런데 그것을 《松峴》으로 고치였으니 《보시/부시》가 《松》과 대응되는데 고구려지명에서 그러한 대응은 다른 경우에도 있었다.(례: 夫斯達 : 松山)

《신증동국여지승람》에 의하면 송현현은 중화군의 서쪽 30리에 있었는데 고려때 중화군에 소속되였다가 폐현으로 되였다고 하였다.(권52, 중화)

(4) 《한주》에 포함시키지 않았던 12개 군현의 고구려지명

후기신라가 설정한 9주 450개 군현에서 제외되여 경덕왕때 한자말지명으로 개칭을 하지 못하고 심지어는 헌덕왕때도 개칭하지 못하고만 고구려지명이 있는데 그것은 애초에 한주(漢州)의 관할하에 넣지 않았던 12개 군현을 말한다.

해주로부터 서해안을 따라 북쪽으로 펼쳐진 옛고구려땅에 대해서 《삼국사기》에는 경덕왕이 개칭하였다는 기록이 일체 없고 다만 권37에서 《仇乙峴, 闕口, 栗口, 長淵, 麻耕伊, 楊岳, 板麻串, 熊閑伊, 甕遷, 付珍伊, 鵠島, 升山》 등 12개 군현의 고구려지명에 대해서만 소개하고있는 점이 우리의 주목을 끈다.

仇乙峴/屈遷

o 구을현(仇乙峴)은 굴천(屈遷)이라고도 한다.(《삼국사기》 권37, 지리4)

o 풍천군(豊川郡)은 원래 고구려의 구을현(仇乙峴)[일명 굴천(屈遷)]인데 고려에서 풍주(豊州)로 고치였다.(《세종실록》 지리지, 권152)

《仇乙峴》의 《仇乙》은 기초한자음이 《gui-ʔiet》인데 리두식표기에서는 《乙》이 《리/ㄹ》에 대응되는 경우가 많으므로(례: 加乙乃 : 갈나) 《仇乙》은 《구리/굴》의 음역으로 보게 된다. 《屈》은 기초한자음이 《kʼuət》이니 설내입성 《-t》가 《ㄹ》로 대응되는것만큼 《구리/굴》의 음역으로 된다. 그리고 《峴》은 지명단위어인데 여기서는 《遷》에 대응하고있어서 《벼ㄹ/벼로》의 의역으로 된다.

o 쇠벼ㄹ 淵遷 (《룡비어천가》 3/13)

o 벼로 或云 빙애 地灘 (《역어류해》 상 7)

결국 《仇乙峴/屈遷》은 《구리벼로/굴벼로》의 표기로 된다고 할수 있다.

그런데 후기신라에서는 이곳 지명을 다른 군현의 지명처럼 한자말식으로 개칭하지 못하였는데 이 일대의 지명이 다 그러하였다.

《신증동국여지승람》에서는 고려초에 《豊州》로 고치고 리조 태종 13년에 《豊川》으로 고치였는데 동쪽으로 25리를 가면 은률현이 되고 남쪽으로 송화현과 장연현에 잇닿아있다고 하였다.(권42, 풍천)

關口

o 궐구(闕口)는 지금의 유주(儒州)이다.(《삼국사기》 권37, 지리 4)

o 문화현(文化縣)은 원래 고구려의 궐구(闕口)를 고려가 유주(儒州)로 고치였다. (《세종실록》 지리지, 권152)

《闕口》의 《闕》은 기초한자음이 《k'iuɐt》이니 설내입성 《-t》가 우리 말에서 《ㄹ》로 대응되는것만큼 그것은 《구리/글》의 음역으로 될수 있다. 그리고 《口》는 고구려지명의 표기에서 《古次》에 대응되여 쓰이고 있어(례:甲比古次 : 穴口) 《고지/곳》의 의역으로 볼수 있다.

《구리고지/글고지》를 《儒州》라고 한것은 《儒》가 글을 잘 아는 선비라는 뜻을 가지고있는것과 관련되며 또 《文化》로 고친것도 《文》의 의역이 《글》인것과 관련된다.

o 션븨 유 儒 (《훈몽자회》 상 34)

o 文은 글와리라 (《훈민정음언해》)

《신증동국여지승람》에서는 문화현의 서쪽 10리에 구월산이 있음을 밝히고 동쪽으로 안악군과 잇닿아있고 서쪽으로 송화현과 은률현이, 남쪽으로 신천군이 잇닿아있다고 하였다.(권42, 문화)

栗口/栗川

o 률구(栗口)는 률천(栗川)이라고도 한다. (《삼국사기》 권37, 지리 4)

o 은률현(殷栗縣)은 원래 고구려의 栗口[일명 률천(栗川)]를 고려가 지금이름으로 고치였다. (《세종실록》 지리지, 권152)

《栗口》는 《바미고지/밤곳》의 의역으로 되며 고구려지명의 표기에서 《川》이 《買》로 대응되는 일이 많기때문에(례: 內乙買 : 沙川) 《栗川》은 《바미마》의 의역으로 인정된다. 결국 《바미마》는 《밤고지/밤곳》의 별명으로 불리웠던것이라고 할수 있다.

《신증동국여지승람》에 의하면 고려초에 이 고장의 이름을 《殷栗》로 고치였다고 하며 현의 동쪽 10리에 구월산성이 있고 성안의 좌우에 창고가 있는데 문화, 신천, 안악의 창고는 왼쪽에, 은률, 풍천, 송화, 장연, 장련의 창고는 오른쪽에 있다고 하였다.(권43, 은률) 그런데 주목되는것은 구월산성안에 있었다는 이 모든 창고의 관할현들이 후기신라때 지명개칭의 대상으로 되지 않았다는 점이다.

長淵

o 장연(長淵)은 지금도 그대로 부른다.(《삼국사기》 권37, 지리 4)

o 장연현(長淵縣)[장담(長潭)이라고도 한다.]은 원래 고구려의 땅인데 신라 및 고려는 모두 옛 명칭대로 불렀다.(《고려사》 지리지, 권 58)

《長淵》, 《長潭》의 《長》은 지명표기에서 《한》으로 대응되는 경우가 많다.

o 한배곶 長背串 (충청도)

o 한배덕 長坡德 (함경도)

이것을 념두에 둘 때 《長》은 《한》의 의역으로 인정하게 된다.

그리고 《淵, 潭》은 《못》이나 《소》의 뜻인데 물이 깊은 못을 《소》라고 하는것만큼 여기서는 《소》의 의역으로 보는것이 합당하다고 본다.

o 소 담 潭, 소 츄 湫 (《훈몽자회》 상 5)

《신증동국여지승람》에 의하면 송화현에서 흘러내리는 남대천이 현의 서쪽 10리에 있는 서해로 흘러들어간다고 하였는데 그것은 깊이를 잴수 없다는 넓은 룡정(龍井)을 거쳐 나간다고 하였다. 따라서 이 고장의 이름은 이 큰 소를 표식으로 잡아서 《한소》로 이름지은것이라고 할수 있다.

장연현에는 장산곶(長山串)이 있으며 서해의 대청도, 소청도, 백령도 등이 속하여있었다.

麻耕伊

o 마경이(麻耕伊)는 지금의 청송현(靑松縣)이다.(《삼국사기》 권37, 지리 4)

《麻耕伊》는 《마갈이》의 표기라고 할수 있다. 《麻》는 기초한자음이 《ma》로서 《마》의 음역이며 《耕》은 《갈다》의 《갈》을 의역한것이고

《伊》는 기초한자음이 《ʔi》로서 《이》의 음역으로 된다.

《마가리》를 형상적으로 의역한것이 《青松》인데 《마》는 《마가을》의 《마》로서 그것을 형상적으로 의역하여 《青》으로 대응시키였으며 《松》은 《솔가리》의 뜻으로서 그것을 넘두여 둔 의역자라고 할수 있다.

板麻串

o 판마관(板麻串)은 지금의 가화현(嘉禾縣)이다.(《삼국사기》 권37, 지리4)

o 청송현(青松縣)은 원래 고구려의 마경이(麻耕伊)를 고려가 지금이름으로 고치고 가화현(嘉禾縣)은 원래 고구려의 판마관(板麻串)을 고려가 지금이름으로 고치였다. … 본조 례종 8년 무자에 두 현을 병합하여 송화(松禾)로 이름을 고치였다.(《세종실록》 지리지, 권152,)

《板麻串》은 《널마고지/널마곶》의 표기로 된다. 즉 《板》은 《널》의 의역자이며 《麻》는 《ma》로서 《마》의 음역자이며 《串》은 《고지/곶》의 의역자로 인정된다. 이 《널마고지/널마곶》은 서해안의 어느 한 지대의 이름으로 추정된다. 이것을 《嘉禾》로 이름을 고친 근거는 명백하지 않다.

《신증동국여지승람》에 의하면 송화현의 진산으로 북쪽 15리에 먹산(해발 657m)이 있고 남쪽 15리에 박석산(해발 591m)이 있는데 청송현은 이 두 산을 중심으로 한 지대일것이며 가화현은 그 옆으로 서해안을 끼고 펼쳐진 벌판이였을것이다.(권43, 송화) 그리하여 하나가 《마가리》로 되고 다른 하나가 《널마고지》로 되였을것으로 추정한다.

楊岳

o 양악(楊岳)은 지금의 안악군(安嶽郡)이다.(《삼국사기》 권37, 지리 4)

o 안악군(安岳郡)은 원래 고구려의 양악군(楊岳郡)인데 고려초에 지금이름으로 고치였다. (《고려사》 지리지, 권58)

《楊岳》은 《버들달》의 의역으로 인정된다. 《楊》은 《버들》의 뜻으로서 《柳》와도 통해 쓴다.

o 버들 爲柳 (《훈민정음해례》 용자례)

《岳》은 《山》, 《高》로도 통해 쓰며 《達》로 음역하는 경우가 많다.(례: 蘭山 : 昔達, 高城 : 達忽)

고려초에 이 고장의 이름을 《安岳》으로 고친것은 《楊州》가 따로 있기때문에 되도록 《楊》자를 피하자는 의도에서 《楊》과 어음상 류사성이 있는 《安》을 선택한것으로 추측된다.

《신증동국여지승람》에 의하면 이 고장의 진산으로 양산(楊山-해발 379m)이 있다고 하였는데(권2, 안악) 《楊岳》은 바로 이 양산이 있는 고장이라고 하여 붙인 지명이다.

熊閑伊

o 웅한이(熊閑伊)는 지금의 수녕현(水寧縣)이다.(《삼국사기》 권37, 지리지, 4)

o 영녕현(永寧縣)은 원래 고구려의 웅한이(熊閑伊)를 고려가 지금이름으로 고치였다. (《세종실록》 지리지, 권152)

《熊閑伊》의 《熊》은 《곰》의 의역자이며 《閑伊》는 기초한자음이 《xän-ʔi》이니 《하니》의 음역으로 된다.

o 곰 웅 熊 (《훈몽자회》 상 19)

o 衆은 할씨라 (《월인석보》 서 6)

결국 《熊閑伊》는 《곰하니》의 표기로 되는데 이 지명은 고대의 《곰》토템의 잔재를 남기고있는것으로서 《하니》는 《大》의 뜻이라고 할 수 있다.

《신증동국여지승람》에 의하면 영녕현은 한때 풍주에 속했다가 신천에도 속한 일이 있었는데 리조 태조 5년에 가화현에 통합하여 없애버렸다고 한다.(권43, 송화)

付珍伊

o 부진이(付珍伊)는 지금의 영강현(永康縣)이다.(《삼국사기》 권37, 지리 4)

o 영강현(永康縣)은 원래 고구려의 부진이(付珍伊)를 고려가 지금이름으로 고치였다. (《세종실록》 지리지, 권152)

《付珍伊》는 기초한자음이 《pio-tien-ʔi》인데 《珍》은 지명표기에서 흔히 《도리/돌》의 의역자로 쓰이니(례: 伊珍買 = 이돌마) 이 경우에도 그 의역으로 될것이다. 그리고 이 경우에 《伊》는 보충적음역으로 《이》를 첨가한것으로 된다. 그리하여 《付珍伊》는 《보돌이=보도리》의 표기로 된다.

《신증동국여지승람》에 의하면 현의 동쪽 5리에 《多立山》은 있다고 하였는데(권43, 강령) 《多立》은 기초한자음이 《ta-liəp》이므로 《다리/도리》의 표기로 될수 있으므로 《多立山》은 《도리달》의 표기로 된다.

그 산은 지금 참나무산(해발 286m)으로 불리우고있으니 도토리가 많은것 같은데 《보도리, 도리》는 《도토리》의 고형일수 있다.

ㅇ 도토리 橡(《사성통해》 하 68)

《도토리》는 너도밤나무과에 속하는 떡갈나무의 열매로서 너도밤나무과의 길참나무, 굴참나무, 풀참나무, 졸참나무의 총칭으로 흔히 참나무라는 말을 쓰고있다. 그리하여 옛날의 《도리달》은 그후 《참나무산》으로 불리웠을것이다.

이처럼 이 고장에서 가장 높은 산의 이름인 《보도리》가 그대로 이 일대의 지명으로 되고만것이라고 할수 있다.

鵠島/骨大島

ㅇ 곡도(鵠島)는 지금의 백령진(白嶺鎭)이다.(《삼국사기》 권37, 지리 4)

ㅇ 곡도(鵠島)는 우리 말로 골대도(骨大島)라고 한다.(《삼국유사》 권2)

ㅇ 백령진(白翎鎭)은 원래 고구려의 곡도(鵠島)인데 고려에 와서 지금이름으로 고치였다. (《고려사》 지리지, 권58)

《骨大》는 기초한자음이 《kuət-dâi》이니 그 류사음에 의하여 《고니》의 고형인 《고해/고홰》의 변이형 《고다/고대》의 음역으로 된다.

ㅇ 고해 곡 鵠 (《훈몽자회》 상 15)

ㅇ 고홰 곡 鵠 (《류합》 상 11)

그리고 《島》는 《섬》을 의역한것으로 된다.

ㅇ 셤 爲島 (《훈민정음해례》 용자례)

ㅇ 셤도 島 (《훈몽자회》 상 4)

이처럼 《骨大島》는 《고다섬/고대섬》의 표기로 되는데 이것을 의역한것이 《鵠島》로 된다. 《白嶺》은 《白翎》과 음이 같은데서 붙인것으로서 《白翎》이 옳은 표기로 된다. 《白翎》은 《흰 깃》이라는 뜻으로서 《고니》새의 생태적인 특징을 형상적으로 나타낸 말이다.

《신증동국여지승람》에서는 이 섬이 장연현에 속한다고 하면서 현의

남쪽 30리에 대청도가 있는데 그 서쪽에 백령도가 있다고 하였다.(권42, 장연)

升山/信安

o 승산(升山)은 지금의 신주(信州)이다. (《삼국사기》 권37, 지리 4)

o 신주(信州)는 원래 고구려의 승산(升山)인데 고려에 와서 지금이름으로 고치였고 … 신안(信安)이라고도 부른다.(《고려사》 지리지, 권58)

《信安》은 기초한자음이 《siən-ʔan》이니 《시나》의 음역으로 될수 있다. 《升山》의 《升》은 기초한자음이 《siəŋ》으로서 《시》의 음역으로 되며 《山》은 지명단위어로서 《나》의 의역자로 쓰인것으로 인정된다.

그런데 《신증동국여지승람》에 의하면 리조 태종 13년에 《信州》를 《信川》으로 개칭하였다고 한다.(권42, 신천) 이처럼 굳이 《州》자를 《川》자로 바꿔쓴것은 바로 《나》가 리두식표기에서 흔히 《川》자로 대응된다는 사실(례: 好壤 : 美川)을 념두에 둔것이라고 할수 있다.

앞에서 본바와 같이 구월산 산성안에 창고를 가지고있었다는 문화, 신천, 안악, 은률, 풍천, 송화, 장연, 장련의 8개 현가운데서 장련현(長連縣)은 원래 황주에 속하였던 장명진(長命鎭)과 안악에 속하였던 련풍장(連豊莊)이 병합된것이라고 하면서 고구려지명을 따로 밝히지 않았다.

그런데 나머지 7개 현은 모두 후기신라때 경덕왕이 종래의 지명을 개칭한 대상에 들어있지 않아 그 당시의 지명이 따로 없고 오직 고구려의 지명을 고려초에 고친것만 소개하고있다.

이와 관련하여 《대동지지》에서 김정호는 《삼국사기》 신라지리지에 한주(漢州)관하 재령강이서의 땅으로서는 후날의 재령(후기신라의 군명으로는 중반군)을 제외하고 《闕口, 升山, 麻耕伊, 板麻串, 熊閑伊, 甕遷, 長淵, 付珍伊, 鵠島, 仇乙峴, 栗口, 楊嶽》 등 12읍이 기록되여있지 않다고 하면서 신라지리지의 9주 450개 군현은 전쟁후 국내 군현들이 일단 정비, 고정화되고 경덕왕때 한문식으로 개정된것을 등록한것인데 거기에는 빠졌지만 후날 《고려사》 지리지에는 그것들의 원래 고구려때이름과 그후 변천의 자취가 다 명기되여있다고 하였다.

대동강하구와 재령강을 계선으로 하여 서해안까지 펼쳐진 이 넓은 지역으로 말한다면 고구려의 유민들이 자기 나라를 다시 세우고 당나라침략자들을 반대하여 투쟁을 벌리던 곳이다. 기록에 의하면 고구려의 대형 검모잠은 투쟁에 일떠선 유민들을 이끌고 한성(재령지방)에 이르러 사야도(덕적군도의 소야도)에 가있던 안승을 임금으로 내세우고 《고구려국》을 다시 세운 일이 있다고 《삼국사기》에 서술되여있다.[주]

> [주] 10년 6월에 고구려 수림성(水臨城) 사람 모잠(牟岑) 대형이 남은 백성들을 거두어 함해가지고 궁모성(窮牟城)으로부터 패강(浿江)남쪽에 이르러 당나라 관리와 중 법안 등을 죽이고 신라로 향하여 오다가 서해의 사야도(史冶島)에 이르러 고구려의 대신 연정토(淵淨土)의 아들 안승(安勝)을 만나 그를 한성(漢城)안으로 맞아들여 떠받들어 임금으로 삼았다.(권6, 신라본기 6)

구월산을 중심으로 하여 재령강의 서쪽과 서해의 섬들 그리고 옹진반도까지를 포괄하는 서해안일대는 그러한 력사적유래로 하여 다른 지방과 구별되는 일련의 특성이 있는것은 사실이다. 김정호는 《대동지지》에서 12읍이 후기신라의 450 군현에 들어가지 않은것은 일시적인 착오로 인한 루락이 아니라 그 위치가 멀리 서해쪽으로 치우쳐있고 오랜 란리를 겪는 동안에 몹시 황폐화되여 일시적으로 폐지되였기때문에 개칭에서 빠지게 된것으로 생각한다고 하였다. 그가 이렇게 추정한것은 그것들이 신라 9개 주의 군현으로 들어가지 않았으나 대부분 고려초에 와서 고구려당시의 옛 이름으로 부활하였거나 다른 이름으로 고쳐져 독립한 군현으로 되기도 하고 또 다른 군현들과 합쳐 새 군현으로 된 사실을 넘두에 두고 한것이다.

결국 후기신라때 이러저러한 리유로 하여 황폐화되고 행정권이 제대로 미치지 못하였기때문에 이곳의 고구려지명을 후기신라가 경덕왕때는 물론 헌덕왕때에도 한자말지명으로 개칭하는 놀음을 벌리지 못하였던것으로 인정된다.

(5) 후기신라의 령역에 포함되지 않은 옛고구려령역의 지명

고려에 의한 국토통일이 실현될 때까지 애당초 후기신라의 령역으로 들지 않았던 옛고구려령역에 분포된 고구려지명가운데 압록강 이남의것은 《고려사》의 동계, 북계(권58, 지리 3), 《신증동국여지승람》(권48~55)과 《대동지지》(권19~26)의 함경도, 평안도의 지명표기에서 찾아볼수 있는데 여기서 자연지명은 적지 않은 비중을 차지하고있다.

먼저 평안도일대에 분포된 고유어지명가운데서 문헌에 반영된 대표적
인것을 들어보기로 하자.

所幷, 黃龍/軍岳

　o 옛황룡국(黃龍國)은 고구려의 소병(所幷)으로 된다. 고려에서 황룡성
　　(黃龍城)이라고 하였는데 군악(軍岳)이라고도 한다.(《신증동국여지
　　승람》 권52, 룡강)

　《所幷》의 《所》는 기초한자음이 《sá》이니 《새》의 고형인 《사
히 〉 사이》의 음역으로 되며 《幷》은 《어불다/어우르다》의 뜻으로서
《어불〉벌》의 표기로 된다. 이것은 대동강하류일대에 펼쳐진 벌판의 지형
상특징 즉 사이벌을 념두에 둔 지명으로 추정된다.

　그런데 이곳에 황룡국이 서면서 이곳을 《黃龍城》이라고도 부르게
되였다고 전한다.

　그러나 《黃龍國》문제와 관련하여 신경준은 자기 저술인 《여지고(輿
地考)》보다 10여년후에 쓴 《강계고(疆界考)》(1756년)에서 평양을 고구려
의 시조 동명왕의 도읍지로 잘못 생각한 기초우에서 추정한 지명고증이라
고 지적하면서 황룡국은 류리왕당시 고도로 된 졸본 등지에서 그것을 찾
아야지 《동국여지승람》에서와 같이 황룡국을 평안도 룡강으로 생각해서
는 안된다고 주장하였다.(《려암전서》 권4~7)

　비록 잘못된 전설이기는 하지만 민간에서 전해진 지명인 《黃龍》의
《黃》은 《가마/구무》의 의역으로 되며 《龍》은 《미르/미리》의 의역으로
되기때문에 《黃龍》은 《가마미루/구무미루/굼미루》의 표기로 인정된다.
한편 《軍岳》의 《軍》은 기초한자음이 《kiuən》이니 《구무/굼》의 음역으
로 되고 《岳》은 《뫼》의 고형인 《모로》의 의역으로 되는것만큼 《黃
龍》의 표기변종으로 될수 있는것이다.

　한편 이 고장의 별명을 《烏山》이라고 한다고 하였는데(권52, 룡강)
이것은 《가마모로/구무미루》의 의역으로 되는것이니 《烏》는 《가마기》
의 의역자로, 《山》은 《모로》의 의역자로 될수 있기때문이다.

　o 가마기와 간치왜 (《두시언해》 16/37)
　o 피모로 椴山 (《룡비어천가》 4/21)

　이것은 분명 이 고장의 진산인 《烏石山》에 연유하여 생긴 지명일것

이다. 오석산예는 둘레 12 580척의 큰 돌성이 있는데 인민들은 그것을 《가마모로/구무미루》라고 하였던것이며 이로부터 《軍岳》이라는 표기변종도 생기게 된것으로 보인다.

그런데 그후 거기예 동음이의적인 의역으로 《黃龍》이라는 이름을 붙여 황룡성이라고 하였으니 그로부터 엉뚱하게 황룡국의 전설이 덧붙게 된 것이라고 할수 있다.

薩水

o 청천강(淸川江)은 옛날에 살수(薩水)라고 불렀다. (《고려사》 권12)

o 청천강(淸川江)은 일명 살수(薩水)라고도 한다. (《신증동국여지승람》 권52, 안주)

《薩水》의 《薩》은 기초한자음이 《sât》인데 설내입성 《-t》가 우리말에서 《ㄹ》로 되는것만큼 《사라/살》의 음역으로 되며 《水》는 《물》의 고형인 《마라/마》의 의역으로 된다. 그리하여 《薩水》는 《사라마/살마》의 표기로 되는데 그것을 의역한것이 곧 《淸川》이다. 그것은 《淸》이 《사늘ᄒ다》의 《사늘》의 변이형 《사라/살》의 의역으로 되며 《川》은 《水》와 마찬가지로 《마라/마》의 의역으로 되기때문이다.

o 丹沙ᄂ 녯 저우레 사늘ᄒ도다 (《두시언해》 20/15)

《薩水》는 물이 맑다는데서 그 표식을 잡은 지명으로서 이곳 청천강뿐아니라 다른 고장예도 있어 《薩水》와 함께 표기변종으로 《薩買》를 쓰기도 한다. [주]

> [주] 청천현(淸川縣)은 원래 살매현(薩買縣)이다. (《삼국사기》 권34, 지리 1)

石古介山/石峴

o 석고개산(石古介山)은 현의 남쪽 6리예 있다. (《신증동국여지승람》 권52, 함종)

o 석현(石峴)은 남쪽으로 6리이다.(《대동지지》 권21, 함종)

《石古介山》의 경우예 《石》은 《돌》의 의역자이며

o 돌콰 흘굴 보디 몯ᄒ리로다 (《두시언해》 25/12)

《古介》는 기초한자음이 《ko-kai》이니 《고개》의 음역으로 된다.

o 고개(嶺頭), 고개(峻嶺) (《역어류해》 상 6)

결국 《石古介》는 《돌고개》의 표기로 되는데 이것을 의역한것이 바로 《石峴》이다.

个古介院

o 마고개원(个古介院)은 주의 남쪽 15리예 있다.(《신증동국여지승람》 권52, 안주)

《个古介院》의 《个古介》는 기초한자음이 《ma-ko-kai》이니 《마고개》의 음역으로 된다. 《마고개》는 《남쪽고개》라는 말로 되는데 그것은 《마》가 《남쪽》을 가리키는 고유어로 되기때문이다.

o 南風曰 馬兒風 (《여유당전서》)

그리고 《个古介院》의 《院》은 역원의 단위를 가리키는 말이다.

獤川

o 달천(獤川)은 주의 동쪽 5리에 있다.(《신증동국여지승람》 권52, 정주)

o 獤川 달내 … 지금의 달천군 동북쪽 25리쯤에 있다. (在今獤川郡東北二十五里許)(《룡비어천가》 5/42)

《獤川》의 《獤》은 기초한자음이 《dät》인데 설내입성 《-t》가 우리 말에서 《ㄹ》로 대응되는것만큼 이것은 《달》의 음역으로 되며

o 달 荻 (《사성통해》 하 49)

《川》은 《나리/ 내》의 의역으로 된다.

o 正月ㅅ 나릿므른 아으 어져 녹져 ᄒᆞᄂᆞᆫ딕 (《악학궤범》 동동)

o 내 천 川 (《훈몽자회》 상 4)

즉 《달나리/달내》는 달풀이 무성한 내가예 대하여 명명한 지명으로 추정된다. 그런데 《달》을 음이 같은 한자 《獤》로 표기한것이다.

《獤川》은 구성부의 검산(檢山)에서 남쪽으로 흘러내려 방호현(防胡峴)을 거처 서쪽으로 흘러 바다로 들어간다고 하였다.

沙邑冬音

o 사읍동음봉수(沙邑冬音烽燧)는 주의 동남쪽 70리에 있는데 서쪽으로 미륵당과 응하고 동쪽으로 가산군 돈산과 응한다.(《신증동국여지승람》 권52, 정주)

《沙邑冬音》의 기초한자음은 《ṣa-ʔiəp-toŋ-ʔiəm》이니 류사음에 의

한 《서비두무/섭두무》의 음역으로 된다.

《서비/섭》은 잎나무를 가리키는 옛날말이며

o 섭 爲薪 (《훈민정음해례》 용자례)

o 섭 싀 柴, 섭 신 薪 (《훈몽자회》 하 28)

《두무/두모》는 둥근것을 의미하는 말인데 일부 방언에서 쓰이는 《물두무》, 《둠기》라는 말은 여기서 나온 말이다.

o 머리크기 두모만 ᄒ고 (《태평광기언해》 1/11)

o 덜둠기 또ᄒ 됴ᄒ니라 (《자초방언해》 19)

《두무》는 지명에서 《豆音山, 豆毛峴, 豆尾山, 豆無嶺, 豆毛浦, 杜門洞, 斗音里》 등 각이한 대상에 쓰이며 그 표기변종도 다양하다.

《서비두무/섭두무》는 잎지는 나무가 무성한 둥근 산을 가리켜 명명한 지명으로 추정된다.

餘乙外

o 여을외봉수(餘乙外烽燧)는 부의 서쪽 30리에 있는데 남쪽으로 영유현 소산이 응하고 북쪽으로 고석리가 응한다.(《신증동국여지승람》 권52, 숙천)

《餘乙外》의 《餘乙》은 기초한자음이 《iwo-ʔiet》인데 설내입성 《-t》가 우리 말에서 《ㄹ》로 되는것만큼 이것은 《여흘》의 음역으로 되며 《外》는 《밧기/밧》의 의역으로 된다.

o 여흘 탄 灘 (《훈몽자회》 상 5)

o 밧 외 外 (《훈몽자회》 하 34)

o 南郊ᄂ 南녁 城門 밧기니 (《월인석보》 2/49)

《餘乙外》는 《여흘밧기》의 표기로 되는데 그것을 한자말지명으로 고치게 되면 《外灘》으로 될것이다.

沙斤橋浦

o 사근교포(沙斤橋浦)는 현의 서쪽 20리에 있다.(《신증동국여지승람》 권52, 영유)

《沙斤橋浦》의 《沙斤》은 기초한자음이 《ṣa-kien》이니 《사근/서근》의 음역으로 되는데 그것은 《삭다/석다》의 규정형으로 된다.

o 朽ᄂ 서글씨라 (《월인석보》 서 24)

ㅇ서글 후 朽 (《류합》 하 56)

《橋》와 《浦》는 각각 《다리》와 《가히/개》의 의역으로 된다.

ㅇ드리 爲橋 (《훈민정음해례》 용자례)

ㅇ드리 교 橋 (《훈몽자회》 중 7)

그리하여 《沙斤橋浦》는 《사근다리개/서근다리개》의 표기로 된다.

加豆等峴

ㅇ가두등현(加豆等峴)은 주의 동쪽 50리에 있다.

(《신증동국여지승람》 권53, 의주)

《加豆等峴》의 《加豆等》은 《가두들기/가두듥》의 표기로 된다. 이경우에 《加》는 기초한자음이 《ka》로서 《가》의 음역자로 되며 《豆等》은 《두들기/두듥》을 음역-의역으로 표기한것으로 된다. 즉 《豆等》의 《豆》는 《두》를 음역한것이고 《等》은 본래 뜻이 《들》이지만 그것과 류음이의적관계에 있는 《들기/듥》을 표기한것이다.

ㅇ두듥 파 坡, 두듥 판 坂 (《훈몽자회》 상 3)

그리고 《峴》은 《자히/재》의 의역으로 된다.

그리하여 《加豆等峴》은 《가두들기재/가두듥재》의 표기로 되는데 이 것은 번두리 드듥의 고개라는 뜻으로 쓰인 지명으로 된다.

甫十山

ㅇ보십산(甫十山)은 부의 서북쪽 10리에 있으며 진산인데 청룡산의 동쪽 갈래이다.(《신증동국여지승람》 권53, 구성)

《甫十山》의 《甫十》은 기초한자음이 《pio-ʑiəp》이며 우리 한자음으로도 《보십》의 음역으로 되는데 그것은 《보습》의 고형이며

ㅇ보십 犁頭 (《사성통해》 상 28), (《훈몽자회》 중 17)

《山》은 《모로/뫼》의 의역으로 된다.

ㅇ뫼 爲山 (《훈민정음해례》 용자례)

결국 《甫十山》은 《보십모로/보십뫼》의 표기로 되는데 산이 보습처럼 생겼다고 해서 그렇게 부르게 된것으로 보인다.

蝶島

ㅇ접도(蝶島)는 군의 남쪽 70리에 있는데 거기에 아흔아홉개의 우물이 있다고 전하고있다. (《신증동국여지승람》 권53, 선천)

《蝶島》는 《나비섬》을 의역한것이다.

o 나빅 뎝 蝶 (《훈몽자회》 상 21)

o 섬 爲島 (《훈민정음해례》 용자례)

이 섬은 선천 앞바다의 신미도 북쪽에 있는데 지금까지 《나비섬》으로 불리우고있다.

炭串

o 탄관(炭串)은 현의 서쪽 35리에 있다.(《신증동국여지승람》 권52, 증산)

o 탄관(炭串)은 서쪽으로 25리이며 바다가이다.(《대동지지》 권21, 증산)

《炭串》의 《炭》은 《수치/숯》의 의역이며

o 숫 爲炭 (《훈민정음해례》 용자례)

o 숫 탄 炭 (《훈몽자회》 중 15)

《串》은 《고지/곶》의 의역으로 된다.

o 城串 잣곶 (《룡비어천가》 4/21)

o 暗林串 암림곶 (《룡비어천가》 1/36)

《수치고지/숫고지》로 불리우던 《炭串》은 증산현의 소재지에서 서쪽으로 30리가량 떨어진 서해안에 있었던것으로 추정되는데 바다로 뾰죽하게 내민 륙지를 가리킨다.

聲伊串

o 성이관(聲伊串)은 군의 동쪽 23리에 있다.(《신증동국여지승람》 권 53, 곽산)

《聲伊串》은 한자말지명이 아니라 리두식표기로 된 지명임이 한눈에 안겨온다. 《聲伊串》은 《소리고지/소리곶》의 표기로 되는데 《聲》은 《소리》를 의역한것이고 《伊》는 그에 대한 보충적인 음역이며 《串》은 《고지/곶》의 의역으로 된다.

o 흔곳 一串 (《어록해》 11)

이것은 사실상 소나무가 우거진 곳이여서 《솔이고지 〉 소리고지》라고 하던것인데 그 《솔이〉소리》를 동음이의적인 의역으로 표기하여 《聲伊》라고 하게 된것이라고 할수 있다.

內隱金串

o 내은금관(內隱金串)은 군의 서쪽 20리에 있다. (《신증동국여지승람》
권53, 곽산)

《內隱金串》도 한자말지명으로서는 전혀 납득이 되지 않는 지명표기
이다. 《內隱金串》은 《나은쇠고지/난쇠곳》의 표기로 되는데 《內隱》은
기초한자음이 《nuɐi-ʔiɐn》으로서 《나은/난》의 음역으로 되며 《金》은
《쇠》, 《串》은 《고지/곳》의 의역으로 된다.

花遷江

o 화천강(花遷江)은 부의 동남쪽 20리에 있다.(《신증동국여지승람》
권54, 녕변)

《花遷江》의 《花遷》은 《고지버루 〉 꽃버루》의 의역으로 된다.

o 빗곳 爲梨花 (《훈민정음해례》 용자례)

o 곳 화 花 (《훈몽자회》 하 4)

o 벼로 或云 빙애 地灘 (《역어류해》 상 7)

o 벼로 峭崖 (《한청문감》 1/39)

《江》은 《나리/내》의 의역으로 된다.

o 正月ㅅ 나릿 므른 아으 어져 녹져 ㅎ논ᄃᆡ (《악학궤범》 동동)

결국 《花遷江》은 《고지버루나리/꽃버루내》의 표기로 되는데 지금도
그곳 사람들은 녕변의 그 강녘에 대해서 《꽃버루》라고 부르고있다.

栗古介

o 률고개봉수(栗古介烽燧)는 부의 서북 39리에 있는데 서쪽으로 태천
현 롱오리가 응하고 남쪽으로 박천군 독산이 응한다.(《신증동국여
지승람》 권54, 녕변)

《栗古介》의 《栗》은 《바미/밤》의 의역자이며

o 밤 률 栗 (《훈몽자회》 상 11)

《古介》는 기초한자음이 《ko-kai》이니 《고개》의 음역으로 된다.

녕변땅의 이 고개일대에 밤나무가 무성하다는데로부터 그러한 지명이
생겨난것이라고 할수 있다.

狄踰嶺

o 적유령(狄踰嶺)은 군의 북쪽 150리에 있는데 강계부의 경계로 되는

데 곧 백산의 동쪽마루로 된다. (《신증동국여지승람》 권54, 희천)

《狄蹰嶺》은 《되너미재》의 의역표기로 된다.

o 되 이 夷, 되 융 戎 (《훈몽자회》 중 4)

옛날에 우리 나라에서는 북쪽에 살고있던 다른 종족인 《오랑캐(兀良哈)》나 《우디거(兀狄哈)》 그리고 녀진의 여러 종족을 야인(野人)이라고 하면서 《되》라고 일컬어왔다. 《되》는 북을 가리키는 《뒤》와 뿌리를 같이하는 말로서 낮추보는 의미색채를 가지고 쓰이여왔다.

《嶺》은 《자히/재》의 의역으로 된다.

o 범이 그 아비 더위여 재 너머(《동국신속삼강행실》 효자 6/2)

o 재 ᄂᆞ려 티샤 두 갈히 것그니(《룡비어천가》 36)

이 지명은 한때 이 령너머에 다른 종족들이 차지한바 있었던데로부터 생겨난것으로 추정된다.

豆無山

o 두무산(豆無山)은 현의 동북쪽 60리에 있다.(《신증동국여지승람》 권55, 맹산)

《豆無山》의 《豆無》는 기초한자음이 《du-mio》로서 《두무》의 의역으로 된다. 《두무》계렬의 지명은 고구려령역의 도처에 남아있다.

o 豆音洞 (대흥)

　杜無谷 (제천)

　斗武里 (린제)

　杜門洞 (강계)

楸仇非

o 추구비보(楸仇非堡)는 군의 서쪽 40리에 있다. 석축으로서 둘레가 400척이고 높이가 8척이다. (《신증동국여지승람》 권55, 벽동)

《楸仇非》의 《楸》는 《가래》의 의역이며

o 가래나모 楸 (《몽어류해》 3/34)

《仇非》는 기초한자음이 《giu-piəi》로서 《구비》의 음역으로 된다.

o 千年老龍이 구비구비 서려 이셔 (송강가사 관동별곡)

즉 《楸仇非》는 《가래구비》로 되는데 이것은 가래나무가 무성한 굽인돌이에 붙인 지명으로서 그곳에 작은 돌성을 일컬어 《楸仇非堡》라고 하게 된것이다.

이밖에도 고유어로 된 자연지명은 많은데 여기서는 여러 문헌의 지리지에 반영된 자료가운데서 대표적인것만을 들어 보였다.

다음으로 **함경도일대에 분포된 고유어지명가운데서 문헌에 반영된 지명**을 몇개 들어보면 다음과 같다.

長嶺鎭

o 원래 고구려의 장령진(長嶺鎭)인데 혹은 당문(唐文[唐은 堂으로도 쓴다.])이라고도 하며 박평군(博平郡)이라고도 한다.(《신증동국여지승람》 권48, 영흥)

o 본래 남옥저의 땅인데 후에 고구려가 차지하여 장령진이라고 불렀다.(《대동지지》 권19, 영흥)

《唐文》을 《博平》이라고도 한다고 하였는데 이 둘사이에는 어떠한 공통성이 있겠는가?

《博平》의 《博》은 《넓다》의 뜻을 가지고있으며 《平》은 《평평하다》의 뜻이 있어 지명표기에서는 《벌판》의 뜻으로 쓰이는 《坪》과 통용되는 경우가 많다. 그리하여 《博平》은 《넓은 벌》의 뜻인 《너러버러/너러벌》의 의역으로 될수 있다.

그런데 이것이 《唐文》과 대응하고있다면 《唐文》은 어떤 말의 표기로 되겠는가?

《삼국사기》에서는 고구려의 지명에 당성군(唐城郡)이 있다고 하였는데 그것은 당항성(党項城)에 비정할수 있으니 그것은 《党》이 《黨》의 략자로서 《무리》라는 뜻과 함께 《향리》나 《버러/벌》의 뜻으로도 쓰일수 있기때문이다.*

　　* 앞에서 서술한 《党項城 : 唐城郡》을 참고할것.

그런데 《黨》의 기초한자음은 《tʼaŋ》이니 기초한자음이 《daŋ》인 《唐》, 기초한자음이 《diaŋ》인 《堂》, 기초한자음이 《ťiaŋ》인 《長》이 서로 통용될수 있다. 그리하여 응당 《버러/벌》의 뜻으로 표기해야 할 《黨》을 그후 《唐》이나 《堂》, 《長》으로 표기하는 경우가 있게 되는것이다.

그리고 《嶺》이나 《文》은 다같은 지명단위어의 표기로 볼수 있는데 《文》은 고구려지명의 경우에 《구루/골》을 표기하는데 흔히 쓰이고있다.(례: 梁文 : 梁骨 : 獨訖) 그것은 《文》의 뜻인 《글》이 《구루/골》과 음이 비슷하기때문에 통용되는 일종의 류음이의적인 의역이라고 할수 있다.

그리하여 《黨(唐, 堂)文》은 《버러구루/버러골/벌골》의 표기로 되며 그 표기변종이 《長嶺》으로 되는데 지명단위어의 표기에서 《文/峴/嶺》의 대응은 다른 경우에도 찾아볼수 있다.(례: 伊文 : 翼峴 : 翼嶺)

이것은 바로 오늘의 금야벌에 붙인 이름으로서 그것이 넓은 벌로 되여있다는 지형상특징을 념두에 두고 명명한것이라고 할수 있다.

《長嶺鎭》이라 하여 《長嶺》에 《鎭》을 붙인것은 후기에 한자말식으로 덧붙인것으로서 본래부터 그러한 이름은 아니였다.

橫江

o 룡흥강(龍興江)은 부의 동북 2리에 있는데 옛이름은 횡강(橫江)이다. (《신증동국여지승람》 권48, 영흥)

《橫江》은 그 근원이 넷인데 비류수(沸流水), 마유령(馬踰嶺), 애전현(艾田峴) 그리고 거차령(居次嶺)에서 고암(庫岩)에 이르러 송어탄(松魚灘)과 더불어 합친 횡천(橫川)의 넷이라고 하였다. 여기서 《橫江》과 《橫川》은 같은 우리 말의 표기변종이라고 할수 있는데 그것은 《어시마》의 표기로 인정된다. 《어시마》는 가로 흐르는 내물을 말하는데 이러한 지명은 이미 앞에서 본바와 같이 음역하여 《於斯買 : 橫川》로도 표기하였다.

이 강은 한때 룡흥강이라고 하던 오늘의 금야강을 이르는것인데 북대봉산줄기로부터 시작하여 서쪽에서 동쪽으로 금야벌을 가로질러 흘러내리기때문에 고구려때 그러한 이름을 달게 된것이라고 할수 있다. 그런데 후에 리성계가 태여난 곳이라 하여 리조초기에 룡흥강이라고 이름을 고치게 된것이다.

加莫洞

o 가막동(加莫洞)은 부의 서쪽 110리쯤에 있는데 평안도 녕원군의 경계로 된다.(《신증동국여지승람》 권48, 정평)

《加莫洞》의 《加莫》은 기초한자음이 《ka-mâk》인데 종성을 무시하게 되면 《가마》의 음역으로 된다. 《가마》는 《黑》의 뜻인 《검다/감다》

의 한 형태이다.

o 니 검디 아니ᄒ며 (《석보상절》 19/6)

그리하여 《加莫洞》은 《가마구루/가마골》의 표기로 된다.

이것은 이 고장이 평안도 녕원군과의 경계로 되는 북대봉산줄기의 막바지에 있는 음침한 골안이여서 붙인 이름이다.

箭灘

o 전탄(箭灘)은 군의 남쪽 15리에 있다.(《신증동국여지승람》 권48, 정평)

o 전탄(箭灘)은 군의 북쪽 33리에 있다.(《신증동국여지승람》 권49, 문천)

《箭灘》은 다른 지방에도 있는 지명인데 《살여흘》의 의역으로 된다.

o 흔 살로 두 쎌 쏘시니(《룡비어천가》 57)

o 여흘 탄 灘 (《훈몽자회》 상 5)

《살여흘》이라는 지명은 여울의 물살이 살처럼 빠른것을 표식으로 잡아서 명명한것인데 이 지명은 이곳만이 아닌 여러곳에 분포되여있다.

o 벽란도는 그 원천이 황해도 수안군의 언진산으로부터 나와 평산부 동쪽에 이르러 전탄 즉 살여흘이 된다. (碧瀾渡 其源出自黃海道遂安郡 諺眞山 至平山府東 爲箭灘 살여흘 (《룡비어천가》 2/22)

여기서 말하는 《살여흘》은 황해도 평산에 있는것이니 정평에 있는 《살여흘》이 이곳과 다르다는것은 더 말할 필요도 없는데 이처럼 물살이 빠른것을 이르는 《살여흘》이라는 지명은 여러곳에서 쓰이였던것이다.

頭里山/豆里山/圓山

o 두리산(頭里山)은 군의 서쪽 50리에 있다.(《신증동국여지승람》 권49, 문천)

o 두리산(豆里山)은 부의 북쪽 200리에 있다.(《신증동국여지승람》 권49, 갑산)

o 두리산(豆里山)은 동쪽으로 200리이다.(《대동지지》 권49, 갑산)

o 두리산(豆里山)은 부의 동남 12리에 있다. (《신증동국여지승람》 권50, 부령)

o 원산(圓山)은 일명 두리산(豆里山)이라고도 한다.

현의 서쪽 295리에 있는데 그 동쪽에 또 소두리산(小豆里山)이 있다. (《신증동국여지승람》 권50, 길성)

o 원산(圓山)은 부의 동쪽 25리에 있다.(《신증동국여지승람》 권50, 회령)

《頭里山》의 《頭里》, 《豆里山》의 《豆里》는 기초한자음이 《du-lie》이니 《두리》의 음역으로 된다. 《두리》는 《둘레/둘에》의 변이형으로서 《둥글다》와 그 뿌리를 같이하는 말이다.

o 그르메 기우니 돌에 安티 아니 ᄒ도다(《두시언해》 24/24)

《山》은 《다라/달》 또는 《모로/뫼》의 의역으로 된다. 《山》에 대응하는 우리 말로는 지역적으로 또는 시대적으로 두가지 변종이 있는데 고구려에서는 대체로 《다라/달》이 많이 쓰이고있었다.(그러나 그다지 높지 않은 산은 《모로/뫼》라고도 하였다.)

결국 《頭里山, 豆里山》은 《두리다라/두리달》의 표기로 되는데 대체로 산세가 둥근 모양을 표식으로 잡아서 그렇게 명명한것으로 인정된다. 그리하여 《두리달/두리뫼》라는 지명이 도처에 생기게 되여 《豆里山, 頭流山, 都羅山, 桃李山》 등 여러 표기변종을 가지게 되였다.

《圓山》은 《두리다라/두리달》의 의역인데 《圓》은 《둥글다》의 뜻이니 그것은 《豆里》에 대응된다. 길주에는 동쪽에 또 작은 《豆里山》이 있다고 하였으니 산이 둥글게 생긴것은 예로부터 다 《頭里山, 豆里山》으로 불리워왔음을 알수 있다.

烏曷巖(岩)

o 오갈암(烏曷巖)은 군의 남쪽 13리 바다가운데 있다. 그 모양이 물새의 무리들이 돛대우에 모인것과 같아 흔히 오갈암이라고 하는데 오갈이란 물새의 이름이다. (《신증동국여지승람》 권49, 단천)

o 오갈암(烏曷岩)은 현의 동쪽 23리 바다가운데 있다. (《신증동국여지승람》 권49, 리성)

o 오갈암(烏曷巖)봉수는 부의 남쪽 21리에 있다. (《신증동국여지승람》 권50, 종성)

《烏曷》은 기초한자음이 《ʔo-ɤat》이니 설내입성 《-t》가 우리 말에서 《ㄹ》로 대응되는 조건에서 《오가리》의 음역으로 되는데 《오가리》는 백로과에 속하는 물새인 《왜가리》의 고형이다. 그리하여 《烏碣 嚴》은 《오가러비히/왜가러비우》의 표기로 인정된다.

그런데 이 자연지명은 단천, 리원의 바다가운데에만 있는것이 아니라 종성과 같은 산골에도 있는것이 우리의 주목을 끈다.

門岩

o 문암(門岩)은 현의 남쪽 10리 해안에 있는데 돌벽이 서있음이 문과 같다. (《신증동국여지승람》 권49, 홍원)

《門岩》은 《문비우》의 의역으로 되는데 이 자연지명은 헌재까지도 그대로 전승되고있다.

城串山

o 성관산(城串山)은 부의 북쪽 2리에 있는 진산인데 산허리에 작은 샘 이 있고 구름이 일면 곧 비가 내린다.(《신증동국여지승람》 권48, 함흥)

o … 함흥부가 되니 달리 함평이라고도 하는데 그 산진은 성관(잣곳) 이라고 한다.(… 爲咸興府 別號咸平 其山鎮曰城串 잣곳) (《룡비어 천가》 4/21)

《城串》이 《자시고지/잣곳》의 표기로 되는것은 이것이 다 의역으로 되여있다는 사정과 관련되여있다.

o 城은 자시라(《월인석보》 1/6)

o 잣 성 城(《훈몽자회》 중 8)

o 흔곳 一串(《어록해》 11)

《城》은 《자시/잣》의 뜻으로서 예로부터 지명표기에 많이 써오던것 이다. 그리고 《串》도 《고지/곳》 또는 《구지》의 의역자로 지명표기에 흔히 써왔다.(례: 於乙買串 : 泉井口)

松豆等

o 송두등(松豆等)은 부의 남쪽 10리에 있는데 우리 태조가 휴양한비 있는 고장으로서 지금 내수분사가 있다.(《신증동국여지승람》 권 48, 함흥)

o 송원(소두듬)은 … 함흥부의 동남 14리에 있다.(松原 소두듬 … 在咸 興府東南十四里) (《룡비어천가》 5/36)

《松豆等》이 《소두듥》의 표기로 되는것은 이 경우에 《松》은 《솔/소》의 의역자로 되고 《豆》는 《du》이니 《두》의 음역자로 되며 《等》은 그 뜻이 《들》이지만 이 경우에는 그 본래 뜻으로가 아니라 다만 《두듥》의 《듥》을 표기하는데 리용된것으로 된다.

ㅇ 두듥 파 坡, 두듥 릉 陵, 두듥 륙 陸(《훈몽자회》 상 3)

《두듥 〈 두들기》는 《고개, 언덕, 풀》과 함께 《들판》의 뜻도 가지고있어 《原》에 대응되기도 하기떼문에 《소두듥》은 《松原》이라는 표기 변종을 가지기도 하였다. 즉 《소두들기/소두듥》은 소나무가 무성한 들판이라는 지형상특징을 표식으로 잡아서 명명한것으로서 오늘의 함주벌 동남방이 그에 해당된다고 할수 있다.

舍音洞

ㅇ 사음동(舍音洞)은 부의 동북 25리에 있는데 우리 태조가 여기에 군대를 주둔시킨바 있었다. (《신증동국여지승람》 권48, 함흥)

ㅇ 사음동(ᄆ·롮골)은 … 지금의 함흥부 동북 25리쯤에 있는데 동북쪽으로 차유령이 80여리 떨어져있다. (舍音洞 ᄆ·롮골 … 在今咸興府 東北二十五里許 東北距車蹂嶺 八十餘里) (《룡비어천가》 5/34)

《舍音洞》이 《ᄆ·롮골》의 표기로 되는것은 《舍音》이 《ᄆ·릅》을 의역－음역한것으로 되며 《洞》이 《골》의 의역으로 되는것과 관련되여있다.

ㅇ 莊은 ᄆ·ᄅ미라 (《월인석보》 21/91)

ㅇ ᄆ·릅 庄頭 (《동문류해》 상 14)

《마름 〈 ᄆ·릅》은 농막의 우두머리라는 뜻인데 지주를 대신하여 논밭과 소작인을 관리하는자를 말한다.

그리고 《洞》은 《구루/골》의 의역자로 지명표기에서 많이 쓰이고있다.

ㅇ 덕암은 송경 동부의 사동(ᄇᆡ얌골)의 동쪽 령이다. (德巖 在松京東部 蛇洞ᄇᆡ얌골之東嶺)(《룡비어천가》 6/43)

고구려지명의 단위어인 《구루/골》은 흔히 《忽》로 표기되는 경우가 많았지만 이처럼 일부 경우에는 《洞》으로 대응시키기도 하였다.

無乙界岾

ㅇ 무을계점봉수(無乙界岾烽燧)는 부의 동쪽 107리에 있는데 동쪽으로 홍원현 남산과 호응하고 서쪽으로 적구미(狄仇未)와 호응한다.(《신

증동국여지승람》 권48, 함흥)

《無乙界帖》의 《無乙界》는 추정되는 기초한자음이 《mio-ʔiet-kiei》이니 설내입성 《-t》가 우리 말에서 《ㄹ》로 대응하는 조건에서 《모로가히 〉 몰개》의 음역으로 될수 있는데 중세국문문헌에서 《몰개》는 《ㄹ》아래서 《ㄱ》가 탈락하여 《몰애》로 나온다.

o 沙峴 몰애오.개 (《룡비어천가》 9/49)

그러나 이곳 방언에서는 《잘기(자루), 갈기(가루)》와 같이 어중의 《ㄱ》가 탈락하지 않기때문에 《모래》가 《몰개》로 되는것은 당연한 일이다.

《帖》은 《자히/재》의 의역으로 되는데 《재》는 《고개》의 뜻으로 쓰이는 지명단위어로서 《帖》이 흔히 쓰이고있었다.(례: 金帖, 水帖)

o 재 ᄂᆞ려 티샤 두 갈히 것그니 (《룡비어천가》 36)

그리하여 《無乙界帖》은 《몰개재》의 표기로 된다.

狄仇末

o 적구미봉수(狄仇末烽燧)는 부의 동쪽 80리에 있는데 동쪽으로 무을계점(無乙界帖)과 호응하고 남쪽으로 마구미(馬仇末)와 호응한다. (《신증동국여지승람》 권48, 함흥)

《狄仇末》의 《狄》은 《되》의 의역으로 된다.

o 되 이 夷, 되 융 戎 (《훈몽자회》 중 4)

《仇末》는 기초한자음이 《giu-miəi》로서 《구미》의 음역으로 된다. 《구미》는 《바다나 강가의 곳이 길게 뻗고 후미지게 휘여진 곳》(《조선말대사전》 1권, 311페지)을 가리키는 말로서 해안지대의 일정한 지대적인 특징을 표식으로 잡아서 쓰이어온 지명단위어로서 옛고구려땅인 북쪽 동해안일대에 널리 분포되여있다.*

　　* 강원도 문천군에반 하여도 《버들구미, 성어구미, 어은구미, 방구미리》 등 여러곳에 그 말이 남아있다.

결국 《狄仇末》는 《되구미》의 표기로 되는데 그것은 남쪽에 있는 봉수와 호응하는 북쪽의 봉수를 가리키는 구미인것으로 보아 《뒤구미》의 와전으로 보인다. 다시말해서 북을 가리키는 말인 《뒤》가 《되》로 잘못 바뀌게 된것이라고 할수 있다.

馬仇未

o 마구미(馬仇未)는 부의 동쪽 63리에 있는데 북쪽으로 적구미(狄仇未)
　와 호응하고 서쪽으로 혼동점(昏東岾)과 호응한다.(《신증동국여지
　승람》 권48, 함흥)

《馬仇未》의 《馬》는 기초한자음이 《ma》이니 《마》의 음역으로 되
는데 그것은 남쪽을 가리키는 말로서 《馬仇未》는 《마구미》의 표기로
된다. 즉 이것은 북쪽의 《되구미〉 뒤구미》와 호응하는 남쪽의 봉수가
있는 구미인것이다.

凡朴仇未

o 범박구미(凡朴仇未)는 부의 서북쪽 165리에 있는데 옛날에 사람들이
　부역을 피하여 이곳에 들어와 살았다. (《신증동국여지승람》 권48,
　함흥)

《凡朴仇未》의 《凡朴》은 기초한자음이 《bʼiɐm-bʼɐk》이니 《범
벅》의 음역으로 된다. 즉 각곳에서 사람들이 모여와서 뒤섞여 사는 구미
라고 하여 《범벅구미》라고 하게 된것이다.

豆無山

o 두무산(豆無山)은 현의 북쪽 85리에 있다. (《신증동국여지승람》 권
　49, 홍원)

《豆無山》의 《豆無》는 기초한자음이 《du-mio》이니 《두무》의 음
역으로 되며 그것은 《圓》에 대응되는데 지명표기에서 흔히 《頭無, 豆麻,
杜無, 豆毛》 등 여러가지로 쓰이고있는데 이 류형의 지명도 역시 전국적
으로 널리 분포되여있다.(례: 頭無岳 : 圓山)

檢義德

o 검의덕봉수(檢義德烽燧)는 신오을족보(新吾乙足堡)의 서쪽 30리에 있
　다. (《신증동국여지승람》 권49, 단천)

o 검의덕(檢義德)은 북쪽으로 115리이고 올족의 서쪽 20리이다.(《대동
　지지》 권19, 단천)

《檢義德》은 추정되는 기초한자음이 《giăm-ŋie-tək》이니 《고미더
기/고미덕》의 음역으로 인정된다.

《고미더기/고미덕》의 《고미》는 《곰》의 고형이며 《더기/덕》은 흔

히 높은 곳을 가리키는데 쓰이는 말이다.

o 곰과 모던 ᄇ얌과 (《석보상절》 9/24)

o 곰 웅 熊 (《훈몽자회》 상 19)

o 棚은 더기라 (《금강경삼가해》 2/25)

《고미더기/고미덕》은 검덕산(해발 2 151m)을 주봉으로 하는 검덕산줄기의 깊은 골안일대를 가리키는 지명으로서 예로부터 쓰이어 지금은 《검덕》으로 전해오고있는데 검덕산은 이곳에만 있는것이 아니라 함경북도 무산군에도 있고 함경남도 덕성군에도 있다.

古未洞

o 고미동(古未洞) (《신증동국여지승람》 권49, 삼수)

《古未洞》의 《古未》는 기초한자음이 《ko-miəi》이니 《고미》의 음역으로 되며 《洞》은 《구루/골》의 의역으로 된다. 《고미구루/고미골》은 같은 《고미/곰》류형의 지명인 《고미다나/고미단》과 함께 옛고구려령역에 널리 분포되어있다.

熊耳嶺

o 웅이령(熊耳嶺)은 부의 남쪽 64리에 있다.(《신증동국여지승람》 권 49, 갑산)

《熊耳嶺》의 《熊耳》는 《고미》의 표기로 된다. 즉 《熊》은 《고미/곰》의 의역자이며 《耳》는 기초한자음이 《'ńʑi》로서 《고미》의 《이》에 대한 보충적인 음역으로 된다.

그런데 《대동지지》에서 《熊耳嶺》을 령길에 넣은것으로 보아 《嶺》은 《자히/재》의 의역자로 인정되는것만큼 《熊耳嶺》은 《고미재》의 표기라고 할수 있다.

熊耳川

o 웅이천(熊耳川)은 부의 남쪽 80리에 있다. (《신증동국여지승람》 권 49, 갑산)

《熊耳川》은 《고미나리/고미내》의 표기로 된다.

그런데 《대동지지》에 의하면 《熊耳嶺》은 남쪽으로 75리이고 《熊耳川》은 남쪽으로 80리라고 하였으니 이 두곳이 서로 가까이에 있다는 점에서 《신증동국여지승람》의 서술과 일치하고있다.

加亇川

ㅇ 가마천(加亇川)은 부의 북쪽 2리에 있다. (《신증동국여지승람》 권
   49, 갑산)

《加亇川》의 《加亇》는 기초한자음이 《ka-ma》이니 《가마》의 음
역으로 되는데 이것은 《고미》의 변이형으로 볼수 있다. 그리하여 《加亇
川》은 《가마나리/가마내》의 표기로서 《고미나리/고미내》의 변이형으로
인정된다.

이처럼 고구려때 흔히 써오던 《고미/곰》류형의 지명들인 《고미덕》,
《고미골》, 《고미재》, 《고미내》와 그 변이형인 《가마내》 등이 고구려
의 옛령역인 함경도일대에 널리 분포되여있는것은 고구려지명의 견인성의
일단을 보여주는것으로 하여 우리의 주목을 끈다.

安仇非院

ㅇ 안구비원(安仇非院)은 군의 남쪽 251리에 있다.(《신증동국여지승
   람》 권49, 삼수)

《安仇非》는 추정되는 기초한자음이 《ʔân-giu-piǝi》로서 《안구비》
의 음역으로 된다. 이것은 《안에 있는 굽인돌이》라는 말인데 《구비》는
《구미》와 함께 고구려의 지명단위어로 자주 쓰이고있었다.

所乙外院

ㅇ 소을외원(所乙外院)은 군의 남쪽 209리에 있다. (《신증동국여지승
   람》 권49, 삼수)

《所乙外》의 《所乙》은 기초한자음이 《siâ-ʔiet》으로서 《소리/술》
의 음역으로 되며 《外》는 《밧/밧기》의 의역으로 된다.

ㅇ 밧 외 外 (《훈몽자회》 하 34)

ㅇ 萬里外ᄂᆞᆫ 萬里 밧기라 (《월인석보》 1/1)

그리하여 《所乙外》는 《소리밧기/술밧기》의 표기로 인정된다.

別害堡

ㅇ 별해보(別害堡)는 군의 남쪽 430리에 있다.(《신증동국여지승람》 권
   49, 삼수)

《別害堡》의 《別害》는 기초한자음이 《pet-ɤâi》인데 설내입성 《-
t》는 우리 말에서 《ㄹ》로 대응하는것만큼 《벼루/별해》의 음역으로 될수

있다.

o 六月 ㅅ 보로매 아으 별혜 ㅂ론 빗 다호라 (《악학궤범》 동동)

《별혜》는 《버랑》의 고형으로서 고구려지명에서 많이 쓰이며 《堡》
는 작은 성을 가리키는 한자말로 된 지명단위어이다.

朴加遷

o 박가천(朴加遷) (《신증동국여지승람》 권50, 회령)

《朴加》는 기초한자음이 《bʼɐk-ka》이니 《밧가/밧기》의 음역으로
되는데 그것은 《밖의》의 뜻이며 《遷》은 《벼루》의 의역으로 된다. 결국
《朴加遷》은 《밧기벼루》의 표기로서 밖에 있는 버랑이라는 뜻으로 해석
된다.

八乙下川

o 팔을하천(八乙下川)은 부의 북쪽 1리에 있다.(《신증동국여지승람》
권50, 회령)

《八乙下川》의 《八乙下》는 추정되는 기초한자음이 《pat-ʔiɐt-ɤa》
로서 설내입성 《-t》가 우리 말에서 《ㄹ》로 대응하는 점을 고려하게 되
면 그것은 《바랄》의 음역으로 된다. 《바랄》은 《파랄》의 고형으로서 푸
르다는 뜻이다.

o 綠은 프롤씨라 (《월인석보》 8/10)

o 프롤 벽 碧 (《훈몽자회》 중 30)

《八乙下川》은 《바랄나리/바랄내》의 표기로서 푸른 내라는 뜻이다.

香古介

o 향고개(香古介)는 부의 남쪽 20리에 있다.(《신증동국여지승람》 권
50, 종성)

《香古介》는 《향고개》를 음역한것인데 《고개》는 《栗古介》에서 보
는것처럼 이때 이미 《재》와 함께 지명단위어로 쓰이고있었음을 알수
있다.

이처럼 고구려령역에 분포된 지명은 오랜 세월 인민들속에서 전승되
여왔다.

이 지명자료들에서 보는바와 같이 넓은 고구려령역에서 전승된 언어
유산이 오늘까지도 유지되고있는데서 지명의 견인성을 절감하게 되는데

그 가운데는 일정한 어음변화를 입은것도 있으며 또한 《고개, 구비》와 같이 후에 보충된 지명도 있음을 념두에 두어야 한다고 본다.

2) 압록강이북 고구려령역의 지명

압록강이북의것은 《삼국사기》에서 항복하지 않은 11개 성, 이미 항복한 성 11개, 도망한 성 7개, 정복한 성 3개의 순서로 32개를 소개하고있다.(권37, 지리 4) *

> * 여기서 항복이요 정복이요 하는것은 당나라의 리적 등이 고구려의 옛땅을 안동도독부에 예속시키는 문제와 관련한 보고서를 만들면서 자기네를 기준으로 규정한 말이다.

이가운데서 본래이름이 무엇인지 밝히지 않았을뿐아니라 표기형태가 하나로만 되여있기때문에 해독에 어려움이 있고 그 위치에 대해서도 가늠하기 어려운것으로는 다음의 10개 지명이 있다.

압록강이북의 항복하지 않은 성:

屋城州, 白石城, 多伐嶽州

압록강이북의 이미 항복한 성:

椋嵓城, 木底城, 藪口城, 南蘇城*, 菱田谷城, 橴木城, 面岳城

> * 이가운데서 《南蘇城》은 《광개토왕릉비문》의 수묘인연호에도 올라있다.

그밖에 압록강이북의 고구려지명 22개는 669년에 그것을 고쳐만든 지명과 함께 소개되여있는데 그것들은 두가지 표기가 나란히 있어서 그 해독에 얼마간 도움이 되고있다.

《삼국사기》 지리지에서 《압록강이북의 항복하지 않은 11개 성》이라고 밝힌것들가운데서 음역과 의역, 음역과 음역의 두가지 표기로 되여있는 지명은 다음의 8개이다.

助利非西

o 북부여성주(北扶餘城州)는 원래의 조리비서(助利非西)이다.(《삼국사기》 권37, 지리 4)

《助利非西》는 기초한자음이 《dzia-li-piəi-siei》인데 이것을 《北扶餘》에 대응시켜놓았으니 《dzia-li》와 《北》, 《piəi-siei》와 《扶餘》가 대응되는것으로 된다. 지명표기에서 《扶餘》는 흔히 《夫里》와 대응되는 것만큼 《piəi-siei》 즉 《비시/부시》는 《부리》의 변이형일수 있다. 그리고 《dzia-li》 즉 《사리》는 《수리》의 변이형으로 추정되는데 《北》은 예로부터 《南》을 《아래》라고 하는 반면에 《우》라고 하였으니 이것은 《수리》와도 통하는 말인것이다. 다시말하여 우에 있는 부여라고 하여 《수리부리》라고 하던 말의 변이형인 《수리부시》를 표기한것이 《助利非西》라고 할수 있다.

蕪子忽

o 절성(節城)은 원래 무자홀(蕪子忽)이다.(《삼국사기》 권37, 지리 4)

《蕪子忽》은 기초한자음이 《mio-tsiə-xuət》이니 설내입성 《-t》가 우리 말에서 《ㄹ》로 대응하는 조건에서 그것은 류사음에 의한 《모디구루》의 음역으로 된다. 그리고 《모디》는 《마디/ᄆᆞ듸》의 변이형이며

o ᄆᆞ듸 졀 節 (《훈몽자회》 상 1)

《구루》는 지명단위어인데 《모디구루》를 의역한것이 바로 《節城》이다.

이 지명은 일정하게 마디가 진 고장 즉 일정한 지역의 경계에 붙인 이름인것으로 추정된다.

肖巴忽

o 풍부성(豐*夫城)은 원래 초파홀(肖巴忽)이다.(《삼국사기》 권37, 지리 4)

　* 《豐》은 《술》의 뜻인 《醴》의 략자이다.

《肖巴忽》은 기초한자음이 《siäu-pa-xuət》이니 《사바구루/수부구루》의 음역으로 된다. 《사바/수부》는 《술》의 고형인 《수부루/수불》의 변이형으로 인정된다.

o 酒曰 酥孛 (《계림류사》 고려방언)

o 酒 數本 (《화이역어》 조선관역어)

《豐夫》의 《豐》은 《醴》의 략자로서 《수부》의 의역으로 되며 《夫》는 《pio》이니 《수부》의 《부》에 대한 보충적인 음역으로 된다. 그리고 《城》은 《구루》에 대한 의역으로 된다.

그런데 《수부구루》의 의역인 《豐夫城》은 일종의 동음이의적인 의역으로 보인다. 다시말해서 실지 《수불 〉술》과 관련된 지명이라기보다는 《숲》의 고형인 《수불》에 연유한 지명으로 생각되는것이다.

o 수플 림 林 (《훈몽자회》 상 7)

즉 숲을 끼고있는 고장이라는 표식을 잡아서 《수부루구루/수불구루》라고 하던것이 《수부구루》로 변화되고 그것을 동음이의역으로 표기하여 《豊夫城》이라고 하게 된것으로 보인다.

仇次忽

o 신성주(新城州)는 원래 구차홀(仇次忽)[혹은 돈성(敦城)이라고도 한다.]이다. (《삼국사기》 권37, 지리 4)

《仇次忽》은 기초한자음이 《giu-ts'ie-xuɐt》으로서 《구시구루》에 대한 음역으로 되는데 《구시》는 《굳다》의 《굳》의 고형이며 《구루》는 《城》에 대응하는 지명단위어 이다.

《敦城》의 《敦》은 《도탑다》의 뜻으로서 《굳다》와 통해 쓰이는것이니 《敦城》은 《구시구루》에 대한 의역으로 된다.

이것을 고친 이름인 《新城州》는 원래이름과 관련이 없이 새로운 성이라는 뜻에서 지은 한자말지명이다.

그런데 《광개토왕릉비문》의 수표인연호에는 《敦城》도 나오고 《新城》도 나오고있어 당시는 각각 두곳이였는데 그후에 합처지면서 《新城州》라 하게 되고 옛이름으로서 《仇次忽/敦城》도 함께 전하게 된것이라고 할수 있다.

《敦城》은 대체로 오늘의 심양부근에 있었던 성으로 추정된다.[주]

[주] 《광개토왕릉비》(박시형, 과학원출판사, 1966년) 218페지

波尸忽

o 도성(桃城)은 원래 파시홀(波尸忽)이다. (《삼국사기》 권37, 지리 4)

《波尸忽》은 추정되는 기초한자음이 《pa-ɕi-xuɐt》으로서 《바시구루》의 음역으로 되며 그것을 의역한것이 《桃城》으로 된다. 《바시》는 《복숭아》의 옛날말이고

o 복셩화 도 桃 (《훈몽자회》 상 11)

《구루》는 《城》에 대응하는 지명단위어의 표기로 된다.

非達忽

o 대두산성(大豆山城)은 원래 비달홀(非達忽)이다. (《삼국사기》 권7,

지리 4)

《非達忽》은 추정되는 기초한자음이 《piəi－dât－xuət》인데 설내입성 《－t》는 우리 말에서 《ㄹ》로 대응되는것만큼 《비다라구루》의 음역으로 된다. 《비다라》는 《비두리》의 고형으로서 그것은 《비두로기》라는 변이형을 가지며 그로부터 《비둘기》라는 변화형이 생기게 되었다.

o 비두리 구 鳩 (《훈몽자회》 상 16)

o 비두루기새는 우르믈 우르듸 (《시용향악보》 유구곡)

예로부터 비둘기는 콩을 좋아하는 새라는 특징으로부터 《비다라구루》를 《콩성》이라는 형상적인 의미로 의역하여 《大豆山城》이라고 하게 된것이라고 할수 있다.

烏列忽

o 료동성주(遼東城州)는 원래 오렬홀(烏列忽)이다.(《삼국사기》 권37, 지리 4)

《烏列忽》은 추정되는 기초한자음이 《ʔo－liät－xuət》인데 설내입성 《－t》는 우리 말에서 《ㄹ》로 대응되는것만큼 《오리구루》의 음역으로 될수 있다.

《오리구루》의 《오리》는 오늘의 료하를 가리키는 《遼水》의 원래 이름인 《아리나리》(긴 강)의 《아리》의 변이형으로서 《오리구루》는 그 료하에 연유한 지명으로 된다.

그리고 《遼東城州》는 《遼水》의 동쪽에 있는 성의 고을이라는 의미로 만든 한자말지명이다.

安十忽

o 안시성(安市城)은 원래 안십홀(安十忽)[혹은 丸都城이라고도 한다.]이다. (《삼국사기》 권37, 지리 4)

o 고구려때의 도읍은 안시성(安市城)이니 딴 이름은 안정홀(安丁忽)이라고 한다. (《삼국유사》 권3, 흥법 3)

《安十忽》은 기초한자음이 《ʔan－ʑiəp－xuət》인데 옛날에 폐음절이 아직 생기지 않은 점을 고려하게 되면 《아시구루》에 대한 음역으로 된다. 《아시》는 중세국문문헌에 나오는 《아ᅀ/아싀》의 고형으로서 《작다》 또는 《처음》의 뜻을 가지는 말이다.

　　ㅇ 아ᅀᆞ뎨 弟 (《훈몽자회》 상 32)

　　ㅇ 두 아ᅀᆞ또 山東애 잇도다 (초간 《두시언해》 8/38)

　　ㅇ 아ᅀᆞ별 분 饋 (《훈몽자회》 하 12)

　　《安丁忽》의 추정되는 기초한자음이 《ʔan-teŋ-xuət》이니 《아더구루》의 음역으로 되며 《丸都城》의 《丸都》는 기초한자음이 《ɣuân-to》이니 류사음에 의한 《아도》의 음역으로 된다. 그리고 《城》은 《忽》에 대응되는 지명단위어이다.

　　그런데 《아더/아도》는 《아시》의 변이형들로서 《아시구루/아더구루/아도구루》는 다 《작은 고을, 작은 성》의 뜻으로 인정된다. 그리하여 이것은 고구려에서 수도를 말하는 《버러나/부루나》의 표기인 《不而城, 國内城, 平壤》과 구별하여 썼던것으로 보인다.

　　《삼국사기》 지리지에서 《압록강이북의 이미 항복한 11개 성》이라고 하여 든것들가운데서 음역과 의역, 음역과 음역이 표기되여있는 지명은 5개이다.

　　甘勿伊忽

　　ㅇ 감물주성(甘勿主城)은 원래 감물이홀(甘勿伊忽)이다.(《삼국사기》 권 37, 지리 4)

　　《甘勿伊忽》은 기초한자음이 《kam-miuət-ʔi-xuət》인데 설내입성 《-t》는 우리 말에서 《ㄹ》로 대응되는것만큼 《가모리구루》의 음역으로 된다. 그리고 《甘勿主城》의 《主》는 《이》에 대한 의역으로 추정되는데 그것은 《主》가 《者》의 의미로 쓰이는 《이》와 통용될수 있기때문이다.

　　ㅇ 가리라 ᄒᆞ리 이시나 (《룡비어천가》 45)

　　ㅇ 슬흘ᄉᆞ라온뎌 고우닐 스싀옴 녈셔 (《악학궤범》 동동)

　　《구루》의 표기인 《忽》과 《城》의 대응은 고구려지명표기에서 보편적인 현상이다.

　　居尸押

　　ㅇ 심악성(心岳城)은 원래 거시압(居尸押)이다.(《삼국사기》 권37, 지리 4)

　　《居尸押》의 《居尸》는 기초한자음이 《kiâ-si》이니 《가시》의 음역으로 되며 《押》은 이미 앞에서 본바와 같이 《누/나》의 표기로서 흔히

《嶽(岳)》에 대응된다.(례: 扶蘇押 : 松嶽)

문제는 《가시》와 《心》의 대응인데 《가시》는 중세국문문헌에 나오는 《가슴》의 고형으로서

o 가슴 흉 胸 (《훈몽자회》 상 27)

《心》과 《胸》은 뿌리를 같이하는 말이라는 사정과 관련하여* 《가시》는 능히 《心》을 의미하는 우리 말의 고형으로 될수 있는것이다.

> * 현대말의 경우에도 《心》과 《胸》은 동의적으로 쓰이는 일이 많은데 심장의 박동이 빠르면 《가슴이 뛴다.》고 하며 심장이 충격을 받으면 《가슴이 떨린다.》고 하는것과 같다.

그리하여 《心岳》은 《가시나》의 의역으로 되며 《城》은 지명단위어 《구루》의 표기로 된다.

그런데 이 경우에 《가시》는 《변두리》의 뜻인 《가시》와 동음이의적인 관계가 있다.

o 즉재 뎌 ᄀ새 건너리라 ᄒ시다 (《선가귀감》 하 42)

o ᄀᆺ 변 邊 (《훈몽자회》 중 7)

사실상 《가시나》를 《心岳》으로 의역한것은 동음이의적인것이여서 이것을 제대로 의역하자면 응당 《邊岳》으로 되여야 할것이다. 즉 이것은 그 어떤 변두리의 고장을 가리키는 지명으로 추정된다.

不耐/尉那品城/國內/國川/國壤

o 국내주(國內州)는 불이(不而*)라고도 하며 위나암성(尉那品城)이라고도 한다.(《삼국사기》 권37, 지리 4)

> * 《而》는 《耐》의 오자이다.

o 국천(國川)을 또한 국양(國壤)이라고도 한다.(《삼국유사》 권1, 왕력 1)

《不耐》는 기초한자음이 《biuət-nuɐi》인데 설내입성 《-t》가 우리 말에서 《ㄹ》로 대응되는것만큼 《버러나/부루나》의 음역으로 될수 있다. 그리고 《國內》의 《國》은 《버러》의 의역으로 되며 《內》는 기초한자음이 《nuɑi》이니 《耐》와 마찬가지로 《나》의 음역으로 된다.

《國內》의 표기변종인 《國川》의 경우에 《川》은 《나리 〉 내》의 뜻이니 《나》의 의역으로 되며

o 正月 ㅅ 나릿므른 아으 어져 녹져 ㅎ 논딕 (《악학궤범》 동동)

o 내 천 川 (《훈몽자회》 상 4)

《國壤》의 경우에 《壤》은 기초한자음이 《ńiaŋ》이니 《나》의 음역으로 볼수도 있으며 《壤》이 흙덩이의 뜻이 있다는 점에서 《나》의 의역으로 볼수도 있다.

한편 《尉那嵒》의 《尉那》는 기초한자음이 《ʔiuəi—nâ》로서 《버러 나/부루나》의 변이형인 《우나》의 음역으로 되며 《嵒(巖)》은 지명표기에 서 《나》에 대응하고있어(례: 靈巖 : 月奈) 이 경우에는 《버러나/부루나》 의 《나》에 대한 보충적인 표기로 인정된다.

어떤 경우에는 심지어 《國內》와 《尉那巖》을 붙이여 《國內尉那巖》 이라는 말까지 쓰고있는데(《삼국사기》 권13, 고구려본기 1) 이것은 사실 상 동일지명의 반복표기에 지나지 않는것이다.

그리고 《州》와 《城》은 지명단위어로서 《구루》의 의역으로 인 정된다.

肖利巴利忽/屑夫婁城

o 설부루성(屑夫婁城)은 원래 초리파리홀(肖利巴利忽)이다.(《삼국사 기》 권37, 지리 4)

《肖利巴利忽》은 기초한자음이 《siäu—li—pa—li—xuət》이니 《수리바 리구루》의 음역으로 되며 《屑夫婁城》의 《屑夫婁》는 기초한자음이 《set —pio—lio》인데 설내입성 《—t》가 우리 말에서 《ㄹ》로 대응되는것을 넘 두에 두게 된다면 《서러부루》의 음역으로 볼수 있으며 《城》은 《구루》 의 의역으로 된다. 결국 이 두개는 같은 말의 변이들인 《수리바리구루/서 러부루구루》의 표기로 되는데 《수리바리/서러부루》는 《수리벌》의 고형 일수 있다. 즉 《수리》는 《峯, 上》의 뜻이 있으니 《수리벌》이란 높은 지대에 있는 벌판 또는 웃쪽에 있는 벌판을 의미하는 말일수 있다.

骨尸押

o 후악성(朽岳城)은 원래 골시압(骨尸押)이다.(《삼국사기》 권37, 지 리 4)

《骨尸押》의 《骨尸》는 기초한자음이 《kuət—śi》인데 지명표기에서 《尸》는 《리》의 표기에 쓰이는 일이 많아서(례: 于尸 : 有隣) 이 경우에도 《구리/고리》의 표기로 인정된다. 그리고 《押》이 《누르다》의 《누르》의 고형인 《노로/누루》의 축약형인 《노/누》의 표기로 되는것은 《居尸押》의 경우와 같다.

《朽岳城》의 《朽岳》은 《구리노》의 의역으로 되는데 《朽》에 대응하는 《구리》는 《곯ᄒ다》의 《곯》의 고형으로서 그 파생어로 되는것이 《고롬》이다.

ㅇ 고롬 膿水 (《훈몽자회》 상 30)

그리고 《노》는 《나》의 변이형으로서 《岳》은 그 의역으로 되며 《城》은 《구루》의 의역으로 된다.

그런데 《구리》를 《朽》로 의역한것은 사실상 동음이의적인 의역으로서 본래 《구리》는 《銅》 또는 《黃》에 대응하는 말로 인정되며

ㅇ 구리 爲銅 (《훈민정음해례》 용자례)

이 점에서 이 지명은 《骨尸乃 : 黃壤》의 경우와 같은 이름인데 고장이 다르기때문에 표기를 달리하여 《骨尸押》로 표기한것이라고 할수 있다.

《骨尸押》을 《朽岳城》으로 대응시킨것으로 보아 원래는 《骨尸押忽》이던것을 그 축약형으로 《骨尸押》이 쓰인것으로 추정된다.

《삼국사기》 지리지에서 《압록강이북에서 도망한 7개 성》이라고 든 것들은 다만 1개를 제외하고 나머지는 다 음역과 의역 또는 음역과 음역이 표기되여있다.

乃勿忽

ㅇ 연성(鉛城)은 원래 내물홀(乃勿忽)이다. (《삼국사기》 권37, 지리 4)

《乃勿忽》은 기초한자음이 《nⁱɐⁱ—miuət—xuət》인데 설내입성 《—t》가 우리 말에서 《ㄹ》로 대응되는것을 념두에 두면 그것은 《나모리구루》의 음역으로 된다.

《나모리》는 《납》의 옛날말로서 고려시기만 해도 《나모리》의 변화형인 《나물》이 쓰이고있었다.

ㅇ 鉛 那勿 (《향약구급방》)

《나모리구루》를 의역한것이 《鉛城》이다.* 이것은 분명히 이 고장이 연의 산지라는 점에서 명명한 지명으로 추정된다.

  * 《나모리》는 일본어로 넘어가 《ナマリ(나마리)》라고 하는데 이것은 옛날에

고구려의 금속문화가 일본에 넘어간 흔적으로 인정된다.

皆尸押忽

o 아악성(牙岳城)은 원래 개시압홀(皆尸押忽)이다.(《삼국사기》 권37, 지리 4)

《皆尸押忽》의 《皆尸》는 기초한자음이 《käi-śi》인데 《尸》는 지명표기에서 《리》에 대응하는것만큼 《가리》의 표기로 되고 앞에서 본바와 같이 《押》은 《노/나》, 《忽》은 《구루》의 표기로 된다.

《가리노구루》의 의역으로 되는 《牙岳城》에서 《岳》과 《노》, 《城》과 《구루》의 대응은 여러 용례가 있어서 크게 문제될것이 없으나 《가리》와 《牙》의 대응은 처음 나온다. 이 경우에 《牙》는 《어금니》의 뜻으로 쓰인것이 아니라 《牙城, 牙營》에서처럼 《본영》의 의미로 쓰인것으로 추측되는것만큼 《牙岳城》은 《본영이 있는 고을》을 가리키는것으로 추정된다.

그렇다면 《가리》가 문제로 되는데 그것은 《가르》의 고형으로서 《갈래》의 뜻이다.

o 가르마다 七寶비치오 (《월인석보》 8/13)

o 湖ᄂ 프러니 다ᄉ 가롤로 흐를ᄉᆡ (《금강경삼가해》 2/18)

결국 《가리노구루》는 《갈래에 있는 고을》이라는 뜻인데 이 고장이 일정한 지역을 단위로 한 본거지로 되여있어 《牙岳城》이라고 한것이라고 할수 있다. 따라서 《가리》와 《牙》를 《어금니》의 뜻으로 직결시켜서는 안된다고 본다.

甘彌忽

o 취악성(鷲岳城)은 원래 감미홀(甘彌忽)이다.(《삼국사기》 권37, 지리 4)

《甘彌忽》은 기초한자음이 《kâm-mie-xuət》이니 《가미구루》의 음역으로 되는데 그것을 《鷲岳城》으로 의역한것을 보면 《岳》에 대응하는 말인 《노/나》가 빠진것이 분명하다. 그렇다면 《甘彌忽》은 《甘彌押忽》 즉 《가미노구루》일수 있다.

문제는 《가미》와 《鷲》의 대응이다. 중세국문문헌에는 새이름으로 《가마괴, 가마오디》 등이 소개되여있으나

o 져비는 집대예 가마괼 조차 ᄂ니ᄂ다 (《두시언해》 2/8)

o 가마오더 로 鸕, 가마오더 자 鶿 (《훈몽자회》 상 17)

《가미》라는 말은 나오지 않는다. 《鷲》애 대응하는 우리 말인 《수리개》는 그 조성이 《上, 峯》의 뜻을 가지는 《수리》와 관련되여있음이 명백하다. 그렇다면 혹시 본래의 이름으로 《가미》라는 말이 쓰이었는지도 모른다. 이 문제는 앞으로 해결할 숙제로 남겨두기로 한다.

赤里忽

o 적리성(積利城)은 원래 적리홀(赤里忽)이다.(《삼국사기》 권37, 지리 4)

《赤里忽》의 《赤里》는 기초한자음이 《ts'iăk-lie》이고 《積利城》의 《積利》는 기초한자음이 《tsiăk-li》이니 《시리》의 음역으로 되며 《忽》과 《城》은 《구루》애 대한 음역과 의역으로 된다.

그런데 《시리》에 대응한 의역은 없기때문에 그 뜻을 정확히 알수 없으나 추정하건대 《흙》이나 《땅》의 뜻을 나타내던 옛날말인 《시러/서러》와 관련된 말일수 있으니 류사한 지명으로는 이미 앞에서 본바 있는 《息達 : 土山》을 들수 있다.

召尸忽

o 목은성(木*銀城)은 원래 소시홀(召尸忽)이다.(《삼국사기》 권37, 지리 4)

  * 판본에는 《木》으로 되여있으나 그것은 《水》의 오자이다.

《召尸忽》은 기초한자음이 《siăo-si-xuot》인셧만큼 이것은 《소시골/소히골》의 음역으로 될수 있다.

《소시/소히》는 《쇠》의 고형으로서 모음과 모음사이에서 《시〉시〉이》의 변화과정은 흔히 있는 일이다.[주]

  [주] 중세국문문헌에는 《ᄉᆞ시〉ᄉᆞᅀᅵ〉ᄉᆞ이〉쇠》의 변화과정이 체계적으로 반영되여있다.

o 하ᄂᆞᆯ과 ᄯᅡ과 ᄉᆞ시예 젓디 아니ᄒᆞᄂᆞ므러라 (《칠대만법》 4)

o 도ᄌᆞ기 ᄉᆞᅀᅵ 디나나 (《룡비어천가》 60)

o 나ᄇᆞᆫ 나모 일흔 ᄉᆞ이예셔 우놋다 (《두시언해》 2/27)

고려시기에는 《銀》을 《흰쇠》라고 하였다.

o 鐵曰 歲 (《계림류사》 고려방언)

o 銀曰 漢歲 (《계림류사》 고려방언)

o 煅煉은 쇠 두드려 니길씨라 (《릉엄경언해》 7/18)

《소시》에 대해서 《水銀》을 대응시킨것은 실지로 수은을 념두에 두었다기보다 《소시》의 《소》에 대한 보충적인 음역으로 《水(sui)》를 덧붙인것으로 추측된다. 그리하여 《소시골》은 《鐵城》이 정당한 의역으로 된다고 할수 있다.

加尸達忽

o 리산성(犁山城)은 원래 가시달홀(加尸達忽)이다.(《삼국사기》 권37, 지리 4)

《加尸達忽》은 기초한자음이 《ka-si-dât-xuət》이니 《가리다라구루》의 음역으로 되며 그것을 의역한것이 《犁山城》이다. 즉 《가리》는 밭을 간다는 《갈》의 고형으로도 되고 그 도구인 《가래》의 고형으로도 되며

o 가래 木枚 (《사성통해》 하 85)

《다라/달》은 《山》에 대응하는 우리 말이고 《구루/골》은 《城》에 대응하는 우리 말인것이다.

《삼국사기》 지리지가 《압록강이북에서 정복하였다고 밝힌 3개 성》은 다음과 같다.

甲忽

o 혈성(穴城)은 원래 갑홀(甲忽)이다.(《삼국사기》 권37, 지리 4)

《甲忽》은 기초한자음이 《kap-xuət》으로서 《가바구루/가비구루》의 음역으로 추정되며 《穴城》은 그 의역으로 된다. 《가바/가비》는 《구멍》의 뜻으로 쓰인 옛날말로서 다른 지명에서도 쓰인바가 있다.(례: 甲比古次 = 穴口)

折忽

o 은성(銀城)은 원래 절홀(折忽)이다.(《삼국사기》 권37, 지리 4)

《折忽》은 기초한자음이 《tsiät-xuət》으로서 류사음에 의한 《소히구루/소시구루》의 음역으로 되며 그것을 의역한것이 《銀城》이다.

《소히/소시》는 《쇠》의 고형인데 다른 고장에도 있는 《소시구루》와

구별하기 위해서 의역에서는 《水銀城》과 《銀城》으로 다르게 대응시켜 호상 구별하도록 하였던것이다.

史忽

o 사성(似城)은 원래 사흘(史忽)이다. (《삼국사기》 권37, 지리 4)

《史忽》은 기초한자음이 《sie-xuət》로서 《시구루/서구루》의 음역으로 되며 《似城》의 《似》는 기초한자음이 《ziə》이니 《시/서》의 음역으로 되고 《城》은 《구루》의 의역으로 된다.

《시/서》에 대한 의역이 없기때문에 확실한것은 알수 없으나 동쪽을 의미하는 《사(새)》의 변이형일수 있는 가능성이 많다.

o 東風 謂之沙 (《성호새설》 팔방풍)

즉 동쪽에 있는 고을이라고 하여 붙인 지명일수 있다.

그밖에도 압록강이북의 지명은 여러 문헌과 금석문에 소개된것이 적지 않다. 그런데 그 지명들은 대부분 표기변종이 없이 한가지로 표기되여 있어서 해독에 일정한 어려움이 있는것이 사실이다.

多勿都

o 2년 여름 6월에 송양이 와서 나라를 바치며 항복하므로 그 지방을 다물도로 개칭하고 송양을 봉하여 그곳 우두머리를 삼았다. 고구려 말에 옛땅을 회복한것을 《다물》이라 하기때문에 그 지방의 명칭으로 삼은것이다. (二年夏六月 松讓以國來降 以其地爲多勿都 封松讓 爲主 麗語謂復舊土爲多勿 故以名焉) (《삼국사기》 권13, 고구려본기 1) [주]

   [주] 《신증동국여지승람》에서는 이 력사적사실을 평안도 성천과 관련시키고있는데 그것은 잘못된 서술이다. (권54, 성천)

《多勿都》는 추정되는 기초한자음이 《ta-miuət-to》이니 설내입성 《-t》가 우리 말에서 《ㄹ》로 대응되는 조건에서 《다모로도》의 음역으로 될수 있다. 《다모로》는 《되불리다》의 《되불리》의 고형이며 《도》는 《땅》 또는 《터》의 의미를 나타내는 옛날말이다.

松讓

《沸流水》상류에 있던 소국이라고 한 《松讓》의 《讓》은 《ńiaŋ》이니 《나》의 음역으로 될수 있으며 《松》은 《술》의 옛날말인 《보소/부

수》의 의역으로 되는데 그러한 대응은 고구려지명표기에 다른 례가 있다.(례: 扶蘇押 : 松岳)

결국 《松讓》은 《보소나 /부수나》의 표기로 된다고 할수 있다.

沸流水

o 왕이 비류수 중류에 남새잎이 떠내려오는것을 보아 그 상류지방에 사람이 사는줄 알고 사냥을 하면서 찾아올라가 비류국에 이르렀다.

(王見沸流水中 有菜葉逐流下 知有人在上流者 因以獵往尋 至沸流國)

(《삼국사기》 권13, 고구려본기 1)

《沸流水》의 《沸流》는 기초한자음이 《piəi-liu》이니 《비리》의 음역으로 되며 《水》는 《나리/나》의 의역으로 된다. 즉 《沸流水》는 《비리나》의 표기로 되는데 그 표기변종으로는 《沸流那, 沸流江》이 있으며 그 변이형으로서 《버러나》가 있어 그것은 《浿江, 浿河, 浿水》 등의 표기변종을 가지고있었다.

3. 고구려지명의 변천과 전승

1) 주요행정지명의 시기별변천

고구려의 주요행정지명들은 그후 일련의 변천과정을 밟게 되였다. 고구려강역의 남쪽땅이 후기신라의 령역으로 들어가게 되면서 옛고구려지명은 8세기 중엽에 와서 후기신라의 사대주의적인 통치계급에 의해서 한자발지명으로 개칭되였으며 10세기에 고려가 성립되면서 전국적으로 지명의 정리사업이 진행되였는데 옛고구려지명 역시 그 대상으로 되였다. 그리고 리조시기에 들어와서 15세기 초엽에 다시한번 지명의 개칭이 있어 옛고구려의 주요행정지명들은 일련의 변천과정을 밟게 된것이다.

이제 그 변천정형을 도표로 정리해보이면 다음과 같다.

No	고 구 려	후 기 신 라	고 려	리 조
1	平壤:樂浪,平穰,	平壤,百牙岡	平壤,西京,鎬京	平壤
2	漢忽:漢城,乃忽:息城	重盤	安州,載寧	載寧
3	加羅忽:加阿忽:迊城	守城	杆城	杆城
4	卅比古次:穴口	海口	江華	江華
5	何瑟羅:河西良:河西	溟洲	溟洲,江陵	江陵
6	斤尸波分:文峴	文登	文登	文登
7	今勿內:今勿奴:萬弩	黑壤:黃壤	鎭州	鎭川
8	占所於:獐塞	獐塞	遂安	遂安
9	古斯也忽次:獐項口	獐口	安山	安山
10	功木達:熊閄山	功城	獐州,漳州,漣州	漣川
11	難隱別:七重	重城	積城	積城
12	奈吐:大堤(堤)	奈隄	湜州,堤州	堤川
13	內乙買:內尒米	沙川	沙川	

No	고구려	후기신라	고려	리조
14	內米忽:池城:長池	瀑池	海州	
15	泥沙波忽:麻山淺	臨湍	麻田	麻田
16	德頓忽:十谷	鎭湍	谷州	谷山
17	冬音忽:鼓(皷)塩城	海皐	塩州	延安
18	買忽:水谷城	檀溪	峽溪	
19	買伊:水入	通溝, 通口	通溝,通口	通溝,通口
20	密波兮:三峴	三嶺	方山	方山
21	波且(旦):波豊	海谷, 海西		
22	平珍波衣:平珍峴:遷峴	偏嶮	雲巖	
23	夫斯波衣:伏史峴	松峴		
24	伏斯買:深川	浚水, 浚川	朝宗	
25	伏斯波衣:童子忽:幢山	童城	童城	
26	比列忽:淺城	朔定	登州,安邊	安邊
27	沙熱伊:省熱	清風	清風	清風
28	所勿達:僧山	童山, 僧山	烈山	
29	沙非斤乙:赤木	丹松	嵐谷	
30	租波衣:鵂巖, 鵂嵒	栖嵒	鳳州	鳳山
31	休壤:金壤	金壤	金壤,通川	通川
32	首知衣:牛岑:牛嶺,牛岑	牛岑	牛峯	
33	述爾忽:述尒忽:首泥忽	峯城	峯城	坡州
34	首泥若:牛首:烏尸乃	首次若:朔州	春州	春川
35	息達:今達:薪達	土山	土山	
36	要隱忽次:楊口	楊麓	楊溝	楊口
37	于次吞忽:五谷	五關	洞州,瑞興	瑞興
38	於乙買:泉井	井泉	湧州,宜川	德源
39	伊伐支:自伐支	鄰豊		
40	也次忽:母城	野城	盈德	盈德
41	加兮牙:各連城:客連	連城	交州,連城,淮陽	淮陽

No	고구려	후기신라	고려	리조
42	奈生於:竹峴	竹嶺		
43	冬斯肹:栗木	栗津	菜州,果川	果川
44	未乙省:國原城:託長城	中原京	忠州	忠州
45	別史波衣:平唯押	分津	通津	通津
46	省知買:述川	泝川	川寧	
47	悉直:史直	三陟	三陟	三陟
48	習比吞:習比谷	習比谷,習谿	歙谷	歙谷
49	耶耶:夜牙:長淺城	長湍	湍州,長湍	長湍
50	玉堂:羽谷	羽谿	翊谿,羽溪	
51	于冬於忽:冬忽	取城	黃州	黃州
52	於支吞:翼谷	翊谿	翊谿,翼谷	
53	於斯內:斧壤	廣平	平唐,平江	平唐
54	皆但:王逢	遇王,王逢	幸州,德陽	
55	皆次丁:玉岐	馳道	瑞禾,瑞利	
56	斤平:並平	嘉平	嘉平	加平
57	古衣浦:鵠浦	鵠浦	鵠浦	
58	屈於押:屈押	江陰	江陰	江陰,金川
59	仇乙峴:屈遷:仇乙		豊州	豊川
60	若頭耻:朔頭:衣頭	如羆	松林	
61	達乙斬:高木根	喬桐	喬桐	
62	烏斯廻:猪足	猻蹄	麟蹄	麟蹄
63	滅烏:駒城	巨黍	龍駒	龍仁
64	阿珍押:窮嶽	安峽	安峽	安峽
65	于烏:郁烏	白烏	平昌	平昌
66	於乙買串:泉井口	交河	交河	交河
67	多知忽:大谷	永豊	平州	平山
68	毛乙冬非:鐵圓	鐵城	東州	鐵原
69	首乙吞:虎谷	瑞谷	瑞谷	

No	고구려	후기신라	고려	리조
70	馬忽:命旨	堅城	抱州	抱川
71	北漢山:平壤、南平壤	漢陽	楊洲、漢陽	漢城
72	烏阿忽:津臨城	臨津	臨津	
73	於斯買:橫川	橫川	橫川	橫城
74	也尸買:牲川	狼川	狼川	狼川:華川
75	奈兮忽	白城	安城	安城
76	仍忽	陰城	陰城	陰城
77	仍斤(尸)內	槐壤	槐州	槐山
78	仍買	旌善	旌善	旌善
79	仍伐奴	穀壤	衿州	衿川,始興
80	達忽	高城	高城	高城
81	買忽	水城	水州	水原
82	夫如	富平	金化	金化
83	大斯達	松山		
84	沙伏忽	赤城	陽城	陽城
85	濟此巴衣	孔巖	孔巖	陽川
86	烏斯含達	兔山	兔山	兔山
87	于尸	有鄰	禮州:寧海	寧海
88	也尸忽	野城	盈德	盈德
89	奈生	奈城	寧越	寧越
90	冬比忽	開城	開城	開城
91	波害平吏	分津	通津	通津
92	伊珍買	伊川	伊川	伊川
93	乙阿旦	子春	永春	永春
94	漢山	漢州	廣州	廣州
95	黔浦	金浦	金浦	金浦
96	于珍也	蔚珍	蔚珍	蔚珍
97	首尒忽	戍城	守安	

No	고구려	후기신라	고려	리조
98	古斯馬	玉馬	奉化	奉化
99	屈火	曲城	臨河	臨河
100	如音竹	陰竹	陰竹	陰竹
101	麻耕伊		靑松	松禾
102	板麻串		嘉禾	松禾
103	伊火兮	緣武	安德	
104	德勿	德水	德水	
105	主夫吐	長堤	樹州	富平
106	皆次山	介山	竹州	竹山
107	所邑豆	朔邑	朔寧	朔寧
108	伐力川	綠驍(驪)	洪川	洪川
109	扶蘇押	松嶽	開城	開城
110	加支達	菁山	汶山:文山	文山
111	骨衣奴	荒壤	豊德,豊壤	豊壤
112	骨乃斤(骨尸乃)	黃驍(驪)	黃驪,黃利	驪州
113	獐項	臨江	臨江	

2) 《룡비어천가》에 반영된 고구려지명

　　옛고구려의 주요행정지명들은 한자발지명으로 개칭되면서　일련의 변천과정을 밟게 되였으나 자연지명의 경우에는 그것이 끈질긴 생명력을 가지고 인민들속에서 전승되여왔다.

　　자연지명은 처음 그 지방인민들이 창조한 다음 계속 보존되여 오랜 기간에 걸쳐 력사적으로 전승되여온다. 이미 앞에서 본비와 같이 평양의 《두루섬》은 그 지형의 특징을 표식으로 잡아 명명한 후 오랜 기간 전승되여 오늘까지도 그대로 불러우고있으며 녕변의 《밤고개》 역시 변함없이 인민들속에서 불리우고있는데 이 경우에 폐음절의 발생과 같은 후대적인 어음변화는 있기마련이다.

고구려에서 고유어로 지은 주요행정지명들이 후기신라때인 8세기 중엽 한자말지명으로 고쳐진것은 큰 행정단위의 경우에 국한되였고 작은 행정지명과 자연부락이나 지형지물의 이름의 경우에는 인민들속에서 여전히 고유어로 불리워오면서 오랜 기간 전승되여왔는데 그것은 《룡비어천가》에서 고유어지명들을 그 리두식표기와 함께 정음자로 기록하여놓은데서 잘 알수 있다.

《룡비어천가》는 리조창건의 《사적》을 칭송한것으로서 그 관련지역이 옛고구려땅이였던것만큼 거기에 소개된 고유어지명의 대부분은 옛고구려지명들이라고 할수 있다.

그런데 《룡비어천가》에 나오는 지명은 《삼국사기》 권35, 권37에 나오는것과 같은 행정단위의 지명이 아니라 그에 소속된 아래단위 또는 지형지물의 이름이 대부분이라는 특징을 가지고있다. 다시말하여 이 지명들은 인민들속에서 친숙하게 널리 쓰이고있는것들로서 《세종실록》 지리지나 《신증동국여지승람》에도 그대로 소개되여있는데 다만 《룡비어천가》에서는 정음자로 고유어지명을 표기해놓고있는 점이 다르다. 그 서술방식을 대비적으로 보이면 다음과 같다.

례: 가큰동

o 한강의 한 시원은 강원도 오대산에서 시작되여 녕월군 서쪽에 이르러 여러 갈래가 합류되여 **加斤洞**(가큰동)津이 된다.(《룡비어천가》3/13)

o 加斤洞津은 녕월군 서쪽에 있는 나루터이다. (《세종실록》 지리지, 권153)

o 加斤洞峴은 녕월 서쪽 14리에 있다. (《신증동국여지승람》 권46)

례: 잇뵈

o 한강의 다른 한 시원은 강원도 린제현의 **伊布**(잇뵈)所에서 시작된다.(《룡비어천가》 3/13)

o 伊布는 강원도 린제현에 속한 소이다. (《세종실록》 지리지, 권153)

o 伊布所는 린제현 북쪽 144리에 있다.* (《신증동국여지승람》 권46)

> * 이곳은 오늘의 강원도 금강군에 속한 곳으로서 1211고지의 북쪽 골짜기에 있는 이포리를 말한다.

《룡비어천가》애 소개된 고유어지명가운데서 대표적인것을 들어보면 다음과 같다.

《-골》: 지벽골(洋壁洞), 뒷심골(北泉洞), 무롬골(舍音洞), 가막골(加莫洞), ㅂ얌골(蛇洞), 가래올(楸洞)* 마근담꼴(防墻洞),

《-곶》: 잣곶(城串), 알림곶(暗林串)

《-고개》: 흙고개(泥峴), 몰애오개(沙峴)*

《-개》: 돌개(石浦), 딘개(鎭浦), 삼받개(三田渡),
　　　　ㅂ얌개(蛇浦), ㅂ애(梨浦), 쫄애(照浦)*

　* 《ㄹ》나 《ㅣ》아래서 《ㄱ》가 탈락한 결과 《-골》이 《-올》로, 《-고개》
　　가 《-오개》로, 《-개》가 《-애》로 된것인데 당시는 이것이 법칙적으로 나
　　타나고있었다.

《-ㄴ르》: ㅂㄴ르(梨津), 광ㄴ르(廣津), 고마ㄴ르(熊津)

《-뫼》:　잣뫼(城山), 당뫼(堂山), 솓뫼(鼎山), 기출뫼(荒山)

《-바회》: 덕바회(德巖), 구무바회(孔巖), 부헝바회(鳳凰巖)

《-섬》: 외섬(孤島), 죠콜섬(召忽島), 울혜섬(威化島), 블근섬(赤島)

《-재》: 쇼재(牛峴), 쇠재(鐵峴)

《-여흘》: 돋여흘(猪灘), 살여흘(箭灘), 한여흘(大灘), 가린여흘(歧灘)

이 지명들의 표기방식을 보면 종래 리두식표기의 여러 방식이 그대로 적용되고있어 그 계승성애 대해서도 이야기할수 있다. 고구려때의 그것과 차이가 있는것은 그때는 대책로 한자를 우리 말의 음절수에 맞추어 선택하고 음역과 의역의 대응을 설정하였는데 이때 와서는 그러한 대응을 설정하지 않았으며 경우애 따라서 음절수와의 불일치가 일부 있을수 있다는 것이다.

《룡비어천가》애 소개된 우리 말의 자연지명을 대상으로 하여 이한 표기방식을 분석한 정형을 도표로 보이면 다음과 같다.

《룡비어천가》애 소개된 지명들가운데는 《孔巖》, 《牛峴》, 《加莫洞》과 같이 이미 고구려애서 널리 쓰인것들이 적지 않다. 그리고 그가운데는 오늘날까지 인민들의 언어생활애 깊이 뿌리를 내리고 친숙한섯으로 남아있는것이 대부분이라고 할수 있다.

표기방식	음절수와 한자의 일치	음절수와 한자의 불일치	계	용례
의 역	16개(50.0%)	16개(50.0%)	32	쇼재(牛峴), 쇠벼르(淵遷)
반음반의역	23개(82.2%)	5개(17.8%)	28	가막골(加莫洞), 안반여홀(按板灘)
반의반음역	3개(60.0%)	2개(40.0%)	5	그슴산(文音山), 힌 다리(白達)
음 역	5개(100%)		5	잇뵈(伊布), 듬바되(澄波渡)
계	47개(67.1%)	23개(32.9%)	70	

광나루 〈 광느르,   흙고개 〈 흙고개,

살여울 〈 살여흘,   마름골 〈 ᄆ름골,

소재 〈 쇼재,   뱀개 〈 ᄇ얌개

《룡비어천가》에 반영된 자연지명과 오늘날 불리우고있는것사이에 존재하는 차이는 우리 말의 어음체계의 력사적변화와 관련된 어음적인 차이가 기본으로 되여있다.

이처럼 《룡비어천가》에는 고구려때부터 인민들속에서 널리 씌어온 고유어지명이 반영되여있는데 수백년 세월이 흘러왔어도 그 생활력을 잃지 않고 전승되여온 사실은 우리의 주목을 끈다.

3) 고구려지명의 견인성

예로부터 우리 조상들은 우리 고유어로 고장이름을 지어 불러왔으나 후기신라의 사대주의적인 봉건통치배들은 그것을 한자말로 고치는 놀음을 벌려놓았었다. 그러나 옛고구려의 령역에 속해있던 조선반도의 넓은 지역에 분포되여있는 지명을 분석해보면 고구려때 널리 쓰던 고유어휘가 지명에 정착한채로 전해오는것이 적지 않다.

위대한 수령 김일성동지께서는 다음과 같이 교시하시였다.

《고유어를 적극 찾아 고장이름도 우리 말로 부르도록 하여야 합니다. 우리 말로 부르는것이 한자말로 부르는것보다 더 고상합니다.》(《김일성전집》 제36권, 500페지)

우리는 예로부터 인민들속에서 널리 불리우고있는 고유어휘로 된 지명을 적극 찾아써야 한다.

례를 들어본다면 고구려지명인 《바히버리(波害乎吏)》, 《비리골(比列忽)》 등의 《버러/비리》는 《벼랑》의 고형이다. 고구려가 5세기초 평양으로 수도를 옮겨오기 에 수도였던 집안의 대안인 만포에는 《벌오동(別五洞)》이 있는데 그것은 《버로골》로 불리우고있다. 이곳은 강토봉(해발 659m) 기슭에 있는 골안으로서 《버로골》의 《버로》는 《벼랑》을 의미하는 《버러/비리》의 변이형이다.

그런데 이 말과 뿌리를 같이하는 《버루/배루/배르》 등이 평안북도의 녕변군, 태천군, 운산군 등 산간지대에 여러가지 형태로 널려져 쓰이고있다.

  ○ 꽃버루(갖가지 꽃이 피는 벼랑) … 녕변군 언화리
  ○ 샘버루(중턱에서 샘이 솟는 벼랑) … 태천군 신광리
  ○ 생버루산(산중턱에 산양이 다니는 높은 벼랑이 있는 산) … 태천군 학봉리
  ○ 딴버루(외따로 높이 솟은 벼랑) … 태천군 학당리
  ○ 센베루골(경사가 급한 벼랑이 있는 골짜기) … 운산군 북진로동자구
  ○ 대배르재고개(큰 벼랑이 있는 고개) … 운산군 성봉리
  ○ 매버루산(해발 168m)   … 운산군 마상리

《버루》계렬의 지명이 이 산간지대에 널리 분포되여있는것은 고구려때부터 쓰이어온 이 고유어휘가 지명에 고착되어 오늘까지 그 생활력을 유지하고있는것으로 설명된다.

평안북도일대에는 이밖에도 고구려때 쓰던 고유어휘들이 지명을 통하여 전해지고있는것이 적지 않다. 례를 들어서 《수리》는 고구려지명 《수리골(述尒忽)》에서도 쓰이며 고구려가요 《동동》의 5월조에도 나오는데 이 말은 평안북도의 거의 모든 군에 널려있는 《수리봉》에 그 흔적을 남기고있다.

《고장이름사전(평안북도편)》에 근거하여 평안북도일대에서 《수리봉》이 분포된 정형을 보면 다음과 같다.

    녕변군 방일리
    향산군 조산리, 청송리

구장군 하장리, 사오리

운산군 도청리, 영웅리

의주군 미송리, 대화리, 덕현로동자구

천마군 판동리, 대하리

태천군 상단리, 신광, 마현

창성군 약수리

철산군 오봉리

운전군 청정리

피현군 백마구

정주시 신안리

구성시 조양리

《수리》는 봉우리를 이름짓는데 쓰일뿐아니라 그 골짜기이름인 《수리골》로도 쓰이고있으며(대관군 룡산리, 로청리, 벽동군 대풍리) 《수리고개》(천마군 지경리), 《수리벼랑》(삭주군 방산리) 등 다른 지명단위어에도 붙어서 표식어로 쓰이고있다.

고구려지명의 분포와 관련하여 반드시 언급하여야 할것은 《-단》류형의 지명과 관련한 문제이다.

평안북도 구장군 사오리에는 《고단》이라는 지명이 있는데 흔히 사람들은 그것을 옛성이 있던 곳이라 하여 붙인 이름으로 리해하고있다. 그러나 《고단》의 《고》는 《故國川》의 《故》와 같이 《큰》의 뜻으로 고구려때부터 써오던 말이고 《단》은 《계림류사》에서 《村曰 丞》이라고 밝힌대로 《마을》의 뜻으로 쓰는 말이다. 이 《단》은 고구려때 《旦, 頓, 堂, 丞》 등으로 음역하여 널리 쓰던 말로서 《谷》에 대응되어 쓰이는 경우가 많았는데 그후 의미폭이 넓어지면서 《村》까지도 가리키게 된것이다. 그리하여 《고단》은 사실상 《큰 마을》을 가리키는 말로서 고구려지명의 전승으로 되는것이다.

그런데 이 《-단》류형의 지명은 대체로 옛고구려의 령역에 분포되어있는것이 우리의 주목을 끌게 된다. 《고려사》, 《신증동국여지승람》, 《지봉류설》 등 문헌에 반영되여있는 《-단》류형의 지명의 분포정형을 보면 다음과 같다.

경기관내:

　　于次呑忽/五谷/玉谷 (서흥)

　　買旦忽/水谷城(신계)

　　沙呑島(인천)

　　吐呑古城(장단)

　　末呑川(련천)

　　碧呑石院(포천)

　　街頓川(고양)

경기관외:

　　習比呑/習比谷/歙谷(섭곡)

　　於支呑/翼谷/翊谿(안변)

　　玉堂/羽谷/羽溪(강릉)

　　巨呑川(간성)

　　炭呑院(고성)

　　介呑山(회양)

　　雪呑嶺(평강)

　　古末呑(이천)

　　亇伊呑郷(녕월)

　　伊次呑部曲(충주)

　　德頓忽/十谷城(곡산)

　　廿彌呑部曲(안성)

《－단》류형은 고구려에서 널리 쓰던 지명으로서 그 분포를 통하여 고구려의 령역을 확정하는 문제는 앞으로 고구려사서술에서 응당 주목을 돌려야 할 과제의 하나로 될것이다.

그런데 이 지명이 오늘 이 령역내에서 아직도 쓰이고있는것은 우리의 관심사로 되지 않을수 없다. 즉 강원도 법동군에는 아호비령산줄기를 끼고 있는 60리골짜기가 있는데 이곳은 원산청년발전소건설과 관련하여 유명해진 《고미탄》이다. 이 일대의 넓은 지역을 그전에는 《웅탄면(熊灘面)》이라고 하였고. 이것을 옛문헌에서는 《古末呑》이라고 기록하고있는데 그에 대응하는 《熊灘》은 곧 《고미단》이라는 고구려지명을 반의반음역하여 한자말처럼 만든것이라고 할수 있다. 결국 오늘의 《고미탄》은 고구려지명인 《고미단》의 변화형에 지나지 않는것으로서 고구려의 《단》이라는 말은 그대로 여기에 살아있는것이다.

이것은 《단》의 본래 의미인 《谷》의 뜻으로 쓰인 례로 되는데 《단》이 《村》의 뜻으로 쓰이는 경우에 《단》은 흔히 한자로 음역하여 《端》으로 표기하였다. 그러나 그것은 단지 음역자로서 그 어떤 《끝》이라는 뜻과는 전혀 상관이 없다. 녕변군 옥창리안에 있는 《상단말》은 《림촌말의 남쪽에 있는 마을》이라 하여 붙인 이름이고 녕변군 남산안에 있는 《하단동》은 《삼밭골의 아래마을》이라 하여 붙인 이름인것이다. 《우에 있는 마을》은 《상단》, 《아래 있는 마을》은 《하단》, 그 중간에 있는것은 《중단》이라고 하였는데 이러한 지명의 분포는 평안북도에서 집중적으로 나타나고있다. 이 말들이 한개 리안에서 나란히 쓰이고있는 정형을 보면 다음과 같다.

○ 상단, 중단, 하단 … 곽산군 상단리, 철산군 명암리, 창성군 약수리
○ 상단마을, 중단마을, 하단마을 … 곽산군 군산리, 선천군 석화리,
　　　　　　　　　　　　　　　동림군 청송리, 동창군 고직
○ 상단말, 중단말, 하단말 … 정주시 월양리, 녕변군 옥창리
○ 상단몰, 중단몰, 하단몰 … 철산군 명암리, 검암리

《단》은 행정구역명에서도 쓰이여 도처에 《상단동》(정주시), 《하단리》(피현군), 《남단리》(곽산군) 등이 분포되여있다.

결국 옛고구려의 령역이였던 곳에는 《단》이 《谷》이라는 본래의 뜻으로 쓰인 《고미탄》도 남아있고 또 《단》의 뜻이 《村》으로 바뀐 《상단, 중단, 하단》도 남아있다고 할수 있다.

또한 고구려지명 《거무나(今勿奴), 고모달(功木達)》과 같은 《거무(검)/고모(곰)》류형의 지명들이 옛고구려의 령역에 널리 분포되여있는것도 우리의 주목을 끌고있다.

○ 거무산(해발 624m)　　　황해북도 신계군
○ 거무덕(산)　　　　　　　평안북도 운산군
○ 검은산(해발 814m)　　　평안북도 대관군
○ 검덕산(해발 1898m)　　함경북도 무산군

o 검덕산(해발 1682m)　　함경남도 덕성군
o 검덕산(해발 2151m)　　함경남도 허천군
o 검덕골　　　　　　　　평안북도 태천군 안흥리
o 곰덕(해발 904m)　　　자강도 자성군
o 곰덕산(해발 877m)　　함경북도 최대군
o 곰덕산(해발 1001m)　　자강도 중강군

《거무(검), 고모(곰)》의 변이형들인 《가마, 고마, 고무》는 지명의 표식어로서 역시 옛고구려땅애 분포되어있다.

o 가마동　　　　　　　　평안남도 회창군
o 가마고개　　　　　　　평안남도 회창군
o 가마봉　　　　　　　　자강도 고풍군
o 가마봉　　　　　　　　평안북도 구장군
o 가마봉　　　　　　　　평안북도 선천군
o 가마봉　　　　　　　　평안북도 곽산군
o 가마봉　　　　　　　　평안남도 개천시
o 가마봉　　　　　　　　평안남도 녕원군
o 가마봉　　　　　　　　강원도 판교군
o 가마봉　　　　　　　　황해북도 봉산군
o 가마봉　　　　　　　　황해남도 룡연군
o 가마봉(해발 925m)　　강원도(남) 린제군
o 가마산줄기　　　　　　강원도(남) 린제군
o 감악산(해발 585m)　　황해북도 린산군
o 가마산　　　　　　　　황해남도 룡연군
o 고마산　　　　　　　　함경북도 경흥군
o 고무덕산(해발 915m)　자강도 송원군

그리고 《거무더기(檢義德)》애서처럼 단위어로 흔히 쓰이던 《－더기(데기)/－덕》의 경우에도 그것이 옛고구려땅애 널리 분포되여있음을 발견하게 된다.

o 생대기　　　　　　　　함경북도 명천군
o 안반덕　　　　　　　　함경북도 길주군

o 재덕　　　　　　　함경북도 화대군
o 장덕　　　　　　　함경북도 화대군
o 장마덕　　　　　　함경북도 경원군
o 허방덕　　　　　　함경북도 회령시
o 차덕　　　　　　　함경북도 회령시
o 오산덕　　　　　　함경북도 회령시
o 갈밭덕(해발 1473m)　함경남도 허천군
o 치마덕(해발 1581m)　함경남도 단천시
o 안반덕(해발 1830m)　함경남도 단천시
o 신덕　　　　　　　량강도 삼지연군
o 난덕　　　　　　　량강도 갑산군
o 배덕　　　　　　　량강도 갑산군
o 왕덕　　　　　　　량강도 혜산시
o 중덕　　　　　　　량강도 풍서군
o 방치덕　　　　　　량강도 풍서군
o 갬덕　　　　　　　량강도 김형권군
o 사덕　　　　　　　량강도 김정숙군
o 백암덕(해발 1869m)　량강도 백암군
o 높은덕　　　　　　자강도 자성군
o 안덕　　　　　　　자강도 자성군
o 응지덕　　　　　　자강도 장강군
o 구이덕　　　　　　자강도 중강군
o 신나무덕　　　　　평안북도 동창군
o 안장덕(해발 938m)　강원도 금강군
o 고비덕　　　　　　강원도 회양군

　《덕》이 높은 둔덕 또는 산을 가리키는 단위어임에도 불구하고 거기에 다시 《산》, 《령》과 같은 단위어를 덧붙이는 경우도 있는데 이것은 《덕》이 이미 생산성을 잃게 되면서 그것만으로는 산을 나타내는데서 그 어떤 부족감을 느끼게 된 언어의식의 변화와 관련된것이라고 할수 있다.
　　o 대덕산(해발 2113m)　량강도 김형권군

ㅇ 절덕산(해발 1341m)　　량강도 혜산시
ㅇ 곰덕산(해발 877m)　　함경북도 화대군
ㅇ 재덕산(해발 829m)　　함경북도 명천군
ㅇ 넓덕봉(해발 1034m)　　함경북도 회령시
ㅇ 넓은덕산(해발 966m)　　함경북도 경원군
ㅇ 곤장덕산(해발 1320m)　　함경북도 무산군
ㅇ 늪덕산(해발 1316m)　　함경남도 덕성군
ㅇ 구름덕산(해발 1296m)　　함경남도 요덕군
ㅇ 가래덕산(해발 400m)　　함경남도 락원군
ㅇ 범덕산(해발 320m)　　함경남도 리원군
ㅇ 단풍덕산(해발 1159m)　　평안북도 동창군
ㅇ 신덕산(해발 534m)　　평안북도 대관군
ㅇ 새덕산(해발 966m)　　평안남도 녕원군
ㅇ 새덕산(해발 966m)　　평안북도 구장군
ㅇ 새덕산(해발 1025m)　　자강도 전천군
ㅇ 새덕산(해발 882m)　　강원도 평강군
ㅇ 곰덕산(해발 1134m)　　자강도 전천군
ㅇ 물방덕산(해발 434m)　　강원도 천내군
ㅇ 고비덕산　　강원도(남) 정선군
ㅇ 배덕산(해발 699m)　　평안남도 북창군
ㅇ 안내덕산(해발 1771m)　　평안남도 대흥군
ㅇ 매덕령(해발 1538m)　　량강도 김형권군
ㅇ 새덕령　　황해북도 곡산군

한편 고구려지명에서 《圓》의 뜻으로 쓰인 표식어 《두리》는 오늘에 와서 《도리, 도래, 두루, 두룽, 두류, 두륜, 두른, 두릅, 두릉, 두리》 등의 변이형으로 되면서 전국도처에서 산의 이름으로 널리 쓰이고있다.

ㅇ 도리산(해발 480m)　　평안북도 운산군
ㅇ 도래산(해발 188m)　　평안남도 증산군
ㅇ 두루봉　　함경북도 온성군
ㅇ 두루봉(해발 680m)　　함경북도 회령시

o 두루봉(해발 764m)   자강도 송원군

o 두루봉(해발 121m)   전라남도 령암군

o 두루봉   황해북도 은파군

o 두룽봉(해발 1734m)   량강도 백암군

o 두류산(해발 1204m)   자강도 화평군

o 두류산(해발 2 309m)   량강도 백암군

o 두류산(해발 224m)   평안남도 룡강군

o 두류고개(해발 403m)   평안남도 녕원군

o 두류산(해발 1323m)   평안남도 양덕군

o 두륜산(해발 705m)   전라남도 해남군

o 두릉봉(해발 1610m)   량강도 삼수군

o 두릅봉   함경남도 북청군

o 두릉봉(해발 1334m)   자강도 성간군

o 두릉봉   평안남도 은산군

o 두릉봉   평안남도 신양군

o 두리봉(해발 1466m)   강원도(남) 정선군

《㘴里山》류형의 지명은 옛고구려땅에는 물론 우리 나라 도처에 널려있어 이 지명의 공통성은 언어적공통성을 말해주는 한 측면으로 된다고 할수 있다.

고구려지명의 표식어로서의 《두리》는 산이름뿐아니라 섬이름에도 쓰이어 평양에 《두루섬》이 있음은 이미 언급한바가 있다. 그런데 이것은 저 멀리 남해에서도 쓰이고있어 우리의 주목을 끈다. 즉 전라남도 신안군에는 《두리섬》이 있는데 그 모양새가 원형으로 되여있어 그 명명의 표식이 꼭같다.

이것은 《두리》라는 말이 예나 지금이나 《圓》의 뜻으로 전국적판도에서 변함없이 쓰이여왔음을 말해주는것으로서 고구려지명의 견인성의 한 측면을 보여주는것으로 된다.

고구려지명에서는 《두무골(冬音忽)》과 같이 《圓》의 뜻으로 《두무》도 쓰이였는데 이 역시 옛고구려땅에 그 흔적을 남기고있다.

o 두무산(해발 1185m)   황해북도 신평군

o 두무산(해발 641m)　　황해북도 수안군
o 두무산(해발 545m)　　강원도 이천군
o 두무산(해발 1098m)　　강원도 고성군
o 두모산(해발 188m)　　평안북도 박천군
o 두무동　　평안북도 운전군
o 두무산(해발 1039m)　　경상남도 거창군
o 두문골산(해발 999m)　　자강도 초산군
o 두문리　　자강도 룡림군

고구려지명의 분포와 관련하여 흥미있는 다른 하나의 자료는 《나리》의 흔적이다. 《나리》는 고구려가요 《동동》에도 나오고 고구려지명에서 《나리마(汃乙買)》와 같이 자주 쓰이던 말인데 오늘날에 와서는 많은 경우에 《내》로 변화되였다.

이 《나리》는 비단 고구려에서만 쓰인것이 아니라 신라의 《閼川》을 《阿利那禮(아리나리)》로 표기하고 백제의 《熊川》을 《久麻那利(구마나리)》로 표기하고있는 《일본서기》의 기록 등으로 미루어보아 이 말은 예로부터 고구려의 광활한 지역에서는 물론 백제와 신라에서도 공통적으로 쓰이었던 지명이라는것을 쉽게 알수 있다.

오늘날 황해북도 은파군의 은파천에서 북쪽으로 서흥강으로 넘어가는 고개를 《뒤나리고개》라고 하는데 이 경우에 《뒤》는 북쪽을 가리키는 말이고 《나리》는 강의 뜻으로서 옛흔적을 남기고있는것이라고 할수 있다. 그밖에도 강원도 평창군 진부면에 있는 《자나리(尺川洞)》, 경상북도 영덕군 오서면에 있는 《이나리(仁川洞)》, 충청북도 영동군 아천면에 있는 《어나리(彦河洞)》 등 아직도 그 흔적이 전국적으로 여러곳에 남아있음을 찾아보게 된다.

이와 같이 고구려의 옛령역에 분포되여있는 일련의 고유어지명에는 고구려의 언어유산이 다양히게 반영되여있어 그것을 통해서 귀중한 언어사자료를 얻을수 있으며 동시에 세나라의 언어적공통성의 한 단면을 보여주는 자료로도 리용될수 있다. 한편으로 이 자료는 고구려의 령역을 과학적으로 확증히는대서 도움이 될수 있는 방증자료를 얻을수 있게 된다는 점에서도 의의가 있다고 할수 있다.

Ⅱ. 고구려의 인명

1. 고구려의 인명자료와 그 분석

1) 인명자료

인명은 지명과 마찬가지로 고유명사에 속한다. 인명 역시 보통명사에서 기원하는것이지만 일단 인명으로 고착되면 고유명사로 전환되는 점에서 지명과 같다고 할수 있다. 그리고 인명이나 지명이 보통명사에 기원하고있는데로부터 그 분석을 통하여 당시 어휘구성상태를 추정할수 있다는 점에서도 공통성이 있다고 할수 있다.

고구려에서는 고유어휘로 인명을 지었으며 그것을 리두식으로 표기하였다. 그러나 고구려의 리두식표기자료에서 인명자료는 지명자료에 비하여 풍부하지 못하다고 할수 있다.

리두식표기로 된 고구려의 인명자료는 지명자료와 함께 《삼국사기》와 《삼국유사》에 반영되여있다. 그러나 지명과 인명은 그 해독과 분석에서 자료상, 방법상차이를 가지게 된다. 왜냐하면 지명은 《삼국사기》 권35, 권37에서 종합적으로 자료를 묶어놓았지만 인명은 본기와 렬전에서 분산적으로 소개하고있다. 또한 지명은 후에 개칭한것과의 대비자료를 주고있으나 인명의 경우에는 그러한 대비가 주어지지 않고있다. 그리하여 리두식표기를 해독하는데서는 인명의 경우가 지명의 경우보다 어려움이 있고 그 자료도 풍부하지 못한 느낌을 주게 되는것이다.

인명이란 개별적인 사람을 다른 사람들과 구별하기 위하여 붙인 이름이다. 인명은 일반적으로 성과 이름의 결합으로 표시된다. 성은 그 사람이 속하게 되는 부계를 표시하는것이며 이름은 매개 사람을 구별하기 위하여 붙인 이름이다.

우리 나라의 인명력사를 돌이켜볼 때 처음부터 오늘과 같은 성과 이름으로 이무어진것은 아니었다.

씨족사회에서 개개인의 이름은 씨족의 명칭과 결부되여있었다. 매개 씨족원의 이름은 그가 어느 씨족에 속하였는가를 표시하였는데 그것은 다른 씨족과의 관계에서만 필요한것이지 씨족내부에서는 사실상 불필요히있으며 다만 이름만으로도 충분하였다고 할수 있다.

씨족-종족공동체가 지역적인 촌락공동체로 전환되면서 성은 씨족명에 어원을 둔 지명성을 가진것으로 전환히게 되었다. 그것은 한 씨족이 어느 한 지역에 정착생활을 오래동안 하게 되면서 씨족의 이름이 해당 지역의 이름으로 전환되고 씨족집단에 대한 개념은 해당 거주지와 분리하여 이루어질수 없다는 사정과 관련되여있다. 이로부터 씨족명인지 지명인지 구별할수 없는 중간개념이 생기게 되는데 그것은 오랜 세월 전승되여 례컨대 예나 맥과 같은 명칭은 종족명으로 또는 지명으로 해석되는 결과를 가져오게 되었던것이다.

그러나 씨족-종족사회가 붕괴할 때부터 이 중간개념에서는 씨족-종족성이 없어지고 본격적인 지명으로 발전하게 되며 이 지명이 마치 성처럼 쓰이게 되었다. 즉 씨족-종족의 명칭이 성의 기원이였다는 사실은 망각되고 이번에는 성은 반드시 지명으로 해야 한다는 생각만이 습관화되면서 자기가 출생한 고장의 지명을 성처럼 사용하게 되였다. 이것은 세나라 시기에 귀족으로부터 장인신분에 이르기까지 공통적으로 적용되었던것으로 보인다.

고구려의 인명자료가 반영되여있는 기본사료는 《삼국사기》의 고구려본기와 렬전이며 부분적으로 《삼국유사》와 그밖의 금석문을 들수 있다.

(1) 인명구조

《삼국사기》에 의하면 고구려에서는 이름우에 자기 출신지를 마치 성처럼 얹어놓는 경우가 많았다.

ㅇ 提那部 丁素 (출신지 + 인명) (《삼국사기》 권16, 고구려본기 4)

ㅇ 東部 晏留 (출신지 + 인명) (《삼국사기》 권16, 고구려본기 4)

ㅇ 買溝谷人 尙須 (출신지 + 인명) (《삼국사기》 권14, 고구려본기 2)

고구려에서 출신지명을 성처럼 씨은것은 《淵蓋蘇文》의 《淵》이 실상 출신지명의 표시라는 점이라든가 《四椽那》와 같은 표현을 쓰고있는 점에서 명백히 알수 있는 문제이다. 즉 《삼국사기》 권16에 의하면 《연나출신의 네사람》을 《四椽那》라고 하였는데 이것은 마치 《김가성을 가진 네사람》을 《四金》이라고 하는것과 같다고 할수 있다. 이를 통하여 고구려에서는 출신지명인 《椽那》를 성처럼 사용하였음을 알수 있다.[주]

[주] 《조선민족어발전력사연구》(김영황, 과학백과사전출판사, 1978년) 37페지

고구려에서는 출신지를 밝히지 않고 관직명 다음에 인명을 놓는 경우도 있었다. 즉 관직이나 관등급명만을 성처럼 이름우에 덧붙이는 경우도 있었던것이다. 《乙支文德》의 경우에 《乙支》는 성이 아니라 관등급명이다. 즉 《乙支》에 대해서 《룡비어천가》에서 《乙支一作尉支》(3권 42장)라고 밝힌바와 같이 《乙支》는 《우지》의 리두식표기로 되는데 그것은 《웃자리에 있는자》 곧 《上者》라는 뜻이다.

  o 大加 優居 (관직명 + 인명) (《삼국사기》 권15, 고구려본기 3)
  o 主簿 然人 (관직명 + 인명) (《삼국사기》 권15, 고구려본기 3)
  o 于台 明臨於漱 (관직명 + 인명) (《삼국사기》 권17, 고구려본기 5)

그러나 고구려에서 인명의 공식적표기는 《출생지명 + 관직, 관등급명 + 인명》의 형식으로 되여있었던것으로 인정된다.

  o 貫那 沛者 彌儒 (출신지 + 관직명 + 인명) (《삼국사기》 권15, 고구려본기 3)
  o 桓那 于台 菸支留 (출신지 + 관직명 + 인명) (《삼국사기》 권15, 고구려본기 3)
  o 椽那 皀衣 明臨答夫 (출신지 + 관직명 + 인명) (《삼국사기》 권15, 고구려본기 3)
  o 西部 大使者 于漱 (출신지 + 관직명 + 인명) (《삼국사기》 권17, 고구려본기 5)
  o 沸流 沛者 陰友 (출신지 + 관직명 + 인명) (《삼국사기》 권17, 고구려본기 5)

본래 고구려에서는 인명을 고유어로 짓는것이 예로부터 전해오는 오랜 관습으로 되여왔으며 그것은 리두식표기에 의하여 기록되고있었다.

(2) 인명표기

고구려의 인명표기는 우선 몇개 류형으로 나누어 고찰할수가 있을것이다.

첫째로는 음역이 있고 그 뜻과 관련하여 참고할만 한 자료가 있는 류형을 들수 있다.

朱蒙 : 鄒牟 [주] : 東明(《삼국사기》 권13, 고구려본기 1)

고구려의 시조인 동명왕을 이르는것이다. 《朱蒙》은 기초한자음이 《tsio-muŋ》이고 《鄒牟》은 《tsiu-miu》, 《東明》은 《toŋ-məŋ》이니 당시의 우리 한자음으로 같은 말의 음역이 되자면 《도모, 두무》로 되여야 할것이다. 그런데 《삼국사기》에서는 《부여의 입말에서 활을 잘 쏘는 사람을 朱蒙이라고 한다.》(권13)고 하였다.

[주] 이 이름에 대해서 《삼국사기》 권6에서는 《中牟》로 쓰고있으며 《일본서기》에서는 《仲牟》(천지기 7년), 《都慕》(연력기 8년)로 쓰고있다.

瑠璃 : 類利 : 孺留 (《삼국사기》 권13) : 累利(《삼국유사》 권1)

류리명왕을 이르는것이다. 《瑠璃》는 추정되는 기초한자음이 《liu-lie》이며 《類利》는 《lui-li》, 《孺留》는 《ñio-liu》, 《累利》는 《liue-lie》로서 당시의 우리 한자음으로는 《누리》에 대한 음역일수 있다.*

* 《누리》는 《세상》이라는 뜻과 함께 《계승자》라는 뜻이 있다. 지금도 함경도지방에서는 집안에 대를 이을 아이가 태여나면 《뉘를 봤다》고 한다. 이 《뉘》가 바로 《누리》의 변이형인데 고구려에서 써왔던 이 말이 아직도 쓰이고있는것은 흥미있는 일이다.

그런데 류리왕은 다음번 왕으로 되는것만큼 《누리》라는 이름이 합낭한것으로 될것이다.

첫째 류형의 표기는 음역만으로 되여있으나 참고할만 한 자료가 있어 그 뜻을 리해하는데 일정한 도움이 되고있다.

둘째로는 음역들의 표기변종들이 있는 반면에 그에 대응한 의역이나 참고자료가 없는 류형을 지적할수 있다.

斯由 : 釗 (《삼국사기》 권18)

고국원왕의 이름이다. 《斯由》는 추정되는 기초한자음이 《sie-

?iu》로서 당시의 우리 한자음으로는 《서히/소히》의 음역이 될수 있다. 이것은 고구려지명인 《김尸忽》(《삼국사기》 권37)의 《김尸》(《소시》의 표기)와 일맥상통하는것인데 《김尸忽》은 《水銀城》과 대응되고있다. 그러니 《소시》는 《水銀》에 대응되는 말로 된다. 또한 《折忽》과 《銀城》이 대응되는 경우도 있는데 이 경우 《銀》에 대응되는 《折》은 《서히/ 소히》의 변종인 《서/소》의 표기로 인정된다. 인명의 경우에 《서히》의 표기인 《斯由》는 《釗》에 대응되고있는데 《釗》는 추정되는 기초한자음이 《tseu》로서 《서히》의 변종인 《서》의 표기로 될수 있다. 결국 지명이나 인명에서 《서히/서》는 금속류와 관련된 말로 쓰이여온것이라고 할수 있다. [주]

> [주] 《釗》는 《쇠》의 뜻을 가지고 지난날에 우리 나라 인명에서 《乭釗(돌쇠)》로 표기된바가 있었다. 그리고 만주어에서 《쇠》를 《서러》(《한청문감》 권10), 《sele》(《A Concise Manchu—English Lexicon》 23페지)라고 하고 있는것은 그 조상들이 당시 선진국이였던 고구려에서 철기문화를 수입해 가면서 우리 말 《서히》를 차용해간것일수 있다.

歃夫婁* : 相夫(《삼국사기》 권17)

봉상왕의 이름이다. 《歃夫婁》는 기초한자음이 《sʌp—piu—liu》로서 당시의 우리 한자음으로는 《사보로》의 음역이 될수 있으며 《相夫》는 《siaŋ—piu》로서 《사보로》의 준말인 《사보》의 음역이 될수 있다. 《사보》는 고구려지명인 《沙伏忽》(《삼국사기》 권37)의 《沙伏》(《사보》의 표기)과 통하는 말로서 《赤/陽》의 뜻일수 있다.

* 문헌에는 《歃失婁》로 되여있으나 《失》는 《夫》의 오자이다.

乙弗 : 憂弗(《삼국사기》 권17)

미천왕의 이름이다. 《乙弗》은 추정되는 기초한자음이 《ʔiet—piuət》이며 한편 《憂弗》은 《iu—piuət》이니 《우불》의 음역으로 될수 있다. 《우》는 《上》의 뜻일수 있으며 《불》은 고구려의 인명에서 자주 쓰이는데 아마 《火/烈》의 뜻일수 있다.

伊速 : 於只支(《삼국유사》 권1)

광개토왕의 아버지인 고국양왕의 이름이다. 《伊速》은 추정되는
기초한자음이 《ʔie-suk》으로서 류사음에 의한 《아시》의 음역으
로 되며 《於只支》의 기초한자음은 《ʔia-tsʼie-tsie》로서 《아시
지》의 음역으로 될수 있다. 그리고 《지》는 사람을 가리키는 말마
디일수 있는데 《아시》는 《아ᄋᆞ 〉 아ᄋᆞ》의 교형으로서 《弟》의
뜻이다.

이처럼 둘째 류형의 표기는 그 뜻을 정확히 파악하기는 힘들어도 대
체로 짐작할수 있게 한다.

셋째로는 음역과 의역이 절충되여 표기되여있는 류형을 들수 있다.

蓋金 : 蓋蘇文(《삼국유사》 권3)

고구려의 마지막시기에 막리지벼슬을 한 사람이다. 《蓋蘇文》
은 추정되는 기초한자음이 《kai-so-miuən》으로서 당시의 우리
한자음으로는 《가소미》의 음역으로 될수 있다. [주] 그리고 《蓋
蘇》는 《가소미》에서 《가소》의 표기로 될수 있는데 《金》이
《소미》에 대응하게 된것은 그 뜻이 《쇠》라는 사정과 관련하여
의역한것으로 추측된다.

[주] 《일본서기》에서 《伊梨柯須弥》로 소개하고있는데 《柯須弥(가수미)》가
바로 《蓋蘇文》에 해당되는 부분이고 《伊梨》는 《淵/泉》에 대응되는 우
리 말인 《어러》의 표기이다.

美川 : 好壤(《삼국사기》 권17)

미천왕을 이르는 말이다. 《好壤》은 《好》를 의역한 《마》*와
《壤》을 음역한 《나》의 표기로 된다. 《美川》의 경우에 《美》는
《마》의 음역으로 볼수도 있고 의역으로 볼수도 있으며 《川》은
《나》의 의역으로 된다.

* 《삼국사기》 권35에서는 《買召》과 《善召》을 대응시켜놓았는데 《買》는
《마》의 음역으로서 《善》에 대응되는 말이며 그것은 《好》와도 뜻이 통하
는 말임을 념두에 둘수 있다고 본다.

이처럼 셋째 류형의 표기는 음역과 의역이 절충되여있어서 그 뜻을
짐작하는데 일정한 도움이 되고있다.

넷째로는 하나의 음역만 있고 다른 표기변종이 전혀 없는 류형을 들

수 있다.

摩離(《삼국사기》 권13)

주몽의 벗의 이름이다. 《摩離》는 기초한자음이 《mâ-lie》이니 당시 우리 한자음으로 《마리》의 음역으로 추정되는데 이것은 《머리》의 고형이다.

紐由(《삼국사기》 권45)

동천왕때의 사람이다. 《紐由》는 《누리》의 음역으로 추정되는데 이것은 《세상》의 뜻이다.

密友(《삼국사기》 권45)

동천왕때의 사람이다. 《密友》는 《미루》의 음역으로 추정되는데 이것은 《龍》의 뜻인 우리 말이다.

彌儒(《삼국사기》 권15)

차대왕때 관나패자를 지낸 사람이다. 《彌儒》도 《密友》와 마찬가지로 《미루》의 음역으로 될수 있다.

《삼국사기》에 의하면 고구려의 인명표기에서는 안장왕때(재위: 519-531년)부터 리두식표기의 음역이 적어지고 그 표기변종도 별로 나타나지 않으며 의역의 비중이 많아지는 경향으로 나가고있다.

이처럼 넷째 류형의 표기는 오직 하나의 음역만 있기때문에 그 뜻은 여러모로 추정해보는데 그칠뿐이다.

고구려의 인명표기를 보면 음역의 경우에 선택되는 음역자가 자주 반복되여 쓰이고있음을 보게 된다.

-婁:解夫婁(부여왕), 歃夫婁(봉상왕), 高優婁(산상왕때 국상), 穆度婁(봉상왕때 국상), 尙婁(봉상왕때 국상)*

* 《-婁》류형의 인명은 백제에서도 쓰이고있었다.

례: 多婁, 解婁, 己婁, 盖婁

-友:若友(서천왕), 逸友(서천왕동생), 陰友(동부사람), 密友(동부사람), 蕭友(동부사람)

-須:尙須(매구곡사람), 尉須(상수의 동생), 祭須(비류사람)

-由:斯由(고국원왕), 紐由(동부사람), 怪由(북명사람)

—留:孺留(류리명왕), 菸支留(차대왕때 좌보), 晏留(동부사람)

—素:乙巴素(고국천왕때 중외대부), 鄒勃素(남부사자),

乙素(류리왕때 대신), 于素(제나부사람)

—弗: 憂弗(미천왕), 然弗(중천왕), 鄒弗(북부사람)

이것은 고구려의 인명에 자주 리용되는 일정한 말뿌리나 뒤붙이를 음역한것으로서 고구려인명의 여러 류형을 말해주는 하나의 특징으로 된다.

그리고 《우》나 《으뜸》의 뜻을 나타내는 말의 음역자로 《乙, 于》가 쓰이고있는것도 다른 하나의 특징으로 된다. [주]

乙—:乙弗(=憂弗),乙素,乙巴素,乙豆智(대무신왕때 좌보)

于—: 于素, 于刀(상수의 사촌동생)

[주] 《乙》이 《上》에 대응된다는것은 고구려반등급인 《上位使者》를 《乙耆次》와 대응시키고있는 것이라든가 또 《신증동국여지승람》 권51, 평양부조항에서 모란봉의 《乙密臺》와 《上密德》을 대응시키고있는데서 알수 있는 문제이다. 그리고 《于》도 《上》의 우리 말인 《우》를 음역한것이다.

2) 인명의 언어적분석

리두식표기로 된 고구려인명에 대한 언어적분석은 《삼국사기》의 고구려본기와 렬전 그리고 《삼국유사》에 나와있는것을 왕대에 따라서 년대순으로 진행하기로 하며 중복을 피하도록 한다.

烏伊, 摩離, 陜父

o 주몽은 이에 오이, 마리, 협부 등 세사람과 더불어 벗을 삼았다.(朱蒙乃與烏伊, 摩離, 陜父等三人爲友) (《삼국사기》 권 13, 고구려본기 1)

《烏伊》의 기초한자음은 《ʔo-ʔi》이고 《摩離》의 기초한자음은 《mâ-lie》이며 《陜父》의 기초한자음은 《ɤap-bʼiu》이다. 이것들은 각각 류사음에 의한 《오로》, 《마리》, 《가바》의 음역으로 추정된다.

《오로》는 《正》의 뜻으로서 《右》의 뜻인 《올흔》과 기원을 같이 하는 말이다.

o 조각과 마시 오로 올마 (《법어》 12)

o 右는 올흔 너기라 (《훈민정음언해》)

《마리》는 《頭/首/宗》의 뜻으로서 《우두머리》 또는 《맏이》, 《마루》의 의미를 가진 인명으로 쓰이었다.

ㅇ 頭 累二 (《화이역어》 조선관역어)

ㅇ 마리 슈 首 (《훈몽자회》 상 24)

ㅇ ᄆᆞᄅᆞ 종 宗 (《훈몽자회》 상 32)

《가바》는 《中》의 뜻으로서 《가운데》의 고형인 《가ᄫᆞᄃᆡ》에 그 흔적이 남아있다.

ㅇ 가ᄫᆞᄃᆡ 쉬우믈 爲ᄒᆞ야 (《월인석보》 14/80)

주몽은 《烏伊, 摩離, 陝父》 세사람을 벗으로 삼고 그후 나라를 세웠다고 하였으니 그들은 고구려의 건국공신들이였다고 할수 있다.

扶芬奴, 扶尉猒

ㅇ 겨울 10월에 왕이 오이와 부분노를 시켜 태백산 동남방에 있는 행인국을 치고 그 땅을 빼앗아 고을을 만들었다.(冬十月 王命烏伊扶芬奴 伐太白山東南行人國 取其地 爲城邑) (《삼국사기》 권13, 고구려본기 1)

ㅇ 겨울 11월에 왕이 부위염을 시켜 북옥저를 쳐서 없애고 그 지역을 고을로 만들었다.(冬十一月 王命扶尉猒 伐北沃沮 滅之 以其地爲城邑) (《삼국사기》 권13, 고구려본기 1)

동명왕 6년조항에 나오는 《扶芬奴》의 기초한자음은 《bio—piən—nio》이니 류사음에 의한 《보부나》의 음역으로 되는데 《봄놀다 〉 봄놀다》에 그 흔적이 남아있는것으로서 《보부나》는 매우 활동적인것을 상징하여 지은 이름이다.

ㅇ ᄒᆞ나흔 봄노는 거서 (《박통사》 상 42)

ㅇ 봄놀 약 躍 (《훈몽자회》 하 27)

동명왕 10년조항에 나오는 《扶尉猒》의 기초한자음은 《bio—ʔiuəi—iäm》이니 류사음에 의한 《부리나》의 음역으로 된다.

ㅇ 根은 불휘라 (《월인석보》 서 21)

ㅇ 大川 바다 한가온ᄃᆡ 부리 업는 남기 나서 (옛시조)

《부리나》는 《根》의 뜻을 가진 《부리》에 이 시기 인명에 흔히 쓰이는 뒤붙이 《—나》가 결합된것인데 《奴》, 《猒》 등은 그 표기변종들로 된다.

이 두사람도 왕명을 받들고 주변의 소국들을 병합히어 고구려의 강역을 넓히는데 기여한 공신들이였다.

屋智, 句鄒, 都祖

о 드디어 이것을 가지고 옥지, 구추, 도조 등 세사람과 함께 졸본으로 가서 부왕을 보고 부러진 칼을 바치였다. (遂持之 與屋智句鄒都祖等 二人 行至卒本 見父王 以斷劍奉之)(《삼국사기》 권13, 고구려본기 1)

류리왕 원년조항애 나오는 《屋智》의 기초한자음은 《ʔuk-ṱie》이니 류사음에 의한 《우디》의 음역으로 된다.

о 上은 우히라 (《월인석보》 상 17)

о 구릐여 입거우지 셰욜 디 아니니라(《두시언해》 8/19)

《우》는 《上》의 뜻이며 《디》는 일정한 대상화의 기능을 수행하는 불완전명사로서 이 시기 인명애 많이 쓰이였는데 그것은 흔히 《智, 支》로 표기되였다.

《句鄒》의 기초한자음은 《kio-tsiu》이니 류사음에 의한 《구디/구시》의 음역으로 되는데 《구디/구시》는 《堅, 固》의 뜻인 《굳다》를 명사화한것이라고 할수 있다.

о 구든 城을 모르샤 (《룡비어천가》 18)

о 門돌홀 다 구디 줌겨 뒷더시니 (《석보상절》 6/2)

《都祖》의 기초한자음은 《tio-tsio》이니 류사음애 의한 《다소》의 음역으로 되는데 그것은 《다시》의 변이형으로 된다.

о 復는 다시 ᄒᆞ논 ᄠᅳ디라 (《훈민정음언해》)

о 다솜어미 繼母 (《삼강행실도》 효자 민손난의)

《다시》는 《復, 再》의 뜻으로 쓰인 명사형으로 《다솜》을 산생시키고있는데 그것은 둘쩨라는 출생순서에 따르는 명명인것으로 추측된다.

이들 세사람은 류리가 부왕을 찾아갈 때 동행히어 졸본에 갔었다는 기록이외에 다른 기록은 없는것으로 알고있다

都切

о 왕이 부여의 강대함을 두려워하여 태자 도절을 볼모로 보내려 하였다.(王憚扶餘强大 欲以太子都切爲質) (《삼국사기》 권13, 고구려본기 1)

류리왕 14년조항에 나오는 《都切》의 기초한자음은 《tio-ts' ei》이니 이것은 《다시》의 음역으로 된다.

《다시》인 《都切》이 태자로 된것으로 보아 이 말은 《復, 再》의 뜻과 함께 《繼》의 뜻도 가지고있었던것으로 보인다.

託利, 斯卑

o 19년 가을 8월에 제사에 쓸 돼지가 도망갔다. 왕이 탁리와 사비를 시켜 따라가 잡게 하였다.(十九年 秋八月 郊豕逸 王使託利斯卑追之) (《삼국사기》 권13, 고구려본기 1)

류리왕 19년조항에 나오는 《託利》의 기초한자음은 《t' ɔk-li》이니 《도리》의 음역으로 된다. 《도리》는 《石》의 뜻인데 중세국문문헌에서 《돌ㅎ-》로 나온다.

o 돌흔 옳디 아니ㅎ얫ㄴ니 (《두시언해》 5/54)

o 그 피 돌해 ᄉᄆᆞ차 드러 다 돌히 ᄃᆞ외야 (《삼강행실도》 렬녀 정 부청풍)

《도리》는 굳센것을 상징하는 말로서 그후에도 인명으로 많이 쓰이였다.

《斯卑》의 기초한자음은 《sie-bji》이니 류사음에 의한 《사비/사보》의 음역으로 된다. 고구려왕의 한사람인 《東川》의 표기변종인 《柴原》의 《柴》는 기초한자음이 《sie》로서 동쪽의 옛날말인 《사/시》의 음역으로 되는데 《柴》와 같은 한자음인 《斯》도 《사/시》의 음역자인것으로 인정된다.

그리고 《비/보》는 이 시기에 인명에서 많이 쓰인 불완전명사로서 고구려인명들인 《相夫, 明臨答夫》의 《夫》가 바로 그것을 표기한것이라고 할수 있다.

薛支

o 왕이 장생 설지를 시켜 쫓아가게 하였다.(王命掌牲薛支 逐之)(《삼국 사기》 권13, 고구려본기 1)

류리왕 21년조항에 나오는 《薛支》의 기초한자음은 《siät-ts'ie》이니 설내입성 《-t》가 우리 말에서 《ㄹ》로 대응되는것만큼 《서리지》의 음역으로 인정된다.

o 野人ㅅ 서리예 가샤 (《룡비어천가》 4)

o 人間은 사륢 서리라 (《월인석보》 1/9)

《서리지》의 《서리》는 《間》의 뜻으로서 혹시 형제간의 순차에 따라 붙인것이 아닌지 의심스럽다.

그리고 《支》는 이 시기 인명에서 《知, 智》와 같이 쓰이던 뒤붙이의 하나라고 할수 있다.

o 於只支 (고구려 고국양왕의 이름)

o 炤知, 毗處 (신라 소지마립간의 이름)

o 微叱己知 (신라 나물왕의 아들이름)

o 福登智, 覺薩智 (신라의 인명)

《支, 次》가 뒤붙이처럼 쓰이는것은 인명뿐아니라 관명의 경우에도 찾아볼수 있다.

o 乙支, 近支, 乙耆次 (고구려의 관명)

o 齊무支, 謁무支, 壹吉支, 吉次 (신라의 관명)

解明

o 23년 봄 2월에 왕의 아들 해명을 세워 태자를 삼고 전국내의 죄수들을 대사하였다. (二十三年春二月 立王子解明 爲太子 大赦國內)(《삼국사기》 권13, 고구려본기 1)

류리왕 23년조항에 나오는 《解明》의 기초한자음은 《kǎ—mən》으로서 《解慕, 蓋馬, 金馬》는 그 표기변종으로 되는데 그것들은 다 《가마/고모》의 음역으로 된다. 《가마/고모》는 옛날의 《곰》토템과 관련하여 신성하다는 뜻으로 쓰이던 말인데 그후 인명에서 흔히 쓰이였다.

해명은 태자로서 옛도읍에 남아있었는데 힘이 세고 용감히였다. 그러나 류리왕이 새로 도읍을 옮긴데 대하여 태자가 그 뜻을 따르지 않는다고 하여 류리왕이 그에게 자살을 명령하니 태자는 스물한살의 나이에 자살하였다고 한다.

祭須

o 37년 여름 4월에 왕의 아들이 나루에 나갔다가 물에 빠져 죽으매 … 후에 비류사람 재수가 시체를 얻어 보고하였다. (三十七年夏四月 王子如津 溺水死 … 後沸流人祭須得之)(《삼국사기》 권13, 고구려

본기 1)

류리왕 37년조항에 나오는 《祭須》의 기초한자음은 《tsiäi-siu》로서 《사시》의 음역으로 된다.

o 하늘콰 싸콰 ᄉ시예 젖디 아니 ᄒᄂ 므러라 (《칠대만법》 4)

o 도ᄌᄀ ᄉ실 디나샤 (《룡비어천가》 60)

《사시》는 《ᄉ시〉ᄉ시》의 고형으로서 《서리》의 변이형으로 된다. 이 이름은 출생순서나 형제간의 관계를 나타내던 말에서 생긴것으로 보이는데 그것은 맏이가 아니라 둘째나 셋째에게 붙인 이름으로 추정된다. 그 표기변종으로는 《尙須》가 있다.

無恤/武神, 解朱留

o 33년 봄 정월에 왕의 아들 무휼을 세워 태자로 삼고 군사와 국정에 관한 일을 맡기였다.(三十三年春正月 立王子無恤 爲太子 委以軍國之事)(《삼국사기》 권13, 고구려본기 1)

o 대무신왕이 왕위에 오르니[혹은 대해주류왕이라고도 한다.] 이름은 무휼이요 류리왕의 셋째 아들이다. (大武神王立[或云大解朱留王] 諱 無恤 琉璃王第三子 (《삼국사기》 권14, 고구려본기 2)

o 제3대 무신왕 이름은 무휼이니 미류라고도 하며 성은 해씨요 류리왕의 셋째 아들이다. 무인에 왕위에 올라 26년동안 나라를 다스렸다.(第三大虎神王*1 名無恤 一作味留*2 姓解氏 瑠璃王第三子 戊寅立 理二十六年) (《삼국유사》 권1, 왕력 1)

　*1 고려의 2대왕인 혜종의 이름이 《武》라고 하여 그것을 피하여 《大武神王》을 《大虎神王》으로 후에 고친것이다.

　*2 《味留》는 《삼국사기》처럼 《朱留》로 보아야 한다.

류리왕 33년조항과 대무신왕 원년조항에 나오는 《無恤》의 기초한자음은 《mio-siuet》인데 설내입성 《-t》가 우리 말에서 《ㄹ》로 대응하는것을 고려할 때 그것은 《무수리》의 음역으로 될수 있다.

《무수리》는 《물 + 수리》로 분석할수도 있고 또는 그 모습이 준수하여 형상적으로 황새의 일종인 《무수리》로 이름을 단것으로 볼수도 있을것이다.

o 므수리 츄 鷲 (《훈몽자회》 상 15)

한편 《武神王》은 《無恤》로 표기된 《무수리》의 음에 맞추어 한자 말식으로 지은 왕호라고 할수 있다. 그리고 왕호앞에 《大》를 덧붙인것은 신성함을 나타내는 《解》에 대응시켜놓은 한자말식표현이다.

    ㅇ 겨울 10월에 왕이 죽었다. 그를 대수촌언덕에 장사하고 호를 대무신 왕이라 하였다.(冬十月 王薨 葬於大獸村*原 號爲大武神王) (《삼국사 기》 권14, 고구려본기 2)

      * 《村》은 《林》의 오자이다.

대무신왕의 장지를 《大獸林原》이라고 하였는데 《獸林原》의 《獸 林》의 기초한자음은 《siu-liem》이니 《수리》의 음역으로 된다.

《삼국사기》에서는 《無恤》인 대무신왕을 《大解朱留王》이라고도 한 다고 하였다.

일부 견해에 의하면 《삼국유사》의 기록에 신빙성을 부여하여 《朱 留》를 《味留》의 오자로 보고 《味留》의 기초한자음이 《miəi-liu》이니 《미러/미루》의 음역이라고 하면서 《미시/미수/모시/모소》의 음역인 《無 恤》과 《미러/미루/머리/머루》의 음역인 《味留》의 대응이 《ㅅ-ㄹ》버 꿈에 의한 변종관계로 된다고 보고있다.[주]

    [주] 《세나라시기의 리두에 대한 연구》(류렬, 과학,백과사전출판사, 1983년) 217페지

그러나 《朱留》를 《味留》의 오자로 보는데는 문제가 있다. 《大解 朱留王》의 경우에 《解》에 동의적표현인 《大》를 중복하여 덧붙여놓았는 데 이것은 동명의 후세왕인 《解朱留王》과 구별하기 위하여 사후에 첨가 한것으로 보인다. 다시말하여 썩 후대의 왕인 《小獸林王/小解朱留王》의 경우에 같은 이름인 《解朱留王》과 구별하기 위해서 앞의것을 《大》로, 뒤의것을 《小》로 달게 된것이다. 만일 《大解朱留王》이 《味留王》이라면 《小朱留王》에 굳이 《小》를 달 필요가 없었을것이다.

한편 《삼국유사》에서 대무신왕의 경우에는 《味留》라고 하였으나 소수림왕의 경우에는 《味留》라고 하지 않았으니 《삼국유사》의 기록을 어떻게 설명하겠는가 하는것도 문제로 되지 않을수 없다.

그렇기때문에 《無恤》에 《味留》가 대응하는것으로 보고 억지로

《朱留》를 《味留》의 오자로 보는것은 아무래도 무리가 있다고 본다. 오히려 《삼국유사》의 기록에 문제가 있다고 보는것이 합당할수도 있을것이다.

다른 한편으로 대무신왕과 대주류왕은 서로 다른 왕들인데 그들의 재위년간에 있었던 부여정벌에서 공통성이 있는데로부터 두 왕대의 사실을 대무신왕조에 압축, 중복하여 기록해놓으면서 《大武神王 或云大解朱留王》이라고 하게 된것으로 보는것이 합리적이라는 견해도 있다.[주]

[주] 《고구려사 (1)》(손영종, 과학백과사전출판사, 1990년) 49페지.

怪由
o 괴유가 칼을 뽑아들고 사자처럼 부르짖으면서 쳐들어가니 부여의 만여 군졸이 넘어지고 쓰러져서 부지하지 못하게 되매 이때에 바로 내달아 부여왕을 붙잡아 목을 베였다.(怪由拔劒號吼 擊之 萬軍披靡 不能支 直進執扶餘王 斬頭) (《삼국사기》 권14, 고구려본기 2)

대무신왕 4년조항에 나오는 《怪由》의 기초한자음은 《kwai-ʔiu》이니 《가히/가이》의 음역으로 추정된다.
o 犬曰 家稀 (《계림류사》 고려방언)
o 狗는 가히라 (《월인석보》 21/42)

예로부터 자식이 건강하게 자라나라고 그 이름을 천하게 다는 관습이 있었는데 이 경우가 바로 그러한 례로 될것이다.

《리조실록》 자료에는 인명으로서 《加伊》가 자주 나오는데 이것이 바로 그 유습으로 된다.

麻盧
o 《저는 적곡사람인 마로입니다. 청컨대 긴 창을 가지고 길을 인도하겠습니다.》하니 왕이 또한 허락하였다.(《臣赤谷人麻盧請以長矛爲導) 王又許之) (《삼국사기》 권14, 고구려본기 2)

대무신왕 4년조항에 나오는 《麻盧》의 기초한자음은 《ma-lo》이니 《마로》의 음역으로 된다.
o ᄆᆞᆯ 종 宗 (《훈몽자회》 상 32)
o 마리 두 頭 (《훈몽자회》 상 24)

《마로》는 《ᄆᆞ륵》의 고형이며 그 변이형으로는 《마루》가 있다. 이것은 《摩離》, 《馬婁》라는 표기변종으로도 쓰고있었으며 당시 신라에서는 《宗》, 《夫》를 그에 대응하는 표기로 쓰고있었다.

o 彡麥宗 : 深麥夫 (진흥왕의 이름)

o 荒宗 : 居柒夫 (진흥왕때 사람)

o 苔宗 : 異斯夫 (지증왕때 사람)

乙豆智

o 8년 봄 2월에 을두지를 임명하여 우보를 삼고 그에게 군사와 국정에 대한 일을 맡기였다.(八年春二月 拜乙豆智 爲右輔 委以軍國之事) (《삼국사기》 권14, 고구려본기 2)

대무신왕 8년조항에 나오는 《乙豆智》의 기초한자음은 《ʔiet-du-tie》이니 《우두지》의 음역으로 된다.

《우두지》의 《우》는 《上》의 뜻이며

o 上은 우히라 (《월인석보》 서 17)

o 웃 샹 上 (《류합》 상 21)

《두》는 지명의 경우에 《所邑豆》(소보도/숩도)의 《도》와 마찬가지로 《基》의 뜻으로 되는데 《두》와 《도》는 변이관계에 있다. 그리하여 《우두지》는 우에 있는 터라는 말에 인명에 쓰이는 뒤붙이 《지》가 붙은 것이라고 할수 있다.

《乙豆智》는 경우에 따라서 《豆智》라고도 하였으니 그것은 같은 사람의 이름이다.

o 왕은 힘이 다하고 군사가 피로하므로 두지에게 말하기를 … (王以 力盡兵疲 謂豆智曰 …) (《삼국사기》 권14, 고구려본기 2)

본시 이름은 《豆智》인데 《乙》은 그 직책에 따라 붙인것일수 있다.

尙須, 尉須, 于刀

o 13년 가을 7월에 매구곡 사람 상수가 그의 아우 위수와 사촌인 우도 등을 데리고 귀순하여왔다.(十三年秋七月 買溝谷人尙須與其弟尉 須及堂弟于刀等 來投) (《삼국사기》 권14, 고구려본기 2)

대무신왕 13년조항에 나오는 《尙須》의 기초한자음은 《ʑia-sio》이니 류사음에 의한 《사시》의 음역으로 되는데 류리왕 37년조에 나오는 《祭

須》도 역시 《사시》이니 당시에는 이름이 같은 사람이 적지 않았던것으로 보인다.

《尉須》의 기초한자음은 《ʔiuɐi-siɔ》이니 류사음에 의한 《아시》의 음역으로 된다.

　　ㅇ 아ᅀ 데 弟 (《훈몽자회》 상 32)

　　ㅇ 아ᅀ 누의 미 妹 (《훈몽자회》 상 32)

《아시》는 《아ᅀ》의 고형으로서 그 변화형은 《아우》이다. 이것은 곧 《尙須》의 동생으로 되기때문에 단 이름일것이다.

《于刀》의 기초한자음은 《ʔio-tɐu》이니 《우두》의 음역으로 되며 그것은 《乙豆》와 표기변종의 관계로 되는데 당시 《上》의 뜻의 표기로 되는 《乙》, 《于》, 《憂》를 지명, 인명, 관직명에 쓰는 경우는 고구려뿐 아니라 신라에도 있었다.

　　ㅇ 上龍堰 : 乙密臺 (고구려지명)

　　ㅇ 蔚珍郡 : 于珍也縣 (고구려지명)

　　ㅇ 乙弗 : 憂弗 (고구려 미천왕의 이름)

　　ㅇ 一吉湌 : 乙吉干 (신라의 관직명)

《于刀》는 《尙須》의 4촌이라고 하니까 조부에게서 갈라진 친척동생으로 되지만 자기 형제간에서는 맏이가 될수 있어 《우두》라고 이름지은 것이라고 할수 있다.

　仇都, 逸苟, 焚求

　　ㅇ 15년 봄 3월에 대신 구도, 일구, 분구 등 세사람을 쫓아내여 상사람으로 만들었다. (十五年春三月 黜大臣 仇都, 逸苟, 焚求等三人爲庶人) (《삼국사기》 권14, 고구려본기 2)

《仇都》의 기초한자음은 《giu-tio》이니 《구두》의 음역으로 되는데 그것은 《굳다》의 《굳》이 명사화된것이다.

　　ㅇ 구든 城을 모ᄅ샤 (《룡비어천가》 18)

　　ㅇ 어늬 구더 兵不碎ᄒ리잇고 (《룡비어천가》 47)

《逸苟》의 기초한자음은 《iet-kɐu》인데 설내입성 《-t》가 우리 말에서 《ㄹ》로 대응하는것만큼 《일구》의 음역으로 될수 있다. 《일구》는 《일다/이ᄅ다》의 변이형인 《일구다》의 《일구》를 명사적으로 쓴것이라고 할수 있다.

o 成은 일씌라 (《훈민정음언해》)

《焚求》의 기초한자음은 《b' jīuən~giu》이니 류사음에 의한 《비후/비구》의 음역일수 있다. 《비후/비구》는 《비스다》의 변이형인 《비흐다》를 명사적으로 쓴것으로 추정된다.

o 하늘히 百寶蓮華를 비흐니 (《릉엄경언해》 6/47)

o 비술 영 榮 茂盛也 (《훈몽자회》 하 4)

《비흐다》의 명사형인 《비후/비구》는 무성하다는 뜻이니 《구두》, 《일구》 등과 함께 자식에 대한 부모의 념원을 반영한 이름이라고 할수 있다. 다시말하여 《구두》, 《일구》, 《비구》는 한자로 《堅》, 《成》, 《榮》에 대응하는 고유어휘로서 부모의 념원을 담은 이러한 이름짓기관습은 오늘까지 계승되고있다.

이 세사람은 비류부의 우두머리로 되였을 때 탐욕스럽고 야비한짓을 많이 하여 백성들의 원망을 많이 샀으므로 죽이려 하다가 끝내 쫓아낸것이다.

鄒勃素

o 그리고 곧 남부사자 추발소로 하여금 그들을 대신하여 부장이 되게 하였다. (遂使南部使者鄒勃素 代爲部長) (《삼국사기》 권14, 고구려본기 2)

o 발소가 부임을 한 후 따로 큰 집을 짓고 살면서 구도 등을 죄인이라 하여 마루에 오르지 못하게 하였다.(勃素既上任 別作大室以處 以仇都等罪人 不令升堂) (《삼국사기》 권14, 고구려본기 2)

《鄒勃素》의 추정되는 기초한자음은 《tsio~puət~sio》이니 《수바소》의 음역으로 되는데 《勃素》만으로 따로 쓰이는것으로 보아 《수바소》는 《수 + 바소》의 구조로 된것이라고 할수 있다.

o 叢林은 모다 난 수히오 (《월인석보》 10/69)

o 밧 표 表 (《훈몽자회》 상 35)

o 밧 외 外 (《훈몽자회》 상 34)

《수》는 《수히 〉 숲》의 고형으로서 지명성을 띤 말이니 출신지를 성처럼 쓴것이며 《바소》는 《밧》의 고형이 이름으로 쓰인것이라고 할수 있다.

好童

o 겨울 11월에 왕자 호동이 자살하였다. 호동은 왕의 둘째 왕비인 갈
  사왕의 손녀의 소생이였다.(冬十一月 王子好童自殺 好童 王之次妃曷
  思王孫女所生也) (《삼국사기》 권14, 고구려본기 2)

《好童》은 《이다보 〉 일보》의 의역으로 추정된다.

《이다》는 부사조성의 뒤붙이 《－이》가 붙어서 《이대》로 되여
《잘, 좋게》의 뜻으로 쓰이기도 하였다.

o 집이셔 다 이대 잇던가 (《로걸대언해》 하 3)

《이다 〉 일》은 후기에 규정어로 쓰일 때 《이돈/이든》으로 되였다.

o 이돈 일 지스면 이돈딕 가고 (《남명집언해》 상 9)

o ᄒ다가 이든 버더 ᄀ린쳐 (《원각경언해》 서 57)

o 善女人은 이든 겨지비라 (《아미타경언해》 17)

그러나 옛날애는 용언의 말뿌리가 그대로 명사와 결합할수 있어서
《일》이 직접 불완전명사 《보》와 결합할수 있었는데 그러한 흔적으로
남아있는것이 《검버섯, 껍자》이다. 그리고 《일》에 뒤붙이 《－브》가 결
합하여 형용사 《일브다 〉 이쁘다》가 조성되기도 한다.

《보》는 특징적인 표식을 가진 사람을 나타내는데 쓰이던 불완전명사
로서 명사와 결합하여 인명으로 쓰이는 경우가 많았다. 《보》는 인명표기
에서 음역자로 《福, 卜, 巴》 등이 쓰이였으며 대응하는 의역자로는
《童》이 쓰이였다.

o 弓福(《삼국사기》 권44)

o 弓巴(《삼국유사》 권2)

o 虵福, 虵卜, 虵童(《삼국유사》 권4)

신라사람인 《弓福, 弓巴》은 《활보》, 《虵福, 虵卜, 虵童》은 《뱀보》
의 표기로 되는데 그후 《보》는 뒤붙이처럼 되여 현재까지도 전승되고있
다.(례: 쾌보, 떡보, 뚱뚱보, 털보)

대무신왕의 둘째 왕비소생인 왕자는 그 얼굴이 아름답고 곱게 생긴데
로부터 《이다보 〉 일보(好童)》라고 하게 된것인데 그의 특출한 외모로
하여 첫째 왕비의 참소를 받고 결국 자살하지 않을수 없었던것이다.

解色朱

o 민중왕의 이름은 해색주이니 대무신왕의 아우이다. (閔中王 諱解色朱 大武神王之弟也) (《삼국사기》 권14, 고구려본기 2)

《解色朱》의 기초한자음은 《kä-siək-tsio》이다.

《解》는 《가》의 음역으로서 《해》의 고형이며 《高》로도 표기하였으니 《解大婁》, 《高朱蒙》의 《解》, 《高》가 바로 그것이라는 견해가 있다.[주]

> [주] 《새나라시기의 리두에 대한 연구》(류렬, 과학, 백과사전출판사, 1983년) 210페지.

《色朱》는 류사음에 의한 《사시》의 음역으로 추정되는데 그것은 《尚須》, 《祭須》와 같은 표기변종도 가지고있어 당시 《사시》라는 이름을 가진 사람이 많았던것으로 보인다.

《사시》는 《사시 〉 사싀 〉 사이》의 변화과정을 밟은것으로서 맏이에게는 달지 않는 이름이다. 그리하여 대무신왕의 아우의 이름이 곧 《色朱》로 되는것이다.

高朱利

o 9월에 동해사람 고주리가 고래의 눈을 바쳤는데 밤에 광채가 났다.(九月 東海人高朱利獻鯨魚目 夜有光) (《삼국사기》 권14, 고구려본기 2)

《高朱利》의 기초한자음은 《kào-tsio-li》로서 《가수리》의 음역으로 된다. 《가수리》의 《가》는 《해》의 고형으로서 《高》는 《解》와 표기변종의 관계에 있으며 《수리》는 《정수리, 봉수리(봉우리)》의 《수리》로서 《頂, 上》의 뜻을 가지고있다.

o 묏 봉오리 峯 (《훈몽자회》 상 3)

《수리》는 신라에서도 인명으로 쓰인바가 있다.

o 내 이름은 단오이다.[민간에서는 단오를 차의라고 한다.](吾名端午也 [俗謂端午謂車衣])(《삼국유사》 권2, 문무왕 법민)

《端午》는 우리 말로 《수리》인데 그에 대응하는 《車衣》는 우리 말인 《수리》를 의역-음역식으로 표기한것이다. (《衣》는 보충적인 음역일

따름이다.)

　o 술위 거 車 (《훈몽자회》 중 26)

　o 바민 수뤼 모라 나가 (중간 《두시언해》 1/15)

　《동국세시기》에 나오는 《戌衣》는 기초한자음이 《siuət-ʔiəi》이니 《수리》를 음역식으로 표기한것이다.

　o 端午 俗名 戌衣 (《동국세시기》)

　o 五月 五日애 아으 수릿날 아춤 藥은 즈믄 힐 長存ㅎ샬 藥이라 받줍노이다 (《악학궤범》 동동)

　이처럼 《수리》는 고구려뿐아니라 신라 《車得令公》의 이름에서 보는바와 같이 당시 인명에 널리 쓰이고있었다.

解憂, 解愛婁

　o 12월에 왕의 아들 해우를 세워 태자를 삼았다. (十二月 立王子解憂 爲太子) (《삼국사기》 권14, 고구려본기 2)

　o 모본왕의 이름은 해우[해애루라고도 한다.]니 대무신왕의 맏아들이다. (慕本王 諱解憂[一云解愛婁] 大武神王元子) (《삼국사기》 권14, 고구려본기 2)

　《解憂》의 기초한자음은 《kä-iu》이니 류사음에 의한 《가라》의 음역으로 된다.

　o 가른마다 七寶비치오 (《월인석보》 8/13)

　o 가른롤 모도돗 ᄒ니 (《법화경언해》 1/13)

　《가라/가라리》는 《가른/가롤》의 고형으로서 《갈래》의 뜻이다.

　모본왕은 대무신왕의 맏아들로서 대무신왕 15년에 태자가 될 때 이미 《가라》로 불리우고있었으니 그것은 왕의 피줄을 이은 갈래, 후계자라는 뜻에서 붙인 이름으로 생각된다. 《解憂》는 《解 + 憂》로 갈라볼수 없다고 생각한다. 그것은 《解明》의 경우에 《解》를 분리시키지 않는것처럼 이 경우에도 《解憂》가 곧 하나의 인명표기로 되기때문이다.

　한편 《解憂》에 대응하는것으로 든 《解愛婁》는 표기법상으로 이 두개가 표기변종으로 될수 없다고 본다. 《解愛婁》의 경우에 그것은 《解 + 愛婁》의 구조로 되는데 《解》는 선대왕들의 경우와 마찬가지로 성처럼 단것이고 《愛婁》가 이름으로 되는것이다. 《愛婁》의 기초한자음은 《ɑi

—liu》이니 《아로다/알다》의 명사형인 《아로》의 음역으로 된다.

o 知ᄂᆞᆫ 알씨라 (《석보상절》 서 2)

o 其中에 알오져 ᄒᆞ리 비록 이셔도 자셰히 모ᄅᆞᆯ썩 (《석보상절》 서 3)

《아로》는 《知》의 뜻인데 그것은 일정한 부문이나 분야에 대한 통솔자를 가리키는 말로 널리 쓰이였었으니 그 관습은 그후에도 오래동안 전승되였다.(례: 知春秋館事)

《解愛婁》는 대무신왕의 아들인 모본왕의 별명인것이 아니라 대주류왕의 아들인 애루왕을 가리키는것이라고 할수 있다.[주]

　　[주] 《고구려사 (1)》(손영종, 과학백과사전출판사, 1990년) 50페지.

그러므로 《解愛婁》는 《解憂》의 별명으로 되는것이 아니라 서로 다른 사람의 이름으로 되는것이다.

杜魯

o 6년 겨울 11월에 두로가 그 임금을 죽이였다. (六年冬十一月 杜魯弑其君) (《삼국사기》 권14, 고구려본기 2)

《杜魯》의 기초한자음은 《dio-lo》이니 《도로/도리》의 음역으로 되는데 그것은 《石》의 뜻으로 된다.

o 외로왼 돌흘 보고 (《두시언해》 10/3)

o 돌콰 흘글 보디 몯ᄒᆞ리로다 (《두시언해》 25/12)

《도로/도리》는 옛날 인명에 흔히 쓰던것으로서 이 말은 후기에도 인명에 많이 쓰이였다.(례: 돌쇠, 차돌이)

《杜魯》는 본시 모본왕의 근신이였는데 왕이 포악하여 함부로 사람을 죽이니 자기도 죽음을 당할가 두려워서 선손을 써서 모본왕을 죽이였다고 한다. 이것은 일종의 정변으로서 그후 왕통의 변동을 가져오는 계기로 되였다.

宮, 於漱

o 태조대왕[국조왕이라고도 한다.]의 이름은 궁이요 아명은 어수이다. (太祖大王[或云國祖王] 諱宮 小名於漱) (《삼국사기》 권15, 고구려본기 3)

《宮》의 기초한자음은 《kjiuŋ》이니 류사음에 의한 《고마/곰》의 음역으로 추정된다.

o 곰 웅 熊 (《훈몽자회》 상 19)

옛날 《곰》토템이 잔재적으로 인명에도 영향이 미치어 오래전부터 《고마/곰》이 남자이름에 많이 쓰이였다.

아명인 《於漱》의 기초한자음은 《ʔia-si̯ai》이니 《아시》의 음역으로 된다. 이것은 《아시》의 고형으로 되는데 《아이》 또는 《아우》의 뜻으로 된다.

o 閼智 卽鄉言小兒之稱也 (《삼국유사》 권1, 김알지)

o 앗이 모딜어도 (《룡비어천가》 103)

그리하여 태조대왕의 아명을 《於漱(아시)》라고 하게 된것인데 이러한 어린아이의 뜻인 《閼智, 阿志, 阿只》 등은 그 표기변종으로 된다.

또 다른 해석도 가능하다. 즉 《아시》는 《아시》의 고형으로서 《初》의 뜻이 있으니 맏아들에게 붙인 이름일수도 있다는것이다.

o 아시저녁 과글이 비롤 알하 믄득 니러안자(《월인석보》 10/24)

여기서 《아시저녁》은 초저녁을 말하고있어 《아시》와 《初》가 대응하고있다. 이 말은 지금 일부 방언에서 《아시저녁에》를 《아전에》라고 하는데서 그 흔적을 남기고있다.

그리하여 그의 아명이 《於漱(아시)》로 된것은 7살에 왕위에 오르게 되면서 《初》의 뜻으로 단것이라고 보는것이 더 합당한것으로 생각된다.

그런데 여기서 문제로 되는것은 태조대왕(국조왕)의 왕호가 왕조의 시초를 의미하는 명칭이라는 점이다. 이것은 그 이전의 왕들과 일정하게 구분하려는 의도를 반영한것이 아니겠는가 하는것이다.

o 모본왕이 죽으매 태자가 어질지 못하여 나라를 맡을수 없으므로 나라 사람들이 궁을 맞아다가 모본왕을 계승시켜 왕으로 세웠다. (慕本王薨 太子不肖 不足以主社稷 國人迎宮繼立) (《삼국사기》 권15, 고구려본기 3)

태조대왕의 전대왕인 모본왕은 《杜魯》에 의해서 모본왕 6년에 죽음을 당하였는데 그뒤를 이을 태자가 어질지 못하다고 하여 류리왕의 아들인 《再思》의 아들을 왕으로 내세운것이 바로 태조대왕이다. 다시말하여 민심을 잃은 모본왕의 태자 익(翼)을 제쳐놓고 류리명왕의 후손인 7살나는

《於漱》를 데려다가 임금자리에 앉혔으니 이것은 대무신왕, 모본왕계통의 세력을 배제한 일종의 정변으로서 연노부와 계루부의 세력교체였다고 할 수 있는데 형식상으로는 왕위추대로 된다.

그런데 류리왕으로부터 모본왕까지 력대로 이름우에 성처럼 붙이던 《解》는 태조대왕때부터 줄곧 붙이지 않다가 소수림왕때에 와서 그보다 앞선 왕인 《大解朱留》와 구별하기 위하여 《小解朱留》이라고 하여 다시 《解》를 붙이였다. 소수림왕은 태조대왕의 혈통을 이은 사람인데 그가 《解》를 붙인것으로 보아서 그 조상인 태조대왕도 《解》계통임에 틀림이 없겠으나 어쨌든 종래의 정통이 아니라는 점에서 일정한 차이를 두려고 한데서 그런 왕호를 단것으로 볼수 있으며 한편으로는 그가 쌓은 업적에 비추어 태조 또는 국조라는 왕호를 단것으로도 추측된다.

태조대왕은 7살에 왕위에 올라 94년간 왕위에 있었으니 나이 100살에 죽은것으로 된다. 그리고 왕위계승이 부자상속이 아니라 이때부터 차대왕(태조대왕의 동생), 신대왕(태조대왕의 막내동생), 산상왕(고국천왕의 동생) 등 형사제급(兄死弟及)으로 되여있으니 이 시기에 왕위계승에서 부자상속이 확립되여있지 않았다는 증거로 되는데 비정상적인 왕위상속에 대한 설명에서는 《국인의 추대》라는 설명이 자주 나오고있다. 이것은 왕위상속에서 일종의 선기—추대의 잔재가 있었음을 암시하는것으로 된다.

達賈

o 20년 봄 2월에 관나부 패자 달가를 보내여 조나를 쳐서 그 나라 왕을 사로잡았다. (二十年春二月 遺貫那部沛者 達賈 伐藻那虜其王)

(《삼국사기》 권15, 고구려본기 3)

《達賈》의 기초한자음은 《dât-kʻa》인데 설내입성 《-t》가 우리 말에서 《ㄹ》로 대응하는 조건을 고려하게 되면 그것은 《달가/달고》의 음역으로 될수 있다고 본다.

o 돌 달고로 날최어 다ᅌᅩ고 (초간 《박통사》 상 10)

o 모로미 달고를 눌러 굳게 다ᅌᆞ라 (《가례언해》 8/15)

《달고》는 굳게 다지는 뜻으로 쓰인 말로서 그후 《달구》로 변화하였다.

그후 중천왕의 아들인 서천왕의 아우도 《達賈》라는 이름을 가지였다.

o 여러 신하들이 모두 말하기를 《왕의 아우 달가는 용감하고도 지략
  이 있어서 대장이 될수 있습니다.》하니 왕이 곧 달가를 보내어 적
  을 치게 하였다.(群臣皆曰 《王弟達賈勇而有智略 堪爲大將》 王於始
  遺達賈往伐之) (《삼국사기》 권17, 고구려본기 5)

태조대왕때의 《達賈》나 서천왕때의 《達賈》나 다 《達賈》는 용맹하
고 지략이 있는 사람으로 되여있으니 《달구》라는 이름은 고구려에서 즐
겨 쓰던 남자이름이였던것으로 생각된다.

薛儒, 乙音

o 22년 겨울 10월에 왕이 환나부 패자 설유를 보내여 주나를 쳐서 그
  나라 왕자 을음을 사로잡아 고추가를 삼았다.(二十二年冬十月 王遺
  桓那部沛者薛儒 伐朱那 虜其王子乙音爲古鄒加)(《삼국사기》 권15,
  고구려본기 3)

《薛儒》의 기초한자음은 《siät-ńio》이니 설내입성 《-t》가 우리 말
에서 《ㄹ》로 대응하는 조건을 고려하게 되면 그것은 류사음에 의한 《수
리》의 음역으로 된다.

o 봉성현(峯城縣)은 원래 고구려의 술이홀(述爾忽)이다. (《삼국사기》
  권35, 지리 2)

o 음봉현(陰峯縣)은 원래 백제의 아술현(牙述縣)이다. (《삼국사기》 권
  36, 지리 3)

《수리》는 《峯》의 뜻으로서 《上》의 의미도 가지고있다. 그리하여
당시에 인명으로 많이 쓰이면서 다른 사람의 경우에는 《朱利》로도 표기
되였다.

《乙音》의 기초한자음은 《ʔiet-ʔiəm》으로서 이 역시 설내입성 《-
t》가 우리 말에서 《ㄹ》로 대응하는것만큼 《오로미/오롬》의 음역으로 된
다. 이것은 당시 인명으로 흔히 쓰이였는데 다른 사람의 경우에는 《于老
音》으로 표기되기도 하였다.

穆度婁, 高福章,

o 71년 겨울 10월에 패자 목도루로 좌보를 삼고 고복장으로 우보를 삼
  아 수성과 함께 정사에 참여하게 하였다. (七十一年冬十月 以沛者穆
  度婁 爲左輔 高福章爲右輔 令與遂成 參政事)(《삼국사기》 권15, 고

구려본기 3)

《穆度婁》의 기초한자음은 《miuk-dio-lio》이니 그 표기변종으로는 이른바 염모의 묘지에 나온다는 《牟頭婁》(기초한자음은 《miu-du-lio》)를 들수 있는데 그것은 다 《모도로》의 표기로 인정된다. 《모도로》는 《모도다》의 말뿌리인 《모도》가 명사화되고 거기에 인명에 흔히 쓰이는 《—로》가 붙은것으로 볼수 있다.

ㅇ 攝은 모도 디닐 씨라 (《월인석보》 서 8)

ㅇ 모도혈 괄 括 (《류합》 하 57)

《모도》는 부사적으로 쓰이면서 《수, 總》의 뜻을 나타내는데 이것이 인명으로 쓰이게 될 때도 역시 그러한 의미를 지니게 된다고 할수 있다. 그것은 대체로 모든것을 관할한다는 의미에서 집안의 후계자로 될 맏이에게 단 이름인것으로 추측된다.

《穆度婁》는 좌보로 임명된지 9년만에 왕의 아우인 《遂成》에게 딴 마음이 있음을 알고 병이 있다고 핑게하고 벼슬을 그만두었다.

《高福章》의 기초한자음은 《kâu-pjiuk-tśiaŋ》인데 《高》는 《解》와 마찬가지로 《해》의 고형인 《가》의 표기로 되며 《福章》은 《보시》의 음역으로 추정된다.

ㅇ 모뢰는 天赦日이니 보십교지에 가 여러 담스러와 손도으리 불러다 가 담쓰라 (초간 《박통사》 상 10)

《보시》는 《보십》의 고형으로서 《모퉁이》의 뜻이 있다. 그리하여 이 맏은 사내아이가 자기의 피를 나눈 살붙이라는 뜻에서 붙인 이름으로 생각된다.

《高福章》은 태조대왕에게 왕의 아우인 《遂成》이 배반하려 하니 빨리 처치하라고 간한바가 있었다. 그러나 태조대왕은 아우에게 국왕자리를 물려주고 자기는 별궁에 들어앉고말았으니 《遂成》(차대왕)은 왕위에 오르자 이듬해에 《高福章》을 죽어버렸던것이다.

遂成

ㅇ 차대왕의 이름은 수성이니 태조대왕의 동복아우이다. (次大王 諱 遂成 太祖大王同母弟也) (《삼국사기》 권15, 고구려본기 3)

76살에 왕위에 오른 차대왕은 태조대왕과 24살의 나이차이가 있다. 그

의 이름인 《遂成》의 기초한자음은 《zwi‐ziəŋ》이니 《사시》의 음역으로
된다. 《사시》는 《ㅅ시》의 고형으로서 《사이》로 변화되었다.

o 모미 곳ㅅ시로 디나갈식 (《두시언해》 21/22)

o 하늘과 싸화 ㅅ시예 젖디 아니ㅎ는 므러라 (《칠대만법》 4)

《사시》는 맏이가 아닌 아들애게 붙인 이름인것으로 추측되는데 이밖
에도 《色朱》와 《尙須》, 《祭須》 등의 인명이 있으니 그것은 다 《사
시》의 표기변종으로 인정된다.

차대왕이 우보인 《高福章》을 처단하자 좌보인 《穆度婁》가 병을 핑
게하고 은퇴하였으며 뒤이어 태조대왕의 아들들이 자살하는 등 정국이 소
란스러웠다. 그리하여 차대왕은 왕위에 있은지 20년만에 끝내는 연나 조의
명림답부(明臨答夫)의 손에 의하여 죽음을 당하였는데 그때 나이는 119살
로 기록되여있다.

莫勤, 莫德

o 3년 여름 4월애 왕이 사람을 시켜 태조대왕의 맏아들 막근을 죽이니
그의 아우 막덕이 화가 련루되여 자기에게 미칠가 두려워서 자기
목을 매여 자살하였다. (三年夏四月 王使人 殺太祖大王元子莫勤 其
弟莫德 恐禍連及自縊) (《삼국사기》 권15, 고구려본기 3)

《莫勤》의 기초한자음은 《mâk‐kiən》이니 《마가》의 음역으로 된다.
리두식표기에서 《莫》이 《마》의 음역자로 쓰인 례로는 《莫離支(마리
지)》를 들수 있다.

《마가》는 《마ㄱ다/막다》를 명사화한것으로 인정된다.

o 七代之王을 뉘 마ㄱ러잇가 (《룡비어천가》 15)

o 마글 방 防, 마글 어 禦 (《류합》 하 10)

《莫德》의 기초한자음은 《mâk‐tək》이니 《마도》의 음역으로 된다.

《마도》는 《맛ㄷ다/맛드다》의 고형을 명사화한것으로 인정된다.

o 天下룰 맛ㄷ시릴씩 (《룡비어천가》 6)

o 맛들 임 任 (《석봉천자문》 39)

이 두 형제는 태조대왕의 아들로서 부자상속이 제도화되여있었다면
응당 왕위에 올랐어야 하였다. 그런데 차대왕의 손에 죽고말았으니 태조대
왕이 어리석게도 어질지 못한 동생애게 왕위를 맡김으로써 결국 충신과

아들들에게 화를 미치게 하였다고 후세사람들이 태조대왕을 비평하였다.

彌儒

ㅇ 2년 봄 2월에 관나 패자 미유를 임명하여 좌보로 삼았다. (二年春二 月 拜貫那沛者彌儒 爲左輔*) (《삼국사기》 권15, 고구려본기 3)

   * 문헌에는 좌보로 되여있으나 우보가 옳다고 본다.

《彌儒》의 기초한자음은 《mie-ṇio》로서 류사음에 의한 《미루》의 음역으로 된다.

ㅇ 미르 룡 龍 (《훈몽자회》 상 20)

《미루》는 《미르》의 변이형으로 되는데 당시 《미루》는 인명에 흔 히 쓰이였던것으로서 동천왕때 사람인 《密友》는 그 표기변종으로 된다.

《彌儒》는 관나부출신으로서 차대왕 2년에 우보로 임명되였으니 차대 왕의 측근이라고 할수 있다.

菸支留

ㅇ 가을 7월에 좌보 목두루가 병을 핑개하여 은퇴하므로 환나 우태 어 지류로 좌보로 삼고 작위를 올려 대주부라 하였다.(秋七月 左輔穆度 婁稱疾退老 以桓那于台菸支留 爲左輔 加爵爲大主簿) (《삼국사기》 권15, 고구려본기 3)

《菸支留》는 추정되는 기초한자음이 《ʔie-tɕie-liu》이니 《어디루》 의 음역으로 인정된다.

ㅇ 어딜 현 賢, 어딜 쥰 俊 (《훈몽자회》 하 25)

《어디(어지)》는 당시 인명에 많이 쓰이던 말이며 《-루》는 《-로》 와 함께 인명에서 뒤붙이처럼 쓰인것으로서 그 표기변어로서는 《慮, 老, 婁》 등이 있었다.

《菸支留》는 환나부 우태로서 차대왕의 신임을 받았는데 병을 핑개로 은퇴한 《穆度婁》를 대신하여 좌보로 임명되였다.

그러나 차대왕이 처단된 후에 《菸支留》는 여러 대신들과 의논하여 사람을 보내서 《伯固》를 찾아내어 왕으로 모시였으니 그가 바로 신대왕 이다.

明臨答夫

ㅇ 겨울 10월에 연나 조의 명림답부가 백성들이 참을수 없었기때문에 왕을 죽였다. (冬十月 椽那皀衣明臨荅夫 人民不忍 弑王) (《삼국사기》 권15, 고구려본기 3)

《明臨荅夫》의 기초한자음은 《miəŋ-liəm-təp-pio》이니 류사음에 의한 《미리다보》의 음역으로 된다. 《미리》는 《미루/미르》의 변이형이며 《다보》는 《다오/다ㅇ》의 고형으로 된다.

ㅇ 미르 룡 龍 (《훈몽자회》 상 20)

ㅇ 窮은 다ᅌᆞᆯ씨라 (《월인석보》 서 17)

《다ㅇ다》는 《다ᄫᆞ다 〉 다ᄫᆞ다》를 거친 변화형으로서 그것은 《다 + ᄒᆞ다(盡)》로도 통용되여 쓰이였다.

ㅇ ᄆᆞᅀᆞᆷ 다보ᄆᆞᆯ 닐월 ᄀᆞ장 긔지ᄒᆞ야 (《월인석보》 서 20)

ㅇ ᄉᆞ랑ᄒᆞ며 공경ᄒᆞ기를 어버이 셤김애 다ᄒᆞ면 (愛敬盡於事親ᄒᆞ면) (《효경언해》 3)

그리하여 인명에 쓰인 《다보》란 《다ᄫᆞ다》의 명사형으로서 효성이나 충성을 《다하다(盡)》의 뜻으로 단 이름으로 해석된다.

연나부 조의인 《明臨荅夫》는 차대왕의 포악한 행위가 귀족상층의 불만과 반감을 사게 되자 동료들과 함께 정변을 일으켜 차대왕을 처단하고 산골에 숨어있던 태조대왕의 막내동생 《伯固》를 찾아내여 왕(신대왕)으로 올려놓았다.

ㅇ 15년 가을 9월에 국상 답부가 죽으니 나이가 113살이였다.(十五年秋九月 國相荅夫卒 年百十三歲) (《삼국사기》 권15, 고구려본기 3)

신대왕 15년에 113살로 죽은 그를 일상적으로 《荅夫》라고만 불렀으니 《明臨(미리)》은 대체로 국상을 지낸 사람에게 마치 존호처럼 붙인것인데 이것은 《미리(龍)》를 일종의 존호처럼 사용한 관습의 반영으로 생각된다.

이것은 《明臨荅夫》의에 국상을 지낸 《明臨於漱》, 《明臨笏睍》도 《明臨》이라는 말을 앞에 붙인 사실이 증명한다고 본다.

그런데 《明臨荅夫》 다음부터는 왕권과 병행하여 국상이 반선거적, 반세습적종신직의 성격을 띠고있었음을 보게 된다.

《삼국사기》에 의하면 《明臨荅夫 → (13년간 없음) → 乙巴素 → 高

優婁 → 明臨於漱 → 陰友 → 尙婁 → 倉助利》로 되여있는데 부자가 계승한것도 있으나 대책로는 종신직으로 되여있었다.

伯固

o 신대왕의 이름은 백고[고를 구라고도 한다.]니 태조대왕의 끝아우이다.(新大王 諱伯固[固一作句] 太祖大王之季弟) (《삼국사기》 권16, 고구려본기 4)

77살에 왕위예 오른 신대왕과 맏형인 태조대왕과의 나이차이는 42살이나 된다. 그리하여 이 두사람을 같은 어머니애게서 난 형제로는 볼수 없는것이고 친형제라고 하여도 일정한 의혹이 가지 않을수 없어서 중국의 력사책에서는 이것을 달리 설명하고있는것이다.

《伯固(句)》의 기초한자음은 《pək-kɑ(kio)》이니 《바고》의 음역으로 되는데 그 변이형으로 《버거/버글》을 상정할수 있다고 본다.

o 그 버거는 넙지를 篤實히 흐며 (《번역소학》 9/12)

o 버글 식 貳 (《훈몽자회》 하 33)

o 버글 부 副 (《훈몽자회》 중 1)

《버거/버글》은 《다음》의 뜻으로 쓰인 명사로서 《다음 가다》의 뜻으로 쓰일 때는 《버그다》로 되며 오늘까지도 일부 방언애서는 《버금》이라는 말이 쓰이고있다.

그리하여 《버거》의 변이형인 《바고》는 맏이가 아닌 아들에게 붙인 이름으로 쓰이는것이니 태조대왕의 끝아우라고 한 신대왕에 대해서 그 이름을 《伯固》라고 한것은 일정한 근거가 있다고 본다.

《伯固》는 차대왕이 무도해서 그 화가 자기애게 미칠가 두려워서 숨어있었는데 차대왕이 살해되자 좌보 《菸支留》가 여러 대신들과 의논해서 《伯固》를 왕으로 추대하였다고 한다.

鄒安

o 처음에 명림답부의 사변이 일어났을 때 차대왕의 태자 추안이 도망하였다가 새 왕의 대사령을 듣고 곧 궐문애 와서 고하기를 … (初明臨答夫之難 次大王太子鄒安逃竄 及聞嗣王赦令 卽詣王門 告曰 …) (《삼국사기》 권16, 고구려본기 4)

《鄒安》의 기초한자음은 《tsiu-ʔan》이니 류사음애 의한 《수아기》

의 음역으로 추정된다.

o 수응 雄 (《훈몽자회》 하 7)

o 아기 하덕ᄒ샤 아바님 여희싫제 눉믈을 흘러시니 (《월인석보》 8/86)

《수아기》란 《남자아이》라는 말인데 예로부터 왕의 자녀에게 《아기시》라고 하던 풍습이 있었으니 아마 그 풍습은 퍼그나 오랜것 같다.

o 아기시 단단ᄒ고 숙성ᄒ야 (《한중록》)

《鄒安》은 자기 아버지인 차대왕이 《明臨答夫》의 손에 죽자 그 화가 자기에게 미칠가 두려워서 도망가 숨어있다가 신대왕의 대사령이 나오자 궐문에 와서 왕에게 용서를 빌었던것이다.

優居, 然人

o 5년에 왕이 대가 우거와 주부 연인 등을 시켜 군사를 거느리고 현토태수 공손도를 도와 부산의 도적을 쳤다.(五年 王遣大加優居 主簿然人等 將兵助玄菟太守 公孫度 討富山賊) (《삼국사기》 권16, 고구려본기 4)

《優居》의 기초한자음은 《ʔiu-kia》이니 《우거》의 음역으로 된다.

o 上ᄋᆫ 우히라 (《월인석보》 서 17)

o 아모것도 至極ᄒᆫ거시 精이라 (《월인석보》 서 18)

《우거》는 《웃것》의 고형으로서 《上者》의 뜻으로 된다.

《然人》의 기초한자음은 《ȵzian-ȵian》이니 류사음에 의한 《나ᅀ리〉나ᅀ리》의 음역으로 추정된다.

o 나ᅀᆞᆯ진 進 (《훈몽자회》 하 26)

o 進賜 나ᅀ리 堂下官 尊稱也 (《리두편람》)

o 宗親 曰 進賜 (《중종실록》 7/54)

《나ᅀ리〉나ᅀ리》는 봉건사회에서 아래사람이 당하관을 높이여 부르는 말로 쓰이거나 또는 왕의 종친을 높이여 부르는 말로 쓰이던것인데 이와 비슷한 용법은 고구려때에도 있었던것이 아닌지 의심스럽다.

男武, 伊夷謨

o 12년 봄 정월에 여러 신하들이 태자를 세우자고 왕에게 청하였다. 3월에 왕의 아들 남무를 세워서 왕태자로 삼았다. (十二年春正月 群

臣請立太子 三月 立王子男武 爲王太子) (《삼국사기》 권16, 고구려
본기 4)

o 고국천왕[혹은 국양왕이라고도 한다.]의 이름은 남무[혹은 이이모라
고도 한다.]이니 신대왕 백고의 둘째 아들이다. (故國川王[或云 國壤]
諱男武 [或云伊夷謨] 新大王伯固之第二子) (《삼국사기》 권16, 고구
려본기 4)

《男武》를 《伊夷謨》와 대응시키고있는데 그것은 표기법상 전혀 맞
지 않는다. 이런 착오가 생기게 된데 대하여 《삼국지》 고구려전이 신대
왕(백고) 다음에 고국천왕이 있다는것을 모르고 잘못 써놓았으나 산상왕
(이이모)과 그 아들 동천왕(위궁)과의 관계는 제대로 써놓았는데 《삼국사
기》 편찬자들이 고국천왕을 《伊夷謨》로 잘못 생각한것과 관련되여있다
고 보는 견해가 있다.[주]

[주] 《고구려사 (1)》(손영종, 과학백과사전출판사, 1990년) 133페지

그리하여 고국천왕을 《拔奇》의 동생으로, 산상왕을 《發岐》의 동생
으로 만들어놓아 두 이야기를 혼탕시키는 잘못을 저질렀던것이다.

《男武》의 기초한자음은 《nɒm-mio》이니 이것은 《나모》의 음역으
로 된다.

o 나모 슈 樹, 나모 목 木 (《훈몽자회》 하 3)
o 나모빈 듀 株 (《류합》 하50)

《나모》는 《樹》처럼 세운다는 뜻도 있으며 《株》처럼 뿌리의 뜻도
가지고있어서 왕자의 이름으로 능히 달수 있는 이름이라고 본다.

《伊夷謨》는 《삼국유사》에서 《夷謨》로 소개하였는데(권1, 왕력 1)
《伊夷謨》의 기초한자음은 《ʔie-i-muo》이니 류사음에 의한 《우무》의
음역으로 추정된다.

o 움 아 芽 (《류합》 하 50)
o 움 밍 萌 (《훈몽자회》 하 3)

《우무》는 《움》의 고형으로서 움터나는 싹을 가리키는 말이니 자기
자식에게 달수 있는 이름으로 된다.

인명론의 견지에서 명백한것은 《男武》와 《伊夷謨》가 같은 왕의

별명이 아니라 서로 다른 왕의 이름으로 된다는것이다.

於畀留, 左可慮

o 중외대부 패자 어비류와 평자 좌가려는 모두 왕후의 친척으로서 나라의 권력을 틀어잡고있었다.(中畏大夫 沛者 於畀留 評者 左可慮 皆以王后親戚 執國權柄) (《삼국사기》 권16, 고구려본기 4)

《於畀留》의 추정되는 기초한자음은 《ʔiá-pji-liu》이니 《어비루》의 음역으로 된다.

o 軒은 어비묻 ᄐᄂ 술위오 (《법화경언해》 1/77)

《어비묻》은 《어비+묻》의 구조로 되여있는데 《어비》는 겨레의 뜻이며 《묻》은 우두머리의 뜻이다. 그리하여 《어비묻》이란 겨레의 우두머리 즉 《족장》을 가리키는 말로 된다.

《어비루》는 《어비 + 루》의 구조로 되여있고 《-루》는 남자이름에서 뒤붙이처럼 쓰인것으로서 이 시기 《慮, 老, 婁》 등의 표기변종들이 있었다.

《左可慮》의 추정되는 기초한자음은 《tsâ-kʼə-līwo》이니 《사가로》의 음역으로 된다. 《사가》는 《사기다》의 《사기》가 명사화된것으로 추정된다.

o 刻은 사길씨라 (《월인석보》 2/49)

o 사길 각 刻 (《훈몽자회》 상 2)

그리고 《-로》는 《-루》의 변이형으로서 남자이름에 흔히 붙이는 말이다.

신대왕은 연나부출신인 《明臨笿夫》의 도움으로 정권을 차지했고 연나부귀족출신과 결혼하였으므로 당시 연나부의 세력이 대단하였으며 《於畀留》와 《左可慮》 등은 모두 왕후의 친척인것으로 하여 높은 벼슬을 하고 권세를 쓰게 되였다. 《左可慮》일당의 횡포한 행동은 인민들의 원한을 샀으며 심지어 왕권까지 침해한 그들의 행동을 고국천왕도 더이상 앉아서 보고만 있을수 없어 그들을 처형하려고 하였다. 이 기미를 알아차린 이들은 4명의 연나부 귀족과 함께 모의하여 반란을 일으켰으나 실패하고말았던것이다.

於九婁

o 을해년 8월에 전부 소대사자 어구루가 담당하였는데 성은 684간이
다.(乙亥年 八月 前部 小大使者 於九婁治 城六百八十四間 (롱오리산
성 벽서)

《於九婁》의 기초한자음은 《ʔiá-kiu-lio》이니 《어구루》의 음역으
로 된다. 《어구》는 《너그럽다》의 옛날말인 《어구다》의 말뿌리가 명사적
으로 쓰인것으로 된다.

o 또 너모 어그러워 (《내훈》 2/13)

o 반ᄃ시 그 어그럽고 누그러오며 (《소학언해》 1/3)

《婁》는 당시 남자이름에서 뒤붙이처럼 쓰인것으로서 용언말뿌리에
《-루》가 결합한 점에서 《어구루》의 구조는 《어디루》와 같다고 할수
있다.

晏留

o 이에 4부에서 모두 동부의 안류를 천거하니 왕이 안류를 불러서 나
라정사를 맡기였다. (於是 四部共擧東部晏留 王徵之 委以國政) (《삼
국사기》 권16, 고구려본기 4)

《晏留》의 기초한자음은 《an-liu》이니 류사음에 의한 《아로》의 음
역으로 추정된다.

o 키 아로미 갓가ᄫ리다 (《몽산법어》 4)

o 또 ᄆ슴 가져 아롬 기드료미 몯ᄒ리며 (《몽산법어》 14)

《아로》는 《아로다(知)》의 《아로》가 명사화된것으로서 그 어떤 책
임적인 직책에 대해서 붙이는 이름으로 되거나 자식에 대한 부모의 념원
을 담아 지은 남자이름에 많이 쓰이였던것으로 생각되는데 그 표기변종으
로는 이미 앞에서 언급한 《愛婁》가 있다.

《晏留》와 관련하여 《4부에서 모두 동부의 안류를 천거》하였다고
한 기사는 당시 연나부 귀족들의 반란에서 교훈을 찾은 고국천왕이 봉건
정권을 강화할 목적으로 연나부를 제외한 4부에서 협의하여 국정을 바로
잡을 능력있는자를 천거하라고 한 사실을 반영한것이라고 할수 있다. 이
기사를 통하여 당시 국상이 일종의 선거제에 의하여 추천되였음을 알수
있다.

《晏留》는 중대한 나라 일을 맡을만 한 능력이 없다고 사양하면서 자

기보다는 《乙巴素》가 더 훌륭한 적격자로 될것이라고 하였다.

乙巴素, 乙素

o 서쪽 압록곡 좌물촌에 사는 을파소라는 사람은 류리왕의 대신이였던 을소의 손자이다. (西鴨淥谷左勿村 乙巴素者 琉璃王大臣乙素之孫也) (《삼국사기》 권16, 고구려본기 4)

《乙巴素》의 기초한자음은 《ʔiet-pa-sio》이니 류사음에 의한 《우바시》의 음역으로 된다. 《우바시》는 《우 + 바시》로 분석할수 있는데 《우》는 《우(上)》이며 《바시》는 후에 어음변화를 한 《바지(職)》의 고형으로 추정된다.

o 上은 우히라 (《월인석보》 서 17)

o 네 百姓은 그위실 ㅎ리와 너름 지스리와 성냥바지와 흥정바지왜라 (《릉엄경언해》 3/88)*

> * 《그위실》은 관가에서 하는 일을 가리키는 말인데 후에 《구실》로 바뀌였고 《녀름 지스리》는 농민을 가리키는 말이며 《성냥바지》는 수공업자를 가리키는 말이고 《흥정바지》는 상인을 가리키는 말이다.

그리하여 《우바시》란 곧 《上職》을 의미하는데 이것은 그가 국상이 된 다음에 붙인 이름인것으로 생각된다.

o 가을 8월에 국상 을파소가 죽으매 나라 사람들이 통곡을 하였다.(秋八月 國相乙巴素卒 國人哭之慟) (《삼국사기》 권16, 고구려본기 4)

여기서 《國相》과 《乙巴素》는 동격으로 쓰이고있는데 하나가 한자말이고 다른 하나는 그에 대한 고유어휘로 볼수 있다.

그런데 경우에 따라서는 《巴素(바시)》라고도 한 기록이 있다.

o 파소가 생각하기를 뜻은 비록 나라에 이바지하고싶으나 말은바 직위가 족히 일을 하잘것이 없다 하여 곧 대답하기를… (巴素意雖許國 謂所受職不足以濟事 乃對曰…) (《삼국사기》 권16, 고구려본기 4)

이것으로 미루어보아 《乙巴素》는 《乙 + 巴素》의 구조로 되여있음이 명백하다고 할수 있다.

한편 《乙巴素》의 조부라고 하는 《乙素》의 기초한자음은 《ʔiet-sio》이니 《우수》의 음역으로 되는데 《우수》도 역시 《우(上) + 수(雄)》로 분석된다.

o 수 웅 雄 (《훈몽자회》 하 7)

혹은 《乙素》의 《素》를 《쇠》의 고형인 《소히》의 표기와 련관시켜 볼수도 있을것이다.

延優, 位宮

o 산상왕의 이름은 연우[위궁이라고도 한다.]니 고국천왕의 아우이다. (山上王諱延優[一名位宮] 故國川王之弟也) (《삼국사기》 권16, 고구려본기 4)

《延優》의 기초한자음은 《?iən―?iu》이니 류사음에 의한 《어우》의 음역으로 된다. 《어우》는 중세국문문헌에 나오는 《어위다》의 《어위》가 명사화된 고형으로서 《寬, 潤》의 뜻이 있다.

o 어윌 관 寬 (《류합》 3)
o 어윌 윤 潤 (《류합》 62)

그런데 《위서》에서는 《지금 임금이 태조의 증손인데 역시 나면서부터 사람을 알아보는것이 자기 증조 궁과 같았다. (今王是太祖曾孫 亦生而視人 似曾祖宮)》라고 하여 산상왕을 태조대왕의 증손이라고 하였다.

《삼국사기》의 서술을 따르면 산상왕은 고국천왕의 아우이며 고국천왕은 신대왕의 아들이고 신대왕은 태조대왕의 막내아우로 되어있으니 결국 산상왕은 태조대왕의 조카벌로밖에 되지 않는다. 그런데 《위서》에서는 분명히 증손이라고 하였으니 두 대가 루락된것으로 된다.

추정하건대 《삼국사기》에서 인명에 대하여 《일명(一名)》 또는 《혹운(或云)》이라고 하여 대응시켜놓은데서 표기법상 대응되지 않는것들은 다른 사람의 이름일수 있는 가능성이 많다고 본다. 그 례로 되는것이 《男武》와 《伊夷謨》이며 《延優》와 《位宮》이다. 그렇다면 《男武》와 《伊夷謨》, 《延優》와, 《位宮》이 각각 다른 왕으로 보아야 하기때문에 두 대를 보충할수 있어 《位宮》을 태조대왕의 증손이라고 한것은 일리가 있는것으로 될것이다.

한편 《位宮》에 대한 설명에서 태조대왕이 《宮》인데 그도 역시 나면서부터 사람을 알아보는것이 태조대왕과 같아 고구려말로 서로 같다는 말을 《位》라고 하기때문에 《位宮》이라 한다고 하였다.(《삼국사기》 권16, 고구려본기 4)

그러면 고구려에서 서로 같다는것을 《位》라고 한다는것은 무엇을 말하는것인가?

o 山象 이슷 깅어신 눈섭에 (《악학궤범》 처용가)

o 山 접동새 난 이슷ㅎ요이다 (《악학궤범》 정과정)

《이슷》은 《비슷》의 고형으로서 현대말에서 흔히 쓰는 《어슷비슷하다》라는 말에 남아있다. 이 《이슷》의 표기가 바로 《位》인것이다.

發岐, 罽須

o 계수가 스스로 선봉이 되여 쫓기여가는 군사를 따르니 발기가 계수에게 말하기를 《네가 오늘 늙은 형을 꼭 죽이고야말겠는가?》 하였다. (罽須自爲先鋒追北 發岐告罽須曰 汝今忍害老兄乎) (《삼국사기》 권16, 고구려본기 4)

《發岐》의 기초한자음은 《piət-gie》인데 설내입성 《-t》가 우리 말에서 《ㄹ》로 대응하는것만큼 《발기》의 음역으로 된다.

o 불굴 명 明 (《훈몽자회》 하 1)

《발기》는 《붉ㄱ다》의 《붉ㄱ》가 명사화된 《불기》의 고형으로서 자식에 대한 부모의 념원을 담아 명명한것으로 보인다.

그러나 《發岐》는 동생이 왕이 되였다는 개인적인 원한으로 조국을 배반하였다가 《罽須》의 추격을 받고 배천까지 달아나서 결국 자결하고 말았다고 한다. (《삼국사기》 권16, 고구려본기 4)

《發岐》의 다른 동생이라고 하는 《罽須》의 기초한자음은 《kiei-sio》이니 《가시》의 음역으로 되는데 그것은 《가지》의 고형으로 추정된다.

o 가지 지 枝 (《훈몽자회》 하 4)

《가시》라는 이름은 자기의 살붙이가 가지를 친것이라고 하여 대체로 맏이가 아닌 자식에게 붙인 이름으로 생각된다. 그리하여 《發岐》 다음에 동생인 《延優》가 있고 그다음 동생으로 《罽須》가 있는것으로 된다.

高優婁

o 왕이 고우루로 국상을 삼았다. (王以高優婁爲國相) (《삼국사기》 권16, 고구려본기 4)

《高優婁》의 기초한자음은 《kâu-ʔiu-liu》이니 《가우루》의 음역으

로 된다. 《가우루》의 《가우》는 중세국문문헌에서 나오는 《가ᅀᅳ멸다》의
《가ᅀᅳ》과 관련된것으로 추정된다.

o 가ᅀᅳ멸 부 富 (《훈몽자회》 하 26)

o 벼슬도 노ᄑᆞ며 가ᅀᅳ멸며 (《월인석보》 2/23)

그리하여 《富》라는 뜻을 가진 《가우》를 음역하면서 그 말의 뜻을
고려하여 리두식표기에서는 《高(높을 고)優(넉넉할 우)》를 굳이 선택하게
된것이라고 생각한다.

그리고 《婁》는 당시 남자이름에서 뒤붙이처럼 쓰인것으로서 《慮,
老》 등과 표기변종의 관계에 있었다.

o 가을 8월에 국상 을파소가 죽으매 나라 사람들이 통곡을 하였다. 왕
　이 고우루로 국상을 삼았다. (秋八月 國相乙巴素卒 國人哭之慟 王以
　高優婁爲國相) (《삼국사기》 권16, 고구려본기 4)

《高優婁》는 국상 《乙巴素》가 죽은 다음에 국상으로 되였으니 당시
국상은 종신직이였음을 알수 있다고 본다.

憂位居

o 동천왕[혹은 동양이라고도 한다.]의 이름은 우위거요 아명은 교체니
　산상왕의 아들이다.(東川王[或云 東襄] 諱憂位居 小名郊彘 山上王之
　子) (《삼국사기》 권17, 고구려본기5)

《憂位居》의 기초한자음은 《iu-ɤui-gia》이니 《우히가》의 음역으로
된다.

o 城 우희 닐흔 살 쏘샤 (《룡비어천가》 40)

o 뫼 우희 너ᅀᅥ 터시니 (《룡비어천가》 44)

《우히》는 《우희》의 고형으로서 《上》의 뜻이며 《가》는 《해》의
고형으로서 《高》의 뜻을 가지고있어 당시 임금을 이르는 말로 쓰이였던
것으로 보인다.

동천왕의 아명인 《郊彘》의 기초한자음은 《kau-tsʼ ʍi》이니 《구디/
구시》의 음역으로 된다.

《구디/구시》는 《固》의 뜻으로서 류리왕때 사람인 《句鄒》도 역시
《구디/구시》이니 이 이름은 남자이름으로 자주 쓰이였음을 알수 있다.

明臨於漱

o 4년 가을 7월에 국상 고우루가 죽으니 우태 명림어수로 국상을 삼았다.(四年秋七月 國相高優婁卒 以丁台明臨於漱爲國相)(《삼국사기》권17, 고구려본기 5)

《明臨於漱》의 기초한자음은 《miəŋ-liəm-ʔia-siəi》이니 《미리아시》의 음역으로 된다. 그런데 이 이름은 사실상 이미 분석한바가 있는 두 말의 합성으로 되여있다. 즉 《明臨於漱》는 《明臨答夫》의 《明臨》과 태조대왕의 이름인 《於漱》와의 합성으로 되여있다.

그런데 이 경우에 《明臨於漱》가 만일 맏아들이라면 《於漱(아시)》는 《初》의 뜻으로 붙인 이름으로 될것이다.

密友

o 왕이 남옥저로 달아나다가 죽령에 이르니 군사들은 분산되여 거의 다 없어지고 다만 동부 밀우가 홀로 왕의 곁에 있다가 왕에게 말하기를 … (王奔南沃沮 至于竹嶺 軍士分散殆盡 唯東部密友獨在側 謂王曰…)(《삼국사기》권17, 고구려본기 5)

《密友》의 기초한자음은 《miet-ʔiu》로서 설내입성 《-t》가 우리 말에서 《ㄹ》로 대응하는 조건에서 《미루/미리》의 음역으로 된다.

o 미르 진 辰 (《훈몽자회》상 1)

o 미르 룡 龍 (《훈몽자회》상 20)

《미루/미리》는 《미르》의 변이형으로서 당시 남자이름으로 많이 쓰이였는데 《明臨, 彌儒》는 그 표기변종으로 된다.

《密友》는 위나라와의 싸움에서 왕을 호위하여 공로를 세움으로써 《紐由》와 함께 1등공신으로 평가되였다.

紐由, 多優

o 왕이 귀국하여 공로를 평가함에 있어서 밀우와 뉴유의 공로를 제1등으로 하고 … 뉴유에게는 구사자로 추증하고 또한 뉴유의 아들 다우는 대사자를 삼았다.(王復國 論功 以密友紐由爲第一 … 追贈紐由 爲九使者 又以其子多優爲大使者) (《삼국사기》권17, 고구려본기 5)

《紐由》의 기초한자음은 《ŋïəu-ʔiu》로서 류사음에 의한 《누리》의 음역으로 된다.

o 누리 셰 世 (《훈몽자회》 중 1)

《누리》는 세상이라는 뜻과 함께 계승자의 뜻도 있어 대체로 맏아들에게 붙이는 이름이라고 할수 있는데 표기변종으로는 《瑠璃, 類利, 孺留, 累利》 등이 있었다.

《多優》의 기초한자음은 《ta-ʔiu》이니 류사음에 의한 《다수》의 음역으로 추정된다. 《다수》는 《ᄃᆞᆺ다 〉 ᄃᆞᆺ다(愛)》의 고형이 명사적으로 쓰인것이라고 할수 있다.

o 저호ᄃᆡ ᄃᆞᆺ며 ᄃᆞᆺᄃᆡ 그 원 이룰 알며(《내훈》 1/7)

《다수》가 바로 그러한 의미를 가지고있기때문에 리두식표기에서는 그 뜻을 고려하여 《渥(두터울 악)》과 동의적이면서도 음이 통하는 《優》를 음역자로 선택한것으로 보인다.

《多優》는 위나라와의 전쟁에서 세운 공로로 하여 대사자가 되었다.

然弗

o 17년 봄 정월에 왕의 아들 연불을 세워 왕태자로 삼고 국내죄수들을 석방하였다. (十七年春正月 立王子然弗 爲王太子 赦國囚) (《삼국사기》 권17, 고구려본기 5)

o 중천왕[혹은 중양이라고 한다.]의 이름은 연불이니 동천왕의 아들이다. (中川王[或云中壤] 諱然弗 東川王之子) (《삼국사기》 권17, 고구려본기 5)

《然弗》의 기초한자음은 《ńzĭät-piuət》이니 설내입성 《-t》가 우리말에서 《ㄹ》로 대응하는것만큼 《너불》의 음역으로 된다.

o 너붐과 져고미 겨시며 (《원각경언해》 서 6)

o 廣은 너불씨라 (《월인석보》 서 7)

《너불》은 《넙다(廣)》가 이 시기에 남자이름에 많이 쓰인 《弗》과 결합하여 명사적으로 쓰인것이라고 할수 있다.

중천왕은 왕후가 연나부사람인데 그가 첩으로 삼으려고 한 관나부녀인과 왕후와의 사랑싸움에 휘말려 관나부녀인을 바다에 던졌다고 한다. 이것은 당시 세력을 잡고있었던 연나부와 관나부와의 세력다툼의 일단을 반영한것이라고 할수 있다.

陰友

o 7년 여름 4월에 국상 명림어수가 죽으매 비류 패자 음우로 국상을 삼았다. (七年夏四月 國相明臨於漱卒 以沸流沛者陰友 爲國相) (《삼국사기》 권17, 고구려본기 5)

《陰友》의 기초한자음은 《ʔiəm-ʔiu》이니 《우무》의 음역으로 되는데 그것은 《움》의 고형으로 추정된다.

o 움 밍 萌 (《훈몽자회》 하 3)

o 움 아 芽 (《류합》 하 50)

《우무》의 변화형인 《움》에 대응한 《萌, 芽》는 다 《始》의 뜻을 가지고있으니 《우무》는 첫째 아들에게 붙인 이름으로 될것이다. 《陰友》의 표기변종으로는 앞에서 이미 언급한 《伊夷謨》를 들수 있다.

明臨笏覩

o 9년 겨울 11월에 연나 명림홀도를 공주에게 장가들게 하고 부마도위를 삼았다. (九年冬十一月 以椽那明臨笏覩 尙公主 爲駙馬都尉) (《삼국사기》 권17, 고구려본기 5)

《明臨笏覩》의 기초한자음은 《miəŋ-liəm-xuət-tuo》이니 《明臨》은 이미 앞에서 본바와 같이 《미리》의 음역이고 《笏覩》는 《고도》의 음역으로 될것이다. 《고도》는 《곧다》의 《곧》을 명사적으로 쓴것이다.

o 고든 명 貞 (《훈몽자회》 하 25)

o 고돌 딕 直 (《훈몽자회》 하 29)

즉 《고도》는 고지식하게 살아가라는 부모의 념원을 담아 자식에게 붙인 이름이라고 할수 있다.

연나출신인 《明臨笏覩》가 중천왕의 사위로 되였다는것은 이때 연나부가 득세하고있었음을 말해주는것으로 될것이다.

樂盧/若友

o 8년에 왕이 아들 약로를 세워 왕태자로 삼고 국내죄수들을 석방하였다. (八年 立王子藥盧 爲王太子 赦國囚) (《삼국사기》 권17, 고구려본기 5)

o 서천왕[혹은 서양이라고도 한다.]의 이름은 약로[약우라고도 한다.]니 중천왕의 둘째 아들이다. (西川王[或云 西壤] 諱藥*盧 [一云 若友] 中川王第二子) (《삼국사기》 권17, 고구려본기 5)

* 《藥》은 《樂》의 오자이다.

《樂盧》의 기초한자음은 《lâk-lo》이고 그 등가적표기인 《若友》의 기초한자음은 《niak-ʔiu》이니 그것들은 다 류사음에 의한 《나로》의 음역으로 추정된다. 《나로》는 《ᄂᆞ로다/놀다》의 고형을 명사화한것이라고 할수 있다.

o 빗근 남ᄀᆞᆯ ᄂᆞ라 나마시니 (《룡비어천가》 86)

o 놀 비 飛 (《훈몽자회》 하 3)

《나로》라는 이름은 사내아이가 날개 돋친듯 뛰여나라는 부모들의 념원을 담아 붙인 이름일것이다.

于漱

o 2년 봄 정월에 서부대사자 우수의 딸을 세워 왕후를 삼았다. (二年春正月 立西部大使者于漱之女 爲王后) (《삼국사기》 권17, 고구려본기 5)

《于漱》의 기초한자음은 《ʔio-ṣəi》이니 그것은 《우수》의 음역으로 된다.

o 上은 우히라 (《월인석보》 서 17)

o 수 웅 雄 (《훈몽자회》 하 7)

《우수》는 《上雄》의 뜻으로서 맏아들에게 붙인 이름으로 추정된다.

尙婁

o 가을 7월에 국상 음우가 죽었다. 9월에 상루로 국상을 삼으니 상루는 음우의 아들이였다.(秋七月 國相陰友卒 九月以尙婁爲國相 尙婁陰友子也) (《삼국사기》 권17, 고구려본기 5)

《尙婁》의 기초한자음은 《ziaŋ-liu》이니 《사로》의 음역으로 되는데 《사로》는 《사로다/살다》의 명사형으로 추정된다.

o 사로더 이러커늘ᅀᅡ 아ᄃᆞᆯ을 여희리잇가(《월인천강지곡》 상 52)

o 살 거 居 (《훈몽자회》 하 19)

o 人間은 사ᄅᆞᆷ서리라 (《월인석보》 1/19)

《사로다/살다》는 《사ᄅᆞᆷ》과 어원을 같이하는것으로서 《사로》는 그로부터 파생된 인명이라고 할수 있다.

그런데 이 경우에 국상의 자리는 부자상속으로 되여있는것이 주목을 끈다.

相夫/歃夫婁, 烽上/雉葛

o 봉상왕[치갈이라고도 한다.]의 이름은 상부[혹은 삽시루라고도 한다.]니 서천왕의 태자이다. (烽上王 [一云雉葛] 諱相夫[或云歃矢*婁] 西川王之太子也) (《삼국사기》 권17, 고구려본기 5)

  * 《矢》는 《夫》의 오자이다.

《歃夫婁》의 추정되는 기초한자음은 《sɔp-pio-liu》이니 《사보로》의 음역으로 되는데 그것은 《사보 + 로》의 구조로 되여있다.

《相夫》의 기초한자음은 《siaŋ-pio》로서 그것은 《사보로》에서 남자이름에 흔히 붙이던 《-로》를 떼여낸 《사보》의 음역으로 된다.

《사보》는 고구려의 지명인 《沙伏忽》의 《沙伏》과 통하는 말로서 《새배》의 고형이라고 할수 있다.

o 새배 효 曉, 새배 신 晨 (《훈몽자회》 상 1)

《사보로》는 당시 남자이름에 류행된 《-婁》류형의 이름으로서 《穆度婁》, 《高優婁》 등도 다 이 류형에 속하는 이름들이다.

한편 《烽上》과 《雉葛》을 대응시키고있는데 《雉葛》의 기초한자음은 《ɖi-kuât》으로서 《시가라》의 음역으로 되며 《烽上》의 《烽》은 《봉화》의 뜻으로 그 옛날말인 《수리/수》에 대한 의역으로 되고 《上》은 《우》의 뜻으로 《해》의 옛날말인 《가라》의 의역으로 될수 있다. 그리하여 《시가라》와 《수가라》의 대응이 가능하게 된다.

봉상왕은 서천왕의 태자로서 어려서부터 의심과 시기가 많아 삼촌인 《達買》가 선왕때 큰 공을 세워 백성들의 존경을 받는다고 하여 왕위에 오르자 곧 죽여버림으로써 사람들의 원한을 샀다.

咄固

o 9월에 왕이 그의 아우 돌고가 딴 마음을 가졌다 하여 자살하게 하였다. 나라 사람들이 돌고가 죄없이 죽은것을 애통하게 생각하였다. (九月 王謂其弟咄固有異心 賜死 國人以咄固無罪哀慟之) (《삼국사기》 권17, 고구려본기 5)

《咄固》의 기초한자음은 《tʼut-ko》인데 설내입성 《-t》가 우리 말에서 《ㄹ》로 대응하는 조건에서 그것은 《돌고》의 음역으로 된다.

o 돌고로 다가 날희여 다이되 (《박통사언해》 상 10)

《돌고》는 돌공이를 말하는데 그것은 서천왕의 아들로서 자기 조카인 봉상왕의 손에 죽은 《達賈》로 표기된 《달고》와 같은 뿌리의 말이라고 할수 있다.

그런데 봉상왕의 아우인 《咄固》 역시 딴 마음이 있다고 의심을 받아 봉상왕이 그에게 자결을 강요하였던것이다.

倉助利

o 3년 가을 9월에 국상 상루가 죽으매 남부 대사자 창조리로 국상을 삼고 작위를 추가하여 대주부를 삼았다. (三年秋九月 國相尙婁卒 以 南部大使者倉助利 爲國相 進爵爲大主簿)(《삼국사기》 권17, 고구려 본기 5)

《倉助利》의 기초한자음은 《tsʻâŋ−dzʻi̯o−lie》이니 류사음에 의한 《사사리》의 음역으로 된다.

o 書冊엣 사슬와 藥 뽄딘 거믜줄이 얼것고 (《두시언해》 21/4)

o 사슬 듀 籌 (《훈몽자회》 하 22)

o 사슬 마초다 對籌 (《역어류해》 상 24)

《사사리》는 《사슬》의 고형으로서 대쪽이나 화살대의 의미로 쓰이며 나아가서는 쩌있는것을 가리키기도 하는 말이라고 할수 있다. 그리하여 《倉助利》란 결국 《賢者》를 가리키는 우리 말의 리두식표기로 인정된다.

《倉助利》는 봉상왕에게 국정을 바로잡을데 대하여 몇번이나 간하였지만 왕이 고치지 않을것으로 알고 여러 신하들과 의논하여 왕을 폐하고 《乙弗》을 맞아 왕으로 삼았던것이다.

乙弗/憂弗

o 미천왕[호양왕이라고도 한다.]의 이름은 을불[혹은 우불이라고도 한다.]이니 서천왕의 아들 고추가 돌고의 아들이다. (美川王[一云好壤王] 諱乙弗[或云憂弗] 西川王之子古鄒加咄固之子) (《삼국사기》 권17, 고구려본기 5)

《乙弗》의 기초한자음은 《ʔi̯et−pi̯uət》이고 그 등가적인 표기로 되는 《憂弗》의 기초한자음은 《i̯u−pi̯uət》인데 설내입성 《−t》가 우리 말에서

《ㄹ》로 대응하는것만큼 그것들은   《우불》의 음역으로 될수 있다.

  o 웃 상 上 (《류합》 상 21)

  o 블 화 火 (《훈몽자회》 하 35)

  o 불굴 명 明 (《훈몽자회》 하 1)

《블》, 《블(ㄱ)》은 다같이 고형인 《불》에서 나온 말로서 고구려의 인명에서는 흔히 《弗》로 표기하는 경우가 많았다.

《乙弗》은 봉상왕이 동생인 《咄固》를 의심하고 자살하게 하자 아들인 자기에게 그 해가 미칠가 두려워서 한때 멀리 도망하여 남의 집에서 머슴살이를 하였었는데 국상인 《倉助利》가 그를 찾아내여 왕으로 내세웠던것이다.

  祖弗, 蕭友

  o 이때에 국상 창조리가 장차 왕을 폐하고저 먼저 북부 조불과 동부 소우 등을 보내여 을불을 산과 들에서 수색하여 찾게 하였다. (是時 國相倉助利將廢王　先遣北部祖弗　東部蕭友等　物色訪乙弗於山野) (《삼국사기》 권17, 고구려본기 5)

《祖弗》의 기초한자음은 《tsio−piuət》이니 설내입성 《−t》가 우리 말에서 《ㄹ》로 대응하는것만큼 《소블》의 음역으로 된다. 《소블》의 《소》는 《ㅅ다》의 《ㅅ》의 변이형이 명사적으로 쓰인것이다.

  o ㅅ던 壇場은 아오라 ᄒ도다 (《두시언해》 5/12)

  o 언제 城 ㅅ고 도라가려노 (《두시언해》 5/28)

《ㅅ다》는 《築》의 뜻으로서 《ㅅᄒ다 〉 쌓다》의 변화과정을 밟았다고 할수 있다.

《소블》의 《블》은 남자이름에 흔히 붙는 말로서 《소블》이란 《쌓는이》의 뜻으로 추정된다.

《蕭友》의 기초한자음은 《suo−ʔiu》이니 《수리》의 음역으로 볼수 있다. 《수리》는 《峯, 上》의 뜻으로서 고구려에서 남자이름으로 많이 쓰이였는데 《薛儒》, 《朱利》 등은 그 표기변종들이다.

《祖弗》과 《蕭友》 두사람은 국상 《倉助利》의 명령에 따라 사방으로 수소문하여 《乙弗》을 찾아내는데서 공을 세웠다.

  여기서 한가지 주목할것은 남부출신인 《倉助利》가 《乙弗》을 찾으러 떠나보낼 때 북부의 《祖弗》과 동부의 《蕭友》를 보냈다는 사실이다. 우연의 일치인지는 몰라도 서부를 배제하였으니 그것은 봉상왕의 외가가 서부출신인 사정과 관련한것일수 있다는 점이다.

斯由/釧

o 15년 봄 정월에 왕자 사유를 세워 태자를 삼았다. (十五年春正月 立王子斯由 爲太子) (《삼국사기》 권17, 고구려본기 5)

o 고국원왕[국강상왕이라고도 한다.]의 이름은 사유[혹은 쇠라고도 한다.]이다. (故國原王[一云 國岡上王] 諱斯由[或云釗]) (《삼국사기》 권18, 고구려본기 6)

《斯由》의 기초한자음은 《sie-ʔiu》이니 류사음에 의한 《서히/소히》의 음역으로 될수 있다. 이것은 앞에서 본바 있는 고구려지명인 《召尸忽》의 《召尸》가 《쇠》의 고형인 《소시》의 음역으로 되는것과 류사하다. 그 등가적인 표기로 되여있는 《釗》의 기초한자음은 《tseu》인데 그것은 《서히/소히》의 축약형인 《서/소》의 음역으로서 기초한자음이 《siui》인 《歲》와도 통한다.

o 鐵曰 歲 (《계림류사》 고려방언)

결국 《釗》는 《鐵》의 뜻인 《쇠》의 고형을 표기한것이라고 할수 있는데 이러한 용법은 후기에 《돌쇠》를 《乭釗》로 표기한데서도 반복되고 있다.

小獸林/小解朱留, 丘夫

o 25년 봄 정월에 왕의 아들 구부를 세워 왕태자로 삼았다. (二十五年春正月 立王子丘夫 爲王太子) (《삼국사기》 권18, 고구려본기 6)

o 소수림왕[소해주류왕이라고도 한다.]의 이름은 구부니 고국원왕의 아들이다. 키가 장대하고 큰 지략이 있었다. (小獸林王[一云 小解朱留王] 諱丘夫 故國原王之子也 身長大有雄略) (《삼국사기》 권18, 고구려본기 6)

《小獸林》의 《獸林》은 기초한자음이 《siu-liem》이고 그 등가적표기인 《朱留》의 기초한자음은 《tsio-liu》이니 그것은 다 《수리》의 음역으로 될수 있다. 그런데 《小》를 덧붙여 《小解朱留》라고 하게 된것은 훨씬 앞선 왕의 이름이 《解朱留》이기때문에 그와 구별하기 위하여 앞선

것을 《大》로 한데 대해서 《小》로 불러 구별하게 된것이라고 본다.

다시 왕호앞에 덧붙인 《解》는 신성함을 나타내는 《가》로서 마치 성처럼 쓴것이라고 할수 있다.

이 왕호와는 달리 그는 이름을 《丘夫》라고 하였는데 《丘夫》의 기초한자음은 《kiu-pio》이니 《구부》의 음역으로 된다. 《구부》는 《가바》의 변이형으로 되는데 《가바》는 《가바, 가오》의 고형으로 인정된다.

ㅇ 깊가본디 쉬우믈 爲ᄒᆞ야 (《월인석보》 14/80)

ㅇ 가온디 듕 中 (《훈몽자회》 하 34)

즉 《가바》는 《中》의 뜻을 가지는 말의 고형으로서 그것이 인명으로 쓰일 때 《구부》라는 변이형을 취한것으로 추정된다.

그러면 어째서 소수림왕의 이름을 그렇게 달게 되였는가?

ㅇ 10년에 왕이 연나라 임금 황에게 세자를 보내여 례방케 하였다. (十年 王遣世子 朝於燕王皝) (《삼국사기》 권18, 고구려본기 6)

고국원왕 10년에 세자를 연나라에 보냈다는데 그후 세자의 생사에 대한 기록은 전혀 없이 15년이 지난 다음에 새삼스럽게 《丘夫》를 태자로 삼았다고 하였으니 그사이에 세자가 죽었기때문에 다시 태자를 세웠을것으로 추측된다. 그렇다면 《丘夫》는 분명히 죽은 세자의 아우일것이니 맏이가 아닌 그가 아이때 《中》의 뜻을 가진 《구부》로 이름을 달게 된것이라고 생각한다.

伊速/於只支

ㅇ 고국양왕의 이름은 이련[혹은 어지지라고 한다.]이니 소수림왕의 아우이다. (故國壤王 諱伊連*[或云於只支] 小獸林王之弟也) (《삼국사기》 권18, 고구려본기 6)

* 《삼국유사》에는 《伊速》이라고 하였으니(권1, 왕력 1) 《連》은 《速》의 오자이다.

《伊速》의 기초한자음은 《ʔie-suk》이니 류사음에 의한 《아시》의 음역으로 되며 그 등가적표기인 《於只支》의 기초한자음은 《ʔia-tsie-tsie》이니 《아시지》의 음역으로 된다. 《於只支》의 《支》는 사람을 가리키는 말로 흔히 쓰이고있으니(례: 莫離支, 乙支) 그것을 제외하게 되면 《아시》의 표기인 《伊速》와 《於只》의 대응이 이루어지게 된다.

o 아· 뎨 弟 (《훈몽자회》 상 32)

o 아· 데 弟 (《석봉천자문》 12)

《아시》는 《아· 〉 아·》의 고형으로서 현대에 와서는 《아우》로 된 말이다. 그런데 당시에는 이 말을 보통명사로서뿐아니라 인명에서 고유명사로도 썼던것이다.

그리하여 소수림왕의 동생인 고국양왕이 《아시지》라는 이름을 가지게 된것이라고 생각한다.

談德

o 광개토왕의 이름은 담덕이니 고국양왕의 아들이다. 그는 나면서 허우대가 크고 활달한 뜻을 가졌었다. (廣開土王 諱談德 故國壤王之子 生而雄偉 有倜儻之志) (《삼국사기》 권18, 고구려본기 6)

《談德》의 기초한자음은 《d'ɒm-tək》이니 《다마다》의 음역으로 추정되는데 그것은 《다마 + 다》의 구조로 되여있다.

o 麗語 謂復舊土 爲多勿 (《동국통감》 6)

o 地는 싸히라 (《월인석보》 서 18)

《多勿》의 기초한자음은 《ta-miuot》이니 류사음에 의한 《다마》의 음역으로 되며 설내입성 《-t》가 우리 말에서 《ㄹ》로 대응하는것을 고려하게 된다면 《다말/다물》의 음역으로 될수도 있다. 이 《다마/다물》은 되찾는다는 뜻으로 쓰이는 말이라고 예로부터 전해오고있으며 《다》는 《싸》의 고형으로 되는것만큼 결국 《다마다》는 땅을 되찾는다는 뜻을 가지는 말로 된다고 할수 있다. 이것은 고국양왕이 자기 아들이 큰 포부를 가지고 자라나라는 뜻에서 단 이름으로 추측되는데 실지로 그는 이름 그대로 나라의 강역을 되찾고 넓히는데서 큰 공로를 세웠던것이다.

그리하여 왕호도 광개토왕 또는 개토왕이라고 달게 된것이라고 할수 있다.

巨連(璉)

o 장수왕의 이름은 거련[련(連)은 련(璉)이라고도 쓴다.]이니 광개토왕의 맏아들이다. 그는 체격이 크고 기개가 호걸스러웠다. (長壽王 諱 巨連[一作 璉] 開土王之元子也 體貌魁傑 志氣豪邁) (《삼국사기》 권18, 고구려본기 6)

《巨連(璉)》의 기초한자음은 《gəwo-liän》이니 류사음에 의한 《고라/고란》의 음역으로 될수 있다. 《고라/고란》은 《고르롭다》의 뜻인 《고르다/골오다》의 고형인 《고라다》를 명사화한것으로 추정된다.

o 息이 고르며 ᄆᄌ미 조호몰 (《원각경언해》 하 3/2. 51)

o 等은 골오 니르실씨라 (《석보상절》 6/45)

광개토왕이 자기가 이룩한 업적을 유지하고 나라의 안정을 유지할 것을 념원하여 맏아들에게 《고라/고란》이라는 이름을 단것이라고 할수 있다.

장수왕은 아버지인 광개토왕의 념원대로 근 80년간 왕위에 있으면서 고구려의 안정을 도모하고 그 위용을 떨친 왕으로 되었다.

芮悉弗

o 13년 여름 4월에 … 우리 사신 예실불을 동당에서 접견하였다. (十三年夏四月 … 引見 其使芮悉弗於東堂) (《삼국사기》 권19, 고구려본기 7)

《芮悉弗》의 추정되는 기초한자음은 《ʔäi-siət-piuət》이니 《아시불》의 음역으로 된다. 《아시》는 《아ᅀ》의 고형으로서 《아우》라는 말이다.

o 아ᅀ 뎨 弟 (《훈몽자회》 상 32)

또는 《初》의 뜻인 《아시》일수도 있다.

그리고 《-불》은 《祖弗, 然弗, 乙弗》 등과 같이 고구려에서 많이 볼수 있는 인명류형에 속한다.

高老

o 왕이 장수 고로를 보내어 말갈과 함께 의논하여 백제의 한성을 치고져 횡악아래까지 행군하여 주둔하였더니 백제가 군사를 출동하여 맞받아 싸우므로 곧 퇴각하였다. (王遣將 高老與靺鞨謀 欲攻百濟漢城 進屯於橫掘下 百濟出師逆戰 乃退) (《삼국사기》 권19, 고구려본기 7)

《高老》의 기초한자음은 《kâu-lâu》이니 《고르다/골오다》의 고형인 《고로》의 음역으로서 앞에서 본 《고라》의 변이형으로 된다.

溫達

o 온달은 고구려 평강왕때 사람이다. 그의 용모는 여위고 허름하여 우
  습게 보였으나 마음은 순박하였다.(溫達 高句麗平岡王時人也 容貌龍
  鍾可笑 中心則睟然) (《삼국사기》 권45, 렬전 5)

《溫達》은 그 기초한자음이 《uɐn-dɐt》이니 설내입성 《-t》가 우리
말에서 《ㄹ》로 대응하는것을 고려하게 되면 《온다라/온달》의 표기로 볼
수 있다. 《온》은 수사와 관형사의 두가지 해석이 가능하며

o 온 빅 百 (《훈몽자회》 하 34)

o 온 體ㅣ 오로 업스머 (《원각경언해》 상 1/2)0

《다라/달》은 《山》에 대응하는 우리 말로 인정된다.

乙支文德

o 을지문덕의 집안래력은 자세하지 않다. 그는 성질이 침착하고 용맹
  스러우며 지혜와 재주가 있었고 겸하여 글을 지을줄도 알았다. (乙
  支文德 未詳其世系 資沈鷙有智數 兼解屬文) (《삼국사기》 권44, 렬
  전 4)

《乙支文德》의 《乙支》는 고구려의 관등급명으로서 《웃지》의 표기
로 된다.

o 一吉湌 或云乙吉干 (《삼국사기》 권38, 직관 상)

o 上位使者 比正六品 一名 乙耆次(《한원》 30, 고려)

신라의 관명에서 《一》과 《乙》이 대응하고있으며 고구려의 경우에
도 《上位》와 《乙》이 대응하고있다. 이것은 《乙(ʔiet)》이 《上》의 뜻을
가진 《우/웃》의 표기임을 말하여준다. 그리고 《支(tsɔie)》는 《莫離支(마
리지)》와 같이 《者》의 뜻을 가진 《지》를 표기한것으로서 후세에 《치》
로 바뀐 말이다.

인명인 《文德》은 의역-음역을 배합한것으로서 《글더》의 표기로
볼수 있다.

o 讀書曰 乞鋪 (《계림류사》 고려방언)

o 文은 글와리라 (《훈민정음언해》)

《계림류사》에서 《書》를 《乞(kiuɐt)》로 대응시키고있는데 설내입성
《-t》가 우리 말에서 《ㄹ》로 대응하는것만큼 그것은 《길/글》의 음역으
로 된다. 《書》와 《文》은 동의적인것만큼 결국 《文》은 《결/글》의 의역

으로 된다고 할수 있다.

그리고 《德》은 기초한자음이 《tək》이니 《더/도》의 음역으로 될수 있다. 《더/도》는 《阿道》처럼 당시 흔히 찾아볼수 있는 인명류형의 하나로 된다.

蓋蘇文/蓋金

o 개소문[혹은 개금이라고도 한다.]의 성은 천씨인데 자신이 물속에서 낳았다고 하여 사람들을 미혹시켰다. 그는 풍채가 틀스러웠고 기품이 호방하였다. (蓋蘇文[或云 蓋金] 姓泉氏 自云生水中 以惑衆 儀表雄偉 意氣豪逸) (《삼국사기》 권49, 렬전 9)

《蓋蘇文》의 기초한자음은 《kâi-so-miuən》이니 《가소미》의 음역으로 된다. 일본의 옛날책인 《일본서기》에서도 그에 대하여 《伊梨柯須弥》로 소개하고있다. 《가소미》의 《가소》를 표기한것이 《蓋金》인데 이 경우에는 《蓋 = 가》, 《金 = 소》로 대응된다고 할수 있다. 그리하여 《소》는 쇠를 의미하는 《소히》의 준말형태로 되는것이다.

이처럼 고구려의 인명은 고유어로 짓는 풍습이 유지되면서 그것을 음역의 방법으로 표기하여오다가 6세기이후에는 점차 의역도 배합하는 표기의 비중이 점차 늘어나게 되고 한자말인명과의 계선이 모호하게 되는 결과를 가져왔다. 이것은 특히 왕호의 경우에 심하게 나타나 후세의 사가들이 우리 말 왕호를 한자말식으로 바꾸어 표기한 사정과 관련되여있다고 할수 있으니 그 전형적인 례로 되는것이 바로 《談德：廣開土》, 《巨連：長壽》이다.

고구려의 인명과 관련하여 왕호에 대하여 분석할 필요가 있다.

고구려의 왕호에서 특징적인것은 지명성을 띤것이 많은것이다. 그것은 왕의 본래이름이 있음에도 불구하고 왕의 장사지낸 곳을 왕호로 삼는 풍습이 한동안 지속되여온 사정과 관련되여있는데 물론 다 그런것은 아니였다.

(장사지낸 곳)	(왕의 칭호)
慕本原	慕本王
故國川原	故國川王
山上陵	山上王

柴原	東川王
中川	中川王
西川之原	西川王
烽山之原	烽上王
美川之原	美川王
故國之原	故國原王
故國壤	**故國壤王**

여기서 우선 눈에 띄는것은 《川》에 대응되는것으로 《壤, 襄》이 쓰이고있는 점이다.

《삼국사기》 권16

　　　故國川王 : 國壤

《삼국사기》 권17

　　　東川王 : 東襄 : 柴原

　　　中川王 : 中壤

　　　西川王 : 西壤

　　　美川王 : 好壤

《壤》과 《襄》은 음이 같아 서로 통해 쓰이면서 《川》에 대응되고있는데 이것은 고구려지명에서 흔히 찾아보게 되는 현상으로서 《나》의 표기변종들로 인정된다. 단위어 《나》의 앞에 붙은 《故國, 東, 中, 西, 美》 등은 표식어라고 할수 있다.

《故國川》의 《國》은 《나라, 고을》 등의 뜻으로 쓰인 옛날말인 《부루》의 의역으로 된다. 그리고 《故》는 기초한자음이 《ko》로서 《크다》의 《크》의 고형인 《가/고》의 음역으로 볼수 있다. 결국 《故國川》은 《고부루나》의 리두식표기로 된다.

《東川》의 표기변종인 《柴原》의 《柴》는 기초한자음이 《sie》로서 《東》의 옛날말인 《사/시》의 음역으로 인정된다. 그리고 《原》은 《나》의 의역으로 된다. 그러므로 《東川, 柴原》은 《사나》의 리두식표기로 되는데 《사》는 동쪽에서 불어오는 바람을 《새바람》이라고 하는데서 오늘까지 그 흔적을 남기고있다.

《中川》의 《中》은 《가운데》의 옛날말인 《가바》의 의역으로 된다.

결국 《中川》은 《가바나》의 리두식표기로 되는데 《가바》는 《추석》을 가리키는 《嘉俳/가위》, 《절반》의 뜻인 《가웃》 등에 그 흔적이 남아 있다.

《西川》의 《西》는 옛날말인 《가라/갈》의 의역으로 된다. 결국 《西川》은 《가라나》의 리두식표기로 되는데 《가라/갈》은 서쪽에서 불어오는 바람을 배사람들이 《갈바람》이라고 하는데서 그 흔적을 찾아볼수 있다.

《美川》은 《好壤》과 대응시키고있는데 《美, 好》는 《아름답다, 좋다》의 옛날말인 《이다》의 의역으로 되며 《川, 壤》은 《나》의 의역으로 된다.

그밖에 《慕本》의 경우에 《慕》는 《牟》와 통해 쓰인것으로서 《남》쪽의 뜻으로 쓰인 옛날말인 《마/모》의 음역으로 되는데 이 말은 남쪽에서 불어오는 바람을 《마파람》이라고 하는데서 그 흔적을 남기고있다. 《本》은 뒤에 오는 《原》과 함께 《부루》의 리두식표기로 볼수 있다.

이처럼 고구려의 왕호는 장지와 관련된 지명성을 가진것이 적지 않은데 이것은 고구려 왕호의 주요특징으로 된다.

2. 고구려인명관습의 전승

1) 발해와 고려에 전승된 고구려의 인명관습

고구려의 인명관습은 고구려의 계승국들인 발해나 고려에도 전승되었다.

7세기말 이래 고구려의 직접적인 계승국으로서 옛고구려의 넓은 령역을 차지하고 강대한 나라로 발전하여온 발해는 2백 수십년간 존속하다가 926년에 이르러 종말을 고하였다.

그러나 발해는 918년에 창건된 고려를 동족의 나라로 생각하였기때문에 멸망후 수많은 유민들이 고려에로 넘어왔으며 또 고려는 넘어온 발해 유민들을 적극 포섭하고 우대하였다. 이것은 동족관념에서 출발한 지극히 자연스러운 일이였다.

《고려사》에 의하면 태조 8년부터 17년사이만 하여도 여러차례에 걸쳐 수만명의 발해사람들이 고려로 넘어왔고 그후에도 계속되였으니 그 정형에 대해서 《고려사》는 다음과 같이 기록하고있다.

○ 을유 8년(925년) 가을 9월 병신일에 발해의 장군 신덕(申德) 등 5백명이 귀순하여왔다. 경자일에 발해의 례부경 대화균(大和鈞) 등이 백성 1백호와 함께 귀순하여왔다.

○ 12월 무자일에 발해 좌수위 소장 모두간(冒豆干)과 검교 개국남 박어(朴漁) 등이 백성 1천호와 함께 귀순하였다.

○ 정해 10년(927년) 3월 갑인일에 발해 공부경 오흥(吳興) 등 50명과 승려 재웅(載雄) 등 60명이 귀순하였다.

○ 무자 11년(928년) 3월 무신일에 발해사람 김신(金神) 등 60호가 귀순하여왔다.

○ 가을 7월 신해일에 발해사람 대유범(大儒範)이 백성들을 데리고 귀순하여왔다.

○ 9월 정유일에 발해사람 은계종(隱繼宗) 등이 귀화하여 천덕전에서 왕을 뵈였다.

○ 기축 12년(929년) 6월 경신일에 발해사람 홍견(洪見) 등이 배 20척에 사람과 재물을 싣고 귀순하여왔다.

○ 9월 병자일에 발해사람 정근(正近) 등 3백여명이 귀순하여왔다.

○ 갑오 7년(934년) 가을 7월에 발해국 세자 대광현(大光顯)이 민중 수만명을 데리고 와서 귀화하였다. 그에게 왕계(王繼)라는 성명을 주어 왕실족보에 등록하고 특히 원보의 품계를 주어 백주고을 일을 맡아보게 하고 거기서 자기 조상의 제사를 받들게 하였다.

이 기록들에 나오는 《大》는 발해의 창건자인 《大祚榮》때부터 왕실에서 줄곧 써왔던것으로서 발해왕실인 《대씨》는 고구려왕실인 《해씨(고씨)》의 직접적계승자로 됨을 자처하여 성처럼 써왔던것이다. 발해는 고구려유민들이 고구려의 문화와 풍습을 계승하여 발전시킨 나라로서 그 령역도 옛고구려의 령역을 그대로 차지하고 그 주도적인 인민들도 옛고구려사람들이였으니 우의 기록에 나오는 인명들인 《申德》, 《冒豆干》, 《正近》

등이 그 구조로 보아 고구려의 인명과 류사한 점이 있는것은 당연한 일이라고 본다.

《고려사》에 의하면 발해사람들의 고려에로의 귀순 또는 귀화는 대체로 11세기 전반기까지 계속되였는데 그 이름이 역시 고구려의 인명과 류사한 점이 많은것이 우리의 주목을 끈다.

- ㅇ 임신 원년(1032년) 정월 무술일에 발해의 사지(沙志), 명동(明童) 등 29명이 귀순하여왔다.
- ㅇ 2월 무신일에 발해의 사통(史通) 등 17명이 귀순하여왔다.
- ㅇ 5월 정축일에 발해의 살오덕(薩五德) 등 15명이 귀순하여왔다.
- ㅇ 6월 신해일에 발해의 우음(于音), 약기(若己) 등 12명이 귀순하여왔다.
- ㅇ 가을 7월 병신일에 발해의 고성(高城) 등 20명이 귀순하여왔다.
- ㅇ 계유 2년(1033년) 여름 4월 무술일에 발해의 수을분(首乙分) 등 18명이 귀순하여왔다.
- ㅇ 5월 계사일에 발해의 감문대정 기질화(奇叱火) 등 19명이 귀순하여왔다.
- ㅇ 6월 신축일에 발해의 선송(先宋) 등 7명이 귀순하여왔다.
- ㅇ 12월 계축일에 발해의 기질화(奇叱火) 등 11명이 귀순하여왔다.
- ㅇ 경인 4년(1050년) 여름 4월 계유일에 발해의 개호(開好) 등이 귀화하여왔다.

발해사람들의 이름이 《大祚榮》, 《大儒範》, 《大光顯》과 같이 《大》를 성처럼 단 경우에는 한자말인명의 인상을 주지만 그밖의 이름의 경우에는 고구려의 인명이나 마찬가지로 성이 특별히 따로 표시되지 않은 고구려의 인명구조를 그대로 전승하고있는것이다. 그리고 발해에서는 고구려와 마찬가지로 고유어인명을 당시의 우리 한자음체계에 의한 음역과 의역으로 표기하고있는것이 주목을 끈다.

薩五德

이 시기에는 이미 우리의 한자음체계가 확립되였다고 할수 있으니 《薩五德》의 한자음은 《살오덕》으로서 그것은 《사로+도》의 구조로 된 말을 표기한것으로 보인다.

- ㅇ 사로디 이러커늘ᅀᅡ 아들올 여히리잇가 (《월인천강지곡》 상 52)

o 治生은 사롤 일 다ᄉ릴씨라 (《월인석보》 21/70)

즉 《사로》는 《生》의 뜻을 가진 우리 말이며 《도》는 《基》의 뜻을 가지는 우리 말이나 그 뜻이 추상화되여 인명에서 뒤붙이처럼 쓰이게 되였다.

《-도》의 구조로 된 인명은 고구려에 《于刀》, 《文德》이 있고 신라의 《于德》, 가야의 《武德》 등이 있어서 우리 나라의 오랜 인명류형의 하나라고 할수 있다.

그런데 이러한 류형의 인명은 발해에도 파급되여 《薩五德》 이외에 《申德》도 있었다. 이 경우에 《德》은 원래 《도》의 표기에 쓰인것이였으나 후에 변화된 《德》의 한자음을 좇아 《덕》으로 읽히게 되였다고 본다.

奇叱火

《奇叱火》는 《깃불》의 표기로 된다. 《奇叱火》의 경우에 그것은 음역과 의역의 배합으로 된다. 즉 《奇》는 《기》의 음역이고 《叱》은 리두식표기에서 흔히 《ㅅ》의 표기에 쓰이는것이 거의 전통화되여있었으며 《火》는 《불》의 의역자로 쓰이였던것이다.

《깃불》의 《깃》은 《깃그다》를 명사적으로 쓴것으로 추정된다.

o 깃글 희 喜 (《류합》 하 3)
o 王이 깃그샤 (《내훈》 2/21)

그리고 《-불》로 된 인명류형은 고구려에 흔히 있는것으로서 《然弗》, 《乙弗》 등이 있었다. 그런데 이 경우에는 《火》를 의역하여 《불》의 표기로 쓴것이 다른 점으로 된다.

《火》를 《불》의 의역자로 쓴것은 고구려지명에서 흔히 보게 되는것인데(례: 屈火 = 구불, 伊火兮 = 이불이) 이러한 표기법이 발해의 인명표기에 그대로 전승된것은 주목할만 한 일이라고 본다.

首乙分

《首乙分》은 류사음에 의한 《머리보》의 표기로 된다.

《首乙》의 《首》는 《머리》의 고형인 《마리/마라》의 의역이며 《乙》은 리두식표기에서 흔히 《리/ㄹ》의 음역자로 쓰이니 여기서는 《마리/마라》의 《리/라》에 대한 보충적음역으로 되는데 이러한 표기법은 이미 고구려의 지명표기에서 전승된것이라고 할수 있다.(례: 首乙呑 = 머

리단)

그리고 《分》은 한자음이 《분》이지만 류사음에 의한 《보》의 음역자로 리용되여 인명표기에서는 《夫》와 통용되고있었으니 이러한 《-보》류형의 인명은 《明臨答夫》, 《相夫》에서 보는바와 같이 고구려에서 흔히 볼수 있는 인명류형이다.

若己

《若己》의 《若》은 현대한자음이 《약》이지만 그 기초한자음은 《ńiak》이니 그 옛음은 《낙/냐》이라고 할수 있다. 따라서 《若己》의 《若》은 《나》의 음역자로 되는데 그러한 표기법은 고구려인명표기에서 《若友》의 《若》이 《나》의 음역자로 되는 경우와 같다고 할수 있다.

그리하여 《若己》는 《나기》의 음역으로 된다.

o ㅎ봀사 뒤헤 나샤 (《룡비어천가》 61)

o 뜯 몰라 몯 나니 (《룡비어천가》 60)

《나기》는 《出》의 뜻을 가지는 우리 말이며 《-기》는 용언을 명사처럼 만드는 뒤붙이로서 그러한 류형의 인명은 《發岐》와 같이 고구려에도 있었던 인명류형의 하나이다.

于音

《于音》은 류사음에 의한 《오롬》의 표기로 된다.

o 시혹 無常과 眞常과로 半과 오롬과를 삼ᄂᆞ니라 (《원각경언해》 하 3/2)

o 그 오로미 物 것구미 ᄃᆞ외디 아니ᄒᆞ야 (《법화경언해》 5/3)

o 嬰孥ㅣ 能히 사로믈 올왓도다 (《두시언해》 2/63)

《오롬》은 《完》의 뜻을 가진 《오로다/올오다》가 명사화된것으로서 고구려인명의 《乙音》 역시 《오롬》을 표기한것이니 이것들은 다 표기변종의 관계에 있다고 할수 있다.

冒豆干

《冒豆干》은 《모도한》의 표기로 된다.

o 一切智ᄂᆞᆫ 모도아 니르고 (《월인석보》 9/13)

o 會ᄂᆞᆫ 모들 씨니 (《월인석보》 2/16)

《모도간》의 《모도》는 《會》의 뜻을 가진 우리 말이며 《한》은

《큰것, 어른》을 이르는 우리 말이다.

ㅇ 大抵 方言 以大者爲汗 故謂天爲汗亦此也 (《지봉류설》 권16)

《-한》류형의 인명으로는 백제의 《烏干》, 신라의 《勢漢》 등을 들 수 있다.

극히 제한된 자료이기는 하지만 고구려의 인명관습을 계승하여 발해에는 대체로 《-도》, 《-불》, 《-보》, 《-기》, 《-ㅁ》, 《-한》과 같은 류형의 인명들이 있었던것으로 추정된다.

그런데 흥미있는것은 이러한 인명관습이 광대한 발해령역에서 널리 류포되여 그에 복속되여있었던 말갈사람들과 그 후손으로 일컬어지는 너진사람들의 인명에까지 영향을 주고있는 점이다.

《고려사》에는 고려와 이러저러하게 련계를 맺은 흑수말갈과 동녀진, 서녀진사람들에 대한 기사가 실려있는데 그 인명들에는 고구려, 발해의 인명과 류사한 구조로 된것이 적지 않은것이다.

이제 고려의 현종, 덕종, 정종년간의 사실을 기록한 《고려사》(권4, 5, 6)에서 이들의 인명자료를 추려보면 다음과 같다.

《-도》 류형의 인명:

阿道(1020년 고려에 와서 토산물을 바친 흑수말갈 추장)

昆豆(1042년 고려에 준마를 바친 동녀진의 우두머리)

仇尼道(1044년 고려에 토산물을 바친 동녀진의 장군)

沙於頭(1045년 고려에 준마를 바친 동녀진의 우두머리)

《-불》 류형의 인명:

阿離弗(1017년 고려에 귀순한 흑수말갈사람)

加乙弗(1018년 고려에 말과 무기를 바친 서북녀진사람)

烏乙弗(1018년 고려에 말과 병기를 바친 동녀진사람)

尼亐弗(1018년에 고려를 방문한 동녀진사람)

伊弗(1018년 고려에 토산말과 병기를 바친 동녀진사람)

邢弗(1020년에 부하를 데리고 고려를 찾아온 녀진의 귀덕장군)

陀弗(1020년 고려에 와서 토산물을 바친 흑수말갈 추장)

于弗(1042년 고려에 토산물을 바친 서북녀진의 장군)

耶伊弗(1042년 고려를 방문한 동녀진의 귀덕장군)

冬弗(1042년 고려에 말을 바친 동녀진의 녕새장군)

尼多弗(1043년에 고려를 방문한 동녀진의 장군)

《-한》류형의 인명:

阿刀聞(1037년 고려에 토산물을 바친 동녀진의 좌윤)

阿豆簡(1040년 고려에 말 35필을 바친 동녀진의 원윤)

阿豆幹(1043년에 고려를 방문한 동녀진의 추장)

鹽漢(1045년에 고려를 방문한 동녀진의 회원장군)

《-나》류형의 인명은 발해의 인명자료에서 찾아보기 어려우나 고구려의 경우에는 적지 않았으며(례: 東川/柴原= 사나) 고려의 경우에도 쓰이였는데(례: 乙那 = 웃나) 이 류형이 녀진사람들의 인명에 많이 나타나고있는것은 흥미있는 일이다.

伊那, 徐乙那(1018년 고려에 말과 무기를 바친 동, 서녀진의 추장)

牛那(1018년 고려에 토산말과 병기를 바친 동녀진사람)

于那(1019년에 고려를 방문한 동녀진추장)

毛逸羅(1019년에 부하를 데리고 고려를 방문한 동녀진사람)

仇突羅(1019년 고려에 와서 토산말과 무기를 바친 동흑수국의 추장)

烏頭那(1020년 고려에 토산물을 바친 흑수말갈사람)

阿闕那(1024년에 고려를 방문한 동녀진의 회화장군)

沙伊羅(1040년 고려에 와서 토산물을 바친 동녀진의 장군)

要於那(1045년 고려에 좋은 말을 바친 동녀진의 장군)

녀진의 인명자료에 나타나는 이러한 경향성은 넓은 령역을 차지하였던 고구려가 자기에게 복속되여있었던 다른 종족들에게 미친 생활관습과 문화적영향의 일단을 보여주는것으로서 앞으로 연구를 심화시켜야 할 과제의 하나로 된다.

고구려의 고유어인명관습은 고려에 그대로 전승되여 비록 한자말식의 성명을 가진 경우에도 아명이나 자(字)는 고유어로 짓는 관습이 오래동안 지속되였으며 녀자들의 경우에는 기본적으로 고유어로 된 이름만을 가지고있었다.

고려시기에 와서 인명은 성씨와 이름을 갖춘 구조로 바뀌였는데 원래 이름은 고유어로 짓고 그것을 한자인명형식으로 표기하는 경우가 많았으며 고유어인명에서는 고구려인명에서 많이 쓰이던 말마디와 조성수단들을 그대로 전승하고있는것이 특징적이였다.

수리

《수리》는 고구려인명에 흔히 쓰이던것인데(례: 朱留, 朱利, 薛儒) 이 것이 고려시기 인명에 전승되였음을 보게 된다.

고려초 대광이였던 박술희(朴述希)의 이름은 《수리》였으니 그것을 음역하여 표기한것이 《述希》이다. 이 시기에는 이미 한자음체계가 확립 된 후이기때문에 한자음이 《술희》인 《述希》를 《수리》의 음역으로 표 기하였던것이니 그것을 해석하는데서는 크게 어려움이 없다고 할수 있다.

그리고 고려건국의 1등공신인 홍유(洪儒)의 초명이라고 한 《術》은 한자음이 《술》이니 이 역시 《수리》를 음역한것으로 추정된다.

《수리》라는 이름은 신분의 높고낮음에 관계없이 비교적 널리 쓰이였 다. 심지어 노비의 경우에도 쓰이였는데 14세기 김전의 종은 《樹伊》이였 으니 그것은 《수리》의 표기로 된다.

누리

《누리》는 고구려인명에서 《계승자》의 뜻으로 쓰이던 우리 말이 다.(례: 琉璃/ 累利, 紐由)

그런데 이 말이 고려시기에도 인명으로 쓰이고있었다.

1023년에 참지정사로 임명된 서눌(徐訥)의 이름인 《訥》의 한자음은 《눌》이니 그것은 우리 말 《누리》를 음역한것이라고 할수 있다.

우/웃

고구려의 인명에는 《上》의 뜻으로 《우/웃》이라는 말이 많이 쓰이 였는데 그것은 주로 인명구조에서 앞에 쓰이고있었다. (례: 乙弗, 乙巴素, 于素, 于刀)

그런데 이 말은 고려시기 인명에서도 그 뜻과 쓰임이 같았음을 보게 된다.

夫乙仍(11세기 탐라 진위교위)
高乙廮(13세기의 대장군)
李乙珍(14세기 병마사)
河乙泚(14세기 강화만호)

金乙寶(14세기 만호)

良乙邪, 高乙邪, 夫乙邪

이 경우에 《乙》은 《우/웃》의 표기로서 《乙仍》와 《乙邪》는 《웃나》, 《乙麼》는 《웃마》, 《乙珍》은 《웃돌》, 《乙汦》는 《웃지》, 《乙寶》는 《웃보》의 표기로 된다.

아시/아지

고구려의 인명에는 《初, 少, 弟》의 뜻으로 《아시》라는 말이 많이 쓰이였으며(례: 於漱, 尉須, 伊速/於只) 그 변이형이 세나라시기에 신라에서도 널리 쓰이고있었다.(례: 闕智, 阿志, 阿只)

이 말은 고려시기에 와서 여러 변이형을 띠면서 인명에 쓰이고있었다.

阿之(12세기 태백산 적괴수)

阿志泰(10세기초 청주사람)

阿字蓋(10세기 상주농민폭동의 지휘자)

이 경우에 《阿之》는 《아지》의 표기로 되며 《阿志泰》는 《아지＋태》, 《阿字蓋》는 《아지＋개》로 분석된다.

이것은 녀자이름에도 쓰이였는데 10세기 광종의 딸은 《阿志君》이고 11세기 현종의 서녀도 《阿志》였으며 13세기 충렬왕의 궁녀는 《小尼(아지니)》였다.

소/소히 〉쇠

고구려의 인명에는 《金》의 뜻을 가지는 《소/소히 〉쇠》가 많이 쓰이였는데 그것은 간혹 《斯由/釗》와 같이 단독으로 쓰이기도 하였으나 인명구조에서 뒤에 놓이는 일이 많았다.(례:, 乙素, 蓋金)

이 말은 고려시기에 와서도 그 용법에서 큰 변화가 없이 인명에 비교적 널리 쓰이고있었다.

亡所伊(12세기 농민폭동지휘자)

德素(12세기 중)

伊金(14세기 고성사람)

이 경우에 《亡所伊》는 《망쇠》의 표기로 되는데 이것은 철저하게 음역으로 되는것이기때문에 《망》의 음역자로 《亡》을 쓴것이라고 볼수도 있고 한편 봉건통치배들이 그에 대한 적의를 품고 《亡》이라는 나쁜 글자를 골라썼을수도 있다고 본다. 《德素》는 《덕쇠》, 《伊金》은 《잇쇠》의 표기로 된다.

가이

《가이》는 고구려인명에 쓰이던 우리 말인데(례: 怪由) 고려시기 인명에도 보인다. 14세기 도사인 최개(崔介)의 이름인 《介》는 당시 그 한자음이 《kai》인데 그것은 사실상 우리 말 《가이》의 음역자로 인정된다. 인명에서 《介》가 《가이》의 표기로 된 경우는 14세기 밀직부사인 리노개(李奴介), 14세기의 사졸인 현노개(玄奴介), 14세기 사람인 박지개(朴之介), 14세기 사복부정인 변벌개(邊伐介) 등이 있는데 그것들은 각각 《노가이》, 《지가이》, 《벌가이》를 표기한것으로 된다.

《가이》는 《加伊》로도 표기되였는데 14세기 조영길의 딸인 《鳳加伊》의 경우가 그러하다.

《−지》류형의 인명

고구려의 인명구조에는 《−지》의 류형이 있었는데(례: 於只支, 乙豆智) 이러한 구조의 인명을 만드는 관습은 고려시기에 그대로 전승되였다.

13세기 랑장인 다지(多智), 14세기 사람인 홀지(忽只)는 각각 《다지》, 《홋지》의 표기로 된다. 그리고 14세기 녀자인 황보가지(皇甫加之), 14세기 최천검의 딸인 가야지(加也只), 14세기 시비인 무로지(無老之)의 경우에 《加之》는 《가지》, 《加也只》는 《가야지》, 《無老之》는 《무로지》의 표기로 된다.

그리고 헐하게 부를수 있는 자(字)의 경우에도 《−지》류형의 고유어이름이 쓰이였는데 13세기 장일(張鎰)의 자인 《弛之》와 윤신걸(尹莘傑)의 자인 《伊之》는 다 《잇지》*의 표기로 인정된다.

　　* 《잇지》의 《잇》은 《好, 善》의 뜻을 가진 우리 말로서 원래 《이다 〉 일》
　　　으로부터 파생된 말이다.

ㅇ 낫나치 븕고 이드며 (《금강경삼가해》 2/62)

이처럼 《智, 只, 之》 등으로 표기된 《−지》류형은 고려시기에 비교적 많이 쓰인 고유어이름으로 되여있었다.

《−이》류형의 인명

고구려의 인명에는 《−이》류형의 인명이 적지 않았는데(례: 摩離, 彌

儒) 고려시기의 인명에도 《-이》류형이 많았다. 앞에서 든 《아지, 가이》도 그러한 류형에 속하며 10세기 왕건의 아들인 《助伊(조이)》, 10세기 최씨의 딸인 《字伊(자이)》, 12세기 폭동지도자인 《亡伊(망이)》 등이 그 류형에 속한다.

고구려의 인명에는 나오지 않으나 이 시기에 많이 쓰인 고유어이름은 《나히》, 《삿기》이다.

나히

《나히》는 《나ᄒ다(낳다)》를 명사화한것으로서 13세기 김영돈(金永旽)의 아명을 《那海》라고 하고 14세기 최안도(崔安道)도 아명을 《那海》라고 하였는데 그것은 《나히》의 표기로 된다.

ㅇ 아들 나ᄒ며 諸釋 아돌도 ᄯᅩ 나니이다 (《월인천강지곡》 상 9)

《那海》는 아명이 아니라 본명으로까지 쓰이였는데 14세기의 《李那海》, 《金那海》, 《韓那海》 등이 바로 그러하다.

삿기

10세기 복지겸(卜智謙)의 초명을 《砂瑰(사괴)》라고 하였는데 그것은 《삿기》의 표기로 된다.

《삿기》는 《새끼》의 고형인데 이 시기에 남자이름으로 쓰인것이다.

ㅇ ᄒᆡᆫ삿기를 나ᄒ며 (《월인석보》 2/45)

ㅇ 삿기 고 羔 (《훈몽자회》 상 19)

《삿기》에는 나쁜 뜻이 없으며 단지 사내자식을 일컫는 중성적인 의미로 쓰인것이라고 할수 있다.

이처럼 고려에서는 한자말식의 성명구조가 확립된 이후에도 고구려의 인명관습이 전승되여 초명이나 아명, 자의 경우에는 흔히 고유어로 된 이름을 달았는데 그 대부분이 고구려때부터 내려온 전통을 이어받은것이였다. 인명에 반영된 고구려의 고유어어휘는 물론 그 조성수법에 이르기까지 상당히 넓은 폭에서 그 전통과 관습을 받아들이고있어 인명유산에서도 고구려와 고려에 계승되고있다고 할수 있다.

2) 리조시기의 고유어인명

《리조실록》에 의하면 리조초기만 하여도 고유어로 된 인명이 상당한 정도로 쓰이고있었다. 문헌자료에 의하면 하층의 노비와 녀성들의 경우에는 한자로 된 성이 따로 없이 고유어로 된 이름만이 있었고 그밖의 계층의 경우에는 한자로 된 공식적인 성명이 있는 외에 고유어로 된 아명이 쓰이고있었다. 례를 들어서 리성계의 소실태생인 숙신옹주의 이름은 《旀致》인데 이것은 《밋치》 즉 막내딸의 뜻으로 지은것이다. 또한 제4대 왕인 세종은 태종의 셋째 아들로서 한동안 동생이 없어서 막내노릇을 하였다고 하여 《莫同》이라는 아명을 가졌는데 그것은 《막내동이》라는 뜻인 고유어인명 《막동》의 표기로 된다.

고유어로 된 이런 이름은 신분의 귀천에 관계없이 공통적으로 쓰이고있었다. 《세종실록》에는 《莫同》과 관련된 조항이 10건 기록되어있는데 [주] 그것을 통해 그 이름은 각이한 계층의 사람들에게 쓰이고있었음을 알수 있다.

[주] ① 세종 5년 4월 28일: 별사옹 막동이 신녕궁주의 녀종 古未(고미)와 간통한 사실에 대한 보고

② 세종 6년 3월 6일: 내자시의 종 막동이 小斤吾未(작은오미)와 같이 각종 약재를 도적질한 사실에 대한 보고

③ 세종 6년 8월 16일 : 종 막동이 상전을 구타한 사실에 대한 보고

④ 세종 13년 10월 28일: 령안군의 죄수 황막동이 남을 구타한 사실에 대한 보고

⑤ 세종 14년 9월 1일: 종 막동이 종 作金(질쇠)을 죽인 사실에 대한 보고 등 모두 10건이 올라있다.

《리조실록》에는 여러 류형의 고유어인명이 수많이 소개되여있다. 그 가운데는 고구려때부터의 전통적인 인명구조가 그대로 계승되어온것이 적지 않으며 또 고려때에 일정하게 변형되여 쓰이여온것도 반영되여있어 예로부터 전해오는 고유어인명관습의 견인성이 력력히 드러나고있음을 알수 있게 된다.

(남자이름)

加知加伊(가지가이) (《성종실록》 18권, 9장)

加八里(더퍼리) (《예종실록》 3권, 18장)

多勿沙里(다모사리) (《성종실록》 24권, 2장)*1

甘勿伊(ᄀ모리) (《세종실록》 55권, 6장)

加麻耳(가마피) (《세조실록》 47권, 20장)

乃斤乃(나ᄀ내) (《세종실록》 42권, 3장)

沙介無知(몰애무지) (《세종실록》 52권, 43장)*2

石阿甫里介(도라보리개) (《세종실록》 42권, 11장)

自叱金(잣쇠) (《세종실록》 9권, 18장)

仇叱金(굿쇠) (《예종실록》 5권, 11장)

每邑金(맵쇠) (《정종실록》 2권, 3장)

莫金(막쇠) (《태종실록》 25권, 10장)

勿金(무쇠) (《세종실록》 50권, 16장)

古邑同(곱동) (《세조실록》 42권, 8장)

金叱同(쇳동) (《성종실록》 8권, 17장)

豆乙萬(돌만) (《세종실록》 115권, 5장)

北叱間(뒷간) (《성종실록》 9권, 4장)

時羅孫(시라손) (《연산군일기》 62권, 2장)

*1 《다모사리》는 현대말로 《더부살이》에 해당되는것으로서 리두어인 《並只(다모기)》와 통하는 말이다. 《훈몽자회》에서는 《傭, 雇》 등의 한자를 《삭바돌》로 새긴 다음 《초학자회》에서는 그것을 《다므사리》로 새기였다고 그에 대한 주를 달아놓았다. 《다므사리》는 봉건시기에 주인집에서 숙식을 하면서 고용되여 일하는 사람을 가리킨다.

*2 《몰애》는 《ㄹ》아래 《ㄱ》가 탈락된 형태로 《모래》를 이르는 말이다.

(녀자이름)

仇瑟伊(구스리) (《세종실록》 93권, 8장)

者斤伊(자그니) (《세조실록》 8권, 32장)

栗伊(바미) (《세종실록》 48권, 17장)

成隱加伊(이른가이) (《태종실록》 33권, 59장)

世隱加伊(누린가이) (《세종실록》 20권, 3장)

小斤加伊(져근가이) (《세종실록》 25권, 27장) [주]

奉加伊(봉가이) (《태종실록》 10권, 24장)

德加伊(덕가이) (《세종실록》 50권, 16장)

於里尼(어리니) (《연산군일기》 54권, 19장)

甫老未(보로미) (《세조실록》 5권, 9장)

古邑之(곱지) (《성종실록》 88권, 19장)

石乙今(돌금) (《세조실록》 5권, 8장)

仇音方(굼방) (《단종실록》 3권, 24장)

[주] 《룡비어천가》 10권 39장의 주에서는 《小斤》에 대하여 정음자로 《져
근》이라고 밝혀놓았다.

이밖에 고유어인명은 일련의 리두문서들에도 반영되여있다. 례를 들
어서 1518년에 된 《로산군부인 전계문서》엔는 《寶老未(보로미)》, 《弓叱
德(활ㅅ덕)》 등 녀자종의 이름과 《石金(돌쇠)》, 《莫同(막동)》 등 남자종
의 이름이 반영되여있다. 또 책을 찍어낼 때 시주한 사람의 이름을 적은
경우에도 나오고있다. 례를 들어서 1568년에 간행한 《월인석보》 2권(희방
사판)과 1572년에 간행한 《월인석보》 7권(비로사판)의 마지막장에 붓으로
쓴 시주자의 이름이 적혀있는데 거기에는 《古伊(고이)》, 《莫守(막쇠)》,
《莫孫(막손)》, 《石守(돌쇠)》, 《加都致(가도치)》, 《伊羅只(이라지)》,
《五十今(쉰금)》, 《五十山(쉰뫼)》, 《芿叱之(늦지)》, 《芿叱達(늦달)》, 《每
邑同(맵동)》 등 리두식표기로 된 고유어인명이 적지 않게 반영되여있다.

이 시기 고유어인명의 류형에는 다음과 같은것이 있었다.

① 출생장소에 따라:

부엌녀, 자산놈, 외양쇠

② 간지나 생일에 따라:

갑돌이, 을순이, 삼질이

③ 부모들의 념원을 반영하여:

어진이, 무쇠, 순이

④ 출생순서에 따라:

큰놈, 작은놈, 막내

그밖에도 흔하고 막된것이여야 무탈하게 자란다고 하여 《돼지, 개똥,
차돌》과 같이 이름을 짓기도 하였다.

이 시기 고유어인명을 표기하기 위하여 리용한 리두자들가운데서 대

표적인것을 들어보면 다음과 같다.

　　　　乭 … 乭金(걱쇠), 乭正(걱정)

　　　　乬 … 乬金(결쇠)

　　　　乭 … 乭石(돌석), 乭仇知(돌구지)

　　　　㖎 … 㖎守(굿쇠), 㖎致(굿치)

　　이처럼 고구려때의 고유어인명관습은 발해와 고려에 전승되였으며 리조시기까지도 오랜 세월에 걸쳐 인민들속에서 유지되여왔다.

　　그러나 한편으로 오랜 고유어인명관습 대신에 한자말식으로 된 성명구조가 류행하게 되면서 고유어인명은 점차 자취를 감추게 되였다.

3) 인명구조의 변화와 인명의 새로운 발전

　　우리 나라의 인명력사를 보면 예로부터 고유어인명을 달다가 후기신라이후 한자성을 다는것이 관습화되여 고려, 리조시기에 이르기까지 여러 가지 방식으로 성이 만들어지고 전승되여왔다. 성은 일반적으로 자기의 혈통을 밝히려는데 목적을 두고 정해진다. 그러나 평백성들의 경우에는 성을 제대로 가진 사람이 많지 않았고 특히 노비신분의 경우에는 성을 생각조차 할수 없었다.

　　한편 봉건사회에서 성은 왕이 하사한것도 있었고 반대로 바꾸어 달게 한것도 있었다.

　　후기신라에 왜구가 쳐들어왔을 때 송악산밑에 살고있었던 리지춘, 리섭춘, 리화춘 삼형제가 적과 싸워 마침내 원쑤를 물리쳤으므로 왕이 나라를 편안케 하였다 하여 그들에게 《안(安)》이라는 성을 하사하였다고 한다.

　　반면에 왕건은 백제유민들가운데서 자기를 반대하여 반란을 일으킨 충청도의 일부 호족들에게 《상(象)》, 《우(牛)》, 《돈(豚)》 등 짐승이름의 성을 주었다고 한다.

　　다른 한편 왕조교체시 학살과 탄압을 피하기 위하여 본래 쓰던 성을 스스로 고치는 현상도 있었다. 즉 리성계가 고려왕조를 전복하고 정권을 탈취한 후 일부 왕씨성을 가진 사람들은 재난이 두려워서 《王》자에 점을 하나 찍은 《玉》, 갓을 씌운 《全》, 량옆에 줄을 내려긋는 《田》 등으로

성을 고친바 있었던것이다.

이와 같이 후기신라이후 고려, 리조시기에 이르기까지 여러가지 방식으로 성이 만들어지고 전승되여왔으나 성씨가 전반적으로 일반화된것은 아니였다.

자료에 의하면 민적부가 생긴 리조말기에 성씨 없는자가 성씨 있는자의 1.3배에 달하였다고 하는데 이것은 성씨의 일반화가 미흡하였음을 말해주는것이라고 생각한다. 그리하여 민적부를 만들게 되면서 성씨의 일반화가 갑자기 진행된것으로 보인다.

우리 나라에는 현재 3백개정도의 성씨가 있는데 그중 《김, 리, 박, 최, 정, 강, 조, 윤, 장, 림》 등 10개 성씨가 64.5%를 차지한다고 한다. 매개 성씨는 본관이라는것이 있어서 같은 성씨라도 본관이 다르면 조상이 다른 것으로 된다. 그리하여 성씨에는 본관을 앞에 밝히는것이 관례로 되어있는데 그 인원수가 많기로는 김해김씨, 밀양박씨, 전주리씨가 앞장에 섰고 다음으로 경주김씨, 경주리씨의 순서로 되어있다고 한다.

봉건통치배들이 추구한 사대주의의 후과로 하여 한자말로 이름짓는것이 관습화되여 고유어로 된 이름은 점차 사용범위가 줄어들게 되고 마치 한자말이름을 지어야 점잖은것으로 생각하게까지 되었다. 그리하어 지난날에는 흔히 항렬자를 따르는 관습이 생겨나게 되였는데 항렬자는 대체로 5행을 좋아 《火》, 《土》, 《金》, 《水》, 《木》이 들어간 한자를 써서 짓는 관습이 생기게 되였다.

흔히 《이름석자》라고 할 때에는 성 한자와 이름 두자를 가리키는것인데 이처럼 성과 이름으로 구성된 인명구조는 오랜 기간 유지되여왔다.

그러나 녀성의 경우에는 5행에 의한 이러한 명명법이 해당되지 않는 것이 일반적경향이여서 《淑, 順, 嬌, 玉》 등을 넣어서 만든 이름들이 널리 류행되고있었다.

이러한 인명구조는 지난날 봉건사회에서 한자와 한문을 숭상하던 낡은 사고방식이 남겨놓은 후과로서 우리 언어생활에서 주체를 세우기 위해서는 응당 극복하여야 할 문제의 하나로 된다.

위대한 수령 **김일성**동지께서는 다음과 같이 교시하시였다.

《지난 날 우리 조상들은 사대주의병에 걸려 사람의 이름도 한자말로 지었습니다. 앞으로 어린이들의 이름은 될수록 고유어로 짓는것이 좋겠습니다.》
(《김일성전집》 제36권, 501페지)

위대한 수령님께서는 지난날 봉건통치배들의 사대주의로 말미암아 자취를 감추게 된 고유어인명의 오랜 관습을 살리는것이 언어생활에서 주체를 세우는데서 중요한 의의를 가진다는데 대하여 명철하게 통찰하시고 앞으로 어린이들의 이름은 될수록 고유어로 짓는것이 좋겠다고 교시하시였다.

인명은 일반어휘와 같이 다듬어쓸수 없는 명명상특성을 가지고있다. 이미 한자로 지은 이름을 특별한 리유없이 고유어로 모두 바꿀수는 없다. 그렇기때문에 말다듬기와 같은 어휘정리의 대상으로 될수 없는것이다.

그러나 새로 태여나는 어린이들의 이름을 처음부터 고유어로 지으면 하나, 둘 고유어이름이 늘어나고 사회적으로 고유어로 이름을 짓는 기풍이 서게 된다. 이렇게 되면 지난날의 낡은 관습을 없애고 우리 말을 주체적으로 발전시키는데 기여하게 될것이다. 그렇지 않고 지난날과 마찬가지로 새로 태여나는 아이들의 이름을 짓는데서 《족보》를 펴놓고 항렬을 따지며 좋은 뜻을 가진 한자와 한자의 획수를 따지는것과 같은 낡은 관습을 되풀이하게 된다면 봉건적인 인습을 없앨수 없을뿐아니라 이름짓기도 힘들고 서로 엇비슷한 이름을 많이 만들어내는 결과가 빚어질것이다.

예로부터 내려오는 인명관습을 참고하면서 무진장한 아름다운 고유어의 원천에서 어린이들의 이름짓기수단과 수법을 탐색하고 새시대에 맞는 명명계기를 찾아내여 좋은 이름을 짓는것은 변화된 오늘의 현실적요구에 부합되는것이다.

위대한 수령님의 교시를 높이 받들고 해방후에 우리 나라에서는 어린이들의 이름을 고유어로 짓는 기풍이 서게 되면서 민족적정서가 짙고 약동하는 사회주의현실을 반영한 새로운 류형의 고유어이름들이 생겨나게 되였다.

고유어이름을 짓는데서 우선 고려하여야 할 문제는 어휘수단을 어떻게 선택하여야 하는가 하는것이다.

이름짓기에서는 우선 뜻이 깊은 단어를 선택하는 문제가 중요하다.

이를 위해서는 시대적인 사명감과 부모의 기대를 반영할수 있는 단어를 선택하는데 깊은 관심을 돌릴 필요가 있다.

이름짓기에서는 남녀별에 따르는 구별에 관심을 돌리는것도 중요하다. 이를 위해서는 성별을 고려하여 단어와 어음수단을 적절하게 선택하여야 할것이다.

그리하여 오늘 사내애들의 이름에는 《새찬, 새찰, 억척, 억세, 보람, 강쇠, 무쇠》 등과 같은 억세고 씩씩한 고유어이름들이, 녀자애들의 이름에도 《봄순, 봄내, 새봄, 달래, 달맥, 술맥, 꽃순, 꽃분, 설미, 시내, 어울, 별이》와 같이 아름다운 고유어이름이 많이 생겨나게 되였다.

고유어를 수단으로 하여 지은 이름이라고 하여도 지난날 우리 조상들이 지었던 《마당쇠, 찻쇠, 굿쇠, 부엌녀, 고방녀, 서분이, 돌만이, 시라손, 먹새기, 곱동, 첫동》 등과 같이 오늘의 시대감각에 맞지 않는 이름들은 자취를 감추어버리고 밝고 아름다우며 참신한 이름들이 새롭게 생겨나 어린이의 이름짓기에서는 새로운 변화가 일어났다.

한편 해방후 우리 나라에서는 《화자, 영자, 옥자, 숙자, 말자》와 같이 일제시대 잔재로 남아있는 《~자》로 된 녀자이름도 모두 고치여 달리 지어 부르게 됨으로써 녀자이름짓기에서는 또 하나의 중요한 변화가 일어나게 되였다.

해방후 위대한 수령님의 교시를 높이 받들고 우리 나라에서 일어난 인명문화의 전변은 우선 새로운 시대적요구에 맞게 언어생활에서 주체성을 확립하는데서 의의가 있는것이며 한편으로 예로부터 내려오는 인명관습을 오늘의 주체시대, 선군시대에 와서 새롭게 발전시킨데서 의의가 크다고 할수 있다.

Ⅲ. 고구려언어의 어휘 및 문법

1. 어휘

위대한 수령 **김일성동지**께서는 다음과 같이 교시하시였다.

《우리 말은 표현이 풍부하여 복잡한 사상과 섬세한 감정을 다 잘 나타낼수 있으며 사람들을 격동시킬수 있고 울릴수도 있으며 웃길수도 있습니다.》

(《김일성전집》 제32권, 354페지)

우리 말은 표현이 풍부하여 그 어떤 사상이나 감정도 다 정확하고 섬세하게 나타낼수 있다. 이것은 오랜 기간 **축적된** 어휘의 풍부성에 의하여 확고히 담보된것으로서 우리 말의 우수성의 하나로 되고있다.

인민들의 언어생활에서 토대를 이루는것은 고유어로 된 기본어휘이다.

기본어휘는 문법구조와 더불어 언어구조의 토대로서 그것 없이는 언어의 존재자체가 무의미한것으로 인정되고있다.

력사적으로 우리 말 어휘는 순수한 고유어휘를 기본으로 하고있었는데 그 뿌리는 리두식표기로 된 고구려를 비롯한 세나라시기의 어휘자료에 반영되여있다.

1) 세나라의 어휘적공통성

세나라시기 리두식표기자료를 분석해보면 고구려, 백제, 신라가 고유어휘를 쓰는데서 공통성이 많았음을 알수 있다. 그것은 이 세나라의 인민들이 한 뿌리에서 나온 같은 겨레였다는 사정과 관련되여있다.

그런데 여기서 고려하여야 할 문제는 지명과 인명이라는 극히 제한된 자료를 가지고 그것을 론하게 된다는 점이다. 그리하여 어떤 경우에는 세나라에서 공통적으로 쓰이는 말이 있고 어떤 경우에는 두 나라에서만 쓰이는 말이 있게 되는데 그렇다고 해서 그것이 곧 어휘분포에서 차이가 있는것을 보여주는것으로 될수는 없을것이다. 왜냐하면 지명과 인명이라는 특수한 사용분야에서 나타나는 현상이라는 점을 고려해야 하기때문이다.

고구려를 기준으로 하여 어휘적인 공통성을 론하는것만큼 세 나라사이의 공통이든 두 나라사이의 공통이든 그것은 당시 우리 말의 어휘가 공통적으로 쓰이였다는 점에서 다같이 귀중한 자료로 됨에 틀림없다고 해야 할것이다.

고구려와 백제, 신라에서 공통적으로 쓰이였던것을 비롯하여 고구려와 백제, 고구려와 신라에서 공통적으로 쓰이였던것가운데서 대표적인 고유어 기본어휘들을 몇개 들어보면 다음과 같다.

1. 고모/곰

고구려: 고모달(功木達 : 熊問山)

백제: 곰나(錦江 : 熊川)

신라: 고모실(熊只 : 熊神)

이 말은 《熊》에 대응되는 고유어휘로서 《功木, 錦》 등으로 표기하였다. 《功木, 錦》의 기초한자음은 각각 《kuŋ-muk, kiəm》이니 《고모, 곰》의 음역으로 된다. 그리고 《熊只》의 《只》는 기초한자음이 《tśie》로서 《골》의 뜻인 《실》의 음역으로 된다. 《고모, 곰》은 이 시기에 고구려와 백제, 신라에서 지명표식어로 널리 쓰이였음을 알수 있다.

2. 고시

고구려: 가비고시(甲比古次 : 穴口 : 甲串)

백제: 고시히(古尸伊 : 岬城)

신라: 고시(古尸 : 岬)

이 말은 《串, 口, 岬》에 대응되는 고유어휘로서 《古次, 忽次, 古尸》 등으로 음역하여 표기하였다. 《古次》의 기초한자음은 《ko-tśie》, 《忽次》는 《xuət-tśie》, 《古尸》는 《ko-si》로서 다같은 《고시》의 음역으로 되는데 그것은 후세에 《고지/곶》으로 변화되였다.

이 말은 전국각지의 지명에 남아있는데 황해남도의 《長山串(장산곶)》도 그 하나로 된다.

3. 나

고구려: 너리나(仍尸內 : 槐壤)

백제: 가리나(加乙奈 : 市津)

신라: 소나(素邪 : 金川)

이 말은 《壤, 津, 川》에 대응되는 고유어휘로서 《內, 奈, 邪》 등으로 음역하여 표기하였다. 《內, 奈, 邪》는 기초한자음이 각각 《nuɐi, nâ, nuai》로서 《나》의 음역으로 되는데 그것은 《나, 나루, 나리》에 대응되는 말로서 강을 기준으로 하여 그것을 끼고있는 땅이라든가 나루와 강에 대한 지명단위어로 널리 쓰인 말이였다.

4. 도

고구려: 나도(奈吐 : 大堤)

백제: 우시도(于召渚 : 紆州)

신라: 실도(漆吐 : 漆隄)

이 말은 《堤, 州, 隄》에 대응되는 고유어휘로서 《吐, 渚》 등으로 음역하여 표기하였다. 《吐, 渚》의 기초한자음은 각각 《t'uo, tĭo》이니 《도》의 음역으로 되는데 그것은 후세의 《터, 뚝, 땅》에 대응되는 말이다.

5. 마

고구려: 이리마(也尸買 : 狌川 : 狼川)

백제: 살마(薩買 : 淸川)

신라: 마도리(買珍伊 : 溟珍)

이 말은 《川, 溟》에 대응되는 고유어휘로서 기초한자음이 《mä》인 《買》로 음역하여 표기하는데서 세나라가 공통적이였다. 《買》로 표기된 《마》는 《물》과 관련되는 지명에 널리 쓰이고있었다.

6. 마라/미리/무라

고구려: 마라단(首乙呑 : 原谷)

백제: 고마미리(古馬旀知 : 馬邑)

　　　 가무라(甘勿阿 : 咸悅)

신라: 디나미리(知乃彌知 : 化昌)

　　　 거벌모라(居伐牟羅 : 居伐城)

이 말은 《宗, 邑, 城》에 대응되는 고유어휘로서 《首乙, 旀知, 勿阿.
彌知, 牟羅》 등 여러가지 방식으로 표기하였다. 우선 《勿阿, 牟羅》는 기
초한자음이 각각 《miuət-ʔa, miu-la》이니 《무라》의 음역으로 되며
《旀知, 彌知》의 경우에는 기초한자음이 각각 《mi-tie, mie-tie》이니
《미디》의 음역으로 되는데 《ㄷ/ㄹ》교체에 의해서 《미리》의 음역으로
될수 있다. 그리고 《首乙》은 의역－음역에 의해서 《마라》를 표기한것으
로 된다. 《마라/미리/무라》는 《마을》의 뜻을 가지는 말의 변이형들이다.

7. 물

고구려: 더물(德勿 : 德水)

백제: 물나히(勿余兮 : 水入)

신라: 사물(史勿 : 泗水)

이 말은 《水》에 대응되는 고유어휘로서 기초한자음이 《miuət》인
《勿》을 가지고 《물》을 표기하는데서 세나라가 공통적이였다. 이를 통해
서 이 말이 오랜 력사를 가진 말임을 알수 있다고 본다.

8. 부리/불

고구려: 구불(屈火 : 曲城)

백제: 가불(皆火 : 扶寧)

　　　미도부리(未冬夫里 : 南平)

신라: 비시불(比斯伐 : 昌寧)

이 말은 《城, 寧, 平》에 대응되는 고유어휘로서 《夫里》와 같은 음
역 또는 《火, 伐》 등 의역과 음역으로 표기하였다. 다시말하여 《夫里》
는 기초한자음이 《pio-lie》로서 《부리》의 음역으로 되며 《伐》은 기초
한자음이 《biət》이니 《불》의 음역으로 되며 《火》는 《불》의 의역으로
된다. 《불》은 《버러》와 같은 변이형을 가지고있었는데 그것은 《벌》로
되였다.

9. 사비/사보

고구려: 사비거리(沙非斤乙 : 赤木)

　　　사보골(沙伏忽 : 赤城)

백제: 사비가(所比浦 : 赤烏)

신라: 사비나(助比川 : 陽山)

이 말은 《赤, 陽》에 대응되는 고유어휘로서 《沙非, 所比, 助比》 등 음역으로 표기하였다. 《沙非, 所比, 助比》의 기초한자음은 각각 《sa-piəi, siá-pie, dziá-pie》이니 《사비》의 음역으로 되며 《沙伏》은 기초한자음이 《sa-biuk》이니 《사보》의 음역으로 된다. 《사비/사보》는 《赤》 또는 《陽》의 뜻으로 오래전부터 쓰인 말이였다.

10. 소/소히
고구려: 소히나(休壤 : 金壤)

백제: 소히나(實於山 : 鐵冶)

신라: 소돌(舍輪 : 金輪)

이 말은 《金, 鐵》에 대응되는 고유어휘로서 《休, 舍, 實於》 등으로 표기하였다. 《舍》와 《實於》의 기초한자음은 각각 《ŝa》, 《dziat-ia》로서 《소》와 류사음에 의한 《소히》의 음역으로 되며 《休》는 《쉬다》의 뜻이니 의역자로서 《소》를 표기한것으로 된다. 그런데 이 말들은 《金, 鐵》에 대응하고있어 금속일반을 가리키는 고유어휘로 쓰이였던것으로 추측된다.

11. 수바/술/수불
고구려: 수바골(肖巴忽 : 豊夫城)

백제: 비술(雨述 : 比豊)

신라: 수불한(舒發翰 : 酒多)

이 말은 《豊, 酒》에 대응되는 고유어휘로서 《肖巴, 述, 舒發》 등으로 표기하였다. 《肖巴》의 기초한자음은 《siău-pa》이니 《수바》의 음역으로 되며 《述》의 기초한자음은 《dʑiuĕt》이니 설내입성 《-t》가 우리 말에서 《ㄹ》로 대응되는 조건에서 《술》의 음역으로 된다. 그리고 《舒發》의 기초한자음은 《śiá-biɐt》이니 《수불》의 음역으로 된다. 그런데 《수바, 술, 수불》은 《豊, 酒》에 대응하고있으니 그것들은 다 같은 말의 변이형들이라고 할수 있다.

12. 한
고구려: 한달(漢山 : 廣州)

백제: 한달(翰山 : 大山)

신라: 한기(韓岐 : 大庖)

이 말은 《廣, 大》에 대응되는 고유어휘로서 《漢, 翰, 韓》등으로 표기하였다. 《漢, 翰, 韓》의 기초한자음은 각각 《xân, ɤân, ɤân》이니 《한》의 음역으로 되는데 그것은 《廣, 大》의 뜻으로 오래전부터 지명표식어로 쓰이여왔다.

13. 이불/아부로

고구려: 이불히(伊火兮 : 緣武)

백제: 이불(伊火 : 倂火)

신라: 아부로(阿火屋 : 幷屋)

이 말은 《緣, 倂, 幷》에 대응되는 고유어휘로서 《伊火, 阿火屋》등으로 표기하였는데 이것은 음역과 의역의 배합으로 된 표기방식이라고 할 수 있다. 즉 《伊火》의 《伊》는 기초한자음이 《ʔie》이니 《이》를 음역한것이고 《火》는 의역자로서 《불》을 표기한것으로 된다. 그리고 《阿火屋》의 경우에는 《阿》의 기초한자음이 《ʔa》이니 《아》의 음역으로 되며 《火》는 의역자로서 《불》을 표기한것이고 《屋》의 기초한자음은 《ʔuk》이니 류사음에 의한 《오》의 표기로 되여 결국 그것은 《아불오 〉 아부로》를 표기한것으로 된다.

이 말은 그후 《아부라, 아울러》로 변화하여 지금까지 생활력을 잃지 않고 쓰이고있다.

14. 거무

고구려: 거무나(今勿奴 : 黑壤)

백제: 거무(今勿 : 陰達)

이 말은 《黑, 陰》에 대응되는 고유어휘로서 《今勿》로 표기하는데서 공통적이었다. 《今勿》의 기초한자음은 《kiəm—miuət》로서 《거무》의 음역으로 되는데 이 시기에 지명표식어로 많이 쓰이였다.

15. 골

고구려: 마골(買忽 : 水城)

백제: 보골(伏忽 : 寶城)

이 말은 《城》에 대응되는 고유어휘로서 《忽》로 표기하는데서 공통적이었다. 《忽》의 기초한자음은 《xuət》로서 《골》의 음역으로 되는데 이 말은 《구루》가 변화된것으로서 지명단위어로 널리 쓰이고있었다.

16. 고시/구시

고구려: 고시마(古斯馬 : 玉馬)

백제: 구시도리(丘斯珍兮 : 貴旦)

이 말은 《玉, 貴》에 대응되는 고유어휘로서 《古斯, 丘斯》 등으로 표기되었는데 《古斯, 丘斯》의 기초한자음은 각각 《ko-sie, k'iu-sie》로서 《고시/구시》의 음역으로 된다. 이 말은 지명표식어로 쓰이였다.

17. 나

고구려: 나도(奈吐 : 大堤)

백제: 나다라(難等良 : 高山)

이 말은 《大, 高》에 대응되는 고유어휘로서 《奈, 難》 등으로 표기하였다. 《奈, 難》의 기초한자음은 각각 《nâ, nân》이니 《나》의 음역으로 되는데 이 시기에 지명표식어로 쓰이고있있다.

18. 달/다라

고구려: 부시달(夫斯達 : 松山)

백제: 구리다라(黃等也山 : 黃山)

이 말은 《山》에 대응되는 고유어휘로서 《達, 等也》 등으로 표기하었다. 《達》의 기초한자음은 《dât》이니 설내입성 《-t》가 우리 말에서 《ㄹ》로 대응되는 조건에서 그것은 《달》의 음역으로 되며 《等也》의 기초한자음은 《təŋ-ia》이니 그 류사음에 의한 《다라》의 음역으로 될수 있다. 《다라/달》은 예로부터 지명단위어로 많이 쓰이였으니 단군설화에 나오는 《今彌達》, 《阿斯達》의 경우가 그러하다.

19. 도비/두무

고구려: 더리도비(毛乙冬非 : 鐵圓)

백제: 두무너(豆毛羅 : 圓山)

이 말은 《圓》에 대응하는 고유어휘로서 《冬非, 豆牟》 등으로 표기되었다. 《冬非》의 기초한자음은 《toŋ-pəi》로서 《도비》의 음역으로 되며 《豆牟》의 기초한자음은 《tâm-miu》이니 류사음에 의한 《두무》의 음역으로 될수 있다. 《도비》와 《두무》는 《圓》의 뜻으로 쓰이는 말로서 변이형의 관계에 있다.

20. 사남/살

고구려: 사나리(沙熱伊 : 淸風)

백제: 살마(薩買 : 淸川)

이 말은 《淸》에 대응하는 고유어휘로서 《沙熱, 薩》 등으로 표기하였다. 《沙熱》의 기초한자음은 《sa－ɲiät》로서 《사날》의 음역으로 되며 《薩》의 기초한자음은 《sät》이니 《살》의 음역으로 된다. 《사날》과 《살》은 《淸》의 뜻을 가지는 말인데 여러 지방의 지명에 쓰이고있었다.

21. 수리

고구려: 수리골(述爾忽 : 峯城)

백제: 엄수리(牙述 : 陰峯)

이 말은 《峯》에 대응하는 고유어휘로서 《述爾, 述》 등으로 표기하였다. 《述》은 기초한자음이 《dʑiuet》이니 설내입성 《－t》가 우리 말에서 《ㄹ》로 대응되는 조건에서 《수리》의 음역으로 되며 《爾》의 기초한자음은 《nie》로서 《수리》에 대한 보충적인 음역으로 된다.

22. 나히/나시

고구려: 나히골(奈兮忽 : 白城)

신라: 마나시(買熱次 : 酈白)

이 말은 《白》에 대응되는 고유어휘로서 《奈兮, 熱次》 등으로 표기하였다. 《奈兮》의 기초한자음은 《nâ－ɣei》이니 《나히》의 음역으로 되며 《熱次》의 기초한자음은 《ɲiät－tsʻie》이니 《나시》의 음역으로 되는데 《나히》와 《나시》는 변이형의 관계로 된다. 왜냐하면 《나히》의 《히》가 구개음화하게 되면 《시》로 되기때문이다.

23. 누리

고구려: 누리(瑠璃, 類利, 奴閭)

신라: 누리(儒理, 弩禮, 世理)

이 말은 《世》에 대응되는 고유어휘로서 《瑠璃, 類利, 奴閭, 儒理, 弩禮, 世理》 등 여러가지로 표기하였다. 《瑠璃, 類利, 奴閭, 儒理, 弩禮》의 기초한자음은 각각 《liu－lie, lui－li, nio－lia, ɲio－lie, nio－lei》이니 그것은 《누리》의 음역으로 될수 있다. 그리고 《世理》의 경우에는 《世》의 뜻이 《누리》이니 의역으로 되고 거기에 《리》를 음역하여 《理》를 덧붙인것이라고 할수 있다. 이러한 표기방식을 반의반음역이라고 하는데 당시 리두식표기에서 흔히 쓰이고있었다. 《누리》는 계승자의 뜻으로도 쓰이여 고구려와 신라에서 인명에 많이 쓰이었다.

24. 미시

고구려: 미시골(買召忽 : 彌鄒忽)

신라: 미시히(未斯欣 : 未)

이 말은 《未》에 대응되는 고유어휘로서 《買召, 彌鄒, 未斯》 등으로 표기하였다. 《買召, 彌鄒, 未斯》의 기초한자음은 각각 《mä-điau, mi-tśio, miai-sie》이니 《미시》의 음역으로 될수 있다. 《미시》는 후세에 《밑》으로 변화된 말의 고형으로서 이 시기 지명표식어와 인명에 쓰이고있었다.

25. 바다

고구려: 바다(波旦 : 波豐)

신라: 바다간(波珍干 : 海干)

이 말은 《海》에 대응되는 고유어휘로서 《波旦, 波珍》 등으로 표기하였다. 《波旦, 波珍》의 기초한자음은 각각 《pâ-tân, pâ-tien》으로서 《바다》의 음역으로 되는데 이 말의 변이형인 《바를》은 중세국문문헌에 자주 나오고있다.

26. 바히

고구려: 사시바히(濟次巴衣 : 孔巖)

신라: 실바히(栗巴火 : 載岩)

이 말은 《巖(岩)》에 대응되는 고유어휘로서 《巴衣, 巴火》 등으로 표기하였다. 《巴衣, 巴火》의 기초한자음은 각각 《pa-ʔioi, pa-xuâ》로서 《바히》의 음역으로 되는데 이 말은 이 시기에 지명단위어로 많이 쓰이고있었다.

27. 버거

고구려: 버기(伯固 : 次)

신라: 버거(卜好 : 次)

이 말은 《次》에 대응되는 고유어휘로서 고구려와 신라에서 각각 인명으로 《伯固, 卜好》를 사용하였다. 즉 고구려 신대왕은 태조대왕의 막내동생으로서 이름이 《伯固》이며 신라 눌지마립간의 동생은 이름이 《卜好》이다. 그 기초한자음은 각각 《puk-xâu, pɐk-ko》로서 《버거》의 음역으로 되는데 다같이 다음 동생을 이르는 말로 된다.

28. 아리

고구려: 아리수(阿利水 : 漢江)

신라: 아리나리河(阿利那禮河 : 閼川)

이 말은 《長, 大》에 대응되는 고유어로서 《阿利》로 표기하였는데 그 기초한자음은 《?a—li》이니 이것은 《아리》의 음역표기로 된다.

세나라시기 어휘적공통성을 보여주는 다른 하나의 유력한 자료로 되는것은 지명단위어의 분포이다.

고구려, 백제, 신라 세나라에서 쓰인 몇몇 주요지명단위어의 분포정형을 보면 다음과 같다.

No	지 명 단 위 어	고구려	백 제	신 라
1	마/마리/물/무리 (水)	○	○	○
2	더/도 (堤)	○	○	○
3	나/나리 (川, 江, 津)	○	○	○
4	달/도로/두루 (山, 高)	○	○	○
5	골/걸/구루 (城, 邑)	○	○	○
6	고시/구시 (岬, 口)	○	○	○
7	마리/모라/무라(村)	○	○	○
8	수리 (峯)	○	○	○
9	불/부루/부리 (城)	○	○	○
10	나 (壤, 野)	○	○	○
11	바히 (峴, 巖)	○	X	○
12	디히 (岑)	○	X	X
13	단 (谷)	○	X	X

주요지명단위어 13개 가운데서 결국 세나라공통이 10개로서 76.9%, 고구려와 신라의 공통이 11개로서 84.6% 되는데 이것은 지명단위어의 경우에 공통성이 절대적으로 큰 비중을 차지하고있었다는것을 의미한다.

지명단위어뿐아니라 표식어도 공통적인것이 적지 않았다. 례를 들어 《두리/도리》의 경우에 그 분포정형을 보면 조선반도전역에 걸쳐있는데 지명전승의 견인성에 비추어 이것은 고구려, 백제, 신라의 어휘적공통성을 말해주는 유력한 증거의 하나로 된다고 할수 있다.

頭里山(금야), 頭流山(문천), 頭龍山(삭주), 頭輪山(해남),

豆里山(이천, 명천), 吐羅山(단천), 都羅山(장단), 桃李山(경상 청하),

兜率山(양구, 태안, 풍기, 고산), 智力山(진도), 智來山(전라 락안),

智勒山(옥천), 動樂山(곡성), 智異山:頭流山(경상 함안)

또한 《두무》의 경우에도 저 멀리 제주도의 《두무나》로부터 강계의 《두무골》까지 널리 분포되여있음을 보게 된다.

耽毛羅(제주), 杜門洞(강계), 豆音洞(대흥), 斗武里(린제), 杜無谷(제천)

세나라의 어휘적인 공통성은 인명에 반영된 어휘의 쓰임을 통해서도 이야기할수 있다. 즉 고구려, 백제, 신라의 인명을 분석해보면 우선 명명의 공통성을 지적할수 있다.

고구려: 누리(儒留)…시조 동명왕의 다음번 왕

신라: 누리(儒禮)…남해의 태자인 유리니사금

《누리》는 《계승자》의 뜻으로 공통적으로 쓰이고있었다.

고구려: 우룸(乙音)…태조대왕때 고추가

백제: 우룸(乙音)…온조왕때 우보

《우룸》은 《상자》의 뜻으로 공통적으로 쓰이고있었다.

고구려: 우소(于素)…고국천왕비의 아버지

우수(于漱)…서천왕때 서부대사자

백제: 우수(優壽)…고이왕의 동생

《우소/우수》는 본래 《우(上/一) + 소/수(鐵)》의 구조로 된것인데 이 시기에 인명으로 많이 쓰이였다.

다음으로 고구려, 백제, 신라의 세나라 인명의 명명에서는 자주 쓰이는 말들이 반복되여나오는데 이를 통해서도 우리는 세나라의 어휘적인 공통성을 추정할수 있게 되는것이다.

보는바와 같이 인명의 경우에 거기에 쓰인 어휘는 세나라공통이 10개로서 79%, 고구려와 신라의 공통이 13개로서 100%로 된다.

No	인명에 쓰인 어휘	고구려	백제	신라
1	우 (上, 一)	○	○	○
2	서/소/소시 (金, 鐵)	○	○	○
3	사/시 (新, 東)	○	○	○
4	마리 (頭, 首)	○	○	○
5	길 (長)	○	○	○
6	불 (火, 烈)	○	○	○
7	오로 (登)	○	○	○
8	수리 (頂, 高)	○	○	○
9	누리 (世)	○	X	○
10	아히 (兒)	○	X	○
11	나 (徒)	○	X	○
12	돌/도리 (石)	○	○	○
13	구더,구시 (敦, 固)	○	○	○

세나라의 어휘적인 공통성은 지명단위어의 경우도 그렇고 인명의 경우도 그렇고 약 80% 계선에 이르고있다. [주] 이것은 세나라의 언어적인 동질성을 말해주는 유력한 증거의 하나로 된다.

> [주] 《세나라시기의 리두에 대한 연구》(류렬, 1983년)에서도 세나라의 어휘적 공통성에 대한 통계를 잡으면서 약 60%라는 수치를 내놓은바가 있다.(193 페지)

이밖에도 고구려, 백제, 신라의 어휘적공통성을 보여주는 자료는 적지 않다. 이것은 본래 하나의 뿌리에서 나온 같은 말을 쓰고있었기때문에 응당한것으로 된다. 그러나 지역적분산성으로 하여 생기게 되는 방언적인 차이는 있기마련이다. 고구려, 백제, 신라의 리두식표기자료에 나타나는 일정한 어휘적인 차이는 바로 이와 관련되여있는것으로서 그것은 언어적인 차이가 아니라 방언적인 차이에 지나지 않는것이다.

2) 후기에 전승된 고구려의 고유어휘

고구려의 지명과 인명에 반영된 어휘는 대부분이 기본어휘에 속한것들이다.

기본어휘는 일반적으로 고유어휘로 이루어지며 강한 견인성을 가진다. 기본어휘는 여러 세기에 걸쳐 기본석으로 보존되며 시대의 변화에도 불구하고 근본적인 변화가 없이 유지되어온다. 그렇다고 해서 기본어휘가 시간의 흐름과 함께 전혀 변화하지 않는것으로 리해해서는 안된다. 모든 개별석인 언어요소들이 자기 력사를 가지는것처럼 기본어휘도 자기 력사를 가지며 시간의 흐름에 따라 변화하는 여러 시대의 산물로 남게 된다.

만약 변화가 있다면 기본어휘속에 들어간 단어들의 일련의 어음변화가 있을수 있으며 새로운 단어들에 의한 기본어휘의 보충과 풍부화가 있을뿐이다. 비로 이 점에서 기본어휘의 견인성이 확인된다고 할수 있다.

우리 말 고유어 기본어휘의 견인성은 리두식표기로 된 고구려의 지명과 인명에 반영된 고유어휘에 대한 분석을 통하여 립증된다.

고구려의 고유어 기본어휘 140여개를 《인간, 자연, 식물, 동물, 광물, 형상, 행동, 대상, 기타》 등 부류별로 정리해보면 다음과 같다.

인간: 아히/아기(兒), 아달(子), 아시(弟), 어시(母), 어비(族), 우리(隣), 나(徒), 마로(宗), 수(雄), 비시(職), 가시(心), 더리(毛), 마리(頭), 빌(臂)

자연: 가라(迊), 가비(穴), 가사(邊), 고시(串), 구루/골(城). 나(壤), 나리(川), 누리(世), 다(地), 단(谷), 달(山), 더기(壇), 도(堤), 드르(坪), 다히(岑), 마(水), 마라(村), 모로(山), 비라/비다(海), 비히(巖), 버리(野), 부루(坪,野), 비러(邏), 눈(雪), 사라(霜), 사보(曉), 사시(孔), 소(潭), 수리(峯), 사/서 (東), 시러 (土), 한발/하날(天)

식물: 가지(茜), 고시(花), 나모(木), 나벌(穀), 너리(槐), 도시기(橡栗), 마리(蒜), 바시(拔), 버러/부러(根), 부시(松), 시비/서비(薪), 수히(林), 우무(芧)

동물: 가비(鷺), 가히(狗), 고마(熊), 고라너(獐), 고히(鵠), 도시(猪), 말

(馬), 미루(龍), 비달(鳩), 소(牛), 여시(狐), 이리(狼)

광물: 고리(銅), 고시(玉), 나달(鉛), 도로/도리(石), 소히/ 소시(鐵)

형상: 거무(黑), 고리(黃), 나히(白), 버러(綠), 사비(赤), 가오(富), 고도
(直), 고라(均), 구두(固), 구리(朽), 구불(曲), 구시(堅), 나(大), 나
라(舊), 너부(廣), 두루(圓), 발가(明), 보시(深), 비시(斜), 사날(淸),
하(大. 多), 아달(窮), 아리/오리(長), 어디(賢), 어시(橫), 어우(寬),
오로(正, 右), 이다(善)

행동: 가리(耕), 나라(飛), 다몰(復), 다바(盡), 다사(愛), 도로(反), 마가
(防), 마도(擔), 마조(迎), 모도(集), 비후(扮), 사가(刻), 사로(居),
아로(知), 어불(倂), 오로(登), 일구(成)

대상: 가라(岐), 글/ 걸(文), 두무(圓), 모디(節), 보시(角), 불(火), 사미/
사마(僧), 소리(聲), 수리(車), 수부(酒), 어기(口)

기타: 서(三), 아시(初), 버거(次), 다시(復, 再), 안(內), 서리(間), 가바
(中), 소보(裏), 우(上), 미시(末), 이부지(隣)

고구려의 고유어휘들이 후기에 계승된 정형은 중세 국문문헌자료와의
대비를 통하여 명백히 알수 있다고 본다.

고구려의 고유어휘가 중세를 거쳐 전승된 정형을 부류별로 보면 다
음과 같다.

① 인간과 판련한 어휘

아히/아기(兒)

o 兒ᄂᆫ 아히라 (《월인석보》 서 18)

o 아히 ᄋᆞ 兒, 아히 동 童 (《훈몽자회》 상 32)

o 집지시롤 처섬 ᄒᆞ니 그제ᅀᅡ 아기나히롤 始作ᄒᆞ니라 (《월인석보》
1/44)

o 아기 하뎍ᄒᆞ샤 (《월인석보》 8/86)

《아히》는 중세국문문헌에서 《아히》로 나오는데 이 말은 어중의
《ㅎ》가 탈락하여 《아이, 애》로 되여 오늘까지 전하고있다. 한편으로
《아히》는 어중의 《ㅎ 〉 ㄱ》교체에 의해서 《아기》로 되였는데 이러한
류형의 교체는 《남히 〉 남기》, 《므스히 〉 므스기》 등 많은 실례를 들수
있다.

중세국문문헌에서는 이 말이 그대로 전승되여있는데 《아기, 아히》는 한 뿌리에서 나온 말로서 어중의 《ㅎ/ㄱ》교체현상과 관련되어있다고 할수 있다.

그리하여 이것을 굳이 한자말 《兒孩》와 결부시켜 해석하는것은 잘못된것이라고 할수 있다.

아들(子)

o 아들 ᄌᆞ 子 (《훈몽자회》 상 32)

o 아두러니 ᄯᅵ러어니 (《월인석보》 21/97)

《아들》은 중세국문문헌에 《아들》로 나와있는데 그것은 그후 모음 《ㆍ》의 변화에 따라 《아들》로 되여 오늘에 이르고있다.

아시(弟)

o 아ᇫ 뎨 弟 (《훈몽자회》 상 32)

o 아ᇫ와 누의와는 各各 어그리 가니오(초간 《두시언해》 8/25)

o 졍 아ᇫ 들 (《박통사언해》 상 63)

《아시》는 중세국문문헌에서 《아ᇫ 〉 아ᇫ》를 거쳐 오늘 《아우》로 되여 전승되고있는데 우리 말에서 모음과 모음사이에서 일어난 《ㅅ 〉 △ 〉 ㅇ》의 변화는 보편적현상으로 된다. (례: ᄉᆞ시 〉 ᄉᆞᅀᅵ 〉 사이)

어시(母)

o 눈 먼 어시는 淨飯王과 摩耶夫人이시니라 (《월인석보》 2/13)

o 아비님도 어이이신마ᄅᆞᆫ (《악장가사》 사모곡)

《어시》도 《어ᅀᅵ 〉 어이》의 변화과정을 거쳤으나 오늘 동북방언에서는 《어시》를 보존하고있으며 한편 《어버시 〉 어버ᅀᅵ 〉 어버이》의 변화과정을 거친 《어버이》가 문화어에서 그에 대응하고있다.

어비(族)

o 즉자히 나랏 어비몯내롤 노도아 니ᄅᆞ샤ᄃᆡ(《석보상절》 6/9)

o 軒은 어비몯ᄃᆞ는 술위오 (《법화경언해》 1/77)

《어비몯》은 《족장(族長)》을 말하는것이니 《어비》는 곧 《族》을 일컬으는것으로 된다. 이 말은 오늘까지도 간혹 쓰이고있는데 아이들에게 무서움을 주기 위하여 《어비어비》 하고 말하는것은 예로부터 존엄있는 대상을 가리켜 일러 온 관습과 관련되여있다고 할수 있다.

우리(隣)

o 이소리는 우리 나랏 소리여서 열보니 (《훈민정음언해》)

o 우리둘토 이 眞淨大法을 재 得고져 ᄒ야 (《월인석보》 18/3)

《우리》는 원래 《이웃》의 뜻으로 쓰인 말이였으나 그후 그 뜻이 변하여 1인칭 복수의 인칭대명사로 되면서 오늘까지 변함없이 전승되고있는데 이것은 2인칭, 3인칭에 비하여 인칭대명사의 복수형으로서는 특수한것으로 된다.

나(徒)

o 네 아ᄃ리 各各 어마님내 뵈ᅀᆞᆸ고 누의님내 더브러 즉자히 나가니
   (《월인석보》 2/6)

《어마님내, 누의님내》의 《내》는 《나 + 이》로서 《나》는 사람들이 복수임을 나타낼 때 쓰이던것인데 오늘도 《내, 네》에 그 자취를 남기고있다.

마로(宗)

o ᄆᆞᄅᆞ 종 宗 (《훈몽자회》 상 32)

《마로》는 중세국문문헌에서 《ᄆᆞᄅᆞ》로 나오는데 이것은 예로부터 우두머리의 뜻으로 많이 쓰이던 말이다. 이 말은 오늘까지도 《맏아들, 산마루, 머리》 등에서 쓰이면서 고구려때부터 내려오는 우리 말의 력사적견인성을 잘 보여주고있다.

수(雄)

o 수히 윈 놀개 드리옛ᄂ니 (《두시언해》 16/71)

o 수 웅 雄 (《훈몽자회》 하 7)

《수》는 중세국문문헌에서 그대로 전승되고있으며 그것은 오늘까지도 전해지고있다.

바시(職)

o 내 흥정바치 아니라도 (《로걸대언해》 하 24)

o 공장바치 공 工 (《훈몽자회》 중 3)

《바시》는 중세국문문헌에서 《바치》로 나오는데 당시까지 많이 쓰이던 말이다. 그러나 오늘날에 와서 이 말은 생활력을 잃고있다.

가시(心)

○ 가슴과 등을 다디르며 (《월인석보》 21/80)

○ 눈므리 가슴민 그독 항엿도다 (《부모은중경언해》 7)

《가시》는 원래의 의미가 바뀌면서 중세국문문헌에서 《가슴》으로 되였다. 이것은 어중 《ㅅ》의 약화와 관련된것인데 그후 이 말은 《가슴》으로 되여 전승되면서 그 흔적을 남기고있다.

더리(毛)

○ 내 바랫 혼 터리를 몯 무으리니 (《석보상전》 6/27)

○ 머리 털 기두기를 드리디우개 말며 (《소학언해》 5/19)

《더리》는 초성이 거센소리로 바뀌어 중세국문문헌에서 《털》로 나오는데 그것은 《고 〉 코》, 《갈 〉 칼》과 마찬가지로 뒤에 오는 《ㅎ》격토의 역행동화에 의한 변화로 추정된다.

마리(頭)

○ 마리 두 頭, 마리슈 首 (《훈몽자회》 상 24)

○ 머리 터리를 믿자 남진 겨지비 두외오니 (《두시언해》 8/67)

《마리》는 중세국문문헌에서 변이형으로서 《머리》가 나오고있는데 후세에 와서는 《머리》가 기본으로 되고 오히려 《마리》는 그 변이형으로 되고말았다.

발(臂)

○ 볼 爲臂 (《훈민정음해례》 용자례)

○ 볼흘 자비슈미 나릭 하니 (《두시언해》 9/22)

《발》은 중세국문문헌에서 《볼》로 나오나 그후 초성의 순한소리가 기센소리로 되여 《팔》로 되였는데 이것은 뒤에 오는 《ㅎ》격토에 의한 역행동화의 결과라고 할수 있다.

② 자연, 지리와 관련한 어휘

가사(邊)

○ 無邊은 곳 업슬씨라 (《월인석보》 8/39)

○ 곳 변 邊 (《훈몽자회》 중 7)

○ 光明도 하시니 곳 업스실써 (《월인석보》 2/45)

《가사》는 중세국문문헌에서 《곳, 곳》으로 나오고있는데 이 말은 모음과 모음사이에서 일어난 《ㅅ 〉 △ 〉 ㅇ》의 변화에 의해서 《가》로 바뀌였다.

고시(串)

o 흔 곳 一串 (《어록해》 11)

o 흔 고재 다 뻬며 (《사법어》 12)

《고시》는 중세국문문헌에서 《곳/고ㅈ》으로 나오는데 이 말은 원래 바다로 길게 뻗은 륙지의 지형상특징을 가리키는 지명단위어로 쓰이였으나(례:장산곶) 전의되여 꿰는것을 가리키는데도 쓰이게 되였다.

가비(穴)

o 江水 … 陽川縣北 爲孔巖 구무바회 津(《룡비어천가》 3/13)

o 구무 공 孔, 구무 혈 穴 (《훈몽자회》 하 18)

옛날에는 《가비》가 지명표식어로 쓰인바 있었는데 15세기에는 그 변화형태인 《구무》가 지명표식어로도 쓰이고 일반명사로도 쓰이였다. 《가비》와 《구무》는 변이형의 관계에 있는 말이지만 《가비》는 그 생활력을 잃고말았다.

구루/골(城)

o 다른 ㄱ올히 녯 ㄱ올히라와 됴토다 (《두시언해》 8/35)

o 골히 이셔 일 업슨 저기어든 (《번역소학》 10/7)

《구루/골》은 고구려에서 지명단위어로 많이 쓰이였던것인데 중세국문문헌에서 일반명사로 쓰인 《ㄱ올/골》은 그 전승으로 인정된다.

나(壤, 津)

o ㄴㄹ 진 津 (《훈몽자회》 상 5)

o 漢江 … 至廣州界 爲渡迷두미津 爲廣津광ㄴㄹ (《룡비어천가》 3/13)

o 臨津 … 至積城縣北 爲梨津비ㄴㄹ (《룡비어천가》 5/27)

《나》는 원래 《壤, 津》 등의 뜻으로 지명단위어에 많이 쓰이였었는데 중세국문문헌에서는 그 파생형태인 《ㄴㄹ》가 주로 《津》의 뜻으로 되여 일반명사와 지명단위어로 쓰이고있음을 보게 된다. 이것은 원래 다의적이였던 《나》의 의미폭이 축소되면서 《나》의 사용이 퇴화되였음을 보여주는것이라고 할수 있다.

나리(川)

o 正月ㅅ 나릿므른 아으 어져 녹져 ᄒ논듸 (《악학궤범》 동동)

o 내 천 川 (《훈몽자회》 상 4)

중세국문문헌애는 《나라》와 함께 어중의 《ㄹ》가 탈락한 《내》가 반영되여있는데 《나라/내》는 오랜 세월 전승되여온 말가운데 하나로서 《내》는 오늘까지 그대로 전승되고있다.

누리(世)

o 누리 가온듸 나곤 몸하 ᄒᆞ올로 녈셔 (《악학궤범》 동동)

o 누리 셰 世 (《훈몽자회》 중 1)

《누리》는 《세상》의 뜻으로 오랜 옛날부터 전해오는 말로서 오늘도 그대로 쓰이고있어 그 견인력이 매우 강함을 알수 있다.

눈(雪)

o 嫩曰 嫩 (《계림류사》 고려방언)

o 하ᄂᆞᆶ ᄲᅥ려 눈 곧 ᄃᆞ니이다 (《룡비어천가》 50)

《눈》은 《계림류사》의 경우나 중세국문문헌의 경우나 다같이 그대로 전승되고있다.

다(地)

o 地는 싸히라 (《월인석보》 서 18)

o 寶土ᄂᆞᆫ 보빈 싸히라 (《월인석보》 8/19)

중세국문문헌애서는 《다》가 《싸》로 되였으며 그후 이 말은 《땅》으로 되여 전승되고있다.

난(谷)

o 甘彌呑部曲 (《신증동국여지승람》 권10, 안성)

o 於支呑縣 (《신증동국여지승람》 권49, 안변)

《난》은 고구려애서 흔히 써오던 지명단위어인데 중세국문문헌애는 반영된것이 없고 일련의 지리지들애 옛날의 리두식표기가 반영되여있을뿐이다. 그리하여 이 말은 이미 화석화된 경우애만 그대로 남아있으며 그 쓰임애서 생산성은 없어졌다고 할수 있다.

달(山)

o 加支達縣 (《신증동국여지승람》 권49, 안변)

o 今達 (《신증동국여지승람》 권55, 상원)

《달》은 고구려에서 지명단위어로 많이 써오던것인데 중세국문문헌에

는 나오지 않고 일련의 지리지들에 옛날의 리두식표기가 소개되여있으며
《음달, 양달》에 그 흔적이 남아있다고 본다.

더기(棚)

ο 棚은 더기라 (《금강경삼가해》 2/25)

《더기》는 원래 일정한 높이에 있는 지대를 가리키는 말로 쓰이던것
인데 오늘날 지명으로 남아있는 《거무덕 〉 검덕》이나 《오산덕, 곤장덕》
의 《덕》이 바로 그것이다. 그리고 일반어휘로는 《둔덕, 언덕》 등에 그
자취가 남아있다.

도(堤)

ο 眞實ㅅ 터흘 뵈샤모 빗난 지빗 터히오(《릉엄경언해》 5/1)

ο 터 경 境, 터 긔 基, 터 지 址 (《훈몽자회》 하 18)

《도》는 중세국문문헌에서 거센소리 초성으로 되여 《터》로 나오고
있는데 그것은 《도》가 《ㅎ》격토를 취한데로부터 그 역행동화에 의해서
거센소리로 된것으로 생각된다. 이 말은 비록 변형되기는 하였으나 오늘까
지도 그 생명력을 잃지 않고있다.

드르(坪)

ο 묏눈과 ㄱ롮 어르매 드르히 서늘ᄒ니 (《두시언해》 4/4)

ο 드르 교 郊, 드르 뎐 甸, 드르 평 坪 (《훈몽자회》 상 4)

《드르》는 중세국문문헌에서 그대로 전승되고있다. 이 말은 그후
《들》로 되여 오늘에 이르고있다.

디히(쯩)

ο 재 ᄂ려 티샤 두 갈히 것그니 (《룡비어천가》 36)

《디히》는 중세국문문헌에서 《재》로 되였는데 이 말은 그후에 그대
로 전승되고있다.

마(水)

ο 마히 미양이랴 장기 연장 다스려라 (옛 시조)

ο 만일 음우 피로운 댱마흘 맞거나 (《마경언해》 상 42)

《마》는 중세국문문헌에 많이 나오지 않으나 그 명맥은 유지하고있다
고 할수 있다. 《마》는 이 시기에 와서 의미의 폭이 축소되여 쓰이고있는
데 《댱마》의 경우에는 《댱(長) + 마》로 분석할수 있다.

마라(署, 村)

o 노폰 마ᅀᆞ래 다 武臣이러니 (초간 《두시언해》 23/11)

o 마ᅀᆞᆯ 셔 署, 마ᅀᆞᆯ 조 曹 (《훈몽자회》 중 7)

o 팔만 나라해 ᄆᆞᅀᆞᆯ히 盛ᄒᆞ야 (《월인석보》 1/46)

o ᄆᆞᅀᆞᆯ 촌 村, ᄆᆞᅀᆞ 리 里 (《훈몽자회》 중 8)

《마라》는 중세국문문헌에서 《署》의 《마ᅀᆞᆯ》과 《里》의 《ᄆᆞᅀᆞᆯ》로 분화되여 나오고있는데 그것은 사실상 《마라》의 의미분화에 따르는 변화형으로 된다.

모로(山)

o 피모로 椵山 (《룡비어천가》 4/21)

o 뫼 爲山 (《훈민정음해례》 용자례)

o 묏 산 山 (《훈몽자회》 상 3)

《모로》는 중세국문문헌에서 그대로 유지되기도 하나 그보다는 그 변화형인 《뫼》가 보편화되여있었는데 그러한 변화는 이미 《계림류사》에 반영되여있는것으로 보아 그 력사가 오래임을 알수 있다.

o 山曰 每 (《계림류사》 고려방언)

그리하여 오늘날에 와서는 《뫼》의 고형인 《모로》는 화석화된 형태로만 남아있을뿐 그 생산성은 잃어졌다고 할수 있다.

바라/바다(海)

o 海ᄂᆞᆫ 바ᄅᆞ리라 (《월인석보》 서 8)

o 鹹水 바다히 잇거든 (《월인석보》 1/23)

o 나도 줌을 ᄭᆡ여 바다흘 구버보니 (《송강가사》 관동별곡)

우리 말에서 《ㄹ/ㄷ》의 교체는 흔히 있는것인데 중세국문문헌에서는 《바ᄅᆞᆯ/바다》의 두 변이형이 다 쓰이고있다. 그러나 시간이 흐름에 따라 《바ᄅᆞᆯ》이 퇴화되고 《바다》의 사용빈도가 높아짐을 알수 있다.

바히(巖)

o 즈믄 바회 스싀로 업드러 ᄃᆞ라오놋다 (《두시언해》 1/27)

o 바회 암 巖 (《훈몽자회》 상 3)

《바히》는 중세국문문헌에서 《바회》로 나오는데 그것은 《바호 + 이》로 분석할수 있다.

ｏ 岩乎邊希 (《헌화가》)

향가에서의 《岩乎》는 《바호》의 표기로서 사실상 그것은 《바히》의 변이형으로 예로부터 존재한것이라고 할수 있다.

중세국문문헌의 《바회》는 그후 어중 《ㅎ》의 탈락에 의해서 《바위/바우》로 변화되였다.

버리, 부리/부루(野, 坪)

ｏ 潘南廢縣 本百濟 半奈夫里縣 (《신증동국여지승람》 권35, 라주)

ｏ 富利廢縣 一云 富尸伊 (《신증동국여지승람》 권33, 금산)

《부리/부루》는 고구려에서 지명단위어로 널리 쓰이던것이지만 중세국문문헌에는 나오는것이 없고 일련의 지리지들에 리두식표기로 된 지명이 소개되여있을뿐이다. 그러나 이 말의 변화형태인 《벌》은 지금도 지명단위어로 쓰이고있다.

비리(遷)

ｏ 두 비레 시스니 가싀야 프르도다 (《두시언해》 3/4)

ｏ 머리 도르혀 두 비레를 브라노라 (《두시언해》 6/46)

《비리》는 중세국문문헌에서 《비례》로 나온다. 그런데 이것은 《버로》로도 되고 한편으로 《비리》에 단어조성의 뒤붙이 《앙》이 붙어서 《버랑》으로 변형되기도 하였다.

사라(霜)

ｏ 서리 爲霜 (《훈민정음해례》 용자례)

ｏ 서리 상 霜 (《훈몽자회 상 2)

《사라》는 중세국문문헌에서 《서리》로 나오고있는데 이 말은 오늘 그대로 전하고있다.

사보(曉)

ｏ 새바기 거우르로 ᄂᆞᆾ을 비취오 (《원각경언해》 서 45)

《사보》는 중세국문문헌에서 《새배, 새박》으로 나오는데 이 말은 동쪽이 밝아온다는 말로서 오늘은 《새벽》으로 되여 전하고있다.

사시(孔)

ｏ 도즈기 스실 디나샤 (《룡비어천가》 60)

ｏ 모미 곳 스싀로 디나갈신 (《두시언해》 21/22)

o 하늘과 짜과 ㅅ시예 젓디 아니ᄒᆞᄂᆞᆫ 므리라 (《칠대만법》 4)

《사시》는 《ㅅᄉᆞᆯᄉᆞᆯ》의 변화과정을 거치면서 오늘에 와서는 《사이/새》로 전하고있다.

소(潭)

o 흔 뼉비 타 흔 기픈 소해 다ᄃᆞ라 (《불정심다라니경언해》 하 12)

o 소 담 潭, 소 츄 湫 (《훈몽자회》 상 5)

《소》는 중세국문문헌에서나 현재나 변함없이 그대로 전승되고있다.

수리(峯)

o 修理山 (《신증동국여지승람》 권6, 광주)

o 水落山 (《신증동국여지승람》 권11, 양주)

《수리》는 중세국문문헌에 나오지 않고 일련의 지리지들에 리두식표기로 소개되여있다. 그런데 이 말은 지금까지도 《정수리》, 《수리봉》, 《수리산》 등으로 널리 쓰이고있는것으로서 그 전승의 견인력은 크다고 할수 있다.

사/서 (東)

o 새별이 노파시니 (《로걸대언해》 상 52)

o 東風謂之沙 (《성호새설》 팔방풍)

o ᄉᆡ별 明星 (《물명고》 천문류)

《새별/ᄉᆡ별》의 《새/ᄉᆡ》는 《사/서》의 변화형으로서 동쪽을 가리키는 말로 된다. 《새별》은 동쪽에 돋는 별이라는 뜻이고 《새박》은 동쪽이 밝아온다는 뜻이며 《새바람》은 동쪽에서 불어오는 바람이라는 뜻이다. 이 《새》의 고형은 《사/서》인데 이것은 세나라시기에 나라이름이나 도시이름으로 쓰인 오랜 력사를 가지고있다.

한발/하날(天)

o 天曰 漢捺 (《계림류사》 고려방언)

o 天은 하ᄂᆞᆯ히라 (《석보상절》 서 1)

《한발》은 어중 《ㅂ》의 약화, 탈락예 의하여 《하날》을 거쳐 중세국문문헌에서 《하ᄂᆞᆯ》로 되였으며 그후 《ᄋᆞ》의 변화에 의해서 현대어에서는 《하늘》로 되였다.

③ 식물과 관련한 어휘

가지(菁)

o 고존 펴 넷 가지예 ᄀ득ᄒ얫도다 (《두시어해》 10/10)

o 가지 지 枝 (《훈몽자회》 하 4)

《가지》는 쓰이는 과정에 그 의미폭이 좁아지게 되였는데 중세국문문헌에는 좁아진 의미로 쓰인 《가지》가 나오고있다.

고시(花)

o 時節 아닌 곳도 프며 (《석보상절》 11/2)

o 곳 화 花 (《훈몽자회》 하 4)

o 곳 됴코 여름 하ᄂ니 (《룡비어천가》 2)

o 하ᄂ히 보빗 고줄 비허 (《불정심다라니경언해》 상 2)

《고시》는 중세국문문헌에서 《곳/곶》으로 나오고있는데 이것은 사실상 《고시 〉 고지》의 변화를 보여준것이라고 할수 있다. 왜냐하면 《곶》을 종성제한의 8종성법에 의해서 《곳》으로 표기한것에 지나지 않기때문이다.

나모/ 남기(木)

o 木曰 南記 (《계림류사》 고려방언)

o 보빗옛 남기 느러니 서머 (《월인석보》 2/29)

o 나모 슈 樹, 나모 목 木 (《훈몽자회》 하 3)

《남기》는 《남기 〉 남히 〉 나모》의 과정을 고려할 때 《나모》의 고형이라고 할수 있다. 지금도 일부 방언에서는 《낭기, 낭그》가 쓰이고있다.

도시기(橡栗)

o 도토리 樣(《사성통해》 하 68)

o 히마다 도톨왐 주수믈 나ᄇ 조차 ᄃ뇨니 (초간 《두시언해》 25/26)

《도시기》는 중세국문문헌에서 《도토리》로 나오고있으며 《도톨왐》은 《도토리 + 밤》의 변화형으로 된다.

마리(蒜)

o 마ᄂᆞᆯ 大蒜 (《사성통해》 상 41)

o 마ᄂᆞᆯ 션 蒜 (《훈몽자회》 상 13)

《마리》는 중세국문문헌에서 《마ᄂᆞᆯ》로 나오는데 이것은 《ᄋᆞ》의 변화에 따라 《마늘》로 되여 오늘까지 전하고있다.

바시(挑)

o 가븨얍고 열운 복셩ㅅ고즌 므를 조차 흐르ᄂ다 (《두시언해》 10/8)

o 블근 비츤 복셩홧 고지 드러 보ᄃ랍고 (《두시언해》 10/2)

o 복셩화 도 桃 (《훈몽자회》 상 11)

《바시》는 중세국문문헌에서 《복셩》으로 나오고있어 이것은 상당한 변화과정을 거친것으로 된다. 《복셩곳》과 《복셩화》의 대응은 《곳》을 한자 《花(화)》로 바꾼것과 관련되여있는데 오늘의 《복숭아》는 《복셩 화》가 변화한것이라고 할수 있다.

버리/부리(根)

o 곳 불휘 것거몟도다 (《두시언해》 1/51)

o 根은 불휘라 (《월인석보》 서 21)

o 흔 불회도 업다 (초간 《박통사》 상 9)

《버리/부리》는 중세국문문헌에서 《불휘/불회》로 나오고있다. 이 말 은 그후 어두초성의 된소리화와 어중 《ㅎ》의 탈락에 의해서 《뿌리》로 되였다.

부시(松)

o 네 이 흔댱 누른 봇 닙힌 활 가져다가 시ᄅᆞᆰ 연즈라 (《로걸대언해》 하 27)

o 봇 화 樺 (《훈몽자회》 상 10)

중세국문문헌에서는 《부시》가 나오지 않고 《봇》이 《樺》에 대응하 는 말로 나오는데 이것이 혹시 《부시》와 관련된것이 아닌지 의심스럽다.

시비/서비(薪)

o 서브로 흔 門을 正히 아니ᄒᆞ야 (《두시언해》 7/3)

o 섭 爲薪 (《훈민정음해례》 용자례)

《시비/서비》는 중세국문문헌에서 《섭》으로 나오는데 이 말은 지금 까지 그대로 전하고있다.

수히(林)

o 叢林은 모다 난 수히오 (《월인석보》 10/ 69)

o 叢林은 얼근 수프리라 (《석보상절》 19/17)

중세국문문헌에서는 같은 대상에 대하여 《수히》와 《수플》을 쓰고있으니 이것들은 《수ㅎ/수ㅍ》로 분석되여 《ㅎ/ㅍ》의 교체에 의한 같은 말의 변이형들이라고 할수 있다.

우무(芽)

o 엄을 시서내여 (《증도가남명천선사계송언해》 하 6)

o 엄 아 芽, 움 빙 萌 (《훈몽자회》 하 3)

o 움 아 芽 (《류합》 하 50)

《우무》가 중세국문문헌에서는 《엄, 움》으로 나오고있어서 이것들은 일종의 어음적인 변이형이라고 할수 있다.

④ 동물과 관련한 어휘

가미(鷺)

o 門 밧긔 가마오디 오래 오디 아니ㅎ더니 (《두시언해》 25/25)

o 가마오디 로 鸕, 가마오디 자 鷀 (《훈몽자회》 상 17)

중세국문문헌에는 《가미》가 나오지 않고 《鸕, 鷀》인 《가마오디》가 나온다. 그 새의 형태상류사성으로 하여 생긴 이름으로 추측된다.

가히(狗)

o 犬曰 家稀 (《계림류사》 고려방언)

o 狗는 가히라 (《월인석보》 21/42)

《가히》는 중세국문문헌에서 그대로 전승되고있다. 오늘 이 말은 《개》로 되였으나 일부 방언에서는 여전히 《가히》를 보존하고있다.

고마(熊)

o 곰과 모딘 ㅂ얌과 (《석보상절》 9/24)

o 곰 웅 熊 (《훈몽자회》 상 19)

중세국문문헌에 나오는 《곰》은 《고마》의 어말모음이 탈락된것으로서 이 말은 오늘까지도 그대로 전승되고있다.

고라니(獐)

o 고라니 麕子 (《사성통해》 하 20)

《고라니》는 《노루》와 마찬가지로 같은 사슴과에 속하는 동물로서 그것은 《獐, 麕》에 대응하고있는데 이 말은 오늘까지 그대로 전하고있다.

고히(鵠)

o 고해 곡 鵠 (《훈몽자회》 상 15)

o 고해 곡 鵠 (《류합》 안심사판 6)

중세국문문헌에 나오는 《고해, 고홰》는 《고히》의 변화형태로 되는데 그것은 황새를 이르는 옛날말로 되고있다.

도시(猪)

o 비얌과 돋패 나맷고 (《두시언해》 5/31)

o 돋 시 豕 (《훈몽자회》 상 19)

중세국문문헌에 나오는 《돋》은 《도시》의 변이형으로서 돼지를 이르는 옛날말로 인정되고있다. 이 말은 동북방언에서 《도투, 도티》 등의 형태로 쓰이고있어 그 옛모습을 전하고있다.

말(馬)

o 馬曰 末 (《계림류사》 고려방언)

o 물 마 馬 (《훈몽자회》 상 19)

《말》은 중세국문문헌에서 《물》로 나오는데 이 말은 《ㅇ》의 변화와 관련하여 서남방언의 경우에 입술소리와 결합된 《ㅁ, ㅂ, ㅍ》는 《모, 보, 포》로 된다는 법칙에 따라 《물》은 《몰》로 되고있다.

미루(龍)

o 미르 룡 龍 (《훈몽자회》 상 20)

o 미르 진 辰 (《훈몽자회》 상 1)

《미루》는 중세국문문헌에서 《미르》로 나오는데 이 말은 룡을 이르는 옛날말로서 오늘까지 전하고있다.

비다라/ 비다리(鳩)

o 비두리를 구워 사ㅎ니와 (초간 《박통사》 상 5)

o 비두리 구 鳩 (《훈몽자회》 상 16)

o 비두로기 새는 우르믈 우르디(《시용향악보》 유구곡)

《비달》은 원래 《비다라, 비다리》로서 중세국문문헌에 나오는 《비두리, 비두루기》는 그 변이형으로 된다. 오늘 《비둘기》라고 하는것은 《비두루기》에서 어중모음이 탈락된것이라고 할수 있다.

소(牛)

o 싸호는 한 쇼를 두 소내 자ㅂ시며 (《룡비어천가》 87)

o 쇼 우 牛 (《훈몽자회》 상 19)

중세국문문헌에 나오는 《쇼》는 《소》의 변이형으로서 이 말 역시 오랜 력사를 가지고있다.

여시(狐)

o 외히려 비륵 머근 여싀 몸도 얻지 몯ᄒ리온 (《선가귀감》 하 36)

o 무더미 오래 여ᅀ 돗기 이우지 ᄃ외얏도다(초간 《두시언해》 24/25)

o 여스 호 狐 (《훈몽자회》 상 19)

중세국문문헌예는 《여시, 여ᅀ, 여스》 등 여러 형태가 나오고있는데 그것은 어중 《ㅅ》의 약화과정을 반영한것이라고 할수 있다. 이 말은 문화어에서 《여우》로 되였으나 일부 방언예서는 《여수, 여시》를 그대로 보존하고있다.

이리(狼)

o 다 범과 다못 일히 ᄃ외엿도다 (《두시언해》 10/19)

o 일히 랑 狼 (《훈몽자회》 상 32)

중세국문문헌에 나오는 《일히》는 《이리》의 변이형으로서 이 역시 오랜 기간 전승되여온 고유어휘의 하나로 된다.

⑤ 광물과 관련한 어휘

고리(銅)

o 구리 爲銅 (《훈민정음해례》 용자례)

o 銅 谷速* (《화이역어》 조선관역어)

  * 판본예는 《速》으로 되여있으나 《連》의 오자이다.

중세국문문헌에서는 《구리》로 나오며 《조선관역어》의 《谷連》은 당시 한음이 《'ku-lien》이니 그것은 《구리》의 음역으로 될수 있다.

그런데 이 말을 한자말로 대응시킨 경우도 있다.

o 銅曰銅 (《계림류사》 고려방언)

o 통 부플 티면 십이억 사ᄅ미 몯고 (《석보상절》 6/28)

《구리북》에 대해서 《통붚》이라고 하였으니 이 시기에는 《銅》에 대한 고유어휘로서 《구리》도 쓰이고 또 그예 대응하는 《통》도 쓰이였는데 지금도 구리로 만든 작은 솥은 《통노구》라고 하고있다. 이 경우에 《통》은 사실상 한자말이라기보다는 중국어의 차용어로 보는것이 정확할것이다.

고시(玉)

o 珠曰 區戌 (《계림류사》 고려방언)

o 구슬 구므리 우희 두퍼잇ᄂ니 (《월인석보》 14/72)

o 이 구스리 믈가 서르 그르매 現커든 (《월인석보》 14/72)

《계림류사》에 나오는 《區戌》은 《구슬》의 음역으로 되며 중세국문문헌에서도 《구슬》로 나오고있다. 이것은 《고시》의 변화형이라고 할수 있는데 이 말은 오늘까지 그대로 전하고있다.

나말(鉛)

o 鉛 那勿 (《향약구급방》)

이 말은 《향약구급방》에 나올뿐 다른 문헌들에서는 발견되지 않는다. 일본말에 있는 《ナマリ(나마리)》라는 말은 당시 선진국이였던 우리 나라의 금속문화가 일본으로 건너가게 되면서 그 이름까지 함께 넘어가 전파된것이라고 할수 있다.

한편 오늘날 우리 말에서 《나마리》라는 말은 쓰이지 않고 연을 《납》이라고 한다.

o 납 석 錫 (《훈몽자회》 중 31)

원래 중세국문문헌에 의하면 《錫》을 《납》이라고 하였는데 석이란 은과 연의 중간을 말하는것이다. 그런데 어느덧 이 말이 연을 가리키는 말로 되고말았다.

도로/도리(石)

o 돌콰 홀굴 보디 몯ᄒ리로다 (《두시언해》 25/12)

o 禹ㅅ 功애 그츤 돌히 하더니 (《두시언해》 7/11)

《도로/도리》는 중세국문문헌에서 《돌》로 나오는데 이 말은 오늘까지 그대로 전하고있다.

소히/소시(鐵)

o 鐵曰 歲 (《계림류사》 고려방언)

o 煆煉은 쇠 두드려 니길씨라 (《릉엄경언해》 7/18)

o 쇠붑 죵 鐘 (《훈몽자회》 중 32)

《소히/소시》는 중세국문문헌에서 《쇠》로 나오는데 그것은 어중의

《ㅅ》가 약화, 탈락된 결과라고 할수 있다. 우리 말 력사에서 모음과 모음 사이의 《ㅅ》가 약화, 탈락되는것은 례컨대 《ᅀᅵ 〉 ᅀᅵ 〉 ᅀᅵ이》에서 보는것처럼 흔히 있는 현상이라고 할수 있다.

⑥ 형상과 관련한 어휘

거무(黑)

o 黑 格悶必 (《화이역어》 조선관역어)

o 니 검디 아니ᄒ며 (석보상절 19/6)

《조선관역어》에서 《黑》에 대응시킨 《格悶必》은 당시의 한음으로 《kə-min-'pi》이니 《거믄빗》의 음역으로 되며 중세국문문헌에서도 그것은 《검》으로 나오고있다. 그리하여 이 말은 오랜 기간 전승되여온 색채어라고 할수 있다.

고리(黃)

o 구리 爲銅 (《훈민정음해례》 용자례)

《고리》는 중세국문문헌에 나오지 않으나 그 동족어인 《구리》가 나오고있다. 이것은 동의 색이 황색인것과 관련하여 옛날에는 이 두 말이 하나의 뿌리에서 나온 동족어의 관계를 맺게 된것이라고 할수 있다.

그런데 이 시기에는 이 말을 대신하여 《노로/누르》라는 말이 쓰이고있었다.

o 黃 努論必 (《화이역어》 조선관역어)

o 누를 황 黃 (《훈몽자회》 중 30)

《조선관역어》에서 《黃》에 대응시킨 《努論必》은 당시의 한음이 《nu-lun-'pi》이니 《노론빗》의 음역으로 될수 있다. 중세국문문헌의 자료에 의하면 황색에 대해서 《누르》를 대응시키고있으니 이 시기에 《노로/누르》가 쓰이였음을 알수 있다.

나히(白)

o 白越은 플로 나흔 뵈라 (《내훈》 2 상 48)

《나히》는 중세국문문헌에서 많이 나오지 않고 희게 한 배를 《나흔 뵈》라고 한데서 쓰이고있을뿐이다. 그러나 오늘도 이 말은 빨래를 희게 한다고 할 때 드문히 쓰이고있다.

그러나 중세의 문헌들에서는 《白》에 대해서 다르게 풀이하고있다.

o 白 害必 (《화이역어》 조선관역어)

o 白은 힐씨라 (《월인석보》 1/22)

《害》는 《히》에 대응하는 음역자로 인정되는것으로서 당시 《白》은 우리 말로 《히》였으니 《나히》는 화석화된 형태로 남아있을뿐 그 생산성은 이미 잃게 된것이라고 할수 있다.

버러(綠)

o 프른 지츤 오히려 퍼러ㅎ야 빗ᄂ도다 (《두시언해》 4/22)

o 蒼生은 퍼러히 살씨니 (《금강경언해》 80)

《버러》는 어두초성이 거센소리화되여 중세국문문헌에서 《퍼러》로 나오고있다. 우리 말에서 어두초성의 거센소리화는 대체로 뒤에 오는 《ㅎ》의 역행동화의 작용으로 인한것인데(례: 고히 〉 코, 갈히 〉 칼) 이 경우에도 《버러히 〉 퍼러히》처럼 《ㅎ》의 역행동화로 인한 거센소리화로 볼수 있다.

사비(赤)

o 새바기 거우루로 ᄂ출 비춰오 (《원각경언해》 서 46)

o 새배 신 晨, 새배 효 曉 (《훈몽자회》 상 1)

중세국문문헌에 《東》에 대응하는 고유어휘로서 《사비》는 나오지 않으나 그 련관어인 《새박, 새배》는 나오고있다. 즉 동쪽이 밝는다고 하여 생긴 《새박, 새배》의 《새》는 《사비》의 변화형태로서 동쪽의 뜻이 있는데 동풍을 《새바람》이라고 하는데서 그 흔적을 찾아볼수 있다.

그런데 중세문헌들을 보면 《赤, 紅》에 대해서 다르게 대응시키고있다.

o 紅 本根必 (《화이역어》 조선관역어)

o 블글 적 赤 (《훈몽자회》 중 30)

《紅》에 대응시킨 《本根》은 그 류사음에 의해서 《블근》을 음역한것으로서 당시 우리 말로 《紅, 赤》은 《블그》로 되여있었다고 할수 있다.

이것은 《새박, 새배》의 《박, 배》가 분명히 《발가》, 《블그》와의 관련어로 되여있음을 말해주는것이라고 할수 있다.

가오(富)

o 가ᅀᆞ멸며 貴호문 내게 뜬 구룸 곧ᄒ니라 너기놋다 (《두시언해》 16/25)

ㅇ 가ᅀᅥ멸 부 富 (《석봉천자문》 22)

《가오》는 중세국문문헌에서 《가ᅀᅥ멸》로 나오는데 이 말은 현대어에서 《재산이 많다.》는 뜻으로 《가멸다》가 쓰이고있다.

고도(直)

ㅇ 고히 곧고 누니 빗도다 (《금강경삼가해》 2/11)

ㅇ 고돌 딕 直 (《훈몽자회》 하 29)

《고도》는 중세국문문헌에서 그대로 전승되고있는데 이 말은 현대어의 경우에도 변함없이 쓰이고있다. (곧은목)

고라(均)

ㅇ 無間獄ᄋᆫ 그 獄城 둘에 八萬 나믄 里오 그 城이 고른 쇠오 (《월인석보 21/ 42)

ㅇ 息이 고ᄅᆞ며 ᄆᆞᅀᆞ미 조호ᄆᆞᆯ 브틀ᄝᅥ (《원각경언해》 하 3/251)

《고라》는 중세국문문헌에서 《고ᄅᆞ》로 나오는데 그후 《ᅌ》의 변화에 따라 현대어에서는 《고르(롭다)》로 되어 전하고있다.

구리(朽)

ㅇ ᄀᆞ래춤과 곳믈과 고롬과 (《원각경언해》 상 2/2)

ㅇ 고롬 膿水 (《훈몽자회》 상 30)

중세국문문헌에 《구리》는 나오지 않고 《고롬》이 나오는데 그것은 《구리》와 련관된 말이라고 할수 있다. 즉 《구리》의 변이형인 《고로》가 뒤붙이 《ㅁ》에 의해서 명사화된것이 《고롬》인것이다. 오늘 썩는 내가 나는것을 《구리다》라고 하는데 이 말은 《고롬》의 련관어로 된다.

구두(固)

ㅇ 구든 城을 모ᄅᆞ샤 (《룡비어천가》 18)

ㅇ 어늬 구더 兵不碎 ᄒᆞ리잇고 (《룡비어천가》 47)

중세국문문헌에서는 《구두》가 그대로 전승됨으로써 《구든》, 《구더》로 되여있는데 이 말은 현재까지도 전해지고있다.

구불(曲)

ㅇ 굽고 서린 남그란 기퍼 입노라 (《두시언해》 9/14)

ㅇ 져근 길흔 굽구뤼여 ᄆᆞ을히 ᄉᆞᄆᆞ찻도다 (《두시언해》 25/19)

《구불》은 중세국문문헌에서 《굽고/굽-》의 형태로 《曲》에 대응하는 고유어휘로 나오고있는데 이 말은 오늘까지 그대로 전하고있다.

나라(舊)

o 늘ㄱ니어나 허니롤 만나든 (《월인석보》 21/146)

o 술로 빗기면 늘근 구스른 뻐러디고 (《월인석보》 1/27)

《나라》는 중세국문문헌에서 《늘ㄱ-》로 나오는데 이것은 어중 《ㄱ》의 삽입과 관련되여있는 변화라고 할수 있다. 이 말은 오늘까지도 전해지고있다. (낡은)

너부(廣)

o 너붐파 져고미 겨시며 (《원각경언해》서 6)

o 廣은 너블씨오 (《월인석보》 서 7)

《너부》는 중세국문문헌에서 그대로 전승되고있는데 현대어에 와서는 《넓-》으로 되였다.

두루(圓)

o 圓은 두려볼씨오 (《월인석보》 2/53)

o 두럴 원 圓 (《석봉천자문》 35)

o 그지 업시 두루 둔니다가 (《석보상절》 9/14)

o 거우룻 두려이 볼곰 곧ㅎ니 (《원각경언해》 상 1/147)

《두루》는 중세국문문헌에서 《두렫다, 두렵다》의 여러 형태들로 나오고있으며 《두루》가 그대로 부사처럼 쓰이기도 한다. 이 말은 현대어에서도 《두루, 둘레》 등에 그 흔적을 남기고있다.

발가(明)

o 볼굴 명 明 (《훈몽자회》하 1)

o 볼고믈 여희여 어드볼씬 (《월인석보》 21/91)

o 다 볼기 알리니 (《몽산법어》 19)

《발가》는 중세국문문헌에서 《볼ㄱ, 볼고, 볼기》 등의 여러 형태로 나오고있는데 이 말은 《불》과 련관이 있는 말로서 오랜 기간 전승되여온 말이다.

비시(斜)

o 고히 곧고 누니 빗도다 (《금강경삼가해》 2/11)

o 바ᄅ디 아니ᄒ며 빗디 아니ᄒ며 (《원각경언해》 상 1/2 117)

《비시》는 중세국문문헌에서도 그대로 전해지고있다. 이 말은 현대어에서 《비풀다》에 그 흔적을 남기고있다.

사날(淸)

o 丹砂는 녯 저구레 사ᄂᆞᆯᄒᆞ도다 (《두시언해》 20/15)

o ᄀᆞ숲 뫼해 누니 사ᄂᆞᆯ쾌 ᄇᆞ라도 넉시 도라오디 아니ᄒᆞ니 (《두시언해》 9/5)

《사날》은 중세국문문헌에서 《사ᄂᆞᆯ》로 나오는데 이 경우에 이 말은 《淸》보다도 의미폭이 넓어져 《涼, 冷》의 뜻으로 쓰이고있었다고 할수있다.

하(大. 多)

o 後人의 節略이 너무 하 六祖ㅅ 큰 오ᄋᆞᆫ 뜨들 보디 몯ᄒᆞᆫ뎌 (《륙조법보단경언해》 서 7)

o 내 모미 하 커 수믈 굼기 업서 (《월인석보》 2/51)

o 비 오다가 개야아 눈 하 디신 나래(《악장가사》 리상곡)

중세국문문헌에서 《하》는 형용사 또는 부사의 기능을 노는 말로 널리 쓰이고있음을 보여주고있는데 이 말은 다양한 단어합성에 참가하여 오늘까지 전승되고있다.

아달(窮)

o 어리 迷惑이 아ᄃᆞ기 ᄀᆞ료ᄆᆞᆯ 濟渡코져 ᄒᆞ시고 (《법화경언해》 2/84)

o 시름 그티 날로 아ᄃᆞᆨ아ᄃᆞᆨᄒᆞ도다 (《두시언해》 3/36)

o 岡은 어득ᄒᆞ야 모ᄅᆞᄂᆞᆫ 양지라 (《월인석보》 21/105)

《아달》은 중세국문문헌에서 《아ᄃᆞᆨ/어득》으로 나오는데 그 의미폭이 넓어지면서 다양하게 쓰이고있었다. 이 말은 지금 《아득(하다)》으로 되여 전승되고있다.

아리/오리(長)

o 久는 오랄씨오 (《월인석보》 서 14)

o 오랄 구 久 (《류합》 하 59)

《아리/오리》는 중세국문문헌에서 《오라》로 나오는데 이 말은 《久》에 대응되고있다. 《久》는 잠시의 반대되는 뜻으로서 시간적으로 길다는 뜻이다. 그리하여 옛날에 지리상으로 길다는 뜻으로 쓰인 《아리/오리》는 중세국문문헌에서 시간상으로 길다는 뜻으로 쓰고있었음을 알수 있다.

어디(賢)

o 千子는 즈믄 아드리니 ㅎ나히 어더러 즈믄 사르몰 당호써 (《월인석보》 1/28)

o 어딜 현 賢, 어딜 쥰 俊 (《훈몽자회》 하 25)

《어디》는 중세국문문헌에서 그대로 전승되고있으며 그후 이 말은 《ㄷ 〉 ㅈ》의 구개음화에 의해서 《어지》로 되였다.

어시(橫)

o 믈 겨릐 엇 마ᄀ시니 (《룡비어천가》 44)

o 橫防 엇마기 (《룡비어천가 6/40)

《어시》는 중세국문문헌에서 《엇》으로 나오고있다. 현대어에서는 《엿나가다》, 《어슷비슷하다》 등으로 쓰이고있어 이 말 역시 전승의 견인력을 보이고있다고 할수 있다.

어우(寬)

o 좁던 東川이 어위며 (《월인석보》 1/28)

o 어월 관 寬 (《류합》 하 3)

《어우》는 중세국문문헌에서 《어위》로 나오는데 이 말은 현대어에서 잘 쓰이지 않고있다.

오로(正, 右)

o 右는 올흔 녀기라 (《훈민정음언해》)

o 올흘 시 是 (《훈몽자회》 하 29)

《오로》는 중세국문문헌에서 《올ㅎ》로 나오는데 그것은 《오로》가 《올》로 되고 거기에 다시 《ㅎ》가 결합된것이다. 《오로》는 원래 《正, 右》의 뜻으로 쓰이던것인데 그후에 《正》은 《옳—》로, 《右》는 《오른》으로 분화되였다.

이다(善)

o 善女人은 이든 겨지비라 (《아미타경언해》 17)

o 이대 便安히 오시니잇가(《월인석보》 17/11)

《이다》는 중세국문문헌에서 규정형으로 될 때에는 《이든》이 되며 부사로 쓰일 때에는 《이다》에 《—이》가 붙어서 《이대》로 된다. 이 말

은 그후에 형용사조성의 뒤붙이 《-브》가 붙어서 《잎브다 〉 이쁘다》로
되였다.

⑦ 행동과 관련한 어휘

가리(耕)

○ 形色이 스러 ㄱ라디여 (《릉엄경언해》 7/86)

○ 굴 연 硏 (《훈몽자회》 하 12)

《가리》는 중세국문문헌에서 《굴, ㄱ리》로 되면서 《硏》에 대응하고
있다. 이 문헌들에서는 《耕》에 대응하는 고유어휘를 찾기 힘들지만 이
말이나 《硏》에 대응하는 말이나 같은 뿌리에서 나온 말일것으로 생각된다.

나라(飛)

○ ㄴ라오롤 힐 翓 (《훈몽자회》 하 6)

○ 놀 비 飛 (《훈몽자회》 하 3)

○ 놀개 익 翼 (《훈몽자회》 하 6)

《나라》는 중세국문문헌에서 《ㄴ라》로 나오며 《놀개》는 《놀 +
개》로 명사화된것으로서 이 말의 련관어로 된다.

다몰(復)

○ 진쥬와 다몯 구슬 굿티 ᄒᆞ야 (《내훈》 2/2)

○ 다못 여 與 (《류합》 하 63)

《다몰》은 중세국문문헌에서 《다몯, 다못》으로 나오는데 이 경우에
그것은 《與》에 대응하는것으로 되여있다. 원래 《다몰》은 회복한다는 뜻
으로 쓰인것인데 그것은 결국 자기것으로 만든다는 뜻과 통한다. 그리하여
《다몰》은 《다몯》으로 되면서 《與》에 대응하는 말로 쓰이게 된것이다.

다바(盡)

○ ᄆᆞᅀᆞᆷ 다ᄇᆞ몰 닐월 ㄱ장 긔지ᄒᆞ야 (《월인석보》 서 20)

○ 盡은 다ᄋᆞᆯ씨라 (《석보상절》 서 2)

《다바》는 《다바 〉 다바 〉 다ᄋᆞ》의 변화과정을 거쳐 오늘은 《다 +
하다》로 전승되고있다.

다사(愛)

○ 너희 무리 ᄆᆞ며 ᄃᆞᆺᄂᆞᆫ ᄆᆞᅀᆞ미 重ᄒᆞ야 (《남명집》 하 5)

○ 저호ᄃᆡ ᄃᆞᅀᆞ며 ᄃᆞᅀᆞᄃᆡ 그 왼 이롤 알며 (《내훈》 1/7)

《다사》는 중세국문문헌에서 《닷/ᄃᅀ》로 나오고있어 어중의 《ㅅ》의 약화에 따르는 자음교체를 보여주고있다. 이 말은 그후 쓰임에서 생산성을 잃고있다.

도로(反)

o 도ᄅ혀 쓸 나호미 됴ᄒᆞᆯ 아노라 (《두시언해》 4/3)

o 所獲을 다 도로 주샤 (《룡비어천가》 41)

《도로》는 중세국문문헌에 동사적으로 쓰인 실례를 찾지 못하였는데 그대로 부사로 쓰이거나 또는 《도ᄅ혀》로 변형되여 부사로 쓰인 경우가 있었다.

마가(防)

o 七代之王을 뉘 마ᄀ리잇가 (《룡비어천가》 15)

o 마글 방 防 (《류합》 하 10)

《마가》는 중세국문문헌에서 변함없이 그대로 전승되고있으며 오늘까지도 그대로 쓰이고있다.

마도(擔)

o 天下를 맛ᄃ시릴쎄 (《룡비어천가》 6)

o 맛다 가져 일티 아니ᄒᆞ야 (《릉엄경언해》 8/18)

《마도》는 중세국문문헌에서 《맛/맛ᄃ》로 나온다. 이 말은 그후 《맡아》로 되여 전승되였다.

마조(迎)

o 그뒷 ᄯᆞ를 맛고져 (《석보상절》 6/15)

o 오샤 이 사ᄅᆞᆯ 마자 (《불정심다라니경언해》 상 4)

o 마줄 영 迎 (《류합》 하 43)

《마조》는 중세국문문헌에서 《맛/마자》로 되였는데 이 말은 그후에도 그대로 전해진다.

모도(集)

o 四方諸侯ㅣ 몯더니 (《룡비어천가》 9)

o 會ᄂᆞᆫ 모들씨니 부텨색 모도ᄆ 法會라 ᄒᆞᄂᆞ니라 (《월인석보》 2/16)

o 모들 합 合 (《류합》 하 48)

《모도》는 중세국문문헌에서도 《몯/모도》로 되여있어 그 전승의 견인력을 엿볼수 있는데 이 말은 오늘까지도 전해지고있다.

비후(扮)

o ᄀ장 비어 됴ᄒᆞᆫ 양 ᄒᆞ고 조심ᄒᆞ야 돌녀 (《월인석보》 2/5)

o 비슬 반 扮 (《훈몽자회》 하 20)

《비후》는 중세국문문헌에서 《비어》로 되어 《ㅎ 〉 ㅿ》의 변화과정을 보여주고있다. 《비어》는 오늘날 《빗어》로 되여 전하고있다.

사가(刻)

o 飜譯ᄒᆞ야 사기노니 (《월인석보》 서 6)

o 사길 각 刻 (《훈몽자회》 상 2)

《사가》는 중세국문문헌에서 《사기》로 나오는데 이 말은 그후 《ㅣ》의 역행동화에 의해서 《새기(다)》로 되였다.

사로(居)

o 사로디 이러커늘ᅀᅡ 아돌ᄋᆞᆯ 여회리잇가 (《월인천강지곡》 상 52)

o 幽谷애 사ᄅᆞ샤 (《룡비어천가》 3)

o 살 거 居 (《훈몽자회》 하 19)

《사로》는 중세국문문헌에서 《사ᄅᆞ/살》로 나오고있는데 그 말은 오늘날에도 생명력을 잃지 않고있다.

아로(知)

o 其中에 알오져 ᄒᆞ리 비록 이셔도 子細히 모를썬 (《석보상절》 서 3)

o 知는 알씨라 (《석보상절》 서 2)

《아로》는 중세국문문헌에서 《알/알오》로 나온다. 《알오》는 원래 《알 + 고》인데 어중의 《ㄹ》아래 《ㄱ》가 탈락한것이다. 이 말은 현재까지 변함 없이 전승되고있다.

어불(倂)

o 믈읫 字ㅣ 모로매 어우러ᅀᅡ 소리 이ᄂᆞ니 (《훈민정음언해》)

o 둘히 어우러 精舍 밍ᄀᆞ라 (《석보상절》 6/26)

《어불》은 어중의 《ㅂ》가 탈락된 형태로 중세국문문헌에 반영되고있으며 이것은 현대어에 그대로 전승되고있다. 그러나 동북방언의 경우에는 《어불다, 어부르다》 등 고형이 보존되고있다.

오로(登)

o 山脊에 몰 오르거늘 (《룡비어천가》 109)

o 이 神靈이 香내 맏고 올아 가누니라 (《월인석보》 1/14)

o 오를 등 登 (《류합》 하 5)

《오로》는 중세국문문헌에서 《오르/올아/오르》로 나오고있는데 이 말은 현대어에도 전승되고있다.

일구(成)

o 모딘 꾀를 일우리잇가 (《룡비어천가》 31)

o 成은 일울씨라 (《석보상절》 서 5)

《일구》는 중세국문문헌에서 《일우》로 나오는데 그것은 어중의 《ㄹ》아래서 《ㄱ》가 탈락된것과 관련된다. 이 말은 오늘 문화어에서 《이루(다)》로 되였으나 동북방언에서는 《일구(다)》가 그대로 유지되고있다.

⑧ 대상과 관련한 어휘

가라(岐)

o 가르를 모도듯 하니 (《법화경언해》 1/13)

o 물의 비컨대 근원이 한가지오 가래 다름이니 (《경민편언해》 13)

《가라》는 중세국문문헌에서 《가를, 가래》로 나오고있는데 그것은 다 《가라》의 변이형으로 된다. 이 말은 현대어에서 《갈래》로 전승되고 있다.

글(文)

o 블근 새 그를 므러 (《룡비어천가》 7)

o 글초 고 稿 (《훈몽자회》상 35)

《글》은 중세국문문헌에서 그대로 나오며 《글 + 초》와 같은 합성어 에도 참여하고있다. 이 말 역시 오랜 기간 전승되여오는 고유어휘라고 할 수 있다.

두무(圓)

o 머리 크기 두모만 하고 (《태평광기언해》 1/11)

o 딜 둙기 쏘훈 됴하니라 (《자초방언해》 19)

《두무》는 중세국문문헌에 《두모》, 《둙기》로 나와있는데 이 두 말 은 어중 《-ㅁ-》와 《-ㅁㄱ-》의 대응에 의한 변이형으로서 사실상 《-ㄱ- 〉 -ㅎ- 〉 -ㅇ-》의 변화과정을 반영하고있는것이라고 할수 있다. 그리하여 이 말들은 오늘날 방언들에서 《풀두무》, 《풀둠기 〉 풀둥기》 등으로 공존하고있다.

모디(節)

o 光明은 將次 發ᄒ리니 이 둘찻 ᄆ딕니라 (《몽산법어》 42)

o ᄆ딕 졀 節 (《훈몽자회》 상 1)

《모디》는 모음변화에 의하여 중세국문문헌에서 《ᄆ딕》로 나오고있는데 이것은 그후 《ᄋ》의 변화에 의해서 《마디》로 되여 전하고있다.

보시(角)

o 모뢰는 天赦日이니 보십고지에 가 여러 담ᄊ리와 손 도으러 블러다가 담ᄊ라 (초간 《박통사언해》 상 10)

중세국문문헌에서는 모퉁이의 뜻으로 《보십고지》가 나오고있는데 그것은 《보시》의 변화형태로 된다. 그런데 이 말은 오늘날에 와서 생명력을 잃고있다.

불(火)

o 城 밧긔 브리 비취여 (《룡비어천가》69)

o 블 화 火 (《훈몽자회》 하 35)

《불》은 중세는 물론 현대까지도 변함 없이 전승되고있는 우리의 고유어휘이다.

사미/사마(僧)

o 九百히 後에는 남진죵은 沙門 드외오 (《석보상절》 23/34)

o 沙門僧也 (《룡비어천가》 10/5)

《사미/사마》는 원래 범어의 《Sramanera》에서 온 말로서 중을 가리키는 말이다. 중세국문문헌에서는 마치 한자말처럼 《沙門》으로 쓰고있는데 이것은 《사미/사마》를 음역한것이다. 이 말은 일본에서 《サマ(사마)》라고 하여 상대방에 대한 존칭접미사처럼 쓰고있다.

소리(聲)

o 처섬 펴아나는 소리 ᄀᄐ니라 (《훈민정음언해》)

o 音은 소리니 (《훈민정음언해》)

《소리》는 중세나 현대나 변함없이 전승되고있는 우리의 고유어휘이다.

수리(車)

o 내 수뤼롤 ᄒ마 기름 불라 가노라 (중간 《두시언해》 1/16)

o 駕ᄂ 술위니 (《월인석보》 서 17)

《수리》는 중세국문문헌에서 《술위, 수뤼》로 나오나 오늘에 와서는 《수례》로 전하고있다.

수부(酒)

o 酒曰 酥孛 (《계림류사》 고려방언)

o 쏫 기르미 나니 마시 수을 곧더라 (《월인석보》 1/43)

o 술 쥬 酒 (《훈몽자회》 중 21)

《계림류사》의 《酥孛》은 기초한자음이 《suo-bʼ uət》이니 《수불》의 음역으로 된다. 중세국문문헌에서는 어중의 《ㅂ》가 약화, 랄락되는 《수불 〉 수불 〉 수을 〉 술》의 변화과정을 보여주고있다.

어기(口)

o 아귀 므른 몰 口軟馬, 아귀 센 몰 口硬馬 (《로걸대언해》 하 8)

o 어귀예 ᄂ라 ᄀ움 아ᄂ 구의 (《로걸대언해》 상 46)

《어기》는 중세국문문헌에서 《아귀/어귀》로 분화되였는데 현대어에서 《아귀》는 《손아귀》와 같이 《수중(手中)》의 뜻으로 쓰이고 《입아귀》와 같이 《구각(口角)》의 뜻으로 쓰인다. 그리고 《어귀》는 《마을어귀》와 같이 드나드는 목의 첫머리의 뜻으로 쓰이기도 한다. 한편 《어귀》가 《어구》로 되여 《문어구》와 같이 쓰이기도 한다.

⑨ 기타 어휘

서(三)

o 三 色二* (《화이역어》 조선관역어)

　　* 《二》로 되여있으나 《一》의 오자로 인정된다.

o 뿔 서홉 (《구급간이방》 3/70)

o 三은 세히오 (《월인석보》 1/15)

《조선관역어》의 《色一》은 당시의 한음으로 《sə-i》이니 《서이》의 음역으로 되며 또 중세국문문헌에서도 《서/새》로 나오고있다. 이 말은 《ᄒ나》, 《두불 〉 둘》, 《너이》 등과 함께 오랜 기간 전해오는 고유어 수사이다.

아시(初)

o 긋새서 자다니 아시져네 괴글이 빈를 알하 믄득 아니 오라아 프싀리예 아득룰 나오니 (《월인석보》 10/24)

o 아시별 분 饋 (《훈몽자회》 하 12)

중세국문문헌에 나오는 《아시져네》는 초저녁을 말하며 《아시별》의 《아시》는 애벌이나 처음의 뜻으로 쓰이는 말이다. 그리하여 《아시》는 어중 《ㅅ》의 약화에 의하여 《아싀》가 되고 다시 그후 《아싀 〉 아이 〉 애》로 되였다고 할수 있다.

서북방언에서는 초저녁에 대해서 《아저네》라고 하는데서 《아시져네》라는 말을 보존하고있다.

버거(次)

o 버거 五百이 이쇼딕 (《월인석보》 21/41)

o 버구매 各別히 펴샤 (《선종영가집언해》 상 117)

o 버글 부 副 (《훈몽자회》 중 1)

《버거》는 중세국문문헌에서 부사적으로 쓰인 《버거》, 동사적으로 쓰인 《버구다/버그다》 등 다양한 형태로 나타나고있다. 이 말은 오늘 동북방언에서 다음의 뜻으로 《버금에》를 쓰고있는데서 그 자취를 남기고있다.

다시(復, 再)

o 罪를 니져 다시 브려시니 (《룡비어천가》 121)

o 復는 다시 ㅎ논 뜨디라 (《훈민정음언해》)

《다시》는 중세나 현대에서 변함없이 그대로 전승되고있는 우리 고유어휘이다.

안(內)

o 消渴ㅅ 病이 안ㅎ로 서르 모디도다 (《두시언해》 6/51)

o 안 닉 內 (《훈몽자회》 하 34)

《안》도 역시 예로부터 변함이 없이 그대로 전해 내려오는 우리 고유어휘이다.

서리(間)

o 野人ㅅ 서리예 가샤 (《룡비어천가》 상 4)

o 人間은 사룸 서리라 (《월인석보》 1/9)

o 도ᄌ기 ᄉ실 디나샤 (《룡비어천가》 60)

o 나븐 나모 일흔 ᄉ이여셔 우놋다 (《두시언해》 2/27)

《間》의 뜻으로 쓰인 《서리》는 중세국문문헌예서 《서리》와 함께 《시》로도 나오고있다. 《서리》와 《시》는 일정한 변이형의 관계로 볼수 있는데 그것은 《어/ᅌ》의 교쳬와 함께 《ㄹ/△》의 교체로 설명될수 있다고 본다.

그리고 《시 〉 ᄉ이》는 어중 《△》의 탈락과 관련된것인데 이것이 오늘에 와서는 《사이/새》로 바뀌였다.

가바(中)

o 가온듸 괴외ᄒ야 이어디 아니ᄒ며 (《법어략록》 33)

o 가온듸 즁 中 (《훈몽자회》 즁 34)

《가온듸》의 《가온》은 《가바》예서 기원한것으로서 《가븐 + 듸》가 변화한것인데 그것은 《가븐 〉 가볼 〉 가온》을 거치게 되였다.

《가바》는 《가비 〉 가위》로 되여 《한가위》에서, 《가붓 〉 가웃》으로 되여 《한말가웃》에서 그 흔적을 남기고있다.

소보(裏)

o 여스슨 庵羅ㅅ 솝 즤오 (《원각경언해》 상 1/2, 180)

o 솝 리 裏 (《훈몽자회》 하 34)

o 속 리 裡 (《역어류해》 상 11)

《소보》는 중세국문문헌예서 《솝》과 함께 그 변화형태로서 《속》이 나오고있다. 우리 말예서 《ㅂ/ㄱ》의 교쳬는 《솝/속》뿐아니라 《붑/북》의 경우에도 관찰되며 방언의 경우에는 《배곱/배복》의 실례도 발견된다.

우(上)

o 上은 우히라 (《월인석보》 서 17)

o 웃 샹 上 (《류합》 상 21)

《우》는 중세국문문헌예서 그대로 전승되고있으며 현재까지 변함없이 쓰이고있는 말이다.

미시(末)

o 믿 본 本 (《류합》 하 63)

o 믿 둔 臀, 믿 항 肛 (《훈몽자회》 상 27)

《미시》는 중세국문문헌에서 《믿》으로 나오는데 그것은 폭넓은 전이현상으로 하여 의미의 폭이 대단히 넓어졌었다고 할수 있다.

이부지(隣)

o 겨집 子息은 제 ᄆᆞᄆᆞ로 둔니다가 이붓짓 머섬과 사괴야 제 남진도 어려 家門도 더러이며 (《칠대만법》 21)

o 내의 이우지 아니로다 (초간 《두시언해》 7/13)

o 車馬 툰 사ᄅᆞ미 이웃 지브로 들어눌 (《두시언해》 9/9)

《이부지》의 어중 《ㅂ》는 그대로 유지되기도 하고 또 탈락되여 《우》로 되기도 하는데 중세국문문헌에는 이것이 다 반영되여있다. 이 말은 《이웃》으로 되여 전승되고있다.

2. 문 법

위대한 령도자 **김정일동지**께서는 다음과 같이 지적하시였다.

《우리 말은 문법구조도 째였습니다. 문법구조가 째였다는것은 언어가 그만큼 발전되였다는것을 말합니다.》

우리 말은 문법구조가 째여있는 우수한 말이다. 문법적으로 째여있는 우리 말의 우수성은 예로부터 형성되여 오랜 기간 전승되여온것이다.

고구려를 비롯한 당시 우리 말의 문법구조를 밝힐수 있는 자료는 일련의 리두식표기자료와 초기리두자료이다. 그것은 우리 말의 형태론적특징과 통어론적특징을 일정하게 추정할수 있는 사료적가치를 가지고있어 우리는 그것을 통하여 당시 우리 말 문법구조의 일단을 엿볼수 있다.

1) 품사부류

고구려의 지명과 인명에는 당시 품사부류의 특징적면모가 반영되여있는데 앞에서 이미 본바와 같이 우선 눈에 띄는것은 체언과 용언의 구분이다.

① 체언부류

체언에서 기본을 이루는것은 명사인데 그가운데는 불완전명사적인 기능을 수행하는것도 있었다.

명사에는 인체의 여러 부위에 대한 명칭으로서 《가시(心), 더리(毛), 마리(頭), 발(臂)》 등이 있었으며 지형지물의 명칭들인 《구루/골(城). 나(壤), 나리(川), 누리(世), 다(地), 단(谷), 달(山), 더기(棚), 도(堤), 드르(坪), 디히(岑), 마(水), 마라/미리(村), 모로(岳), 바라/바다(海), 바히(巖), 버리(野), 부루(坪, 野), 비리(遷)》 등과 동물과 식물의 명칭으로 《가히(狗), 고마(熊), 고라니(獐), 고히(鵠), 도시(猪), 말(馬)》 등과 《고시(花), 나모(木), 너리(槐), 마리(蒜), 바시(挑), 부시(松), 수히(林)》 등 생활에서 흔히 접촉하게 되는 대상에 대한 고유어휘가 비교적 풍부하게 포함되여있었다.

그리고 방위와 방향에 대한 명칭으로는 《사/서 (東), 안(內), 우(上), 미시(末), 서리(間), 가바(中), 소보(裏)》 등이 있었고 한편 명사가운데는 《나》, 《단》, 《골》과 같이 지명에서 단독으로 쓰이는 일이 없이 단위어로서 마치 불완전명사처럼 쓰이는것이라든가 《보》와 같이 인명에서 쓰이는 불완전명사도 있었다. 그리고 명사의 복수형태를 나타내는데 쓰인 《나》가 있었던것도 주목된다.

대명사나 수사는 지명과 인명의 특성상 그것이 다양하게 반영되지 않아 그 전모를 알수 없으나 복수의 1인칭대명사로서 《우리》가 있으며 수사로는 《서》가 반영되여있다.

② 용언부류

이 시기 용언은 동사와 형용사가 명확하게 구분되지 않는다. 우리 말에서 용언부류는 체언부류와 형태론적으로 명확하게 구분되지만 용언의 경우에 그것은 형태구조상 동사와 형용사를 명확하게 구획지을만 한 표식을 가지고있지 못하기때문이다.

그리하여 용언부류는 그 상대적인 의미에 따라 형상적인것과 행동적인것을 갈라서 구분할뿐 그 어떤 형태적인 표식에 의한 구분은 할수 없게 되여있다.

이 시기 용언으로는 색채어에 《거무(黑), 고리(黃), 나히(白), 버러(綠), 사비(赤)》 등이 있었으며 성질을 나타내는 말로 《고도(直), 고라(均), 구두

(固), 구시(堅), 발가(明), 사날(淸), 어디(賢), 어우(寬), 오로(正), 이다(善)》,
모양새를 나타내는 말로 《너부(廣), 두루(圓), 모더(節), 비시(臥), 하(大.
多), 아달(窮), 아리/오리(長) 어시(橫)》 등이 있었다.

그리고 행동어로는 《가리(耕), 나라(飛), 다몰(復), 마가(防), 마도(擔),
마조(會), 모도(集), 비후(扮), 사가(刻), 아로(知), 어불(倂), 오로(登), 일구
(成)》 등이 있었다.

③ 부사부류

이 시기 지명과 인명의 단어구조에서 부사가 쓰이는 일은 극히 드문
것이지만 일부 단어들 례컨대 《아시(初), 버거(次), 다시(復, 再)》와 같은
것은 부사적으로 쓰일수 있는 단어들이라고 할수 있다.

2) 형태구조

(1) 단어의 구조

고구려지명의 단어구조를 보면 그것이 다양한 양상을 띠고있음을 알
수 있다.

① 하나의 명사말뿌리로 된것

o 滅烏(미루), 波旦(바다), 于尸(우리)

② 명사말뿌리들의 합성으로 된것

o 述爾忽(수리+골), 比列忽(비리+골)

o 買尸達(마리+달), 加支達(가지+달)

③ 용언말뿌리와 명사말뿌리가 합성된것

o 今勿奴(거무+나), 於斯內(어사+나)

o 於斯買(어시+마), 伏斯買(보시+마),

④ 용언말뿌리에 뒤붙이 《−이, −히》가 결합된것

o 沙熱伊(사날+이)

o 伊火兮(이불+히)

이 경우에 《거무, 어사, 어시, 보시》를 어떻게 보겠는가 하는것이 문
제로 되겠는데 이것은 명사처럼 자립적으로 쓰이는 일이 없다고 하더라도
역시 용언의 말뿌리가 그대로 명사말뿌리에 합성된것으로 보아야 할것이

다. 이러한 단어결합은 현대에 와서 생산성이 없어지고 일부 화석화된것만이 보존되고있을뿐이다.(례: 붉팥, 검버섯, 비비송곳)

고구려의 인명은 대체로 실질적인 어휘적의미를 가지는 말뿌리 하나만으로 된것 또는 그 결합으로 이루어진것, 거기에 그 어떤 덧붙이가 붙어서 된것 등이 있는데 그 단어구조의 류형은 다음과 같다.

① 하나의 명사말뿌리로 된것

ㄱ. 《-이》로 끝나는것

o 摩利(마리), 瑠璃(누리), 薛儒(서리),

ㄴ. 《-루》로 끝나는것

o 密友(미루), 彌儒《미루)

② 명사말뿌리의 합성으로 된것

o 于素(우+소), 蓋金(가+소), 乙弗(우+불), 䄷弗(소+불), 然弗(너+불), 芮悉弗(어시+불)

③ 용언말뿌리에 뒤붙이 《-루》가 결합된것

o 菸支留(어디+루), 高優婁(가우+루), 於畀留(어비+루), 穆度婁(모도+루), 歃夫婁(사보+루)

④ 용언말뿌리에 뒤붙이 《-이. -ㅁ》가 결합된것

o 拔奇(발ㄱ+이)

乙音 (오로+ㅁ)

(2) 단어의 형태

고구려의 지명, 인명자료에는 일정한 격형태가 반영되여있는데 우선 눈에 띄는것은 명사속격의 기능을 수행하는 일정한 형태의 표시이다.

童子忽 : 童城 (《삼국사기》 권35)

이것은 《보시골》의 표기변종들인데 《보》는 《童》의 뜻이며 《시(子)》는 속격의 기능을 수행하는 형태의 표시로 된다. 즉 《시》는 《보》와 《골》이라는 두개의 명사를 련결시켜주는 기능을 수행하고있는것이다.

이와 류사한 용법이 신라의 리두식표기에서도 발견되고있는것은 대단히 흥미있는 일이다.

寶叱徒 = 寶川(《삼국유사》 권3)

이것은 《보시나》의 표기변종들인데 《보》와 《나》라는 두개의 명사를 련결시키고있는 《시(叱)》*가 바로 명사속격의 기능을 수행하고있다.

* 《시》는 그후 《ㅣ》의 탈락으로 종성 《ㅅ》로 될수 있는데 《叱》이 바로
그 표기에 리용되고있었다.

大馬羅叱野 = 大磨之野(《삼국유사》 권3)

이 경우에도 《다마라》와 《달》을 《시(叱)》가 련결시키고있는데 이
《시》에 대응되는 표기로 《之》가 쓰이고있는것은 《시》의 속격적기능을
말해주는것이라고 할수 있다. 이 경우에도 후기에 와서 《시》는 《ㅣ》의
탈락으로 《ㅅ》로 되여 《다마랏달》로 될수 있을것이다.

이처럼 세나라시기에 명사속격의 형태표시는 《子, 叱》의 음역에 의
해서와 《之》의 의역에 의해서 실현되고있었다고 할수 있다.

명사속격의 형태표식은 구전된 고구려가요 《동동》에도 나타나고있다.

o 나릿므른

o 누릿 가온티

o 燈ㅅ블

o 녯나롤

o 수릿날

《동동》에서 명사속격형태는 《ㅅ》로 표시되고있는데 이것은 리두식
표기로 된 지명, 인명에 나타났던 《子, 叱》에 대응하는것으로 된다.

고구려의 형태구조를 좀더 론하자면 아무래도 초기리두에 대하여 언
급하지 않을수 없다.

초기리두란 리두가 발생발달하는 첫 단계의 리두형태로서 리두어순을
기본특징으로 하고 일부 리두토와 리두어가 쓰이고있었는데 주로 금석문
에 그 유물이 남아있다.

그러한 고구려의 금석문으로는 광개토왕릉비를 비롯하여 중원비, 평양
성돌, 룡오리산성벽 등을 들수 있는데 그것은 한문을 바탕으로 하면서
도 거기에 우리 말의 여러 특징을 담아보려는 노력의 결과에 생겨난것
이다.

고구려의 초기리두는 리두어순을 기본특징으로 하고있으며 거기에는
아직 리두토가 본격적으로 반영되여있지 않다. 이런 조건에서 초기리두자
료를 가지고 당시 우리 말의 형태구조전반에 대해서 론하기는 힘들것이다.

그러나 제한된 범위에서나마 이 문제를 다룰수는 있겠다고 생각한다.

다 아는바와 같이 고구려의 초기리두에는 《卬》이 자주 출현하고있는데 그것은 명사여격 또는 위격의 기능을 수행하는 토처럼 쓰이고있었다.

- o 辛卯 三月中(신묘 3월에) … 서봉무덤의 합우
- o 五月卬(5월에) … 중원비
- o 丙戌十二月中(병술 12월에) … 평양성돌 제3호

그런데 고구려 금석문에서 쓰이였던 《中》의 용법은 백제와 신라의 금석문에도 전파되여 금석문들에서 자주 쓰이고있음을 보게 된다.

- o 八月中(8월에) … 백제칼
- o 世中(세속에서) … 신라 영일 랭수리비
- o 世中(세간에서) … 신라 울진 봉평리비
- o □月中(□월에), □中(□애), 國法中(나라법에), 國中(나라에) …

신라 단양적성비

- o 十一月中(11월에) … 신라 명활산성 작성비
- o 三年間中(3년간에) … 신라장적

이처럼 고구려와 백제, 신라의 금석문에서 쓰인 《中》의 용법이 동일한것은 더 말할것도 없이 세나라의 말이 같았기때문에 가능하였던것인데 이것이 후에 전하여진 고구려가요인 《동동》에 그대로 반영되여있는것은 응당한 일이라고 해야 할것이다.

- o 德으란 곰빈예 받줍고 福으란 림빈예 받줍고
- o 二月ㅅ 보로매 아으 노피 현 燈ㅅ 블 다호라
- o 五月 五日애 아으 수릿날 아춤 藥은 즈믄 힐 長存ㅎ샬 藥이라 받줍
  노이다
- o 六月ㅅ 보로매 아으 별해 ᄇ론 빗 다호라
- o 七月ㅅ 보로매 아으 百種 排ㅎ야 두고
- o 九月 九日애 아으 藥이라 먹논 黃花
  고지 안해 드니 새서 가만ㅎ얘라
- o 것거 ᄇ리신 後애 디니실 흔부니 업스샷다
- o 十一月ㅅ 봉당자리예 아으 汗衫 두퍼 누워
- o 니믜 알픠 드러 얼이노니 소니 가재다 므릇 ᅌᅡ놋노이다

《동동》에서는 초기리두의 《中》에 대응하는 《애, 의, 여》가 한결같이 명사위격과 여격의 기능을 수행하고있음을 보게 된다.

고구려의 금석문에는 나오지 않으나 후기에 리두에서 명사조격의 기능을 나타내는데 널리 쓰인 《以》가 신라의 갈항사돌탑과 남산신성비에 이미 나오고있는데 대해서도 주목하지 않을수 없다.

ㅇ 娚姉妹三人業以 成在之 (오라버님, 누님, 누이동생 세사람의 사업으로 이루다)

ㅇ 如法以作後三年崩破者(만약 법으로 지은 후 3년안에 허물어지면)

여기에서 《業以》나 《法以》는 아무래도 한문으로는 해석되지 않으며 《以》를 조격토 《로》에 대응되는 리두토로 보아야만 순탄하게 해석이 된다.

《以》로 표기된 조격토 《로》도 《동동》에 나오고있다.

ㅇ 몸하 ᄒᆞ올로 녈셔

ㅇ 十二月ㅅ 분디 남ㄱ로 갓곤

《ᄒᆞ올로》는 《ᄒᆞ옷/ᄒᆞ올》에 《로》가 결합한것으로서 구조상으로 《로》는 조격토에 해당한것이며 《남ㄱ로》의 경우에도 《로》는 《남ㄱ》에 붙어서 조격의 기능을 놀고있다.

《中》과 함께 《以》가 초기리두에 출현하기 시작한것은 우리 말에 존재하는 격토들이 점차 리두에 반영되는 과정을 말해주는 동시에 당시 우리 말에서 격범주의 정밀화과정이 이미부터 진행되고있었음을 말해주는 것으로 된다.

결국 세나라시기에는 우리 말 명사의 격범주로서 주격이외에 여격, 위격, 조격, 속격 등이 이미 존재하고있었다고 할수 있다.

다음으로 들수 있는 형태론적특징은 종결토의 기능을 수행하는 《之》의 용법이다. 고구려 금석문에는 한문문법으로서는 잘 맞지 않거나 또는 불필요한데도 불구하고 문장을 마무리하면서 《之》를 달아놓은것이 있다.

ㅇ 買人制令守墓之(사들인 사람은 수묘를 하도록 한다.) … 광개토왕릉비

ㅇ 衣服來受教跪營之 (의복을 와서 받으라고 명령하여 영에 끓어앉았다.) … 중원비

○ 自此西北行涉之 (여기서부터 서북쪽으로 개척하였다.) … 평양성돌
   제3호

《之》는 명사들인 《守墓》, 《管》, 《行涉》의 뒤에 련결되여 문장의
종결토처럼 쓰인것이다. 《行涉之》의 경우에 《之》를 개사로 보면서
《涉》의 객어처럼 볼수도 있겠으나 《行涉》을 명사로 보고 《之》를 문장
의 종결사로 보는것이 더 타당할것 같다. 그것은 《之》가 《광개토왕릉
비》를 비롯한 고구려 금석문에서 또 하나의 초기리두적특징을 보여주는것
으로 인정될수 있기때문이다.

대체로 《之》로 문장을 종결하면 한 단락이 끝남을 나타내는데 이러
한 용법은 신라의 금석문에 그대로 전승되였다.

○ 刀冬里村高口塢作記之(령동리촌의 고口오를 지은 기록이다.)
○ 口十三日了作事之(口13일 마치여 지은 일이다.) … 무술오작비
○ 罪教事爲聞教令誓事之(죄 주실 일로 삼아 여쭈어보라는 교령에 따
   라 맹세하는 일이다.) … 남산신성비
○ 合五人之(합해 다섯사람이다.) … 단양적성비

보는바와 같이 《之》는 《記》, 《事》, 《人》 등 명사의 뒤에 련결되
여 문장의 끝맺음을 나타내고있다.

백제와 신라의 금석문에서는 문장을 종결하는데서 《之》와 함께 《也,
耳》도 쓴 례가 있다.

○ 書者張安也(글씨 쓴 사람은 장안이다.) … 백제칼
○ 積卅五日也(합해서 35일이다.)
○ 辛未年十一月中作城也(신미년 11월에 성을 지었다.) … 신라 명활산
   성 작성비
○ 令其得財教耳(그로 하여금 재산을 얻게 한다는 명령이였다.)
○ 取材物 盡 令節居利得之 教耳(재물을 취하는것은 다 節居利로 하여
   금 얻게 한다는 명령이다.) … 신라 무술오작비

이 역시 명사의 뒤에 《也》나 《耳》가 련결되여 문장의 종결을 나타
내고있는 점에서 기능상 《之》와 같다.

세나라시기 금석문에 보이는 이러한 종결사는 우리 말의 종결토의 기
능을 수행하는것으로서 초기리두의 다른 하나의 형태적특징을 보여주는것

이라고 할수 있다.

이러한 단어종결형은 《동동》에서 《-다, -라, -여》 등으로 보다 다양한 양상을 띠고 나타나고있다.

  o 德이여 福이여 호눌 나°라 오소이다

  o 도라보실 니믈 적곰 좃니노이다

  o 니믈 흔틱 녀가져 願을 비읍노이다

  o 노피 현 燈ㅅ블 다호라

  o 별해 ㅂ론 빗 다호라

  o 몸하 흐올로 녈셔

  o 므슴다 錄事니믄 녯나를 닛고신뎌

《동동》에서 《-다》가 일반서술형이라면 《-라》는 감탄서술형으로 된다. 그리고 《-ㄹ셔, -ㄴ뎌》의 경우예는 강한 감탄을 나타내는것으로 되여있는데 이처럼 다양한 종결형태의 구분은 고구려의 오랜 문법유산에 서 받아들인것이라고 할수 있다.

문법유산에는 이밖에도 시태의 문법적의미를 나타내는 일정한 형태표 시도 있었다.

  o 此成在口人者(이를 이룬 口인은) … 무술오작비

《在》는 한문용법으로는 전혀 뜻이 통하지 않는것만큼 리두요소로 보 아야 한다. 후기신라이후 《在》는 리두예서 《겨-》로 읽히고 시간의 완 료나 지속을 나타내는 시태의 표현에 쓰인다. 여기서 《成在》는 《조성을 완료했음》을 나타내는데 이를 음독하여 한자성어로 보아서는 뜻이 통하지 않는다. 아무래도 복합동사 《일이겨》로 읽고 《이룬》으로 해석해야 할것 같다. 결국 《在》는 시태의 의미를 나타내는 일종의 형태표시로 되는것이다.

또한 사역의 문법적의미를 나타내는 일정한 형태표시도 있었다.

  o 令口新羅寐錦 … 爲顯 … (신라매금으로 하여금 …맹세를 시키되)
     … 중원비

여기서 《令口》는 《令是》일수 있는 가능성이 많은데 그렇게 보게 되면 사역의 《시기》로 읽히는 리두토라고 할수 있다.

이처럼 고구려를 비롯하여 세나라시기 금석문들예는 우리 말의 형태 구조상특징이 여러 측면예 걸쳐 반영되고있는데 그것이 후세에 전승되여 우리 말의 발전된 형태구조를 이루게 된것이라고 할수 있다.

3) 통어구조

당시 우리 말의 통어구조는 《주어 + 술어》, 《규정어 + 피규정어》로 되여있었는데 그것은 어순상으로 한문과 크게 차이나지 않는다고 할수 있다.

평양성돌에서 례를 들어보면 《小兄 相夫若牟利 造作(소형 상부약모리가 축조하였다)》에서 《小兄》과 《相夫若牟利》는 규정어와 피규정어의 관계에 있으며 《相夫若牟利》와 《造作》은 주어와 술어의 관계에 있다.

또한 고구려 중원비에서 례를 들어보면 《東夷之寐錦 忌太子共(동이의 매금이 태자 공을 꺼리였다.)》에서 《東夷之寐錦》은 규정어와 피규정어의 관계에 있으며 《寐錦》과 《忌》는 주어와 술어의 관계에 있는데 이것은 한문어순과 아무런 차이도 없다.

이것은 그 당시 단어나 단어결합에서도 그대로 적용되여 리두식표기로 된 지명이나 인명도 그 법칙에 따라서 조성되고있음을 보게 된다.

o 熊閑伊 (곰하니) (《삼국사기》 권37)
o 月奈 (달나) (《삼국사기》 권36)
o 今勿奴 (거무나) (《삼국사기》 권35)
o 漆巴火 (실바호) (《삼국사기》 권34)

《熊閑伊》는 《곰 + 하니》, 《月奈》는 《달 + 나》로서 《주어 + 술어》의 통어구조로 되여있으며 《今勿奴》는 《거무 + 나》, 《漆巴火》는 《실 + 바호》로서 《규정어 + 피규정어》의 통어구조로 되여있다. 이것 역시 우리 말 통어구조의 주요측면을 보여주는 특징의 하나로 된다.

우리 말의 통어구조상특징을 집중적으로 반영하고있는것은 초기리두에 보이는 리두어순이다.

초기리두가 한문을 기본으로 하고있으면서도 본격적인 한문과 구별되는 가장 뚜렷한 특징은 부분적으로 우리 말식어순이 섞여있는 점인데 금석문에서 처음으로 그 본을 보인것이 고구려 광개토왕릉비의 비문이다.

《王於忽本東崗 黃龍負昇天》의 구절은 한문의 어순으로서는 어색하고 우리 말의 어순에 따라 《왕을 홀본동강에서 황룡이 업고 하늘로 올라갔다.》로 읽어야 문리가 순탄하게 되여있다. 이 구절은 객어인 《王》이 보어인 《忽本東崗》의 앞에 놓여있고 주어인 《黃龍》과 술어인 《負》는 그 뒤자리에 오고있다. 이것은 한문의 통어구조로서는 허용될수 없는것이다.

이러한 특이한 통어구조는 평양성돌에서도 《西向十一里》(서쪽으로 향해서 11리), 《東廻上 □里四尺》(동쪽으로 돌아 우로 □리 4자) 등으로 나타나고있으며 고구려 중원비의 경우에는 다음과 같이 여러군데 나타나고 있다.

o 世世爲願 如兄如弟 上下相和 守天(맹세를 시키되 세세로 형제와 같이 상하가 서로 화목하고 하늘의 도리를 지키도록 하라고 명령하였다.)

리두어순으로 되여있는 이 대목에서 특히 《上下相和》는 《상하가 서로 화목하고》라는 우리 말의 통어구조를 그대로 옮겨놓고있다.

o 到至 跪營天(이곳에 이르러 영천에 꿇어앉았다.)

여기에서는 《到至》의 객어나 보어가 없기때문에 한문으로서는 어색하다. 우리 말의 순서대로 해석해야 어색하지 않을것 같다.

o 建立處 用者 賜之 (건립처는 사용자에게 주었다.)

이 구절은 우리 말의 순서 그대로이다. 그러나 이 《之》는 개사로서 한문의 용법에 따라 쓰인것으로 보아야 한다.

o 太位 諸位上下 衣服 來受 敎 跪營之(태위와 제위의 상하들은 의복을 와서 받으라고 지시하여 영에 꿇어앉았다.)

이 대목에서 《太位 諸位上下 衣服 來受 敎》는 우리 말의 순서를 그대로 옮겨놓은것으로 된다.

o 敎來 前部大使者多于桓奴 主簿貴□ □夷境□募人三百 (전부 대사자인 다우환노와 주부인 귀덕을 오게 하여 동이의 경내에서 300명을 모집하도록 지시하였다.)

이 대목에서 《□夷境□募人三百》은 한문의 어순이라기보다 우리 말의 어순으로 보아야 할것이다.

고구려의 금석문에 나타나는 리두어순은 신라의 임신맹세돌에서 가장 전형적으로 나타나 모든 문장이 리두어순으로 일관되여있다.

o 壬申年 六月 十六日 二人幷誓記 天前誓(임신년 6월 16일 두사람이

함께 맹세하여 기록한다. 하늘앞에 맹세한다.)

여기에서 《天前誓》는 보어가 술어앞에 놓인 리두어순으로 되여있다.

o 今自三年以後 忠道執持 過失無誓(지금부터 3년이후 충성의 도의를 지키고 과실이 없기를 맹세한다.)

이 대목은 《今自》, 《忠道執持》, 《過失無誓》 등 우리 말의 어순에 따르는 리두어순으로 일관되여있다.

o 若此事失 天大罪得誓 若國不安 大亂世 可容行誓之(만약 이 일을 잃으면 하늘의 큰 죄를 얻을것을 맹세한다. 만약에 나라가 불안하고 크게 어지러운 세상이면 가히 용납될수 있도록 행동할것을 맹세한다.)

o 又別先 辛未年 七月 廿二日 大誓 (또 따로 먼저 신미년 7월 22일 크게 맹세하였다.)

《若此事失》, 《天大罪得誓》, 《可容行誓之》, 《又別先 辛未年 七月 廿二日 大誓》 등도 우리 말의 어순에 따르는 통어구조를 그대로 반영한것이다.

o 詩尙書礼傳倫得誓三年(시경, 상서, 서전, 례기, 좌전을 차례로 습득할것을 맹세하되 3년으로 한다.)

《객어 + 술어》의 구조로 된 객어구인 《詩尙書礼傳倫得》이 술어인 《誓》의 앞에 놓여있어 우리 말 문장의 계층구조를 그대로 반영하고있다.

이보다 후기에 나온 일련의 금석문에서도 리두어순이 적지 않게 발견된다. 례를 들어서 무술오작비의 경우에는 리두어순이 여러곳에 나타나고있는데 이것도 대체로 《객어 + 술어》의 류형상 특징이 기본으로 되여있다.

o 另冬里村高口塢作記之(령동리촌의 고口오를 지은 기록이다.)

o 此成在口人者(이를 이룬 口인은)

o 此作起數者三百十二人功夫(이를 짓는데 동원한 수는 312인의 공부이다.)

o 文作人(글을 지은 사람)

이 금석문에 나오는 《高口塢作》, 《此成在》, 《此作》, 《文作》 등이 바로 《객어 + 술어》의 류형의 리두어순이다.

그밖에 보어가 술어의 앞에 놓인 경우가 신라의 단양적성비에 보인다.

o 更赤城烟去使之(다시 적성연에 가서 일할것이다.)

o 國法中分與(국법에 따라 나누어준다.)

여기서 《赤城烟去》, 《赤城烟去》은 《보어 + 술어》의 구조로 된 리두어순이다.

이러한 통어구조상 특징이 고구려가요 《동동》에 그대로 반영되는것은 응당한 일이다.

o 七月ㅅ 보로매 아으 百種 排ᄒ야 두고 니믈 ᄒ듸 녀가져 願을 비ᅀᆞᆸ노이다

o 니믜 알ᄑᆡ 드러 얼이노니 소니 가져다 므르ᅀᆞᆸ노이다

《소니 가져다 므르ᅀᆞᆸ노이다》는 《주어 + 술어》구조이고 《百種 排ᄒ야 두고》와 《니믈 ᄒ듸 녀가져》는 《객어 + 술어》구조이며 《七月ㅅ 보로매》와 《니믜 알ᄑᆡ》는 《규정어 + 피규정어》구조로 되여있다.

고구려의 문법유산을 물려받은 우리 말의 통어구조는 예로부터 한문과 같은 《SVO》류형이 아니라 《SOV》류형을 특징으로 하고있었으며 단어들의 통합과 문장의 구성에서 자기의 독특한 민족적특성을 가지고 발전하여왔던것이다.

세나라시기의 리두자료에 반영된 우리 말의 문법구조에 나타나는 이러한 특징은 오늘도 그대로 계승되고있어 우리 말 문법구조의 우수성과 그 견고성을 보여주는 뚜렷한 증거로 되고있다.

맺 는 글

위대한 령도자 **김정일동지**께서는 다음과 같이 지적하시였다.

《민족의 형성시기는 민족마다 다르지만 매개 민족은 피줄과 언어, 지역과 문화생활의 공통성에 기초하여 력사적으로 형성되고 공고화된 사회적집단이며 여러 계급, 계층들로 이루어져있습니다.》(《김정일선집》 제15권, 256페지)

우리 나라는 이미 단군조선시대에 피줄과 언어, 지역과 문화생활의 공통성에 기초하여 단일민족을 형성하여 이 땅에 삶의 뿌리를 내린 반만년의 력사국이다.

중세봉건사회에 이르러 고구려, 백제, 신라의 세나라시기를 거치게 되였으나 고대로부터 한 피줄을 이어받아온 세나라의 주민들은 언어와 문화를 같이하는 하나의 겨레로서 서로 이웃하여 살아왔다.

이에 대해서는 《삼국사기》나 《삼국유사》가 그것을 엄연한 력사적사실로 인정하면서 고구려, 백제, 신라의 정사와 야사를 서술하였고 《삼국지》, 《후한서》, 《량서》 등 중국의 력사책들에서도 그 점에 대해서는 대체로 서술의 일치성을 보이고있다.

세나라시기에 고구려는 차지하였던 판도의 넓이로 보나 그 인구수로 보나 백제와 신라보다 비할바없이 크고 국력이 강하였다. 특히 427년에 수도를 평양으로 옮긴 후에는 북위 37° 계선까지 령토를 넓혀 동쪽으로는 태백산줄기와 소백산줄기의 교차점에서 신라와 대치하였고 서쪽으로는 진천, 천안계선에서 백제와 국경을 접하게 됨으로써 고구려는 평양을 중심으로 언어생활면에서 그 영향력을 훨씬 넓혀나가게 되였다.

그렇지만 민족어발전의 견지에서 볼 때 봉건국가들의 분립은 우리 인민이 단일한 언어생활을 해나가는데 장애로 되였으며 민족어의 통일적발전을 가로막는 하나의 장벽으로 되어온것이 사실이다. 그렇기때문에 우리 인민은 민족과 민족어의 통일적발전을 위해 줄곧 통일국가의 형성을 지향하여 투쟁하여왔던것이다.

10세기에 통일봉건국가로서 고려가 성립됨으로써 이러한 장벽은 허물어지고 인민들은 단일민족국가의 테두리안에서 언어생활을 할수 있는 가능성을 가지게 되었다. 이것은 우리 말이 단일민족국가공통어로 발전해나가는데서 큰 의의를 가진다.

본래 《고려》라는 이름은 지난날의 우리 나라 력사에서 가장 강대하였던 고구려를 계승한 나라라고 하여 붙인것이다. 그리하여 고려에서는 주몽을 자기들의 조상으로 섬기였으며 다른 나라에서 고려에 보내온 편지에서도 《고려는 주몽이 건국한 전통을 이어받은 나라》라는 점이 특별히 강조되고있었다.[주]

[주] 《고려사》 권2, 세가 2, 태조 16년

그리고 943년에 왕건이 발표한 《10훈요》의 다섯째 조항에서는 《내가 삼한산천 신령의 도움을 받아 왕업을 이룩하였다. 서경은 수덕이 순조로와 우리 나라 지맥의 근본으로 되여있으니 만대왕업의 기지이다. 마땅히 춘하추동 사시절의 중간달에 국왕은 거기에 가서 1백일이상 체류함으로써 왕실의 안녕을 도모할것이다.》라고 하였다.[주]

[주] 《고려사》 권2, 세가 2, 태조 26년 4월

이와 같이 고려는 고구려의 계승국으로서 고구려의 수도였던 평양을 《우리 지맥의 근본》으로, 《만대왕업의 기지》로 인정하고 이를 근거지로 하여 고구려의 전통을 계승하려고 하였으며 고려사람들은 자기들이 고구려의 후예라는데 대한 긍지와 자부심을 가지고있었다.

고려가 고구려의 계승으로 되는것은 언어생활면에서 뚜렷이 나타나고 있었다. 고려는 수도를 개경으로 정하게 됨으로써 언어생활의 중심지가 옛 고구려땅으로 되였으며 언어생활령역에서 고구려의 관습과 전통을 계승발전시켜나갈수 있는 충분한 가능성을 가지게 되였는데 그것은 옛고구려땅인 개경의 말이 고려시기 우리 말의 기초방언으로 된것과 밀접히 관련되여있었다.

기초방언이란 민족공통어의 바탕으로 되는 방언으로서 방언들의 집결과 분산에서 그것은 일정한 기준적역할을 수행하게 된다. 일반적으로 민족공통어의 기초방언으로 되는것은 정치, 경제, 문화의 중심지의 방언이다. 이 방언은 민족성원들의 언어생활의 공통성을 공고발전시키는데서 기본공

간으로 작용한다.

고려의 수도인 개경은 세나라시기에 고구려의 령역에 속해있던 곳으로서 5세기이후 고구려의 수도인 평양으로부터 정치, 경제, 문화의 여러 면에서 부단히 영향을 받아왔으며 언어생활면에서도 평양과 큰 차이가 없었다.

바로 이러한 사정으로 하여 개경의 말을 기초방언으로 한 고려시기의 민족공통어는 고구려의 언어유산을 물려받아 옛고구려의 여러가지 특징적 면모를 지닌데다가 예로부터 내려오는 백제, 신라와의 언어적인 동질성을 바탕으로 하여 자라난 말이라는 자기 특징을 가지고있었다.

이처럼 고려통일국가의 공통어로 된 말은 백제, 신라와의 언어적인 동질성에 뿌리를 튼튼히 박고있는 고구려의 줄기를 이어받은 언어였다.

근 5백년간 존속되여오던 고려가 14세기말에 리조로 교체되면서 봉건적중앙집권체제는 재편성되였다. 리조성립후 수도가 한양으로 옮겨짐으로써 봉건통치의 중심지는 개경에서 한양으로 이동하게 되였으며 언어생활의 중심지도 그곳으로 옮겨지게 되였다.

그러나 수도의 이동으로 하여 민족어의 기초방언문제가 달리 흔들리는것과 같은 심각한 변화를 일으킨것은 결코 아니였다.

무엇보다먼저 한양지방은 세나라시기 초기에 백제땅이였다가 나중에 고구려땅으로 된 지대로서 언어생활면에서 백제와 고구려의 방언적영향이 교차되여있던 곳이였으나 5세기이후에는 개경과 함께 고구려의 언어생활상관습과 전통을 직접 이어받아 같은 방언구역에 속해있었으며 고구려에서는 이곳을 남평양이라고 불러왔다. 그리고 고려시기에도 이 지대는 경기관내에 속하여 개경을 중심으로 하여 이루어진 하나의 방언구역에 포함되여있었던것이다.

또한 한양이나 개경이나 다 같은 방언구역에 속해있었다는 사정과 함께 바로 그 방언을 기초방언으로 하여 발전한 민족국가공통어가 근 5백년 동안에 일정하게 공고화되였다는 점도 념두에 두어야 한다.

그리하여 리조의 성립과 수도의 이동으로 하여 고구려의 줄기를 이은 민족어의 기초가 동요된것은 아니였으며 이 민족공통어는 리조시기에 들어와서도 큰 변동없이 계승발전되여왔고 판도가 확장됨에 따라 압록강, 두

만강류역에 이르기까지 조선반도전역에 걸쳐 통용령역을 넓혀나갔던것이다.

민족공통어의 존재가 민족성원들의 언어생활에서 큰 의의를 가지게 됨에 따라 사람들속에서는 민족어의식이 더욱 자라나게 되였다.

민족어의식은 민족공통어의 존재를 전제로 한다. 즉 이것은 일정한 지역의 범위에서만 쓰이는 지역적방언이나 특정한 계급, 계층의 좁은 범위에서만 쓰이는 계급적통용어와 본질적으로 구별되는 민족공통어의 존재를 확인하고 그 역할과 기능을 뚜렷이 인식하는데서 나타난다고 할수 있다. 단일민족의 경우 국가의 통일에 따라 민족어문제는 국어에 대한 문제로 제기되며 민족어의식은 국어의식으로 표현된다.

리조초기에 언어(諺語), 리어(俚語), 향어(鄕語)가 외국어와 구별되는 모국어라는 의미에서 쓰이고있었다면 그것과는 달리 국어(國語)는 단순한 우리 말인것이 아니라 《우리 나라의 말》 즉 국가적인 공통어를 가리키는 개념이였다.[주]

> [주] 《조선민족어발전력사연구》(김영황, 과학백과사전출판사, 1978년) 158~160 페지를 참고할것.

국어의식은 규범성을 띤 국가공통어에 대한 인식으로 되는 동시에 또한 다른 나라의 말과 엄격히 구별되는 《자기 나라 말》에 대한 자각으로서 민족국가공통어에 대한 긍지와 자부심을 나타내고있었다고 할수 있다.

이러한 국어의식의 형성에서 력사적으로 그 언어적토대로 된것은 오랜 기간 굳어져온 언어생활의 관습과 전통, 언어유산으로서 그것은 고려에서 수백년동안 공고화되고 그후 줄기차게 발전하여왔다. 바로 이것이 인민들의 언어생활에서 확고한 자리를 차지하게 되면서 그에 토대하여 국어의식이 형성되였던것이다.

이와 같이 고구려는 지난날 우리 민족사에서 당당한 중심위치를 차지하고있었으며 그 말은 《소멸》된것이 아니라 오늘의 우리 말로 줄기차게 이어져오고있는것이다.

그리하여 한때 《신라어가 현대조선어의 조상이며 그 기초는 진한의 사로의 언어이다.》라고 하였던 주장[주]은 그 어떤 편견에 사로잡혀 엄연한 력사적인 사실과 자료를 외곡한 비과학적인 주장이였음이 명백히 드러나게 되였다.

[주] 《고사기(古事記)에 있어서의 한자사용》(고오노 로꾸로, 《고사기대성(古事記大成)》 3, 1957년) 182페지

이처럼 우리 민족어력사에서 고구려는 세나라시기에 우리 말의 발전에서 선도적인 역할을 하였으며 또한 고려를 거쳐 풍부한 언어유산을 후세에 넘겨주어 민족어발전의 기본줄기를 이루게 함으로써 그 력사적정통성을 빛낼수 있게 하였다.

부록 1: 《광개토왕릉비문》과 《삼국사기》의 지명대조

《광개토왕릉비문》	《삼국사기》	추정한 위치
(백제전역)		
壺八城	甲比古次	강화도
臼模盧城	今勿奴	진천
若模盧城(각모로성)	若頭耻	장단
幹弗利城(간저리성)	斤平郡/竝平	가평
□□城		
閣彌城	關彌城	례성강하구
牟盧城	滅烏	룡인
彌沙城	買省縣	양주
舍蔦城(고사조성)	所邑豆縣	삭녕
阿且城(아단성)	阿且城	서울 서쪽
古利城	骨衣奴縣	풍덕
於利城(o리성)	於乙買串	교하
雜彌城(잡진성)	所勿	삭녕
奧利城(오리성)	難隱別	적성
勾牟城	功木達縣	련천
古模耶羅城(고수야라성)	黔浦縣	김포
貝□□(수추성)	蚨山縣/白嵓城	직산
□□城(oo성)	南買	리천
□而耶羅城	裊阿忽	림진
琢城	梁骨縣 / 獨訖	영평
□□□(어리성)		
□□□(농매성)		
豆奴城	冬音奈	하음(강화)
沸城	比史城	통진
比利城	波害平吏縣	파주

彌鄒城	買召忽縣/弥鄒忽	인천
也利城	耶耶/ 夜牙	장단
大山韓城	漢山	광주
掉加城(소가성)	冬斯肹	과천
敦拔城	敦城/冬比忽	개성
□□□(ㅇㅇㅇ성)		
□婁賣城(루매성)	述川郡/省知買	천녕(려주)
散邪城	首尒忽	통진
□婁城(나단성)	道西縣	청안
細城	金伊城	전의
牟婁城	買忽郡	수원
于婁城	慰禮城	직산
蘇灰城	松村活達	진위
燕婁城	仍尸內郡	괴산
析夷利城(석지리성)	述尒忽縣/首泥忽	파주
巖門□城(암문종성)	濟次巴衣縣	양천
林城(미성)	仍忽縣	음성
□□□		
□□□		
□□城(ㅇ리성)		
就鄒城	首知縣	진강(강화)
□拔城	去斯斬	양근
古牟婁城	古山城	음성
閣奴城	仍伐奴縣	시흥
貫奴城	屈押縣	강음
彡穰城	沙伏忽	양성
□□□(증발성)		
□羅城(종고로성)	骨尸乃縣	려주
仇夫城 (구천성)	屈火郡	교하
□□□□		

* 비문의 괄호안의것은 《조선단대사(고구려사 4)》에서 달리 해독한것임

(수묘인연호)

賣勾余(民)		
東海賈		
敦城		심양
于城		
碑利城	**比列忽郡/淺城**	안변
平穰城(民)	**平壤**	평양
□連		
住婁(人)		
梁谷	梁谷	
梁城		
安夫連		
□谷		
新城	新城	
南蘇城	南蘇城	
(新來韓穢)		
沙水城	沙奈里	영주
牟婁城	買忽郡	수원
豆比鴨岑(韓)	**甕遷**	옹진
勾牟(客頭)	功木達縣	련천
求底(韓)	皆但縣	행주(고양)
舍蔦城(韓穢)	**所邑豆縣**	삭녕
古模耶羅城	**黔浦縣**	김포
□古城(客賢韓)	馬忽郡	포천
阿且城	**阿且城**	서울 서쪽
雜珍城	主夫吐	부평
巴奴城	夫如郡	김화
臼模盧城	今勿奴	진천
若模盧城	若頭耻縣/朔頭/奴頭	장단
牟水城	未乙省	충주

幹弗利城	斤平郡/竝平	가평
彌鄒城	買召忽	인천
□□□		
□□□□		
豆奴城	冬音奈縣	하음(강화)
奧利城	難隱別	적성
須鄒城	上忽縣 /車忽	룡성(수원)
百殘南居韓		
大山漢城	漢山	광주
農賣城	南買	리천
閏奴城	仍伐奴縣	시흥
古牟婁城	古山城	음성
瑑城	梁骨縣 / 獨訖	영평
味城	未谷	회인
就咨城(就鄒城)	首知縣	진강(강화)
彡穰城	沙伏忽	양성
散那城	首尒忽	통진
那旦城	七重城	적성
勾牟城	功木達縣	련천
於利城	於乙買串	교하
比利城	波害不更縣	파주
細城	金伊城	전의

부록 2:　고구려강역의 주요지명에 대한 표기

백두산:	白頭山, 太白山, 長白山, 白山, 蓋馬山, 不咸山,
압록강:	鴨綠江, 鴨淥水, 遼水, 馬訾水, 青河
평양:	平壤, 平穰, 平那, 百牙岡,
대동강:	大同江, 浿水, 浿江
례성강:	浿河, 浿江, 浿水, 猪水
재령:	乃忽, 息城郡, 漢城, 漢忽, 南平壤
신계:	買旦忽, 水谷城縣, 水口城
봉산:	租波衣, 鵂嵒郡, 鵂鶹城
평산:	多知忽, 大谷郡
곡산:	德頓忽, 十谷城縣, 都押城
서흥:	于次呑忽, 五谷郡
수안:	古所於, 獐塞縣
토산:	烏斯含達縣
해주:	內米忽郡, 池城, 長池
연안:	冬音忽郡, 豉鹽城
배천:	刀臘縣, 刀耶城, 雉嶽城, 雉壤
옹진:	甕遷, 雍岑城, 豆比鴨岑
우봉:	首知衣, 牛岑郡, 牛山城
송악:	扶蘇押, 非惱城
송림(장단):	若頭耻縣, 若只頭耻縣, 朔頭, 奴頭, 若模盧城
강음(송악):	屈押縣, 江西, 貫奴城
개성:	冬比忽, 德骨城, 敦拔城
덕수(풍덕):	德勿縣, 獨母城
림진(장단):	裛阿忽, 津臨城縣, 口而耶羅城
양주:	馬忽, 買省縣, 彌沙城
적성:	難隱別, 七重縣, 那旦城, 奧利城
파주:	波害平吏縣, 比利城
교하:	於乙買串, 泉井口縣, 於利城

屈火郡, 仇夫城

봉성(교하):	述尒忽縣, 首泥忽, 析夷利城
고봉(교하):	達乙省縣, 高烽
림강(우봉):	**獐項縣**
장단:	長淺城縣, 耶耶, 夜牙, 也利城
마전:	麻田淺縣, 泥沙波忽
련천:	功木達縣, 功戊縣, 熊閃山, 勾牟城
가평:	竝平, 斤平郡, 幹弗利城
심천(가평):	伏斯買, 深川縣
강화도:	甲比古次, 穴口, 穴城, 壺八城
강음(강화):	冬音奈縣, 休陰, 豆奴城
진강(강화):	首知縣, 新知, 就鄒城, 就咨城
교동도:	高木根, 達乙斬, 高林
부평:	主夫吐郡, 雜珍城
술성(통진):	首尒忽, 散那城
김포:	**黔浦縣, 古模耶羅城, 古□耶羅城**
동성(파주):	童子忽, 伏斯波衣
통진:	平唯押縣, 別史波衣, 比史城, 橫岳, 沸城
풍덕:	**骨衣奴縣, 古利口**
행주:	皆但縣, 求底
광주:	漢山, 大山韓城, 大山漢城
서울:	北漢山郡, (南)平壤
한강:	阿利水, 郁里河
과천:	冬斯肹, 栗木郡, 掉加城
시흥:	仍伐奴縣, 閨奴城
양천:	濟次巴衣縣, 巖門□城
인천:	買召忽縣, 弥鄒忽, 彌鄒城
안산:	獐項口縣, 古斯也忽次
수원:	買忽郡, 牟婁城
리천:	南買, 南川縣, 農賣城
룡인:	滅烏, 駒城縣, 牟盧城

천녕(려주):	省知買, 述川郡, □婁賣城
려주:	骨尸乃縣, □□羅城
양근(려주):	楊根縣, 去斯斬, □拔城
죽산(안성):	皆次山郡
음죽(장호원):	奴音竹縣
남양:	党項城, 唐城郡
룡성(남양):	上忽縣, 車忽, 須鄰城
진위:	松村活達, 釜山縣, 蘇灰城
안성:	奈兮忽,
양성:	沙伏忽, 臣濆活國, 乡穰城
직산:	蚳山縣, 白崑城, 貝□□
	慰禮城, 于婁城
진천:	今勿奴郡, 萬弩, 臼模盧城
청안(진천):	道西縣, 都盈
음성:	仍忽縣, 林城
괴산:	仍尸內郡, 燕婁城
회인:	未谷, 昧城
포천:	馬忽郡, □古城
사천(양주):	內乙買縣, 內尒米
영평:	梁骨縣, 德骨城, 梁文, 獨訖, 瑑城
철원:	鐵圓郡, 毛乙冬非, 支羅城, 周留城
동량(삭녕):	僧梁縣, 所勿, 雜彌城
안협:	阿珍押縣, 窮嶽
삭녕:	所邑豆縣, 沙道城, 舍蔦城
이천:	伊珍買縣
김화:	夫如郡, 八押城, 巴奴城
평강:	於斯內, 斧壤縣, 斧峴
제천:	奈吐郡, 大堤
청풍(제천):	沙熱伊縣
단양:	赤山縣
충주:	國原城, 未乙省, 託長城, 牟水城

연풍(충주): 　　上芼縣

영춘(원주): 　　乙阿旦縣, 阿旦城

영주: 　　奈已郡,　沙奈里,　沙水城

선곡(영주): 　　買谷縣

봉화: 　　古斯馬縣

급산(풍기): 　　及伐山郡

린풍(풍기): 　　伊伐支縣

장양(회양): 　　馬斤押/大楊菅郡

화천(회양): 　　藪狌川縣/藪川

문등(회양): 　　斤尸波兮,　文峴縣

회양: 　　加兮牙,　各連城郡,　客連城

람곡(회양): 　　沙非斤乙,　赤木鎭

일운(회양): 　　管述縣

회령(회양): 　　烏生波衣,　猪閃峴,　猪守峴縣

양구: 　　要隱忽次,　楊口郡

린제: 　　烏斯廻,　猪足縣

서화: 　　皆次丁,　玉岐縣

방산(양구): 　　密波兮,　三峴縣

랑천: 　　也尸買,　狌川郡

금성: 　　也次忽,　母城郡

기성(금성): 　　冬斯忽郡,　岐城

통구(금성): 　　買伊,　水入縣

춘천: 　　首次若,　烏尸乃,　牛首州

란산(춘천): 　　昔達,　菁達縣

기린(춘천): 　　基麟,　基知郡

홍천: 　　伐力川縣

지평(광주): 　　砥峴縣

횡성: 　　於斯買,　橫川縣

원주: 　　平原郡,　北原

주천(원주): 　　酒淵縣

평창: 　　于烏,　郁烏縣

녕월:	奈生郡
림하(안동):	屈火郡
안덕(청송):	伊火兮縣
덕원:	於乙買串,　泉井郡
산산(덕원):	買尸達縣,　馬樹嶺,　馬息山
송산(덕원);	夫斯達縣/松山城
유거(덕원);	加知斤,　杳墟縣
안변:	比列忽郡,　淺城,　碑利城
서곡(안변):	首乙吞,　原谷縣
상음(안변):	薩寒縣
문산(안변):	加支達縣
익곡(안변):	於支吞,　翼谷縣
파천(안변):	岐淵縣
학포(안변):	古衣浦,　鵠浦縣
통천:	金惱,　休壤郡
흡곡:	習比吞,　習比谷縣
벽산(통천):	吐上縣
도림(통천):	助乙浦,　道臨縣
고성:	達忽
환가(고성):	鳥斯押,　猪迂穴縣
운암(통천):	平珍波衣,　平珍峴縣
간성:	加阿忽,　𣲩城郡
렬산(고성):	所勿達,　僧山縣
익령(양양):	翼峴縣,　伊文縣
동산(양양):	穴山縣
강릉:	何瑟羅,　河西良,　河西
정선:	仍買縣
안인포(강릉):	東吐縣
련곡(강릉):	支山縣
삼척:	史直,　悉直郡
죽현(삼척):	竹峴縣,　奈生於

만경(삼척):　　滿若縣,　沔兮

우계(강릉):　　玉堂,　羽谷縣

해리(삼척):　　波利縣

울진:　　于珍也縣

해곡(울진):　　波旦縣, 波豐

녕해:　　于尸郡

영덕:　　也尸忽郡,　狐山城,　狐鳴城

진보:　　助攬縣,　才攬

청부(청송):　　靑己縣

의창(흥해):　　退火,　彌秩夫城

청하:　　阿兮縣

황주:　　冬忽,　于冬於忽

상원:　　息達, 薪達, 乃達

중화:　　加火押

송현(중화):　　夫斯波衣縣,　伏史峴

풍천:　　仇乙峴,　屈遷

문화:　　闕口

은률:　　栗口,　栗川

장연:　　長淵縣,　長潭

청송(송화):　　麻耕伊

가화(송화):　　板麻串

안악:　　楊岳

영녕(송화):　　熊閑伊

영강(강령):　　付珍伊

신천:　　升山,　信安

룡강:　　所幷, 黃龍, 軍岳

영흥:　　長嶺鎭,　唐文, 博平郡

　　　* 괄호안의 지명은 그것이　소속된　웃단위임

고구려의 언어유산

집필 원사, 교수, 박사 김영황 심사 후보원사, 교수, 박사 정순기,
편집 정임진, 안 성   박사, 부교수 김윤교

장정 라 영   콤퓨터편성 리은주
낸곳 김일성종합대학출판사   인쇄소 김일성종합대학출판사
인쇄 주체99년(2010)년 9월 25일 발행 주체99(2010)년 10월 1일

교－10－73   부   값

고구려의 언어유산

초판 인쇄 2011년 10월 24일 ㅣ 초판 발행 2011년 10월 31일
저 자 김영황
펴낸이 이대현
펴낸곳 도서출판 역락 ㅣ 등록 제303-2002-000014호(등록일 1999년 4월 19일)
주 소 서울시 서초구 반포 4동 577-25 문창빌딩 2층
전 화 02-3409-2058(영업부), 2060(편집부) ㅣ 팩시밀리 02-3409-2059
전자우편 youkrack@hanmail.net
ISBN 978-89-5556-946-9 93710
정가 40,000원